한국경제
해설

박영사

머리말

이 책은 지난 10년간의 강의안을 바탕으로 한 것이다. 어렵지 않게 작성할 수 있을 거라던 기대와는 달리 집필이 진행되면서 깊은 수렁에 빠져드는 느낌이 었었다. 참고하던 기존 교재의 헌 통계를 모두 새 것으로 바꾸고 새로운 항목의 통계와 그림을 그리는 데 들어가는 시간이 너무 길어졌다.

이 책을 만드는 데 가장 큰 고민은 두 가지였다. 한국경제의 미래를 어떻게 설정하고 제시할 것인가? 이를 증명하는 통계와 그림을 어떻게 제시할 것인가?

첫째, 우리 경제의 전개과정과 그 결과인 현황을 어떻게 파악하고 미래의 비전을 어떻게 설정할 것인가를 고민하지 않을 수 없었다. 본서에 제시된 주장이 맞는지 끊임없이 자신에게 물어보고 관련 자료를 통해 확인하고자 하였다. 그러다 보니 사실상의 결론을 제1장에 제시하게 되었다. 독자들은 어떤 부분부터 읽어도 무방하지만 제1장을 읽고 다른 장을 읽으면 이해가 쉬울 것이다.

둘째, 통계의 작성과 그림에 상당히 많은 시간과 정성을 기울였다. 통계는 우리 경제의 과거와 현재를 이해하는 데 도움을 주고 미래의 비전에 대한 해답을 제시해 주었다. 그러므로 이 책에는 많은 표와 그림이 상세하게 제시되어 있다. 통계청의 국가통계포털을 비롯한 정부 각 부서의 통계는 우리의 과거와 현재를, IMF, OECD, World Bank와 같은 국제기구의 통계는 우리 경제의 세계적 위상과 진로를 파악하는 데 도움을 주었다.

여러 기관에 흩어져 있는 통계를 찾아내고 알기 쉽게 정리하는 것, 통계의 함의를 이해하기, 매년 공표되는 새로운 통계를 추가하는 것은 쉽지 않은 작업이었다. 작성하려는 표가 과연 필요한 것인지, 표의 내역을 어떻게 구성할지에 대해서 유사한 표들과 비교하면서 오랫동안 생각할 때도 적지 않았다. 통계표를 작성하면서 통계의 특성을 보다 깊이 이해 할 수 있었다. 또한 앞선 저서의 저자들이 통계작성에 얼마나 많은 정성을 들여야 했던가를 비로소 알 수 있었다.

셋째, 한국경제의 전개과정을 파악하기 위해서 되도록 장기시계열의 통계를 작성하려고 했다. 그러나 모든 표가 동일한 과거시점에서 시작되는 것은 아니다. 시간제약으로 기존 통계집을 모두 확인하기도 힘들었지만, 예전에 보아두었던 국가기관 홈페이지의 통계에서 과거의 통계가 삭제되어 이용이 불가능한 경우도 있었다. 국가통계기관에서도 과거 통계를 더 조사하여 알리고 공표된 기존의 과거통계도 지우지 말았으면 하는 바람이다. 집필을 시작한 지 일 년을 훌쩍 넘기다보니 작성 도중에 발표된 새로운 기준의 통계나 2020년 불어닥친 코로나 사태로 인한 변화를 다 반영하지는 못하였다. 앞으로 시간이 허락하는 대로 보완하여 수정하고자 한다.

우리나라는 GDP 규모, 1인당 GDP, 성장률의 저하, 소득양극화, 출산율 등 국제비교에서도 정책전환의 시기를 지났다. 정부의 보다 적극적인 정책수립과 추진이 시급하다고 생각한다. 이와 관련하여 아래에 부기한 Keynes의 언급을 기억해 주기를 바란다. 마지막으로 쉽지 않은 편집을 맡아 가독성을 높여 준 배근하 과장님을 비롯한 관계자, 수정을 도와준 박사과정생 정재현군에게 깊이 감사드린다.

"어려움은 새로운 생각을 하는 데 있는 것이 아니라
낡은 생각에서 벗어나는 데 있다."
－고용, 이자 및 화폐에 관한 일반이론 / John Maynard Keynes－

2020년 12월
저 자

차례

CHAPTER 01

한국경제의 위상과 비전

제1절 경제성장의 궁극적 목적은 무엇인가? ································· 3
    1.1 경제성장, 왜 하는가? ··· 3
    1.2 우리의 비전은 무엇인가? ··· 5
제2절 한국 경제의 국제적 위상과 문제점은? ························· 9
    2.1 GDP와 성장률 ··· 9
    2.2 실업률 ·· 17
    2.3 소득양극화 ··· 21
    2.4 출산율의 급감 ··· 25
제3절 왜? 정책을 어떻게 바꿀 것인가? ······························· 29
    3.1 정책 전환의 배경 ··· 29
    3.2 수출력의 한계 ··· 33
    3.3 투자의 무력화 ··· 36
    3.4 민간소비의 정체 ··· 38
    3.5 남아있는 정책 수단은? ··· 43
제4절 늘린 정부재정을 어디에 투입할 것인가? ··················· 47
    4.1 복지재정 확충의 의의 ··· 47
    4.2 복지재정의 현황 ··· 49
제5절 어떻게 재정 자금을 조달할 것인가? ························· 54
    5.1 재정 동향 ·· 54
    5.2 재정자금, 충분히 조달가능한가? ································· 56

CHAPTER 02

4차 산업혁명 시대의 제조업

제1절 제조업의 개황 ··· 69

제2절 제조업의 주요 지표 ··· 75

제3절 제조업의 기술수준 ··· 83

제4절 연구개발의 동향 ··· 87

　　4.1 연구개발의 중요성 ·· 87

　　4.2 연구개발 동향 ··· 88

　　4.3 기술무역수지 ··· 95

CHAPTER 03

고용문제와 노동시장

제1절 노동문제의 근원 ··· 103

제2절 노동시장의 동향 ··· 105

　　2.1 생산활동가능인구의 구성 ·· 105

　　2.2 고용, 취업 및 실업 ·· 111

　　2.3 노동조합과 노동쟁의 ·· 124

제3절 임금수준의 동향 ··· 131

　　3.1 노동시간과 임금 ··· 131

　　3.2 종류별 임금 수준 ··· 135

제4절 청년실업 ··· 141

CHAPTER 04

확대일로 개방경제

제1절 무역과 시장개방의 진전 ·· 148

　　1.1 자유무역과 세계시장의 확장 ····································· 148

　　1.2 개방 가속화와 FTA ··· 151

제2절 무역 동향 ··· 154

제3절 무역구조의 변화 ··· 158

　　3.1 국가별 수출입 ·· 158

　　3.2 품목별 수출입 ·· 164

제4절 국제수지의 변동 ··· 166

　　4.1 경상수지 ··· 166

    4.2 금융계정 ································· 174

제5절 대외채권·대외채무, 직접투자, 외환보유고 ············ 179

    5.1 대외채권·대외채무 ···················· 179

    5.2 직접투자 ··························· 181

    5.3 외환보유고 ························· 187

CHAPTER 05

적극 전환이 필요한 국가재정

제1절 재정의 기능과 체계 ····················· 193

제2절 세입·세출 및 재정수지 ················· 196

제3절 재정 동향 ························· 198

    3.1 관리재정과 통합재정 ··················· 198

    3.2 세입 ···························· 204

    3.3 세출 ···························· 215

제4절 국가채무 ·························· 217

CHAPTER 06

대외개방의 선두 금융

제1절 금융의 기능 ······················· 226

제2절 금융정책 ························· 228

    2.1 금융정책의 수단 ····················· 228

    2.2 통화량과 금리 ······················ 230

제3절 금융기관 ························· 232

    3.1 금융기관 ·························· 232

    3.2 금융상품 ························· 237

제4절 금융시장 ························· 239

    4.1 금융시장의 구조 ···················· 239

    4.2 간접금융시장 ······················ 241

    4.3 직접금융시장 ······················ 245

제5절 파생금융상품시장 ···················· 260

CHAPTER 07

튼튼경제의 뿌리 중소기업

제1절 중소기업과 중견기업 ··· 268
  1.1 중소기업의 정의 ··· 268
  1.2 중견기업의 정의 ··· 270
제2절 중소기업의 현황 ··· 274
  2.1 사업체수와 종업원수의 변화 ····································· 274
  2.2 중소기업의 매출 및 수출 ·· 278
제3절 중소기업의 당면과제 ··· 283
  3.1 인력난 ·· 283
  3.2 자금난 ·· 287
  3.3 기술난 ·· 290
제4절 중소기업과 공정경쟁 ··· 300

CHAPTER 08

선진사회로 가는 길 복지

제1절 소득분배의 불평등 ··· 306
  1.1 소득분배의 불평등 ·· 306
  1.2 중산층 감소와 빈곤층 증가 ······································ 308
제2절 사회보장과 복지지출의 내역 ·· 311
  2.1 복지지출 ·· 311
  2.2 빈곤층의 실태 ·· 313
제3절 사회보장제도 ··· 315
  3.1 사회보장의 개념 ·· 315
  3.2 사회보험 ·· 318
  3.3 공공부조 ·· 334
  3.4 사회복지서비스 ··· 336
제4절 복지정책의 의의 ··· 338

CHAPTER 09

세계 최고 속도 고령화

제1절 초고령사회의 도래 ·· 342
　　1.1 인구동향 ·· 342
　　1.2 고령화 속도 ·· 344
제2절 고령화와 인구감소의 원인 ··· 347
　　2.1 출산율의 하락 ·· 347
　　2.2 평균수명의 증가 ·· 351
제3절 고령화의 문제점 ··· 353
　　3.1 노동공급의 감소 ·· 353
　　3.2 재정수지의 악화 ·· 355
　　3.3 소비시장의 축소 ·· 358
제4절 고령화 대처방안 ··· 360
　　4.1 출산율하락 대책 ·· 360
　　4.2 고령사회 운영방향 ·· 363

CHAPTER 10

함께 잘사는 균형발전

제1절 균형발전의 필요성 ··· 366
　　1.1 균형발전정책의 등장 ··· 366
제2절 수도권 집중과 불균형지표 ··· 369
제3절 균형발전정책의 주요 내용과 특징 ······································ 375
　　3.1 제1차 국가균형발전5개년계획 ·· 375
　　3.2 지역발전5개년계획(2009~2013) ·· 378
　　3.3 지역발전5개년계획(2014~2018) ·· 379
　　3.4 제4차 국가균형발전5개년계획 ·· 381
제4절 균형정책의 성과와 보완 ·· 383
　　4.1 의의와 성과 ·· 383
　　4.2 균형발전정책의 보완 ··· 387

CHAPTER 11
또 하나의 성장동력 남북경제협력

제1절 남북 경제협력의 필요성 ···································· 397

제2절 북한경제의 전개와 현황 ································· 402

    2.1 북한의 경제정책 ··· 402

    2.2 북한경제의 개황 ··· 404

제3절 남북 경제협력 ·· 419

    3.1 남북 경제협력 개황 ···································· 419

    3.2 개성공단 ··· 428

제4절 남북 경제교류의 방향 ···································· 430

색인 ··· 434

한국경제의
위상과 비전

제1절 경제성장의 궁극적 목적은 무엇인가?

제2절 한국 경제의 국제적 위상과 문제점은?

제3절 왜? 정책을 어떻게 바꿀 것인가?

제4절 늘린 정부재정을 어디에 투입할 것인가?

제5절 어떻게 재정 자금을 조달할 것인가?

제1절 경제성장의 궁극적 목적은 무엇인가?

1.1 경제성장, 왜 하는가?

경제성장의 궁극적 목표는 무엇인가? 경제성장을 추구하는 이유는 어디에 있는 것일까? 이에 대한 대답은 사람에 따라 다를 것이다. 그렇지만 누구나 인정하는 한 가지 공통점은 경제성장 그 자체가 최종목표가 아니라는 점이다. 성장의 궁극적 목표를 간단히 요약한다면, 다 함께 잘 먹고 잘 살면서 인간적인 삶을 누리는 것이 될 것이다. 물론 여기서 다 함께 잘 먹고 잘 산다는 것은 생산수단의 국유화를 바탕으로 계획경제를 추구했던 사회주의를 염두에 두고 한 말이 아니다. 극단적 평등의 추구는 다 함께 잘 사는 길이 아니라 다 함께 가난해지는 길이 될 것이기 때문이다.

근대 이전의 사회에서는 대중적 빈곤이 만연되어 있고, 귀족과 평민 간에는 생활상의 격차가 매우 컸다. 동서양을 막론하고 몸에 걸치는 복장만으로도 사회적 지위와 생활수준을 짐작할 수 있었다. 귀족은 자신의 신분에 맞는 복장을 하고 생산에 직접 참여하지 않고도 부유한 생활을 누렸다. 반면, 평민은 각종 세금과 지대를 내느라고 일 년 내내 뼈 빠지게 일해야 했고, 인구의 대부분은 절대적 빈곤에서 헤어나지 못하는 경우가 다반사였다. 이러한 사회에서는 의복이나 식량의 질 따위는 아예 문제가 될 수 없었다. "백성의 가난은 나라님도 구하지 못한다"는 말처럼 대중적 빈곤은 일상화되고 당연한 일로 받아들여졌다.

그러나 산업화 이후의 사회에서는 이러한 인식은 근본적으로 변화하였다. 현대사회에서 국가가 존재하는 이유 중의 하나는 백성의 가난을 구제하고 최대한 골고루 잘 살게 하는 데 있다. 선진국에서 정권이 빈번하게 교체되는 것도 바로 정부가 이러한 목표를 얼마나 잘 달성하였는가가 선거에 영향을 미치기 때문이다. 현대사회에서 백성의 가난을 구제하지 못하는 나라님은 그야말로 존재를 부정당하게 된 것이다. 오늘날 이러한 측면에서 국가경제를 가장 잘 운영하고 있는 나라들은 북유럽과 서유럽의 국가들이다. 스웨덴과 노르웨이, 핀란드, 덴마크의 북유럽 국가들은 물론 영국, 독일, 프랑스, 네덜란드 등의 서유럽 국가들은 상당한 수준의 복지제도를 구축하고 있으며, OECD에 가입되어 있는 그 외의 국가들도 국가재정에서 복지 부문이 적지 않은 비중을 차지하고 있다. 우리는 복지제도가 잘 구축되어 있어서 국민들이 행복하게 잘 사는 나라를 복지국가 혹은 복지사회라고 부른다.

복지국가는 제2차 세계대전 이후 미국과 소련을 중심으로 세계경제구조가 변화하는 과정에서 나타난 필연적 산물이다. 종전이 되자 미국과 서유럽은 국내외적으로 새로운 정치경제적 상황에 직면하였다. 하나는 전시경제로 인해 극도로 내핍을 강요당했던 시민들로부터 생활수준의 개선에 대한 요구가 분출하였고 이러한 요구를 대변하는 정당이 출현하였다는 점이다. 또 하나는 동유럽을 비롯하여 중국이 공산화되는 등 사회주의 영역이 확대되고 식민지의 독립으로 세계시장이 축소된 것이다. 시장경제의 새로운 변화에 대해 서방세계는 1930년대와 같은 경제공황을 미연에 방지하고 호황을 만들어 내기 위한 정책을 모색하지 않을 수 없었다.

이 같은 대내외적인 환경의 변화에 직면하여 Keynes경제학은 세계시장의 확대와 성장을 이론적으로 뒷받침하였다. 즉, Keynes경제학은 적극적인 재정금융정책, 특히 재정정책을 중심으로 경제성장을 이끌면서 장기호황을 유도하였다. 서방국가들은 1950년대 중반부터 1970년대 초까지 그 이전에는 보지 못했던 높은 성장률을 달성하였는데, 특히 일본은 1955년부터 1973년 제1차 오일쇼크 이전까지 선진국 중에서 성장률이 가장 높았다. 이 시기에 영국을 비롯한 서유럽 및 북유럽 국가는 각종 복지제도를 정비함으로써 복지국가체제를 구축하였다. 정부재정의 상당 부분을 차지하게 된 복지재정은 국가경제를 지탱하는 주요 부문으로서 소득증대 및 소비수준의 평준화를 실현하고 중산층을 양산하는데 크게 기여하였다.

오늘날 선진국은 복지사회를 구현함으로써 경제적 자유와 사회적 평등이 나름대로 조화를 이루고 있다. 가장 발전한 자본주의 경제의 한 유형이며 현재까지 증명된 성장의 궁극적 목적에 가장 가까운 사회라고 할 수 있다. 잘 먹고 잘 살며 인권을 가장 소중히 여기는 사회, 현재까지 역사에서 그나마 걱정없이 살아볼 만한 사회라면 그것은 복지국가일 것이다.

물론 선진국이라고 해서 모든 국가가 복지국가인 것은 아니다. 가령, 미국이나 일본은 세계 1위와 3위의 경제규모를 자랑하고 있지만 서유럽이나 북유럽에 비해 복지제도가 미흡한 것이 사실이다.[1] 그러나 선진국 전체적으로 볼 때 복지

---

1) 미국은 공공의료보험제도가 매우 취약하고 보험은 기본적으로 기업에 의해 운영되고 있어 개

부문의 예산은 국가경제의 운용에서 매우 중요한 위치를 차지하고 있다.

1.2 우리의 비전은 무엇인가?

오늘날 선진국의 복지정책은 국가가 재원을 사용하고 남는 잔여분을 빈민에게 투입하는 부차적 정책이 아니라 시장경제의 기둥인 중산층을 육성하여 시장을 확대하고 경제를 안정시키는 체계화된 시스템으로서 매우 중요한 역할을 하고 있다.

그렇다면 우리나라는 선진국에 진입하기 위해 비전을 어떻게 설정하고 어떤 정책을 추진하는 것이 바람직한가? 이에 답하기 위해서 먼저 우리 경제가 해결해야 할 과제를 생각해보자. 현재 한국경제가 직면한 과제로 성장률 제고와 일자리창출, 4차 산업혁명 대응, 규제개혁, 중소기업 지원 및 육성, 재벌개혁, 경제성장과 환경의 조화, 소득양극화 해소, 저출산과 고령화 대책, 조세개혁, 부동산시장의 안정, 노동복지의 달성, 남북한 경제협력, 선진복지사회의 확립 등 많은 것을 들 수 있다. 이 과제들은 대체로 서로 밀접한 관련을 맺고 있다. 이 과제들을 몇 가지로 묶어보면 우리 경제의 미래상을 설정하는 데 도움이 될 수 있다.

먼저, 남북한 경제협력 혹은 통일경제는 장래 우리가 반드시 달성해야 할 숙제이다. 그렇지만 이것은 한반도를 둘러싼 여러 나라의 이해관계가 첨예하게 얽혀있어 우리의 의지만으로 해결되기 어려운 문제이므로 일단 제외하고 살펴보기로 한다.

둘째, 4차 산업혁명 시대의 과학기술발전, 규제개혁, 중소기업 지원 및 육성, 재벌개혁, 경제성장과 환경의 조화는 산업경쟁력을 강화시켜 성장률을 제고하고 양질의 일자리를 창출하기 위한 수단이다. 그러나 성장률 제고와 일자리창출도

인은 보험에 개별적으로 가입해야 한다. 2013년 노약자를 제외한 성인 인구의 18%인 약 4,400만 명이 의료보험을 가입하지 않았는데, 이를 해결하기 위해 오바마정부에서 Affordable Care Act(ACA)를 만들어 2014년 초부터 실행하였다. ACA의 실시로 2017년 1분기에 의료보험 비가입자의 비율이 노약자를 제외한 성인 인구의 10.9%로 줄어들었다고 한다. 그러나 개인의료보험은 여전히 가입 조건이 까다롭고 그 액수도 매우 높다. 또한 소득이나 개인의 건강상태 등에 따라 납부하는 보험료가 천차만별이고, 모든 질병이 커버되지 않는 보험에 가입되어 있는 사람들도 많다. 일본은 노인복지 등의 분야에서 고령화 사회를 맞이하여 나름대로 높은 수준의 복지를 제공하고 있지만, 유럽의 복지국가에 비해서는 아직 미흡한 수준이라고 한다.

인간적인 삶을 누리는 데 요구되는 중간 목표이지 최종목표나 한국경제의 미래상이 될 수 없다.

셋째, 소득양극화 해소, 저출산과 고령화 대책, 조세개혁, 부동산시장의 안정, 노동복지의 달성 중 소득양극화 해소, 부동산시장의 안정, 노동복지 달성은 우리 사회가 심각하게 직면하고 있는 문제로 인간적인 삶의 영위와 직접적 관계에 있는 과제이고, 저출산과 고령화대책은 하강하는 잠재성장력을 회복하기 위해, 조세개혁은 산업경쟁력 강화와 삶의 수준을 직접적으로 향상시키는 데 소요되는 자금을 확보하기 위한 수단이다. 따라서 우리 경제의 최종목표는 산업이 강한 경제를 바탕으로 하는 살기 좋은 선진복지사회의 건설이 될 것이다. 복지국가 체제의 확립은 그 자체로서 달성해야 할 목표이면서 선진경제로 가는 핵심적 전략이라 할 수 있다.

우리 사회가 선진복지사회로 가기 위해서는 특히 분배문제의 조속한 해결이 요구된다. 자본주의 경제에서 분배문제는 시장기구만의 힘으로는 해결될 수 없다. 여기서 국가의 중요성이 강조된다. 국가는 여러 가지 경제정책을 통해 분배문제를 해결하고 복지사회를 건설하는 추진자의 역할을 할 수 있기 때문이다. 그동안 우리나라도 복지제도의 확충에 신경을 쓰지 않은 것은 아니다. 헌법 전문에는 "각인의 기회를 균등히 하고", "국민생활의 균등한 향상"을 기하며, 제2장 제34조 ②에는 "국가는 사회보장·사회복지의 증진에 노력할 의무를 진다"라고 하여 복지사회의 구현을 위한 국가의 의무를 명확하게 제시하고 있다.

우리나라에서는 1980년대 후반부터 복지부문에 대한 정비가 대대적으로 이루어졌다. 1986년 말에는 국민연금제도가 공포되었고, 1963년에 제정된 의료보험법은 수차례의 개정을 통해서 1989년에는 전 국민이 혜택을 볼 수 있도록 확대되었다. 최저임금법은 1986년 말에 제정된 후 1988년 1월부터 시행되었고, 1987년에 최초로 사회복지전문요원이 선발되었다. 모자보건사업과 가족계획사업을 연계시킨 모자보건법의 전면 개정(1986년), 아동 주간보호시설 규정을 신설한 아동복지법 시행령 개정(1989년), 영유아보육법(1991년), 장애인고용촉진 등에 관한 법률(1990년) 등의 제정이 이루어졌다.[2] 이와 같이 1980년대 후반을 기점으로 다양한 복지제도가 도입되거나 정비되고 복지부문에 대한 국가의 예산도 많이 늘었지만, 아직 우리 경제는 복지수요를 제대로 충족하고 있다고 보기

---

2) 박병현, 『사회복지로의 초대』, 공동체, 2015, p.140.

어렵다.

아래의 <그림 1-1>은 GDP에서 차지하는 사회지출비의 추이이다. EU21
개국에 소속된 나라들은 이미 1960년에 GDP의 약 10%를 사회지출비(교육비 제
외)로 사용하였는데, OECD 34개국과 미국은 1970년경, 일본은 1980년경에 이
수준에 이르렀다.

그림 1-1 GDP 대비 사회지출비 추이(1960-2015)

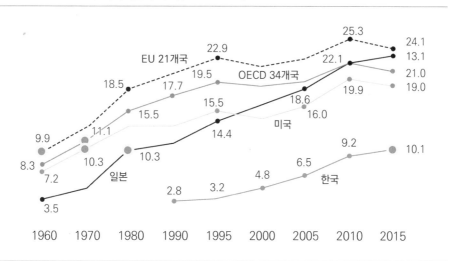

주: 교육비 지출 제외.
자료: 대통령직속정책기획위원회·관계부처 합동, 『국민의 삶을 바꾸는 포용과 혁신의 사회정책』, 2018, p.3.

이에 비해 우리나라는 2015년이 되어서야 이와 비슷한 수준이 되었다. 2015
년 우리나라의 사회지출비는 GDP 대비 10.1%로 EU 21개국 평균 24.1%, 일본
23.1%, OECD 34개국 21.0%, 미국 19.0% 등의 2분의 1 정도에 지나지 않는다.
사회복지의 증진을 강조한 우리의 헌법 정신은 아직도 선언적인 의미에 그치고
있는 것이다.

우리나라는 해방 이후 최빈국이었으나 수십 년 동안 매우 빠른 속도로 성장
하여 2017년 기준 GDP 세계 12위로 1인당 GDP는 2018년에 3만 달러를 넘었다.
무역액은 1조 달러로 수출 세계 5위이며, 1998년 이후 매년 거액의 경상수지 흑
자를 기록하고 있다. GDP 대비 R&D는 세계 1, 2위를 다툴 정도로 크게 발전했다.
그러나 다른 한편으로 압축성장 과정에서 누적된 문제점들이 곳곳에서 터져 나오고

있다. 성장률은 급락하고 청년실업 문제와 실질적인 좋은 일자리의 부족현상은 해결되지 않고 있으며, 비정규직 비율도 OECD 국가 중에서 가장 높은 편이다. 2017년에 OECD 국가 중 자살률은 2위이고 노인빈곤율과 노인자살률도 가장 높다. 합계출산율 또한 세계 최저 수준으로 떨어져 잠재성장률 하락에 대한 우려가 가시화하고 있으며, 부동산가격은 천정부지로 뛰어올라서 서민들의 집 걱정은 태산같이 더해 가고 있다.

OECD 최고 수준의 심각한 자살률, 노인빈곤율, 노인자살률

우리나라의 자살률은 2003~2016년간 OECD회원국 중 1위를 하다가 리투아니아가 가입하는 바람에 2017년 1위의 불명예를 벗어났다. 2017년에 인구 10만 명당 자살률은 OECD 회원국 평균 12.1명으로서 한국 24.3명의 절반도 안된다. 한국의 남성 10만 명당 자살률은 남성은 34.9명으로서 여성 13.8명의 2.5배에 이른다. 자살률은 대체로 연령대가 높을수록 증가하는데, 65세 이상 노인자살은 58.6명으로서 OECD 평균 18.8명에 비해 무려 3.1배이다(보건복지부, 『2019 자살예방백서』). 노인에게 삶의 극단적 선택을 강요하는 빈곤율 또한 OECD 회원국 중에서 최고 수준이다. 한국보건사회연구원(『한국의 노인빈곤과 노후소득보장』, 2019)에 따르면, 노인가구의 절반 이상이 공적연금을 받지 못하고 있는데, 2013년 GDP 대비 노인에 대한 공적 지출은 2.23%로서 OECD 평균 7.7%의 3분의 1 수준에도 못 미쳤다.

출처: 조선일보, 2019.7.3.

　　이런 문제점들을 보고 있자면, "과연 한국 사회의 미래에 사람이 사람답게 살 수 있는 희망은 있는가?"란 의문이 들지 않을 수 없다. 수십 년 동안 성장에만 매달려 우리의 삶과 사회를 위해 궁극적으로 무엇을 얻을 것인가에 대한 고려가 소홀했던 것은 아닐까? 새로운 사회의 구축에 대한 준비와 철학이 부재했던 것은 아닐까라는 반성을 하게 되는 것이다. 사실 현재 우리가 겪고 있는 심각한 사회경제적 현상들은 경제적 성공을 불러온 양적 팽창을 추구하는 과정에서 파생되었다. 그러나 압축성장의 심각한 문제점들을 부정적 시각으로만 볼 것이 아니라 오히려 잘 극복하면 우리 사회가 선진사회로 갈 수 있음을 알려주는 신호라고 긍정적으로 해석할 수도 있다. 만약 이 신호를 무시하고 오래 방치하면 우리사회는 최근 증폭되고 있는 계층간, 세대간, 지역간 갈등이 걷잡을 수 없이 확산될지도 모른다. 발상의 역전이 강하게 요구되는 시점이라 하겠다.

이러한 측면에서 재분배정책 및 복지정책은 현재 우리 경제가 직면하고 있는 난제를 해소하는 데 매우 의미 있는 수단이 될 것이다. 한층 규모가 커지고 성숙해진 경제는 성장일변도의 정책만으로는 성장률 하락을 막기도 어렵고 국민들의 다양한 요구도 충족할 수 없다. 경제가 성장하면 당연히 구성원들의 요구도 변화하게 되는데, 선진국의 정부들은 이러한 변화된 요구를 수용하기 위해 보다 다양하고 상호보완적인 정책수단을 동원하여 왔다. 당면한 과제를 즉시 해결하지 않고 다음으로 미루면 사회경제적 갈등이 심화될 수밖에 없다. 그러므로 복지정책은 성장과 분배를 동시에 해결하는 결정적인 수단으로서 자리매김해야 한다.

제2절 한국 경제의 국제적 위상과 문제점은?

여기에서는 몇 가지 경제지표를 통해서 우리나라 경제의 국제적 위상을 살펴보고 과연 우리 경제가 규모에 어울리는 내실을 갖추고 있는가를 판단해 보자.

2.1 GDP와 성장률

2.1.1 GDP

먼저 그 나라의 경제의 크기를 나타내는 대표적 지표인 GDP(국내총생산)에 대해서 살펴보자. GDP는 한국전쟁이 끝난 1953년의 480억 원에서 2000년에는 635조 원으로 1만 3천배가 넘게 증가하였고, 2007년 1,043조 원, 2018년 1,782조 원으로 3만 7천배가 넘게 증가하였다. 달러 기준으로 보면, 1953년 13억 달러에서 2006년에 1조 달러를 넘겼고 2018년에는 1조 6천억 달러로서 1953년 대비 약 1,250배로 증가하였다(<표 1-1>).

표 1-1 GDP 및 1인당 GDP　　　　　　　　　　　　　　　　　　(단위: 십억원, 억달러)

연도	GDP		1인당 GDP	
	(십억원)	(억달러)	(만원)	(달러)
1953	48	13	0.2	66
1955	114	14	0.5	64
1960	250	20	1	79
1970	2,795	82	9	253
1980	39,471	649	104	1,703
1990	197,712	2,793	461	6,514
2000	635,185	5,618	1,351	11,951
2005	919,797	8,980	1,909	18,636
2006	966,055	10,110	1,994	20,873
2007	1,043,258	11,227	2,143	23,062
2008	1,104,492	10,017	2,252	20,421
2009	1,151,708	9,023	2,336	18,300
2010	1,265,308	10,943	2,553	22,083
2011	1,332,681	12,027	2,669	24,084
2012	1,377,457	12,224	2,744	24,350
2013	1,429,445	13,054	2,835	25,886
2014	1,486,079	14,110	2,928	27,805
2015	1,564,124	13,824	3,066	27,097
2016	1,641,786	14,147	3,204	27,607
2017	1,730,399	15,302	3,364	29,744
2018	1,782,269	16,198	3,452	31,370

주: 2010년 기준, 명목가격.
자료: 통계청, 국가통계포털(http://kosis.kr).

표 1-2 GDP규모의 국제 비교 　　　　　　　　　　　　　　　　　　(단위: 10억 달러)

순위	2017		2016	2015	2010
1	미국	19,391	미국	미국	미국
2	중국	12,238	중국	중국	중국
3	일본	4,872	일본	일본	일본
4	독일	3,677	독일	독일	독일
5	영국	2,622	영국	영국	프랑스
6	인도	2,601	프랑스	프랑스	영국
7	프랑스	2,583	인도	인도	브라질
8	브라질	2,056	이탈리아	이탈리아	이탈리아
9	이탈리아	1,935	브라질	브라질	인도
10	캐나다	1,653	캐나다	캐나다	캐나다
11	러시아	1,578	*한국*	*한국*	러시아
12	*한국*	*1,531*	러시아	러시아	스페인
13	호주	1,323	스페인	호주	호주
14	스페인	1,311	호주	스페인	*한국*
15	멕시코	1,151	멕시코	멕시코	멕시코

자료: World Bank(https://database.worldbank.org).

　GDP의 국제순위를 보면, 1960년에는 비교 가능한 103개국 중 32위, 1970년에 128개국 중 31위, 1980년 148개국 중 26위였는데, 1990년에 180개 국가 중 15위로 올라섰다. 2015년과 2016년은 세계 11위, 2017년은 194개국 중에서 12위를 차지하였다. 2017년 당시 미국의 GDP 규모는 19조 달러 이상으로 한국의 약 13배이며, 중국은 약 8배, 일본은 약 4조 9천억 달러로서 3.2배이다. <표 1-2>에 표시된 15위 이내의 국가 중에 중국, 일본, 인도, 한국의 4개국이 포함된 것이 눈에 띈다. 이 외에도 브라질, 호주, 멕시코가 포함되고 있는데, 이것은 제2차 세계대전의 종전 이후 미국 및 유럽의 경제력이 상대적으로 약화된 반면, 아시아를 비롯한 신흥지역이 성장지대로서 세계경제의 확대에 크게 기여해 왔음을 보여준다.

2.1.2 경제성장률

그림 1-2 제조업 생산지수의 변화 (단위: %)

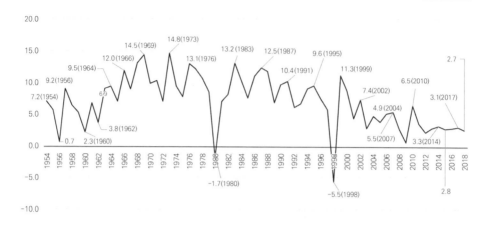

자료: 한국은행경제통계시스템(http://ecos.bok.or.kr).

그림 1-3 2000년대 실질경제성장률 추이 (단위: %)

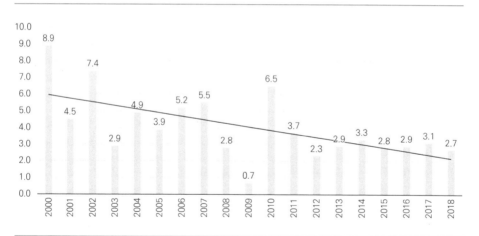

자료: 한국은행경제통계시스템.

<그림 1-2>는 1954년 이후의 연도별 경제성장률을 나타낸 것이다.[3] 이 그림에서 확연하게 눈에 띄는 것은 단 두 차례 마이너스 성장을 기록한 1980년

---

[3] 우리나라는 1954년부터 1958년에 이미 연평균 경제성장률이 5.4%였는데, 이것은 1960년대 및 1970년대의 성장률보다 낮지만 제3세계 국가들에 비하면 매우 높은 것이었다.

과 1998년이다. 1980년의 -1.7%는 제2차 오일쇼크와 광주민주화운동의 충격을 크게 받았기 때문이다. 1998년의 -5.5%는 외환위기로 인해 IMF로부터 구제금융을 받았던 시기이다. 1998년 위기의 원인으로 다양한 요인들이 지적되고 있는데, 한국 경제는 이 이전과 이 이후의 시기로 구분될 정도로 그야말로 엄청난 혼란에 빠졌고 외부로부터 뼈아픈 구조조정을 강요받았다. 글로벌 금융위기가 닥친 다음 해인 2009년에는 성장률이 1954년 이후 세 번째로 낮은 0.7%(1956년과 동일)를 기록했다. 그림에서 마이너스 성장을 기록한 1980년과 1988년을 제외하면 1973년의 14.8%를 정점으로 성장률이 1990년대 중반까지 조금씩 하강하고 있음을 한 눈에 알 수 있다. 이러한 흐름은 2000년대 이후 더 큰 폭으로 진행되어 2018년의 성장률은 2.7%에 지나지 않는다. <그림 1-3>은 2000년 이후의 성장률 변화를 더 상세하게 보여주고 있다. 횡으로 그어진 추세선을 보면 2000년대 초부터 2018년까지 명확하게 하강하고 있다. 다시 이 기간을 둘로 나누면, 2011년까지 하강, 2012년 이후는 정체하고 있는 것으로 보인다. 성장률은 특히 2012년 이후에 3% 전후를 지속하고 있어 저성장이 고착화하는 게 아닌가 하는 우려가 든다.

표 1-3 기간별 실질경제성장률　　　　　　　　　　　　　　　　　　　　(단위: %)

기간	1954-59	1960-64	1965-69	1970-74	1975-79	1980-84	1985-89
성장률	5.8	6.3	11.2	10.4	10.5	7.5	10.1
기간	1990-94	1995-99	2000-04	2005-09	2010-14	2015-18	2019
성장률	8.5	5.8	5.7	3.6	3.7	2.9	?

자료: 한국은행경제통계시스템.

　　<표 1-3>은 성장률을 기간별로 나누어 본 것이다. 먼저 한국전쟁 다음 해인 1954년부터 1959년까지 6년간 GDP는 매년 평균 5.8%씩 성장하였다. 고도성장기였던 1960년대나 1970년대 보다 낮지만 다른 후진국들에 비하면 상당히 높은 성장률이었다. 이 점은 흔히 무시되고 있지만, 1950년대는 한국전쟁에도 불구하고 일본이 남기고 간 귀속재산과 토지를 물적 자산으로 식민지적 유제를 극복하면서 나름대로 성장기반을 구축하고 있었던 것으로 평가할 수 있다. 특히 우여곡절 끝에 1950년 3월에 시작된 농지개혁은 지주-소작관계를 일거에 제거

하여 농가소득 증대, 취학률 증대 및 인적 자원 육성에 기여하였다. 또한 미국의 원조물자에 의존한 수입 대체적 소비재공업의 발전이 이루어졌다.

경제는 제2차 경제개발계획이 추진된 1960년대 후반부터 고도성장단계로 진입하였다. 제1차 경제개발계획은 수입대체를 주요 목표로 수립하였지만 소기의 목적을 달성하기 힘들었다. 그러자 1964년부터 수출지향적 공업화정책으로 전환했는데, 노동집약적 경공업제품을 중심으로 수출이 늘면서 성장률이 높아지기 시작했다. 이리하여 1980~1984년을 제외하고 1965년부터 1980년대 말까지 연평균 10%를 넘는 성장률을 달성하였다. 그러나 1990년부터 성장률이 점차 떨어지기 시작하여 1990년대 후반부터 2000년대 초반은 5%대, 2005~2014년은 3%대, 2015년 이후 2%대로 하락했다.

표 1-4 주요국의 경제성장률 비교 (단위: %)

	2000	2002	2004	2006	2008	2010	2011	2012	2013	2014	2015	2016	2017
한국	8.9	7.4	4.9	5.2	2.8	6.5	3.7	2.3	2.9	3.3	2.8	2.9	3.1
미국	4.1	1.8	3.8	2.7	-0.3	2.5	1.6	2.2	1.7	2.6	2.9	1.5	2.3
일본	2.8	0.1	2.2	1.4	-1.1	4.2	-0.1	1.5	2.0	0.4	1.4	0.9	1.7
영국	3.7	2.5	2.4	2.5	-0.5	1.7	1.5	1.5	2.1	3.1	2.3	1.9	1.8
독일	3.0	0.0	1.2	3.7	1.1	4.1	3.7	0.5	0.5	1.9	1.7	1.9	2.2
프랑스	3.9	1.1	2.8	2.4	0.2	2.0	2.1	0.2	0.6	0.9	1.1	1.2	1.8
이탈리아	3.7	0.2	1.6	2.0	-1.1	1.7	0.6	-2.8	-1.7	0.1	1.0	0.9	1.5
캐나다	5.2	3.0	3.1	2.6	1.0	3.1	3.1	1.7	2.5	2.9	1.0	1.4	3.0
중국	8.5	9.1	10.1	12.7	9.7	10.6	9.5	7.9	7.8	7.3	6.9	6.7	6.9
인도	3.8	3.8	7.9	9.3	3.9	10.3	6.6	5.5	6.4	7.4	8.2	7.1	6.9
러시아	10.0	4.7	7.2	8.2	5.2	4.5	5.3	3.7	1.8	0.7	-2.8	-0.2	1.5
멕시코	4.9	0.0	3.9	4.5	1.1	5.1	3.7	3.6	1.4	2.8	3.3	2.9	2.0
브라질	4.1	3.1	5.8	4.0	5.1	7.5	4.0	1.9	3.0	0.5	-3.5	-3.5	1.0

자료: World Bank.

<표 1-4>를 보면, 중국, 인도는 성장률이 매우 높은 반면, 미국, 일본, 영국, 독일 등 선진국의 성장률은 매우 낮다. 제조업 강국으로서 강한 성장력을 보이던 일본조차 0~1%대의 성장률이 일반화되고 있으며 심지어 마이너스 성장률

도 나타나고 있다. 한국의 성장률은 2012년 이후에 급속하게 떨어지면서 선진국의 낮은 수준에 근접해 가고 있다. 한국 성장률의 하락은 세계평균과 비교해 보아도 명확하게 나타난다.

그림 1-4 한국 및 세계 연평균 경제성장률 비교　　　　　　　　　　　　(단위: %)

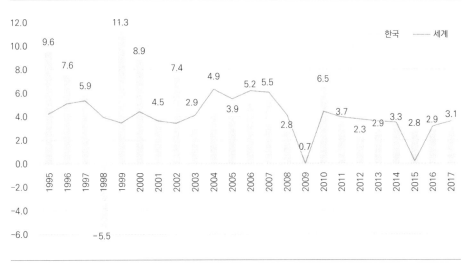

자료: World Bank.

한국과 세계의 평균성장률을 구체적으로 보면, 한국은 1998년 외환위기 때를 제외하고 2002년 이전에 세계 평균보다 낮은 적이 한 번도 없었다. 그러나 2003년 이후에 한국의 성장률이 세계 평균보다 높은 해는 2009, 2010, 2015년에 지나지 않고 나머지 해는 모두 낮다. 한국 성장률의 하락은 산업사의 측면에서는 당연한 결과라고도 볼 수 있다. 그러나 문제는 선진국에 진입하기도 전에 너무 빠른 속도로 성장률이 하강하고 있다는 점이다.

2.1.3 1인당 GDP

이제 1인당 GDP에 대해서 살펴보자. 아래 <표 1-5>에서 2017년에 한국은 29,743달러로 세계 31위이고, 이웃 일본은 27위이다. 세계 1위는 10만 달러인 룩셈부르크이고, 우리보다 규모가 작고 생소한 나라들도 고소득 국가에 들어 있다. OECD 회원국이면서 인구 5천만 명 이상의 국가는 미국, 독일, 영국, 프랑스, 일본, 이탈리아이고, 한국은 일곱 번째이다. 1인당 GDP 8위의 미국은 5천만 명 이상의 국가들 중에서 인구가 가장 많고 소득이 가장 높은 경제 강국의 면모를 보여주고 있다. 그 다음 독일은 4만 달러이고 그 이하의 국가들은 3만 달러를 넘는 나라들이다.

표 1-5 1인당 GDP 국가비교 (2017년)　　　　　　　　　　　　　　　(단위: 달러)

순위	달러	국가
1	104,103	룩셈부르크
2~7	8만~6만 달러 대	마카오, 스위스, 노르웨이, 아이슬란드, 아일랜드, 카타르
8	59,532	*미국*
9~18	5만~4만 달러 대	싱가포르, 덴마크, 호주, 스웨덴, 산 마리노, 네덜란드, 오스트리아, 홍콩, 핀란드, 캐나다
19	44,470	*독일*
20~23	4만 달러 대	벨기에, 뉴질랜드, 아랍에미레이트, 이스라엘
24	39,720	*영국*
25	39,147	안도라
26	38,477	*프랑스*
27	38,428	*일본*
28	35,676	괌
29	31,953	*이탈리아*
30	30,762	바하마
31	29,743	*한국*
32	29,040	쿠웨이트

자료: World Bank에서 정리.

　　이렇게 본다면 1인당 GDP 3만 달러는 선진국으로 가는 입구라고 할 수 있다. 한국의 1인당 GDP는 앞으로도 꾸준히 증가하겠지만 선진국도 현재 수준보다 올라갈 것이므로 1인당 GDP 4만 달러 정도가 될 때쯤이면 확실하게 선진국에 진입할 가능성이 크다. 그러나 현재의 성장 속도라면 언제 우리가 1인당 4만 달러 시대에 들어갈지 모른다. 앞의 <표 1-1>에 따르면, 우리나라의 1인당 GDP는 1953년 66달러, 1960년에도 79달러에 지나지 않았으나, 1970년 253달러

→ 1980년 1,703달러 → 1990년 6,514달러 → 2000년 11,951달러로 매우 빠르게 증가한 후 2006년에는 처음으로 2만 달러대에 진입하였다. 높은 성장률에 힘입어 이렇게 1인당 GDP는 빠른 속도로 증가하였지만, 2만 달러 대에서 3만 달러로 진입한 것은 2018년으로 12년이나 걸렸다. 이것은 영국(12년: 1990 → 2001년), 독일(13년: 1990 → 2002년), 프랑스(13년: 1990 → 2002년)와는 비슷하지만 일본(5년: 1987 → 1991년)이나 미국(9년: 1987 → 1995년)보다 오래 걸린 것이다. 이같이 우리나라는 1인당 GDP가 선진국 수준에 근접해있지만, 최근에는 저성장의 늪에 빠져있다. 선진경제에 들어가기 위해서 경제성장률 제고가 일차적 과제가 되는 이유는 바로 여기에 있다고 하겠다.

언제 4만 달러에 진입할 수 있을까?

2018년 1인당 GDP 31,370달러를 기준으로
① 성장률에 따라 걸리는 햇수는?

연평균 경제성장률(%)	걸리는 햇수(년)
2.5	10
3.0	9
3.5	7

② 햇수에 따라 달성해야 할 성장률은?

햇수(년)	경제성장률(연평균, %)
5	약 5.5
10	2.46
15	1.63

2.2 실업률

대표적 거시 지표인 GDP는 2015년 이후 2017년까지 세계 11위 내지 12위를 차지했지만 성장률 하락과 더불어 실업률을 비롯한 몇 가지 지표들은 우리 경제가 내부적으로 심각한 문제에 직면하고 있음을 보여준다.

표 1-6 한국의 실업률　　　　　　　　　　　　　　　　　　　　　　　　· (단위: %)

	2000	2002	2004	2006	2008	2010	2012	2014	2016	2018
전체	4.4	3.3	3.7	3.5	3.2	3.7	3.2	3.5	3.7	3.8
15-29세	8.1	7.0	8.2	7.9	7.1	7.9	7.5	9.0	9.8	9.5
65세 이상	0.6	0.5	0.7	0.7	0.8	2.4	2.1	2.1	2.3	2.9

자료: 국가통계포털.

<표 1-6>에 나타난 대로라면 2002년 이후에 한국경제는 완전고용을 유지하고 있다. 그런데 이 실업률은 현실을 정확하게 반영하지 않는다. 여기에 표시된 실업률은 통계당국에서 표본을 선정하여 파악한 연말의 상황이기 때문이다. 실제로 2000년대 이후 발표되는 월별 혹은 분기별 통계에는 완전고용이 아닌 경우가 가끔씩 보고되고 있다.

보다 심각한 것은 청년층(15~29세)의 실업이다. 청년층의 실업률은 나라마다 상황이 다르기는 하지만 전체 실업률보다 상당히 높은 것이 일반적이다. 이것은 이 연령대가 노동시장 참가 초기로서 직업을 탐색하는 경향이 강한 것과도 관계가 깊다. 그렇지만 우리나라 청년실업률은 점차적인 상승추세로 7~8%에서 2014년 이후 10%에 가까워지고 있다. 양적인 일자리 창출뿐만 아니라 실질적으로 마음을 붙이고 일할 수 있는 양질의 일자리 창출이 시급한 과제라 하겠다.

65세 이상 노인층의 실업률은 청년층보다 낮으며 전체 평균보다도 낮다. 우리나라 노인빈곤율은 OECD 최고 수준이기 때문에 노인실업률도 높을 것 같지만 그렇지 않다. 이것은 통계조사 시에 구직을 포기했다거나 일하기 싫다고 응답하여 경제활동인구에서 제외되기 때문이다. 나이가 들면 일하지 않고 노후를 즐기고 싶은 것은 동서양을 막론하고 예나 지금이나 마찬가지이다. 그럼에도 최근에는 노인층의 실업률이 점차적으로 높아지고 있다. 즉, 노인실업률은 1998년의 외환위기 여파로 0% 대에서 2000년 0.6%, 2010년에는 글로벌 금융위기의 여파로 무려 2.4%로 급상승하였다. 2018년은 이보다 높은 2.9%로 2000년의 약 5배로 증가하였다.

표 1-7 **주요국의 실업률 비교** (단위: %)

	1990	1995	2000	2005	2010	2012	2014	2015	2016	2017
한국	2.4	2.1	4.4	3.7	3.7	3.2	3.5	3.6	3.7	3.7
미국	5.6	5.7	4.0	5.1	9.6	8.1	6.2	5.3	4.9	4.4
중국	2.5	2.9	3.1	4.2	4.1	4.1	4.1	–	–	–
일본	2.1	3.2	4.7	4.4	5.1	4.3	3.6	3.4	3.1	2.8
독일	4.9	8.2	7.9	11.2	7.0	5.4	5.0	4.6	4.1	3.8
영국	7.0	8.7	5.6	4.8	7.8	7.9	6.1	5.3	4.8	4.3
인도	–	–	2.7	3.1	2.4	2.7	–	–	–	–
프랑스	9.4	11.8	10.2	8.5	8.9	9.4	10.3	10.4	10.1	9.4
브라질	3.7	6.4	–	9.6	–	6.4	7.1	9.8	–	–
이탈리아	9.8	11.7	10.8	7.7	8.4	10.7	12.7	11.9	11.7	11.2
캐나다	8.1	9.5	6.8	6.8	8.1	7.3	6.9	6.9	7.0	6.3
러시아	–	9.5	10.6	7.1	7.4	5.4	5.2	5.6	5.6	5.2
호주	6.9	8.5	6.3	5.0	5.2	5.2	6.1	6.1	5.7	5.6
스페인	16.3	22.7	13.8	9.2	19.9	24.8	24.4	22.1	19.6	17.2
멕시코	–	6.9	2.6	3.6	5.3	4.9	4.8	4.3	3.9	3.4

주: 2017년 GDP순위 15개국 선정하여 정리함.
자료: 국가통계포털.

<표 1-7>은 주요국 실업률이다. 각국의 작성 기준이 약간씩 다르기 때문에 일방적인 비교가 어렵지만 대강의 추세는 알 수 있다. 특히 실업률이 높은 프랑스, 이탈리아, 스페인은 물론 기타 국가와 비교해도 한국의 상황은 결코 나쁘지 않다. 최근 들어 한국보다 상태가 양호한 곳은 확장정책을 강력하게 지속하고 있는 일본 정도이다. 한국과 일본을 제외하고 나면 완전고용을 달성하고 있는 나라는 한 곳도 없다.

그림 1-5 한국과 OECD 평균 실업률 비교 (단위: %)

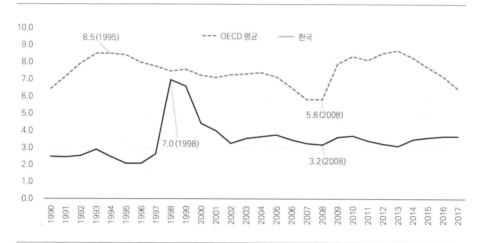

자료: 국가통계포털.

한국과 OECD 평균을 비교해보아도 한국 노동시장의 취업사정이 좋아 보인다. 한국은 1998년의 외환위기에 실업률이 정점인 7.0%에 도달했지만 이마저도 OECD 평균보다도 낮다. 2008년 글로벌 금융위기 후에도 한국의 노동시장 상황이 유럽시장보다 훨씬 좋게 나타나고 있다. 다만, 이러한 상황은 양적인 측면에서의 실업률을 반영한 것으로서 정규직 및 비정규직 등과 같은 취업상황이나 임금 수준 등 노동자의 생활과 직접 관계되는 질적 측면을 보여주는 것은 아니다. 이에 대해서는 따로 세심한 분석이 필요하다 하겠다.

요컨대, 한국은 다른 나라보다는 양적인 고용시장 상황은 좋지만 1990년대의 2%대에 비하면 크게 악화되었다. 인력을 절감하는 과학기술혁명이 지속되고 있기 때문에 향후에도 1990년대처럼 실업률이 나아지기는 쉽지 않을 것이다.

2.3 소득양극화

우리나라는 고속성장을 지속하는 동안 소득이 세계적으로 평등한 국가군에 속했다. 그러나 최근 소득불평등 문제가 사회적 이슈로 등장하여 이를 둘러싼 논쟁이 뜨겁게 전개되고 있다. 적극적으로 분배불평등을 해소해야 한다고 주장하는 측에서는 복지정책을 강화해야 한다고 주장하는 반면, 이를 반대하는 편에서는 재정 낭비와 국가채무의 증가만을 초래할 것이라고 비판의 날을 세우고 있다. 과연 어느 쪽 주장이 맞을까? 어느 쪽의 주장이 맞든 소득불평등에 대한 사실 파악이 먼저이다. 소득불평등도를 측정하는 수단으로는 지니계수, 5분위배율, 소득점유율(5분위), 팔마(Palma) 비율, 10분위배율, 상대적 빈곤율 등 여러 가지가 있다. 이 중에서 대표적 지표인 지니계수를 중심으로 소득불평등의 추이를 파악해 보자.

<그림 1-6>은 몇몇 자료에서 보이는 지니계수를 그린 것이다. 작성기준이 다르기 때문에 그림은 각각 다르게 나타나지만 전반적 추세는 이해할 수 있다. 그림의 자료는 한국은행이 발표했던 것(1987~2002), 통계청의 가계동향조사와 가계금융복지조사(패널)이다.4) 이 중에서 2002년까지 표시된 한국은행의 지니계수는 통계청의 가계동향조사(도시 2인 이상 가구) 결과치보다 상당히 높다. 아마도 통계청의 계수는 나중에 수정되어 낮아진 것으로 보인다. 그렇지만 이 둘은 2000년대 초반까지 비슷한 추세를 보여준다. 그리고 1998년의 외환위기를 기점으로 급상승하다가 일시적으로 하강한 후 2008년 글로벌 금융위기 때 다시 이 수준 이상으로 상승할 정도로 동향이 완전히 달라졌다. 지니계수는 시장소득을 기준으로 할 때 1997년까지는 0.27 이하였지만 1998년 우리경제를 위기에 빠뜨린 외환위기 시기에 거의 0.30에 이를 정도로 급상승했다. 4대 재벌인 대우그룹의 해체, 제1금융권의 위기와 종금사를 비롯한 제2금융권 기관의 대량 파산, 수많은 기업의 부도 등으로 인한 실업증가가 불러온 결과였다. 공황으로 부

---

4) 지니계수는 작성·공표하는 기관이나 작성자가 적용하는 기준에 따라서 다르고 동일 기관의 것도 발표 시기에 따라 다르다. 통계청의 지니계수는 가계동향조사(통계청이 설치되기 이전에는 경제기획원에서 조사함)를 바탕으로 산출한 것과 가계금융복지조사(패널)에서 만든 것으로 구분된다. 가계동향조사는 ① 전체 가구, ② 2인 이상 비농가, ③ 도시의 2인 이상을 대상으로 한 세 가지가 있는데, ③의 도시 2인 이상이 가장 긴 기간을 보여준다. 최근에 그동안 공표된 지수의 대표성에 의문이 제기됨에 따라 계수 산출에 정확성을 기하기 위하여 가계금융복지조사를 이용한 새로운 지니계수도 발표되고 있다.

그림 1-6 지니계수의 추이(1987~2002)

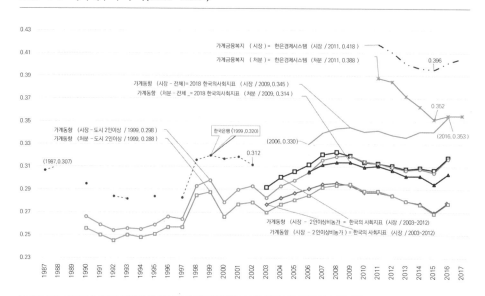

주: 시장=시장소득, 처분=처분가능소득, 전체=전체 가구.
자료: 국가통계포털, 한은경제통계시스템

유층보다는 노동자 및 서민이 더 크게 타격을 입었던 것이다.

둘째, 가계동향조사의 자료(시장소득기준, 도시 2인 이상 가구)에 따르면 글로벌 금융위기 직후인 2009년의 지니계수는 최고수준으로 1998년의 IMF구제금융 시기보다 높다. 이후 약간 개선되는 듯하다가 2015년부터 다시 악화될 조짐을 보이고 있다. 가계동향조사의 처분가능소득 기준 지니계수도 전체적으로 위와 비슷한 추세를 보여주고 있다. 고소득층의 소득을 고려한 가계금융복지조사도 2015년 이후 지니계수가 올라가면서 소득분배가 약간 악화되었다. 이 점에서 가계금융복지조사는 가계동향조사의 추이와 동일하지만 지니계수의 수준 자체는 훨씬 높게 나타나고 있다. 가계금융복지조사가 가계동향조사보다 현실을 더 잘 반영하고 있다는 점에서 소득불평등은 가계동향조사를 통해서 이제까지 알려진 것보다 더욱 심각하다고 할 수 있다.

지니계수란?

소득불평등도를 나타내는 지수에는 5분위배율, 10분위배율, 상대적 빈곤율 등이 있다. 이 중에서도 지니계수는 가장 많이 사용되는 지수이다.

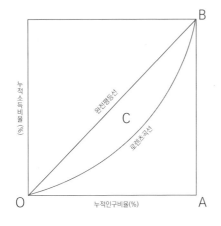

OB는 전체 인구에서 차지하는 인구비율이 전체 소득에서 점하는 비율과 일치하는 완전평등선이다. $\widehat{OB}$는 누적인구비율만큼 소득을 차지하지 못하는 불평등선을 나타낸다.

∴ 지니계수 = C/△OAB

0에 가까울수록 불평등도가 낮고 1에 가까울수록 불평등도가 높다.

다시 <그림 1-6>을 보면, 처분가능소득 기준의 지니계수는 시장소득을 기준으로 한 것보다 낮다.[5] 처분가능소득 기준 지수가 낮은 것은 시장소득에 순 공적이전소득을 더한 것이기 때문(저소득층이 공적 지원을 더 받았기 때문)이다. 즉, 이 차이만큼 공적 이전을 통한 소득분배 개선효과가 생기게 된다. <그림 1-6>에서 시간이 갈수록 이 양자의 간격이 점차 커지고 있는데, 이는 정부가 소득분배를 개선하기 위한 재정 집행에 노력하고 있다는 것을 보여 준다. 그러나 과연 이것이 만족스러운 수준인지는 별개의 문제이다. 예전보다 지니계수의 수준 자체가 전반적으로 높아졌고, 특히 최근에 시작된 가계금융복지조사의 계수는 가계동향조사보다 상당히 높게 나타난다. 그렇다면 정부의 분배불평등 해소를 위한 정책과 소득 보정 효과가 과연 만족할 만한 것일까? 국제비교를 통해서 이해해보자.

---

5) 시장소득(세전소득)은 근로소득, 사업소득, 재산소득, 사적이전소득으로 이루어지고, 처분가능소득(가처분소득)은 시장소득과 공적이전소득의 합에서 공적이전지출을 뺀 것이다. 공적이전소득은 공적연금, 기초연금, 사회수혜금, 세금환급금이고, 공적이전지출은 경상조세, 연금, 사회보험으로 이루어진다.

그림 1-7 OECD회원국의 지니계수 비교(2015년)

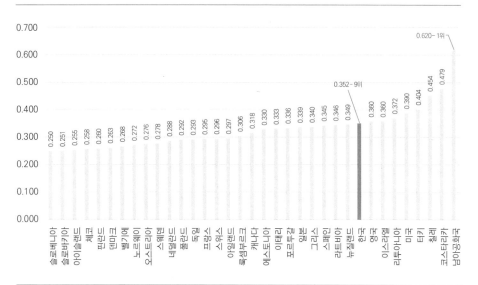

주: 오스트레일리아, 헝가리, 멕시코 빠짐.
자료: OECD(https://data.oecd.org).

　<그림 1-7>은 OECD가 최근에 제공하고 있는 2014~2017년의 지니계수 중에서 가장 많은 국가를 비교할 수 있는 2015년의 자료이다. 한국의 통계는 가계금융복지조사의 처분가능소득을 기준으로 한 것이다. 2015년분부터 OECD 권고안을 받아들여 작성한 자료이기 때문에 국제비교가 보다 정확한 것으로 보인다. 이에 따르면 한국은 OECD 35개국 중에서 소득불평등도가 아홉 번째로 높다. 2015년도에 정부 정책에 의한 소득재분배 효과는 0.042로서 OECD 평균 0.155의 27%에 지나지 않으며, 35개국 중 네 번째로 낮았다.[6] 여기에서 소득재분배효과는 세전소득인 시장소득의 지니계수에서 공적 이전이 이루어진 후의 처분가능소득의 지니계수를 차감한 수치이다. 다시 말해, 우리나라의 소득불평등은 1998년의 외환위기를 계기로 결정적으로 악화된 다음 개선되지 못하고 오히려 심화되어 왔으며, 국제비교를 통해볼 때 이를 개선하려는 정부의 노력도 매우 미흡한 것으로 평가된다.

---

6) 이데일리, "韓 소득불평등 '최악'인데…", 2017.12.21.(https://www.edaily.co.kr)

2.4 출산율의 급감

인구는 1952년 2,050만 명[7]에서 1960년 약 2,500만 명, 1970년 3,220만 명, 1980년 3,810만 명이었는데, 1984년에 4천만 명, 2010년에는 5천만 명을 넘어서 현재 약 5,200만 명이고,[8] 남녀 구성비를 보면, 2015년까지는 남성이 여성보다 약간 많았으나 2016년 이후에는 여성이 많다.

표 1-8 주민등록 인구 (단위: 명)

연도	총인구수	남자인구수	여자인구수
1995	45,858,029	23,041,367	22,816,662
2000	47,732,558	23,962,088	23,770,470
2005	48,782,274	24,456,234	24,326,040
2010	50,515,666	25,310,385	25,205,281
2015	51,529,338	25,758,186	25,771,152
2016	51,696,216	25,827,594	25,868,622
2017	51,778,544	25,855,919	25,922,625
2018	51,826,059	25,866,129	25,959,930

자료: 국가통계포털.

우리나라의 인구 규모는 2019년 기준 세계 28위이며, OECD 국가 중 미국, 일본, 멕시코, 독일, 터키, 프랑스, 영국, 이탈리아 다음으로 아홉 번째를 차지하고 있다. 선진국 집단 중에서 인구규모가 그리 적지 않지만 출산율이 떨어지고 있어 인구 전망은 그리 밝지 않다.

출산율은 예상을 크게 뛰어 넘는 속도로 감소하고 있으며 출생아수도 매년 감소 일변도이다. 1970년만 하더라도 여성 1인의 합계출산율은 4.53명, 신생아는 100만 명이었지만 1975년에 합계출산율 3.43명, 신생아 87만 명으로 줄어들었다가 10여 년 후인 1987년에 각각 1.53명, 62만 명으로 감소하였다.[9]

---

7) 해방 이후에는 한국전쟁기에 남한 지역에서 몇 차례 인구조사가 실시되었으나 사회혼란과 전쟁으로 인한 자료 상실 등으로 정확한 통계를 파악할 수 없었다(내무부, 『한국통계연감』, p.1.).

8) 경제기획원, 『1983 한국통계연감』, p.37; 통계청, 『1992 한국통계연감』, p.36.

9) 통계청, 2016 출생 통계(확정) – 보도자료, p.2.

합계출산율은 가임여성(15~49세) 1명이 낳을 것으로 기대되는 평균 출생아수를 가리킨다. 이에 대해 현재의 인구를 유지하는데 요구되는 출산율을 대체출산율이라고 하는데, 보통 2.1명 수준으로 본다.

그 이후의 추세를 살펴보면 <그림 1-8>과 같다.

그림 1-8 **출생아 수 및 합계출산율의 추이(1993~2018)**　　　　　　(단위: 명)

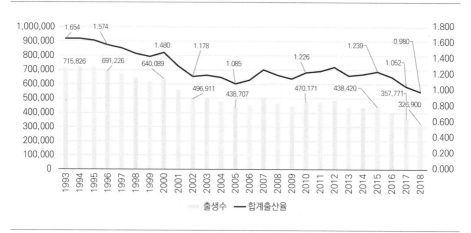

자료: 국가통계포털.

합계출산율은 1990년대 초반 이후로 계속 줄고 있다. 1993년 1.654명 → 2000년(1.480명) → 2005년(1.085명) → 2010년(1.226명), 그리고 2018년에 0.980 명으로 가임여성 1인당 1명 이하로 떨어졌다. 출생하는 아기의 숫자도 1993년 71만 6천명에서 2000년(64만 명) → 2010년(47만 명) → 2018년(32만 7천명)이다. 이런 추세대로 가면 얼마 지나지 않아서 30만 명 이하로 떨어질 것이다. 만약 2019년 이후 신생아 수가 30만 명이라면 단순 계산에 의하더라도 60년 후인 2079년에 60세까지의 인구는 1,800만 명에 불과하게 된다(외국인 거주자 제외). 2018년 말 기준으로 주민등록인구 약 5,183만 명 중 60세까지의 인구가 4,140만 명인 것과 비교하면 인구 감소가 얼마나 심각할 것인지를 단적으로 알 수 있다. 통계청의 『장래인구추계』(2018)에 따르면, 2067년 총인구 3,929만 명, 60세까지

인구 1,909만 명이다. 이것은 경제활동인구가 격감한다는 의미로서 잠재성장률에 매우 부정적인 영향을 미치게 된다. 합계출산율은 2018년 0.98명에서 2021년 0.86명까지 떨어진 후 약간씩 증가하여 2025년 1.00명이 되지만 2037년에도 1.25명밖에 되지 않을 것으로 예측되고 있다.

그림 1-9 합계출산율 변화의 국제 비교   (단위: 명)

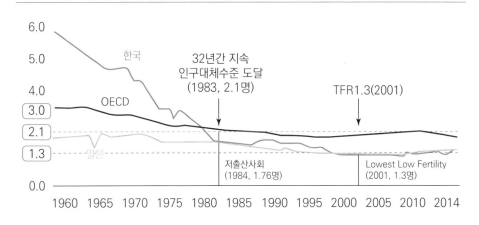

자료: 원종욱, 이소영, 『저출산정책의 효과성 분석』, 한국보건사회연구원, 2017, p.3.

한국 출산율의 시기별 변화를 다른 나라와 비교해 보자. 한국의 합계출산율은 1960년대 초만 하더라도 거의 6.0명으로서 현재의 OECD 회원국 평균인 3.0명의 두 배에 가까웠으며, 일본은 이 때 이미 1.3명 수준에 지나지 않았다. 한국은 1983년 현존 인구 수준을 유지할 수 있는 대체출산력에 도달하여 저출산 단계에 진입하였으며, 2001년에는 합계출산력 1.3명으로 초저출산단계로 진입하였다. 한국의 합계출산율은 1980년대 초에 OECD 수준 이하로 떨어졌고 2000년대에 들어서는 일본보다도 낮아졌다. 한국의 합계출산율은 전세계와 비교해보아도 너무 낮은 수치를 기록하고 있다. 예를 들면, 2010년에 우리나라의 합계출산율은 1.24명으로서(2011년에 1.24명) 세계 2.52명의 절반에 미치지 못하고 홍콩 1.01, 보스니아─헤르체고비나 1.22명 다음으로 세계 186개국 중에서 세 번째(184위)로 낮았다.[10] 2015년도에도 1.24명으로서 홍콩, 마카오를 제외하고 세계

10) 경향신문, 2010.10.21. 이 기사는 인구보건복지협회가 유엔인구기금(UNFPA)와 함께 펴낸 『2010세계인구현황보고서』를 인용한 것이다.

에서 가장 낮은 초저출산 상태에 있었다.[11]

그림 1-10 OECD회원국의 합계출산율 비교(1990년, 2016년)   (단위: 명)

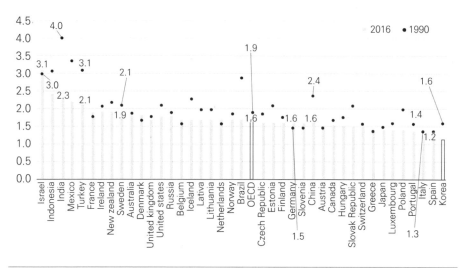

주: OECD회원국 외에 중국, 인도, 러시아, 브라질, 인도네시아도 표시.
자료: OECD.

　국가별 출산율을 비교해보자. <그림 1-10>은 2016년을 기준으로 합계출산율이 높은 순서대로 국가들을 배열하였다. 1990년에 비해서 2016년은 전반적으로 합계출산율이 하락하였다. 2016년에 이스라엘은 3.0명으로 가장 합계출산율이 높고, 터키는 대체출산력을 유지하고 있다. 한국은 1990년에도 낮은 수준이지만 2016년에는 OECD 회원국 중에서 가장 낮다. 이 기간 중 높아진 나라는 이스라엘, 프랑스, 덴마크, 벨기에, 네덜란드, 독일, 슬로베니아이고, 영국, 오스트리아는 동일한 수준을 유지하고 있다. 이러한 결과는 이들 국가들이 출산율 유지를 위해 상당한 노력을 기울였기 때문이다. 우리나라도 최근에 합계출산율 저하문제가 꾸준히 제기되어 대책이 보완되고 있지만 공공보육시설의 공급, 육아수당의 지급, 공공(임대)주택의 공급 등 실질적인 지원정책이 매우 부족하다. 이 문제를 해결하기 위한 지원정책의 정비가 시급한데도 얼마 전 보육시설의 공급을 둘러싼 갈등이 큰 사회적 물의를 일으킨 것은 그동안 국가의 정책이 얼마

---

11) 원종욱, 이소영, 『저출산정책의 효과성 분석』, 한국보건사회연구원, 2017, p.3.

나 소홀했는가를 역으로 방증한다.

우리나라 경제를 외국과 비교하면 전체적으로 그리 나쁜 편이 아니다. GDP 규모는 세계 11~12위 정도를 유지하고 있으며, 예전보단 못하지만 성장률은 OECD 회원국 중 낮지 않고 1인당 GDP도 3만 달러 이상으로서 선진국에 수준이 근접해있다. 실업률은 외관상 대체로 완전고용을 유지하고 있으며, 여타 선진국과 비교하여 그 수준도 높지 않다. 최근에 수출은 증감이 있지만 세계 5위로 올라섰다(수출에 대해서는 뒷 절 참조). 이 외에도 우리나라는 GDP 대비 R&D 비율이 세계 1, 2위(절대액은 6위)이고, 삼성전자, LG전자, SK하이닉스, 현대자동차·기아자동차 등을 비롯하여 적지 않은 세계적 기업들을 보유하고 있다. 국가 전체의 R&D액수가 수십 년 전 미국이나 독일 1개 기업의 금액보다 적거나 합판, 의류 및 봉제, 신발(운동화) 등 노동집약적 산업제품이 주력 수출품이던 시절과 비교하면 그야말로 격세지감이라고 하지 않을 수 없다. 대한민국을 국토면적만으로 마냥 작은 나라라고 말하기가 힘들지 않을까라는 생각이 들 정도이다.

반면, 최근 양질의 일자리 창출 및 청년층의 실업문제가 본격적으로 대두하고, 겉으로 드러난 분배지표보다 소득양극화는 심각하며 국제적으로는 OECD 회원국 중에서 불평등도가 상당히 높은 것으로 나타난다. 출산율도 세계 최저수준으로 하락하여 급격한 인구감소가 우려되고 있으며 노동공급 부족은 물론 내수시장 위축을 야기할 것으로 우려된다. 이러한 문제가 중첩되면서 분배 갈등은 이제 세대 간 갈등으로 확산될 조짐마저 보이고 있다. 왜 이러한 현상과 갈등이 벌어지는가? 한마디로 한국 경제의 덩치는 상당히 커졌으나 그것을 채우는 각 부문들은 빈약하기 때문이다. 정책의 운용 방향을 적극적으로 전환할 시점이라고 하겠다.

제3절 왜? 정책을 어떻게 바꿀 것인가?

3.1 정책 전환의 배경

향후 우리나라는 1960년대 후반부터 1990년대 말에 걸쳐 달성했던 높은 성장률을 달성하지 못할 것이 명백하다(<표 1-4> 참조). 이제 성장률에 지나치게 집착하는 고도성장의 꿈에서 벗어나야 한다. 예전처럼 고도성장을 달성하기 위해 양적 팽창 정책을 무리하게 추진하면 여러 가지 문제가 발생할 가능성이 크다. 이른바 "747정책(7%성장률, 1인당 소득 4만 달러, 7대 선진국 진입)"의 무리한 추진은 2008년 불어닥친 글로벌 금융위기와 상승작용을 일으켜 한국경제에 커다란 위기를 초래한 적이 있었다.

1960년대 후반부터 1990년대 말까지 한국경제의 고도성장을 이끈 것은 투자와 수출이었다. 투자를 통한 생산 확대와 수출 증대는 자본축적 및 자본효율성 제고, 노동력의 질적 수준 향상, 기술개발, 고용증대 등을 통해 높은 경제성장률을 달성하는 데 크게 기여했다. 고도성장을 이끌었던 경제개발계획은 1962년에 착수되었다. 당시에 우리나라는 자본이 부족했기 때문에 외화도입을 위한 각종 제도를 정비하고 외자를 도입하였다. 정부는 도입된 자금이 수출산업에 집중적으로 투자되도록 유도하였다. 이 당시에 수출 증대를 주도한 산업 부문은 합판, 의류 및 봉제, 신발 등 노동집약적 산업으로 이 부문은 재투자를 촉진하고 수출을 증대하여 높은 성장률을 달성하고 고용을 증대하는 선순환을 창출했다. 1973년에는 중화학공업화가 시작되었고, 1980년대에는 안정화정책 및 산업합리화조치, 1990년대에는 금융실명제와 함께 마지막 개발계획인 제7차 신경제개발 5개년계획(1992~1997)이 실시되었다. 그 후 정부주도의 개발계획은 중단되었지만 투자와 수출의 증대를 통해 성장률을 높게 유지하려는 정책은 최근까지도 지속되어 왔다.

이러한 정책으로 나타난 경제성장의 내용이 어떻게 변화해 왔는지를 GDP의 지출별 항목을 중심으로 살펴보자. <표 1−9>는 지출항목별 및 경제활동별로 연평균 성장률을 10년 단위로 나누어 각 기간별로 계산한 것이다. 먼저, 국내총생산(GDP) 성장률은 1960년대부터 1990년대까지 7.1%~10.5%의 나름대로 높은 성장률을 달성하였지만 2000년대는 4.7%, 2010년대는 3%대로 앞 시기에 비해 거의 절반 수준으로 낮아졌다. 이것을 경제활동별로 나누어보면, 제조업, 전기·가스·수도업, 건설업 등 각 부문별 성장률이 1960년대는 15~20%에 가까웠지만 50년 후인 2010년대는 5% 이하로 하락하고 있다.

표 1-9 지출항목별 및 경제활동별 기간별 연평균 실질성장률　　　　　　　　　(단위: %)

		1960 -69	1970 -79	1980 -89	1990 -99	2000 -09	2010 -18	(2010 -14)	(2015 -18)
	국내총생산	8.8	10.5	8.8	7.1	4.7	3.4	3.7	2.9
지출 항목별	최종소비지출	6.9	7.6	7.2	6.1	4.1	2.8	2.7	2.9
	① (민간)	6.9	7.8	7.4	6.3	3.9	2.5	2.6	2.5
	② (정부)	6.2	6.1	6.4	5.2	4.9	3.6	3.1	4.1
	총고정자본형성	24.1	17.3	9.5	7.2	3.9	3.3	2.5	4.3
	③ (민간)	–	17.5	10.2	7.1	3.6	4.2	4.2	4.2
	④ (정부)	–	13.0	7.1	8.0	5.3	-0.7	-5.0	4.6
	수출	30.5	25.4	12.3	13.7	10.2	5.3	7.8	2.2
	수입	20.2	17.7	9.2	10.9	8.4	5.9	7.4	3.9
경제 활동별	제조업	15.9	18.0	10.9	8.9	6.9	4.7	5.9	3.1
	전기,가스,수도업	19.8	16.6	16.4	10.4	5.8	2.8	2.5	3.3
	건설업	18.6	11.0	7.1	4.1	1.6	1.3	-1.4	4.7
	서비스업	7.9	9.7	9.2	7.5	4.4	3.0	3.3	2.6

주: 경제활동별 실질성장률은 주요 항목 일부만 표시.
자료: 한국은행경제통계시스템.

　　지출항목별 성장률을 경제주체별로 나누어 보자. 지출항목 중에서 최종소비
지출의 ① 민간의 소비지출(C)이고, ② 정부는 국가운영에 필요한 물자를 구입
하는 정부소비로서 정부부문(G)에 속한다. 총고정자본형성은 투자를 의미하는데
③ 민간(투자, I)과 ④ 정부(투자)로 나누어진다. 최종소비지출의 ② 정부(소비)와
총고정자본형성의 ④ 정부(투자)는 합쳐서 정부지출(G)을 구성한다. 여기에는 재
정투융자 등이 포함된다.12) 전체적으로 볼 때 1990년대까지 ③ 민간투자 및 수

---

12) <표 1-9>의 지출항목별 항목은 경제주체별로 구분한 것이다. 지출항목별 총고정자본형
　　성은 특성별로는 건설투자, 설비투자, 지식재산생산물투자로 나누어진다. 여기서 지식재산생
　　산물투자는 주로 R&D가 차지한다. 이를 기간별 성장률로 표시하면 다음과 같다.

	1960 -69	1970 -79	1980 -89	1990 -99	2000 -09	2010 -18	(2010 -14)	(2015 -18)
건설투자	21.7	12.9	9.5	6.5	2.6	1.8	-0.9	5.1
설비투자	31.7	23.2	8.9	8.1	4.9	5.4	6.4	4.2
지식재산생산물투자	14.0	21.4	20.6	12.2	7.8	4.8	6.6	2.6

출과 관련된 항목들의 성장률이 가장 높아 투자와 수출이 이 당시의 고도성장을 이끌었음을 확인시켜주고 있다. 특히 수출은 성장의 견인차로서 2000~2009년에도 매년 10.2%에 이를 정도로 증가율이 높았다. 투자는 경제성장을 이끄는 수요측 요인임과 동시에 정부의 각종 지원정책에 힘입어 생산성 제고 및 생산규모 증대를 지향하는 공급 중심 경제성장정책과 매우 밀접한 관련을 맺고 있다. 투자와 수출 다음으로 성장률이 높은 것은 정부지출 관련(②,④)이며 민간의 최종소비지출(①)이 가장 낮다. 민간의 최종소비지출 성장률이 낮은 것은 그동안 국가경제에서 민간 내수시장이 상대적으로 덜 중요시되었음을 시사한다.

한편, 각 지출 항목들은 2000년대에 들어서 성장률이 크게 감소하고 있다. 특히 고도성장을 이끌어 온 쌍두마차인 ③ 민간투자 증가율은 1960년대 매년 24.1% 이상에서 4.2%로,[13] 수출 증가율은 1960년대 매년 30% 이상이었지만 2015년 이후 2.2%로 감소하였다.

이상을 요약하면, 민간소비지출, 민간투자, 정부지출, 수출 모두가 성장률이 크게 하락했는데, 특히 수출과 민간투자의 하락이 특징적이다. 투자 촉진 및 수출증대 정책만으로 만족스러운 성장률을 달성하기 힘들게 된 것이다. 떨어지는 성장률을 회복하기 위해서는 위의 네 가지 지출의 성장률을 높여야 하지만 어느 것 하나 쉽지 않은 것으로 보인다. 성장의 기관차 역할을 톡톡히 담당했던 수출은 대외요인의 영향을 크게 받을 뿐만 아니라 수출 규모도 세계적 수준에 올라와 있기 때문에 예전과 같은 증가가 힘들다. 투자 또한 대기업을 중심으로 거액의 사내유보금을 가지고 있지만 투자기회가 크게 줄었기 때문에 투자 확대가 용이한 일이 아니다. 더욱이 투자가 증가해도 고용은 과거만큼 늘지 않고 있다. 정부에서 기업가들에게 투자를 권유하는 경우가 있지만, 이러한 행위는 시장경제에서 지속할 수 있는 정책이 아니다. 소비 부문도 분배구조의 악화와 과도한 가계부채가 발목을 잡고 있다. 이렇게 보면 과거와 같이 투자와 수출에만 중점을 둔 정책으로는 하락하는 성장률을 끌어올리기 힘들다. 그러므로 투자와 수출 중심의 대외의존적 정책을 수정하여 그동안 소홀히 다뤄져왔던 내수기반을 강화하는 방향으로 정책을 강화하지 않으면 안 될 것으로 보인다. 이하에서는 정책

---

13) 1960년대 민간투자 증가율을 '24.1% 이상'으로 표시한 것은 1960년대에 총고정자본형성 중 민간의 수치가 없으나 1970년대 및 1980년대에 정부부문의 성장률보다 3~4% 높았기 때문이다.

을 전환해야 하는 구체적 이유를 통계로 확인해 보자.

3.2 수출력의 한계

우리나라의 수출은 1960년대 이후 매우 빠른 속도로 증가하였는데, <표 1-9>에 따르면 1960년부터 1979년에 매년 평균증가율은 25~30%였으며, 1980년부터 1999년에는 12~14%였다. 심지어 수출의 연평균 증가율은 2000년 대 초(2000~2009년)에도 지출 항목 중에서 가장 높은 10.2%로 GDP성장률이 반 토막인 4.7%로 떨어질 때에도 성장의 주요 동력원 역할을 하였다. 하지만 그 이후 2018년까지 연평균 증가율은 5%대로 하락하였고, 특히 2015~2018년에는 연평균 2.2%밖에 되지 않을 정도로 급락했다.

그림 1-11 우리나라의 수출(1990~2017)   (단위: 억 달러)

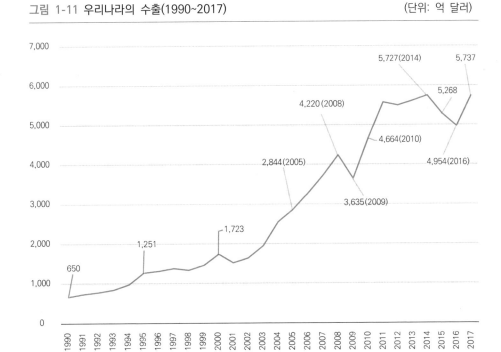

자료: 국가통계포털.

수출의 절대액을 보면, 2000년 1,723억달러에서 2017년 무려 5,737억달러에 이를 정도로 크게 증가하였다(<그림 1-11>). 그렇지만 수출은 더 이상 예전과 같이 급성장할 것으로 보이지 않는다. 예를 들면, 2009년에는 2008년 글로벌 금융위기의 여파로 감소하였으며, 대외요인에 의해 2016년에도 감소하였다. 이것은 더 이상의 급속한 증가가 불가능하며, 오히려 대외요인에 의해 감소할 수 있다는 것을 의미한다. 특히 2011년의 5,552억 달러 이후는 증감을 되풀이하면서 정체 경향을 보여주고 있다.

표 1-10 **주요국의 수출 동향**   (단위: 10억 달러)

	1990	1995	2000	2005	2010	2012	2014	2015	2016	2017
한국	65	125	172	284	466	548	573	527	495	574
중국	61	149	249	762	1,578	2,050	2,343	2,282	2,137	2,280
미국	394	585	782	901	1,278	1,546	1,622	1,503	1,451	1,546
독일	410	524	550	978	1,258	1,402	1,494	1,326	1,334	1,448
일본	288	443	479	595	770	799	690	625	645	698
프랑스	217	287	299	444	524	569	581	506	501	535
네덜란드	132	196	213	350	493	553	576	465	470	528
이탈리아	170	234	240	373	447	502	530	457	462	506
홍콩	82	174	202	290	390	443	474	466	463	498
영국	183	242	283	383	410	475	477	438	408	441
벨기에	–	176	188	336	408	446	472	397	398	430
캐나다	128	191	278	371	392	462	479	411	394	424
멕시코	41	80	166	214	298	371	397	381	374	409
싱가포르	53	118	138	230	352	408	409	347	338	373
러시아	–	83	105	240	393	527	497	341	282	353
전 세계	34,463	49,450	63,641	103,740	148,060	177,349	184,567	161,133	156,106	171,226
아시아	8,432	15,178	20,000	34,264	53,582	65,848	68,170	61,143	57,800	61,248
	(24.5)	(30.7)	(31.4)	(33.0)	(36.2)	(37.1)	(36.9)	(37.9)	(37.0)	(35.8)

주: 2017년 기준 15위 이내 수출국을 표시.
자료: 국가통계포털.

표 1-11 주요국의 수출 순위

순위	1990	1995	2000	2005	2010	2012	2014	2015	2016	2017
1	독일	미국	미국	독일	중국	중국	중국	중국	중국	중국
2	미국	독일	독일	미국	미국	미국	미국	미국	미국	미국
3	일본	일본	일본	중국	독일	독일	독일	독일	독일	독일
4	프랑스	프랑스	프랑스	일본	일본	일본	일본	일본	일본	일본
5	영국	영국	영국	프랑스	프랑스	프랑스	프랑스	*한국*	프랑스	*한국*
6	이탈리아	이탈리아	캐나다	영국	네덜란드	네덜란드	네덜란드	프랑스	*한국*	프랑스
7	네덜란드	네덜란드	중국	이탈리아	*한국*	*한국*	*한국*	홍콩	네덜란드	네덜란드
8	캐나다	캐나타	이탈리아	캐나다	이탈리아	러시아	이탈리아	네덜란드	홍콩	이탈리아
9	홍콩	벨기에	네덜란드	네덜란드	영국	이탈리아	러시아	이탈리아	이탈리아	홍콩
10	대만	홍콩	홍콩	벨기에	벨기에	영국	캐나다	영국	영국	영국
11	*한국*	중국	벨기에	홍콩	러시아	케나다	영국	캐나다	벨기에	벨기에
12	스위스	*한국*	*한국*	*한국*	캐나다	벨기에	홍콩	벨기에	캐나다	캐나다
13	중국	싱가포르	멕시코	러시아	홍콩	홍콩	벨기에	멕시코	멕시코	멕시코
14	스웨덴	대만	대만	싱가포르	싱가포르	싱가포르	싱가포르	싱가포르	싱가포르	싱가포르
15	스페인	스페인	싱가포르	멕시코	멕시코	사우디	멕시코	러시아	스페인	러시아

자료: 국가통계포털.

2017년을 기준으로 중국의 수출액은 2조 2,800억 달러, 미국 1조 5460억 달러, 독일 1조 4,480억 달러, 일본 6,980억 달러, 한국 5,740억 달러 정도이다. 가장 눈에 띄는 것은 중국 수출의 급성장이다. 중국은 1990년만 해도 한국의 650억 달러보다 적은 610억 달러였지만, 1995년에는 역전하였고 2012년경부터 세계에서 유일하게 2조 달러 이상을 수출하고 있으며, 2017년에는 모든 국가 수출액의 10.3%를 차지하고 있다. 다음으로 주목되는 것은 아시아 지역의 급성장이다. 1990년 이후 세계 15위 이내에 아시아에서는 5개국(중국, 일본, 한국, 홍콩, 싱가포르)이 들어가는데, 아시아 전체의 수출액이 1990년 전 세계의 24.5%에서 2017년에는 35.8%로 증가하여 중국과 함께 아시아가 세계의 성장 지대임을 보여주고 있다. 셋째, 무역대국 중에서 3, 4위를 차지하는 독일과 일본의 차이가 2010년 이후 매우 크게 벌어지고 있다. 일본의 수출은 2012년 이후 감소 혹은 정체하고 있다.

한편, 한국과 일본의 수출액을 비교하면 1990년에 한국은 일본 수출액의 22.6%에 지나지 않았지만 2017년에는 82.2%로서 그 차액은 1,240억 달러 정도이다. 수출 순위에서는 2010년 이전은 수출 1위를 미국과 독일이 번갈아 차지했지만 그 이후에는 중국이 부동의 1위 자리를 지키고 있다. 한국은 2005년까지 11위 혹은 12위를 차지하다가 2010~2014년 7위, 2015~2017년에 프랑스와 네덜란드를 밀어내고 6위, 5위로 올라섰다. 향후 한국의 수출 순위는 2017년도의 5위 이상으로 올라가기가 불가능할 것이다. 한국의 수출이 일본보다 적기는 하지만 일본의 인구가 한국의 2.6배에 달하는 점을 고려하면 한국의 1인당 수출액은 일본보다 훨씬 많다. 다시 말하면, 한국 경제성장의 동력이었던 수출은 향후에 예전과 같은 획기적 증가를 기대할 수 없다.

3.3 투자의 무력화

<표 1-9>에서 보았듯이 민간 기업의 국내 투자도 최근 들어 부진을 면치 못하고 있다.

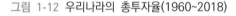

그림 1-12 우리나라의 총투자율(1960~2018)　　　　　　　　　　　　(단위: %)

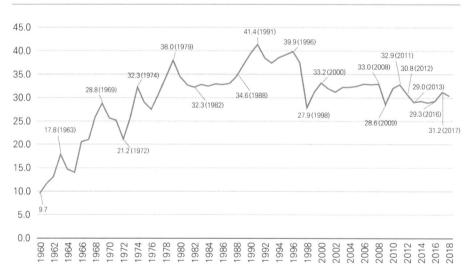

주: 투자율=[총자본형성(국내총고정자본형성+재고증감)/GDP]×100
자료: 국가통계포털.

GDP에서 총자본형성분을 나타내는 투자율은 1960년만 하더라도 9.7%에 지나지 않았지만 1979년에 38.0%까지 급상승하였다. 하지만 1979년 제2차 오일쇼크 이후 1980년대는 대체로 35%를 밑돌다가 1991년에는 최고점인 41.4%를 기록한 후 1998년 외환위기 때에 27.9%까지 급락하였다. 2000년부터 2008년 동안은 32~33% 수준을 유지했는데, 2009년 글로벌 금융위기의 여파로 28.6%까지 다시 하락하였다. 그 후 약간 회복되었지만 2010년 이후에는 30% 이하로 떨어졌는데, 이것은 제1차 오일쇼크가 닥친 1974~1977년의 평균치와 비슷한 수준이며 1991~1997년의 연평균 투자율과 비교하면 거의 10% 정도 하락한 것이다. 2017년에 다시 오르기는 했으나 투자율 제고가 그리 용이하지 않을 것으로 보인다.

그림 1-13 **우리나라 기업의 저축액 및 저축률**   (단위: 십억원, %)

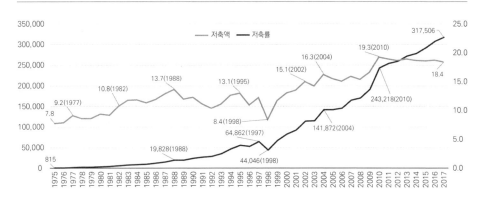

주: 비금융 법인기업.
자료: 한국은행경제통계시스템.

기업의 투자율이 하락하는 반면에 기업의 저축은 급증하였다. 우리나라의 비금융 법인기업의 저축액은 1998년의 일시적 감소를 제외하고는 가파르게 증가해왔다. 저축액은 1975년 8천억 원에 지나지 않았으나 1997년 65조 원, 2010년 243조 원, 2017년 318조 원으로 급증하였다. 이에 따라 저축률도 등락을 반복하였지만 장기적으로는 상승추세를 지속해 왔다. 비금융 법인기업의 저축률은 1975년 7.8%에서 1982년 10.8% → 13.8%(1988) → 13.1%(1995) → 16.3%(2004)이고 2010년에 19.3%로 가장 높았다. 2010년 이후 저축률은 정체 혹은 약간 감소추세이지만 1980년대 및 1990년대의 평균 11.5%였던 것에 비하면 2010~2017년은 18.8%로 7.3%나 증가하였다.

기업 저축율의 증가와 더불어 대기업들의 사내유보금도 급증하고 있다. 재벌
닷컴이 발표한 바에 따르면 2016년 6월 말 현재 10대 그룹 소속 상장사들의 사
내유보금은 550조 원에 달했다. 삼성그룹은 210조 3천억 원인데 이 중에서 삼성
전자가 143조 원을 차지했으며, 현대자동차그룹 117조 2천억 원(현대자동차 52조
원), SK그룹(62조 7천억 원), 포스코(47조 1천억 원), LG그룹(44조 6천억 원), 롯데그
룹(30조 6천억 원), 7위는 현대중공업(14조 8천억 원)의 순으로 집계됐다. 시민단
체들의 발표에 따르면, 2016년부터 2018년까지 각 년도 말의 사내유보금(비상장
포함)은 30대 재벌은 807조 원 → 883조 원 → 950조 원, 10대 재벌은 686조 원
→ 759조 원 → 815조 원, 5대 재벌은 569조 원 → 617조 원 → 666조 원으로
증가하였다. 그룹별로 가장 많은 곳은 삼성으로 2018년도에 291조 원이었으며,
현대자동차그룹 136조 원, SK 119조 원, LG 58조 원, 롯데 60조원의 순으로 이
5대 그룹이 30대 그룹 전체의 70%를 차지하고 있다.

이와 같이 우리나라 기업들의 투자가 활발하지 않은 것은 과거 1960년대나
1970년대처럼 자본이 부족하기 때문이 아니다. 현재의 상황에서 마땅한 투자처
를 찾지 못하고 있는 것과 밀접한 관련이 있는 것이다.

3.4 민간소비의 정체

그림 1-14 GDP 대비 최종민간소비지출 비율 (단위: %)

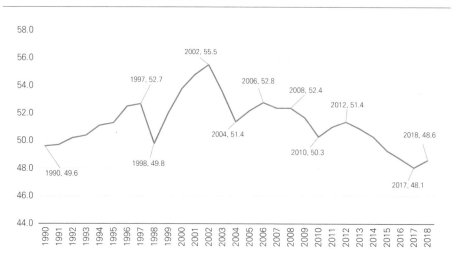

자료: 한국은행 경제통계시스템.

우리나라는 GDP 규모에 비해 민간소비가 차지하는 비중이 적다. <그림 1-14>는 GDP 대비 최종민간 소비지출이 차지하는 비율의 변화도이다. 이 비율은 1990년 49.6%에서 상승하다가 1998년의 외환위기 때에 52.7%(2017)→49.8%(2018)로 급강한 후 빠른 속도로 다시 올라 2002년에 55.5%로 정점을 기록하였다. 그 후는 전반적으로 하강추세이며, 2017년에는 48.1%로 크게 줄어들었는데, 이는 1953년 최종 민간소비지출 통계가 작성된 이후 최저수준이다.[14] 가계지출은 식품, 의류, 주거(임대료), 에너지, 교통, 내구재(특히 자동차), 의료비, 여가 및 기타 서비스 등 일상의 필요 충족을 위한 가구의 최종 소비지출 금액인데, 보통 GDP의 60% 내외를 차지하는 것이 일반적이다. 그러므로 가계의 소비를 진작하기 위한 정책의 실행이 요구된다. 예를 들어, 2018년 기준으로 소비지출을 10% 증가시킨다면 GDP가 1,782조 원이므로 178조 원이 증가할 것이다.

이같이 민간소비 지출을 정체시키는 주요한 요인의 하나가 소득양극화이다. 앞에서 지니계수를 살펴보았는데, 2017년까지의 5분위배율이나 상대적 빈곤율 역시 지니계수와 상당히 비슷한 변화를 보이고 있음을 알 수 있다.[15] 소득5분위배율의 경우, 2009년 이후 불평등도가 약간 완화되었지만 2015년 이후 악화되고 있고, 국제적 비교에서도 2015년도에 한국은 7배로서 멕시코, 칠레, 미국, 터키 다음의 5위로 불평등도가 높다.[16] 상대적 빈곤율은 2015년도에 OECD의 비교 대상국가 32개국 중에서 두 번째로 불평등도가 높다. 이것은 지니계수 및 5분위배율의 국제 순위보다 높은 것으로 하위소득계층의 빈곤문제가 다른 나라보다 심각하다는 것을 의미한다.

---

14) 1953년 86.5%, 1966년에 78.6%로 70%대로 하락, 경제성장이 본격화하여 정부부문의 역할이 커지면서 1973년에 68.6%로 떨어졌다. 1978년에 처음으로 59.3%를 기록한 후 1983년 이후에는 57.9% 이하로 지속적으로 하강하기 시작하였다.

15) 가계동향조사 및 가계금융복지조사 모두 비슷한 경향을 보이고 있다. 5분위배율은 최상위 20%의 평균소득을 최하위 20%의 평균소득으로 나눈 값이고, 상대적 빈곤율은 중위소득(인구를 소득순으로 나열할 때 중간에 있는 사람의 소득)의 50% 미만인 계층이 전체 인구에서 차지하는 비율을 가리킨다.

16) 이데일리, "韓 소득불평등 '최악'인데…", 2017.12.21.(https://www.edaily.co.kr)

그림 1-15 상대적 빈곤율의 국제적 비교(2015년)　　　　　　　　　　　　　　(단위: %)

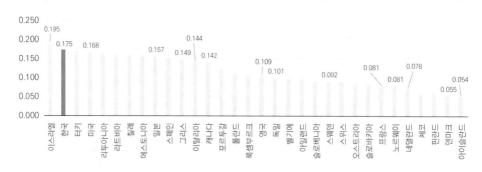

주: 한국은 가계금융복지조사의 자료임.
자료: 국가통계포털.

표 1-12 임금수준별 임금노동자의 비율　　　　　　　　　　　　　　　　　(단위: 천명, %)

임금수준별	2013	2014	2015	2016	2017	2018
총인원(천명)	18,676	19,161	19,684	19,810	20,074	20,273
100만원 미만	12.8	12.4	12.3	11.4	10.9	10.2
100~200만원 미만	37.7	36.9	35.0	33.8	30.8	27.1
200~300만원 미만	24.3	25.1	26.0	26.3	27.9	29.7
300~400만원 미만	12.9	13.1	13.8	14.2	15.1	16.3
400~500만원 미만	5.8	5.9	6.0	6.5	6.9	7.5
500만원 이상	6.5	6.5	6.9	7.9	8.4	9.3

주: 매년 하반기 지역별 고용조사 취업자의 산업 및 직업별 특성 조사 결과.
자료: 국가통계포털.

　　소득양극화가 심화된 주된 원인 중의 하나는 하위소득계층의 임금소득 수준
이 낮은 것과 밀접한 관계가 있다. 우리나라는 1998년의 외환위기 때 실업률이
급증하고 전반적으로 실질임금이 하락하여 소득불평등이 크게 심화되었다.[17]
통계청의 보고에 따르면, 임금노동자 중에서 월 200만원 미만의 임금을 받는 노
동자가 2013년에 50.5%(약 1,868만 명의 절반 이상인 942만 명)에서 2018년
37.3%(2,027만 명의 756만 명)로 줄어들었다. 2018년의 37.3%는 전년도인 2017년
보다 4.4%가 감소한 것인데, 이것은 최저임금위원회가 시간당 최저임금을 2017

17) 지니계수, 소득5분위배율, 상대적 빈곤율 모두 1998년 외환위기 때 악화된 것으로 나타난다.

년 6,470원에서 2018년 7,530원으로 인상한 것에 크게 영향을 받은 것으로 보인다.[18] 그렇지만 2013~2018년에 200만 원 이하의 노동자가 13.2% 줄어든 반면에 100만 원 미만의 임금노동자는 12.8%에서 10.2%로 2.6% 밖에 감소하지 않아 사회 최저층의 소득 증대가 쉽지 않음을 보여주고 있다. 2018년 1인당 GDP는 3,452만 원(31,370달러)이지만, 보건복지부가 내놓은 2018년도 4인 가족 기준 중위소득은 5,536만 원에 지나지 않는다. 실제로는 국민의 절반 이상이 여전히 '1인당 국민소득 1만 달러 시대'에 살고 있는 것이다.[19] 이러한 사실은 저임금의 하위소득계층을 중심으로 심화된 소득불평등이 민간소비를 제약하고 있음을 의미한다.

소득양극화(저소득층의 소득 정체)와 더불어 국내 시장의 소비정체를 초래하는 또 하나의 주요한 요인은 가계부채의 급증이다.

표 1-13 가계신용의 증가 추세 (단위: 조원, %)

	가계신용	판매신용	가계대출 (①+②)	예금취급 기관 ①	기타금융 기관등 ②	가계신용 증가율(%)	GDP대비 가계신용(%)
2002	465	48	417	277	140	–	61.0
2003	472	27	445	322	123	1.6	58.2
2004	494	25	469	356	113	4.7	56.4
2005	543	28	515	393	122	9.8	59.0
2006	607	32	576	443	132	11.8	62.8
2007	665	35	630	474	156	9.6	63.8
2008	724	40	684	515	168	8.7	65.5
2009	776	42	734	550	185	7.3	67.4
2010	843	49	794	594	200	8.7	66.6
2011	916	55	861	640	222	8.7	68.7
2012	964	58	906	660	246	5.2	70.0
2013	1,019	58	961	687	273	5.7	71.3
2014	1,085	60	1,025	746	279	6.5	73.0

18) 시간당 최저임금은 2017년 6,470원이었는데, 2018년 7,530원으로 전년대비 16.4% 인상되었고, 2019년에는 10.9% 인상된 8,350원으로 결정되었다.

19) 경향신문, 2019.1.22, 사설(1인당 GNI 3만 달러에 걸맞은 삶의 질 확보하려면).

	가계신용	판매신용	가계대출 (①+②)	예금취급 기관 ①	기타금융 기관등 ②	가계신용 증가율(%)	GDP대비 가계신용(%)
2015	1,203	65	1,138	812	326	10.9	76.9
2016	1,343	73	1,270	909	361	11.6	81.8
2017	1,451	81	1,370	975	395	8.1	83.8
2018	1,537	90	1,447	1,034	413	5.9	86.2
2019.2	1,556	89	1,467	1,050	417	–	–

주: 2019년은 2분기.
자료: 한국은행 경제통계시스템.

한국은행에 따르면, 2002년도 가계부채(가계신용)는 465조 원에서 2010년 843조 원, 2015년 1,203조 원으로 점차 증가했다. 2018년에 무려 1,537조 원까지 늘었으며, 2019년 2분기에는 1,556조 원이다. GDP 대비 가계부채 비율도 급증하여 2005년까지는 대체로 50%대였지만, 2006~2011년은 60%대, 2012~2015년은 70%대, 2016년에 80%를 넘기기 시작하여 2018년 말에는 무려 86.2%를 차지하였다.

그림 1-16 가계의 담보부채 중 부동산 관련 비중 (단위: %)

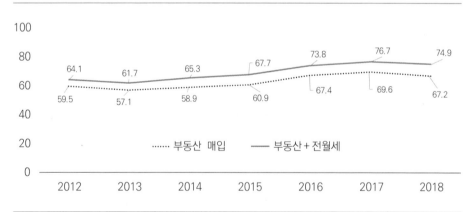

주: 1) 부동산 매입은 대출 용도 중 거주주택 마련+거주주택 이외 부동산 마련,
　　2) 전월세는 전월세 보증금 마련 용도임, 3) 2018년도는 잠정치임
자료: 국가통계포털.

가계부채 급증의 배경에는 아파트 매입을 비롯한 부동산시장의 투기 및 과열이 작용하고 있는 것과 밀접한 관계가 있다. <그림 1-16>은 가계의 담보부채 중 부동산 관련 부채의 비중을 살펴보기 위해 가계금융복지조사 결과를 나타낸 것이다. 금융기관의 담보부채 중 부동산 매입 관련 비중은 2012년도 59.5%에서 2017년 69.6%까지 올라갔다가 부동산가격 억제정책으로 2018년에 67.2%로 약간 하락했지만, 동 기간 중에 약 8% 상승했다. 여기에 전월세 마련을 위한 부채까지 합하면 같은 기간 중 주거 및 부동산 관련 대출 비중이 10% 이상 높아졌다. 특히 부동산 매입을 위한 담보대출은 2015~2017년의 3년간 8.7%가 증가했다.

가계부채의 급증은 우리 경제를 불안하게 하는 주요인으로 지목되어 왔다. 그럼에도 역대 정부들 중에는 경기회복이나 성장률 제고의 손쉬운 방법으로써 부동산 및 건설경기 활성화의 유혹을 쉽게 뿌리치지 못했던 측면들이 있었다. 이러한 정책은 일시적으로는 경기를 활성화하거나 성장을 자극했지만 궁극적으로는 경제의 인프라를 강화하기보다는 투기붐 조성에 일조하고 장기적으로는 시장수요를 제약하여 성장률을 저해하는 요인으로 작용하였다. 이것은 부동산 경기과열로 인하여 가계부채 중에서 부동산 매입 자금이 과도한 비중을 차지하게 되면 원리금 상환부담이 가중되어 소비지출을 제약하고 결과적으로 성장률을 떨어뜨리는 요인으로 작용하기 때문이다. <그림 1-14>를 보면, GDP 대비 민간소비지출 비율은 글로벌금융위기 이후인 2010년 50.3%부터 2012년 51.4%까지 상승하였다. 그러나 2012년 51.4%에서 지속적으로 하강하기 시작하여 2017년에는 48.1%로 역대 최저점으로까지 감소하였다. 한편, <표 1-13>에 따르면, 2015년과 2016년에 가계신용 증가율이 10~11% 이상으로 GDP 대비 가계부채 비율이 처음으로 80%를 넘었는데, 이것은 부동산금융의 활성화로 인해 민간소비가 감소했을 가능성을 시사한다.[20]

3.5 남아있는 정책 수단은?

자본주의 발전사에서 나타나는 필연적인 현상 중의 하나는 모든 경제는 자본 축적이 고도화하면 경제성장률이 하락한다는 것이다. 우리나라 경제도 양적, 질

---

20) 경제성장률은 2014년 3.3%에서 2015년 2.8%, 2016년 2.9%로 하락하였다.

적 측면에서 선진국 수준에 근접해 있기 때문에 과거와 같은 높은 성장률을 달성하기란 불가능하다. 그렇지만 최근의 성장률 하락은 그 속도가 너무 빠르고 현재의 여러 가지 사회경제적 모순을 증폭할 수 있다는 점에서 대책마련이 매우 시급하다. 앞에서 보았듯이 투자와 수출, 민간의 소비지출과 정부 등 모두 부문의 성장률이 크게 하강하였다. 투자 부진은 과거의 고도성장기처럼 자본 부족 때문이 아니라 자본축적의 고도화와 글로벌 경제의 변동에 따른 것이다. 수출은 세계 5위로서 우리의 경제 규모에 비해 결코 뒤떨어지지 않는 성과를 달성해 왔기 때문에 향후에 급속한 증가를 기대하기 어렵다. 민간의 소비지출도 성장률 하락, 소득양극화, 중산층의 감소, 과도한 가계부채(부동산 금융) 등으로 인하여 인위적으로 끌어올리기가 쉽지 않다. 성장을 이끌어 온 투자와 수출의 부진 때문에 나타나는 당연한 결과이다. 투자와 수출은 성장의 견인차 역할을 포기한 상태이고 민간 소비지출 역시 내수시장 확대에 기여하지 못하고 있는 것이다. 정부지출의 실질증가율도 고도성장기보다 크게 하락하였는데, 2010~2018년에 −0.7%일 정도로 정체 상태이다(<표 1−9> 참조).

그렇다면 성장률을 제고할 수 있는 방법이 전혀 없는 것일까? 기업의 투자와 수출은 정부가 정책을 추진한다고 해서 일시에 크게 증가하기 어렵고 소득수준에 직접 영향을 받는 민간의 소비지출도 통제하기 쉽지 않다. 그렇지만 정부지출은 이것들과 성격이 다르다. 정책당국이 의지를 가지고 적극적으로 추진한다면 성장률 제고가 가능하다. 어떻게 운용하는가에 따라서 정책적 영향력을 극대화할 수 있다. 즉, 정부 부문의 확장을 통해 국내 소비시장을 활성화하고 생산과 투자를 간접적으로 자극하여 성장률 제고를 기대할 수 있다. 제2차 세계대전 이후 선진 각국에서도 전략적으로 이러한 정책을 구사하여 장기호황을 유지하였다. 우리나라도 가시화될지 모르는 장기불황을 방지하기 위해서라도 정부의 강력한 확장 재정이 요청된다. 우리나라에서는 정부가 적극적으로 내수시장을 키우려는 정책을 실시한 바가 없다. 저성장의 함정에서 벗어나 분배와 성장을 동시에 달성하기 위해서는 적극적인 확장 재정으로의 전환이 시급하다. 정부부문을 전략자산으로 이용하여 국내소비를 진작하고 성장률을 높여야 할 단계에 와 있는 것이다.

표 1-14 OECD회원국의 GDP 대비 일반정부 총지출 비율   (단위: %)

	2016	2017	2018	2019	2020
OECD평균	40.7	40.3	40.1	40.0	39.9
대한민국	32.3	32.5	33.3	34.3	34.8
미국	*38.3*	*38.1*	*37.8*	*37.9*	*38.1*
일본	*38.7*	*38.7*	*38.4*	*38.4*	*38.2*
독일	*44.0*	*43.9*	*43.9*	*44.2*	*44.2*
영국	*41.4*	*40.9*	*40.0*	*39.8*	*39.4*
프랑스	*56.8*	*56.4*	*56.2*	*55.5*	*54.0*
이탈리아	*49.3*	*48.9*	*48.8*	*49.3*	*49.2*
캐나다	*40.7*	*40.3*	*40.3*	*40.0*	*40.1*
노르웨이	*50.8*	*49.9*	*48.6*	*48.0*	*47.5*
덴마크	*52.7*	*51.2*	*51.5*	*50.6*	*49.5*
스웨덴	*49.8*	*49.3*	*49.0*	*48.7*	*48.1*
핀란드	*55.9*	*54.0*	*52.7*	*51.8*	*51.3*
그리스	48.9	47.3	46.5	46.0	45.3
네덜란드	43.6	42.5	41.6	41.2	40.6
뉴질랜드	40.7	40.6	41.6	41.6	41.1
라트비아	37.0	37.8	37.6	37.1	36.8
룩셈부르크	41.9	43.1	42.8	42.8	42.6
벨기에	53.0	52.2	51.6	51.2	51.1
스위스	34.2	34.2	33.6	33.4	33.3
스페인	42.2	41.0	41.2	40.7	40.2
슬로바키아	41.5	40.1	39.8	39.4	39.2
슬로베니아	45.3	43.2	42.7	42.7	41.9
아이슬란드	44.3	42.5	40.8	40.2	40.0
아일랜드	27.5	26.3	26.1	25.8	25.3
에스토니아	39.5	39.3	39.8	40.2	40.6
오스트리아	50.3	49.1	48.0	47.4	46.7
이스라엘	38.6	39.5	40.0	40.1	40.2
체코	39.5	38.9	39.3	39.1	38.7

	2016	2017	2018	2019	2020
포르투갈	44.8	45.7	44.4	43.6	42.7
폴란드	41.1	41.1	41.4	41.7	42.0
헝가리	46.8	46.9	46.6	46.4	46.1
호주	36.3	35.7	35.4	35.5	35.5

주: General government total outlays Per Cent of nomonal GDP.
자료: 국회예산정책처, 『2019경제재정수첩』, 39.

    <표 1-14>는 일반정부(중앙정부＋지방정부) 총지출이 GDP에서 차지하는 비율을 OECD 회원국별로 표시한 것이다. 표의 기간 동안 32개국 중에서 한국의 비율은 아일랜드 다음으로서 맨 밑에서 두 번째이다. 이것은 국민경제에서 차지하는 정부부문의 비중이 비교 대상국들보다 적어서 경제 운용에 적극적으로 기여하지 못하고 있다는 것을 뜻한다. 예를 들면, 한국의 GDP 대비 일반정부 지출비율은 2018년도에 OECD 평균 40.1%보다 6.8%가 낮은 33.3%로 GDP 1,782조 대비 OECD 평균 비율만큼 지출하려면 121조 원이 더 많아야 한다. 물론 단순 계산이고 나라마다 경제구조나 여러 가지 제도 등 처해 있는 상황이 각기 다르기 때문에 이것을 한국 경제에 그대로 적용할 수 없다. 그렇지만 이러한 차이는 선진국에 비해 한국이 재정규모를 늘릴 필요성이 있다는 것을 의미한다. OECD 회원국 중에서 우리보다 GDP 규모가 큰 미국, 일본, 독일, 영국, 프랑스, 이탈리아, 캐나다는 모두 한국보다 GDP 대비 정부총지출 비율이 높으며, 복지국가의 전형인 북유럽의 노르웨이, 덴마크, 스웨덴, 핀란드는 50% 전후에 이르고 있어 더 큰 격차를 보인다. 이와 같이 선진국들은 우리나라보다 국가재정을 적극적으로 운용하고 있다.

    한국경제의 재정 확대 여력 및 필요성에 대해서는 그 동안 국내 학자뿐만 아니라 세계의 저명 경제학자나 국제기구도 여러 차례 권고하거나 강조한 바가 있다. 2008년 노벨 경제학상 수상자인 Paul Krugman은 2016년에 한국을 방문하여 "한국은 재정지출 여력이 높은 국가인 만큼 지출을 늘려 성장을 진작해야 한다"고 하면서 "사회지출을 늘림으로써 사회 정의를 실현하고 서민들의 생활수준

을 높여 결과적으로 성장을 진작시킬 수 있다"고 강조했다.[21] 그는 2019년 9월 기획재정부 장관을 면담하는 자리에서도 한국의 재정 여력이 충분하다는 점을 지적하면서 경기불황에 정부 예산을 통해 공공지출을 늘려 과감하고 적극적으로 대응할 것을 조언하였다.[22] 2019년 4월 IMF는 한국과 독일, 호주에 적절한 수준의 경기부양을 권고했는데 이를 두고 WSJ는 부양책을 쓸 수 있음에도 사용하지 않는 나라로 지목한 것이라는 해설을 내놓았다.[23]

그동안 한국경제는 규모가 작을 때는 투자와 수출만으로도 높은 성장률을 달성할 수 있었다. 그러나 자본축적으로 경제규모가 커지고 성장률이 급락하는 데서 보듯이 투자와 수출에만 매달리는 기존의 정책만으로는 여러 가지 한계를 극복할 수 없게 되었다. 나머지 남아있는 모든 수단을 동원해서 성장률을 끌어 올려야 할 단계에 이른 것이다. 우리에게는 아직 새로운 패턴의 정책을 쓸 수 있는 여유가 있다는 점에서 희망적이라고 하겠다.

제4절 늘린 정부재정을 어디에 투입할 것인가?

4.1 복지재정 확충의 의의

정부재정의 확장을 통해서 정부는 첫째, 복지경제 구현을 위한 제반 정책을 추진하고, 둘째, 제4차 산업혁명 시대에 요구되는 연구개발 투자를 자극하고 중소기업 육성, 소재 및 부품산업의 육성, 지식산업을 비롯한 서비스업의 발전 등을 적극적으로 지원할 수 있을 것이다. 그 중에서도 복지의 확대는 서민경제의 활성화 및 내수시장 확대를 통해 경제 활성화에 기여할 것이다.

---

21) Weekly BIZ, 2016.10.6, 조선일보의 위클리비즈(Weekly BIZ) 창간 10주년 기념 경제·경영 글로벌 콘퍼런스에서 한 강연 요지이다.
22) 파이낸셜뉴스, 2019.9.9., 노벨경제학상 수상자 "기업 불확실성 커 韓경제성장률 전망 하락"
23) 연합뉴스, 2019.4.15, "IMF, 한국·독일·호주에 경기부양책 가동 권고"

그림 1-17 우리나라의 GNI 대비 수출 비중의 추이　　　　　　　　　(단위: %)

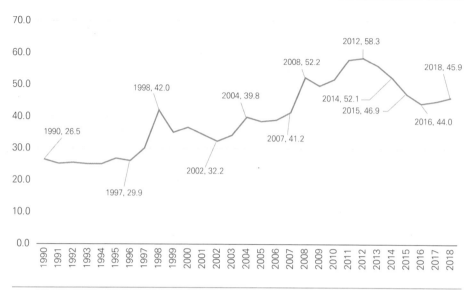

주: 수출의존도는 (수출액/GNP)×100이지만, GNI 대비 수출 비중으로 대신함.
자료: 한국은행경제통계시스템.

　　<그림 1-17>은 우리나라 경제가 해외시장에 얼마나 의존하고 있는지를 이해하기 위해 수출의존도만을 그려놓은 것이다. 수출의존도는 1990년대에 20%대를 유지하다가 1998년 외환위기를 기점으로 급상승한 후 하락했지만 전반적으로 상승 분위기이다. 특히 2008~2014년은 대체로 50% 이상을 점했는데 2016년 이후도 여전히 40% 중반대의 매우 높은 수준을 지속하고 있으며, 수출은 세계 5위까지 상승했다. 우리나라는 이처럼 수출의존도가 높기 때문에 대외 충격에 민감하게 반응하게 되어 경제의 불안정성이 높다. 앞으로 내수 비중을 높여 나가야 할 필요성이 있다고 하겠다.
　　이러한 측면에서 복지예산 증액은 첫째, 경제적 약자를 배려하고 중산층을 육성함으로써 내수시장을 확대하고 지나치게 높은 해외의존도를 낮출 수 있는 기능을 수행할 수 있다. 이것은 또한 현재의 한국 사회가 앓고 있는 계층간 갈등을 치유하고 국민적 통합을 달성하는 데 기여할 것이다. 둘째, 성장률 향상에 도움을 줄 수 있다. IMF가 150개국을 대상으로 분석한 바에 따르면, 소득 상위 20%의 소득이 1% 오르면 매년 성장률이 0.08% 감소하고, 소득 하위 20%의 소

득이 1% 상승하면 매년 성장률이 0.38% 증가한다. 저소득층은 한계소비성향이 높기 때문에 저소득 계층에 대한 경제적 지원이 국내시장을 확장, 즉 민간의 소비수요를 증가시킬 것이기 때문이다. 국가 예산의 확대 및 복지재정의 확충은 70년 가까이 지속된 대외 의존적, 양적 성장 위주의 정책에서 벗어나 국가경제 운영의 패러다임을 근본적으로 바꾸고 개혁한다는 의미를 띠고 있다고 하겠다.

결과의 평등을 무시한 기회의 평등은 과연 공정할까?*

4.2 복지재정의 현황

먼저 전체 재정 및 복지예산의 규모를 살펴보자. 우리나라의 재정규모는 2017년도에 400조 원을 넘어서기 시작하여, 2019년도에는 약 470조 원이다. 분야별로 배분되는 재원을 살펴보면 다음과 같다.

표 1-15 중앙정부 재정의 분야별 지출(2015~2019) (단위: 조원)

	2015	2016	2017	2018	2019
1. 보건, 복지, 고용	115.7 (120.4)	123.4 (126.9)	129.5 (131.9)	144.7 (145.8)	161.0
2. 교육	52.9 (52.9)	53.2 (55.1)	57.4 (59.4)	64.2 (64.4)	70.6
3. 문화,체육,관광	6.1 (6.4)	6.6 (6.9)	6.9 (7.0)	6.5 (6.5)	7.2

* 원작자에게 보상할 것임.

	2015	2016	2017	2018	2019
4. 환경	6.8 (6.9)	6.9 (7.0)	6.9 (7.1)	6.9 (7.0)	7.4
5. R&D	18.9 (18.9)	19.1 (19.1)	19.5 (19.5)	19.7 (19.7)	20.5
6. 산업,중소기업,에너지	16.4 (18.1)	16.3 (18.6)	16.0 (18.8)	16.3 (18.2)	18.8
7. SOC	24.8 (26.1)	23.7 (23.7)	22.1 (22.2)	19.0 (19.1)	19.8
8. 농림,수산,식품	19.3 (19.8)	19.4 (19.6)	19.6 (19.8)	19.7 (19.8)	20.0
9. 국방	37.5 (37.6)	38.8 (38.8)	40.3 (40.3)	43.2 (43.2)	46.7
10. 외교,통일	4.5 (4.5)	4.7 (4.7)	4.6 (4.6)	4.7 (4.7)	5.1
11. 공공질서,안전	16.9 (17.1)	17.5 (17.5)	18.1 (18.2)	19.1 (19.1)	20.1
12. 일반,지방행정	58.0 (58.2)	59.5 (62.9)	63.3 (65.1)	69.0 (69.1)	76.6
총지출	375.4 (384.7)	386.4 (398.5)	400.5 (410.1)	428.8 (437.7)	469.6

주: 본예산 기준, ( )는 추경 기준.
자료: 국회예산정책처, 『2019경제재정수첩』, 69분야별재원배분.

우리나라 재정은 분야별로 12개 분야로 구분되는데 이 중에서 매년도 보건·복지·고용이 가장 액수가 많고, 일반·지방행정, 교육, 국방의 순이다. 특히 보건·복지·고용부문의 예산에서 2018년도와 2019년도에 전년대비 14~16조 원이 크게 증액된 것이 눈에 띈다.

표 1-16 우리나라 보건·복지·고용부문 재정 규모   (단위: 조원, %)

항목	2012	2013	2014	2015	2016	2017	2018	2019
복지재정합계	92.6	97.4	106.6	115.7	123.4	129.5	144.7	161.0
정부총지출	325.4	342.0	355.8	375.4	386.4	400.5	428.8	469.6
GDP	1,377.5	1,429.4	1,486.1	1,564.1	1,641.8	1,730.4	1,782.3	?
정부지출대비 복지재정	28.5	28.5	29.9	30.8	31.9	32.3	33.7	34.3
GDP대비 복지재정	6.7	6.8	7.2	7.4	7.5	7.5	8.1	?

주: 1) 복지재정: 〈표 1-16〉의 보건·복지·고용의 항목임.
    2) GDP는 2010년 기준 명목가격.
자료: 국회예산정책처, 『대한민국재정2016』, p.419, 『2019경제재정수첩』, 244; 국가통계포털.

<표 1-16>은 보건·복지·고용의 복지성 예산이 정부총지출 및 GDP에서 차지하는 비율을 보여주고 있다. 이 부문의 정부총지출 대비 비율은 2012년 28.5%에서 2019년 34.3%까지 점차 커지고 있고, GDP 대비 비율도 2012년 6.7%에서 2018년에 8.1%로 증가하였다. 그러나 여기에는 순수한 복지 예산뿐만 아니라 보건이나 고용에 관한 예산도 포함되어 있기 때문에 실제로 복지 예산이 각 항목에서 차지하는 비중은 이것보다 훨씬 적다.

그림 1-18 OECD 주요국의 재정지출 항목 비교(2016년)   (단위: %)

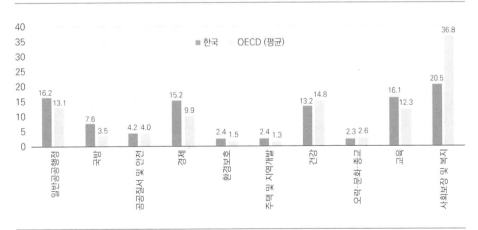

주: 1) 일반정부의 재정지출.
    2) OECD의 분류 기준.
자료: OECD 자료를 바탕으로 국회예산처에서 재구성.

그림 1-19 공공사회복지지출액 및 GDP 대비 비율의 변화　　　　　(단위: 조원, %)

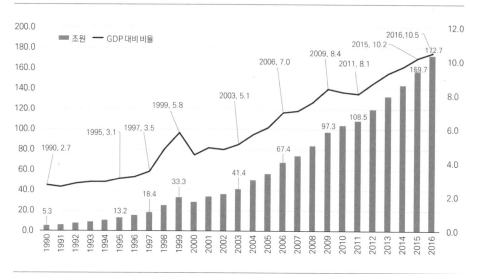

주: 1) 좌측=공공사회복지지출액, 우측=GDP 대비 비율
　　2) 2016년은 잠정치.
자료: 국가통계포털.

우리나라는 재정을 12개 분야로 구분하는데 복지 관련 예산은 보건·복지·고용으로 묶어서 발표한다(<표 1-15>). 이에 비해 OECD에서는 재정지출 항목을 10개 분야로 나누고 사회보장 및 복지만을 따로 떼어 구분한다. 국회예산정책처에서 OECD 기준을 바탕으로 재구성은 재정지출 항목을 비교해 보면(<그림 1-18>), 한국의 사회보장 및 복지재정은 2016년도 OECD 평균 36.8%의 절반 수준을 조금 넘는 20.5%에 지나지 않는다.

이렇게 낮은 수준의 복지재정은 공공사회복지지출 통계에서도 확인된다. 공공사회복지지출은 1990년에 5조 3천억 원으로 GDP의 2.7%에 지나지 않았으나 1995년 3%, 1999년 5.8%까지 올랐다가 다시 줄어든 후 2003년도부터 5% 이상, 2009년에 최초로 100조 원, 8%를 넘겼고 2016년에 172조 7천억 원, 10.5%로 증가하였다.[25]

---

[25] 공공사회복지지출과 법정민간사회복지지출을 합하여 사회복지지출(Social Expenditure)이라 한다. 공공사회복지지출에는 복지항목과 함께 보건, 실업, 노동에 관한 예산이 포함되어 있다. 공공사회복지지출이 사회복지지출의 대부분을 차지한다.

복지 관련 지출을 국제적으로 비교하면 어떤 수준일까? 2014년 1월 28일 보건복지부가 개최한 제6차 사회보장위원회에서 밝힌 바에 의하면,[26] 한국의 GDP 대비 공공사회복지지출은 9.6%로 OECD 평균 22.2%의 절반에도 미치지 못하였다. 추계 결과를 그대로 적용하면 2040년이 되어야 22.6%가 되어 26년이 지나야 2009년 기준의 OECD수준에 다다르는 것으로 전망됐으며, 2060년이 되면 29%가 되어 이 때 비로소 복지국가라고 할 수 있는 프랑스, 스웨덴, 덴마크의 2009년 수준과 비슷해진다.[27] 국회예산정책처가 2015년에 발간한 자료에 따르면, "실제로 OECD 복지지출자료(Social Expenditure database: SOCX) 상의 우리나라 GDP 대비 공공사회복지지출 비중은 2014년 기준으로 10.4%"인데, 이것은 동년도 OECD 회원국 평균 21.6%에 비하면 여전히 절반에도 미치지 못한 것으로 비교 가능한 OECD 34개국 중 최하위이다.[28] 공공사회복지지출은 2016년도에 GDP대비 10.4%로 비교 대상국 29개국 중 꼴찌였는데 한국보다 한 단계 높은 라트비아는 14.5%로 한국보다 4.1%나 높았다.[29]

우리나라는 경제가 빠른 속도로 발전함에 따라 여러 가지 경제지표가 양적, 질적 측면에서 재빨리 나아져 왔다. 그러나 OECD 국가 중 최하위 수준의 복지지출은 한국의 복지정책을 규정짓는 특징의 하나라 할 정도로 개선 속도가 느리다. 많은 국민들은 아직 개발시대의 관념에서 벗어나지 못하고 있으며 복지정책은 퍼주기라는 비판도 복지가 낭비라는 부정적 인식을 확산시키는 데 일조하고 있다. 통계청이 발간한 자료에 따르면 2014~2016년에 국민들의 삶에 대한 만족감에서 OECD 35개국의 평균보다 낮은 하위 7위로 평가되었고,[30] 한국무역협회 국제무역연구원은 한국의 삶의 질을 전년도에 비해 2016년도에 7단계 하락한 세계 47위로 발표했다.[31] 이런 부끄러운 성적표는 OECD 최악의 복지수준이라

---

26) 이 위원회에서 '중장기 사회보장재정추계'와 '중장기 사회보장통계 종합관리 방안'이 심의되었는데, 중장기 사회보장 재정추계는 저출산·고령화에 따른 미래 재정규모를 파악하기 위해 처음 실시한 것으로 추계기간은 2060년까지라고 한다(경향신문, 2014.1.29, "한국 복지지출, 국내총생산의 9.8% OECD 국가 평균되려면 30년 걸려").

27) 사회보장위원회 재정추계소위원회 위원장의 언급이다.

28) 국회예산정책처, 『부문별 사회복지지출 수준 국제비교평가』, 2015.9, p.1, p.18.

29) 2016년 기준으로 가장 높은 국가는 프랑스로 31.5%였다. 핀란드 30.8%, 벨기에 29.0%, 이탈리아 28.9%, 덴마크 28.7%, 오스트리아 27.8%, 스웨덴 27.1%, 그리스 27.0%, 독일 25.3%, 노르웨이 25.1% 등이 10위권에 들었다(연합뉴스, 2018.10.18., "한국 공공사회 복지지출 GDP의 10.4%…OECD 최저 수준").

30) 통계청, 『2018한국의 사회지표』, pp.474-475.

는 뒤떨어진 현실과 무관하지 않다 하겠다.

제5절 어떻게 재정 자금을 조달할 것인가?

5.1 재정 동향

표 1-17 최근의 국가재정 규모 (단위: 조원)

	2010		2015		2016		2017		2018		2019	
	예산	결산	예산	결산	예산	결산	예산	결산	예산	결산	예산	결산
총수입	291	300	378	372	401	402	423	431	448	465	476	473
국세수입	171	178	216	218	233	243	251	265	268	294	295	294
세외수입	24	24	28	24	27	24	26	25	27	26	27	25
기금	96	99	134	130	141	136	146	140	152	145	155	154
세입세출외	–	–	–	0.1	–	0.1	–	0.1	–	0.6	–	0.4
총지출	293	283	385	372	399	385	410	407	433	434	465	485
예산 일반회계	160	156	211	206	222	217	230	226	250	247	281	278
예산 특별회계	45	44	53	51	50	48	51	50	48	47	52	51
기금	88	82	121	115	127	120	130	127	135	134	143	145
세입세출외	–	–	–	0.2	–	0.3	–	4.0	–	6.6	–	11.2

주: 예산(추경) 기준임.
자료: 국회예산정책처, 재정경제통계시스템(https://www.nabostats.go.kr).

　복지예산 확보 및 경기활성화를 위한 재정 확대 방안을 검토해 보자. <표
1－17>은 추경을 기준으로 작성한 재정동향이다. 국가재정의 총수입은 예산기
준으로 2010년 291조 원에서 2019년 476조 원으로 10년 만에 185조 원이 증가
하였다. 2015년 이후 예산기준 총수입은 매년 20조 이상 증가하였다. 총수입과
총지출을 비교하면 총수입보다 총지출이 적다.

---

31) 연합뉴스, 2016.11.18., "한국 '삶의 질' 세계 47위로 추락…중국보다 낮아(종합)"

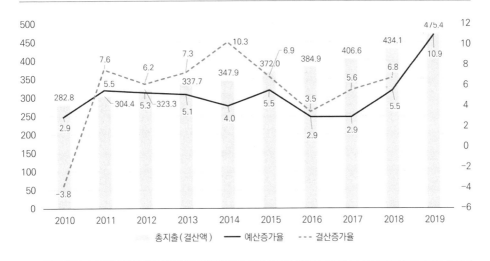

그림 1-20 재정 총지출액 및 예결산 기준 총지출 증가율　　　　　　　(단위: 조원, %)

주: 총지출액은 추경기준.
자료: 국회예산정책처, 재정경제통계시스템.

<그림 1-20>은 총지출 결산액과 결산증가율, 총지출의 예산증가율을 그려놓은 것이다. 예산기준의 총지출의 매년 증가율은 대체로 5%대 이하인데 2019년도에는 10.9%로 커졌다. 결산기준 총지출은 2016년의 3.5%를 제외하고 매년 5%대 이상으로 증가한 해가 많다. 그러나 경제규모 증대에 따른 재정규모의 자연적 증가를 고려하면 전체적으로 무리한 증가라 할 수 없다. 2019년도에 전년 대비 10% 이상 증가했지만 이것도 선진국의 GDP 대비 정부 지출 비중과 비교할 때 지나친 증가라 보기 힘들다.

그 동안 재정이 적극적으로 추진되지 못한 것은 정부예산의 획기적 증대에 대해 끊임없이 부정적 견해가 제기되고 있기 때문이다. 이 주장의 주요 근거는 적자국채 발행과 이로 인한 재정건전성의 악화이다. 그렇지만 현대국가에서 일정 수준의 국가채무는 일반 가계의 균형 개념과 다르다는 것을 이해할 필요가 있다. 즉, 절대액의 크기가 문제가 아니라 국가가 그것을 감당할 정도인가가 중요하다. 우리나라는 실제로 GDP 대비 국가채무 비율이 그렇게 급격하게 증가하지도 않았고 국제적으로도 매우 낮은 수준이다.

부정적 견해의 또 다른 요지는 재정 혹은 국가채무의 증가속도가 너무 빠르며 그 원인은 복지재정의 증가에 있다는 것이다. 복지수요는 일단 늘고 나면 줄이기 힘들기 때문에 복지수요가 증가하게 되면 걷잡을 수 없이 국가의 빚이 증가할 것이며 이것은 시간문제라고 한다. 그러나 이 주장은 잘 살기 위해서 이제껏 경제성장을 했는데 늘어난 복지예산을 왜 줄여야 하는가에 대해 제대로 된 답을 줄 수 없다. 이 사고의 밑바탕에는 복지는 불요불급하며 경제에는 부차적이라는 사고가 자리잡고 있다. 물론 재정건전성 훼손이나 재정의 무리한 증가속도에 대한 경고에 대해서는 귀담아 들어야 할 것이다. 그렇지만 앞의 <표 1-14>에서 보았듯이, 우리나라의 국가재정이 GDP에서 차지하는 비중은 OECD회원국 평균보다도 5% 이상 적으며, 우리보다 규모가 큰 선진국이나 북유럽 복지국가에 비하면 이보다 훨씬 더 큰 차이를 보인다. 1930년대 세계대공황 때 균형재정 유지를 위해 금본위제를 포기하지 않았던 국가들일수록 경제회복이 느렸던 경험을 돌이켜 볼 필요가 있다 하겠다.

5.2 재정자금, 충분히 조달가능한가?

5.2.1 세율 인상

적극적인 재정확대가 과연 가능한지 혹은 재정여력이 충분한지를 검토해 보자. 정부가 재정자금을 마련하는 주요 방법에는 국세수입(세율 조정)과 국공채 발행의 두 가지가 있다. 내국세가 대부분을 차지하는 조세수입은 정해진 세율이 과세 대상에게 무차별적으로 집행되므로 장기에 걸쳐 안정적으로 세수를 확보할 수 있는 장점이 있다. 국공채 발행은 조세저항 없이 재정자금을 확보할 수 있는 이점이 있다. 이 외에도 세외수입(임대료, 이자수입, 수수료, 벌금 및 몰수금, 공무원연금기금 등)과 자본수입(고정·재고자산, 토지 및 무형자산 매각수입 등)이 있으나 수입이 매우 제한적이다. 또한 추가 지출을 위해 다른 분야의 지출을 삭감하거나 기존 항목의 지출 속도 조절, 유사·중복 사업의 통폐합, 정책 우선순위의 변경 등이 있다. 하지만 경직성 경비가 적지 않은 부분을 차지하므로 거액의 자금을 절약하여 확보하기란 쉽지 않다. 먼저 세율 조정을 통해서 국세수입을 늘리는 것에 대해서 살펴보자.

최근 5년간 국세와 지방세를 합한 조세(내국세)는 90조 원, 사회보장기여금은 약 30조 원 늘고, 조세부담률과 국민부담률도 조금씩 올라가고 있다. 이것은

GDP 보다 국민이 부담하는 조세 및 사회보장기여금이 약간 빨리 증가한 것을 의미한다. 조세부담률(GDP 대비 조세액)은 2013년 17.9%에서 2017년에는 20.0%, 국민부담률[GDP 대비 (조세액＋사회보장기여금)]은 24.3%에서 26.9%로 증가하였다. 어느 정도의 세율이 적정한 것인지는 국가마다 경제 상황이 다르기 때문에 일률적이지 않다. 그렇지만 국제적 비교를 통해서 조세개혁 필요성 여부와 함께 조세를 개혁해야 한다면 어떻게 얼마만큼 세율을 조정할 것인지를 대강 짐작할 수 있다(<표 1－18> 참조).

표 1-18 **조세부담률 및 국민부담률**　　　　　　　　　　　　　　　　　(단위: %)

		2013	2014	2015	2016	2017
명목GDP(A)		1429.4	1486.1	1564.1	1641.8	1730.4
조세	합계(B)	255.7	267.2	288.9	318.1	345.8
	국세	201.9	205.5	217.9	242.6	265.4
	(비중)	(79.0)	(76.9)	(75.4)	(76.3)	(76.7)
	지방세	53.8	61.7	71.0	75.5	80.4
	(비중)	(21.0)	(23.1)	(24.6)	(23.7)	(23.3)
사회보장 기여금	합계(C)	91.5	98.2	104.7	112.7	119.1
	공적연금	37.5	40.1	42.8	46.6	50.0
	－ 국민연금	31.9	34.1	36.4	39.0	41.8
	－ 공무원연금	3.4	3.6	3.9	4.5	4.9
	－ 군인연금	0.4	0.5	0.5	0.6	0.6
	－ 사학연금	2.0	1.9	2.0	2.5	2.7
	건강보험	37.0	41.6	44.3	47.6	50.0
	요양보험	2.4	2.7	2.9	3.1	3.2
	고용보험	7.0	8.0	8.6	9.0	9.5
	산재보험	5.4	5.8	6.1	6.3	6.4
합계(B+C)		347.2	365.4	393.6	430.8	464.9
조세부담률(B/A)		*17.9*	*18.0*	*18.5*	*19.4*	*20.0*
국민부담률((B+C)/A)		*24.3*	*24.6*	*25.2*	*26.2*	*26.9*

주: 1) 명목GDP는 2010년 기준.
　　2) 각 연도 결산 기준임.
자료: 국회예산정책처, 『2019경제재정수첩』, 45 조세부담률 및 국민부담률.

표 1-19 OECD 주요국의 조세부담률 및 국민부담률 비교(2000~2017)　　　　(단위: %)

		2013	2014	2015	2016	2017
한국	조세부담률	*17.9*	*18.0*	*18.5*	*19.4*	*20.0*
	국민부담률	24.3	24.6	25.2	26.2	26.9
미국	조세부담률	*19.5*	*19.8*	*20.0*	*19.7*	*20.9*
	국민부담률	25.7	26.0	26.2	25.9	27.1
일본	조세부담률	*17.1*	*18.3*	*18.6*	*18.2*	–
	국민부담률	28.9	30.3	30.6	30.6	–
영국	조세부담률	*26.2*	*25.9*	*26.1*	*26.5*	*26.9*
	국민부담률	32.2	31.8	32.2	33.3	33.3
독일	조세부담률	*22.9*	*22.8*	*23.1*	*23.4*	*23.3*
	국민부담률	36.8	36.7	37.0	37.4	37.5
프랑스	조세부담률	*28.6*	*28.5*	*28.6*	*28.8*	*29.4*
	국민부담률	45.4	45.4	45.3	45.5	46.2
덴마크	조세부담률	*45.8*	*48.5*	*46.1*	*46.1*	*45.9*
	국민부담률	*45.9*	*48.5*	*46.1*	*46.2*	*46.0*
핀란드	조세부담률	*31.0*	*31.2*	*31.2*	*31.2*	*31.2*
	국민부담률	43.6	43.8	43.9	44.0	43.3
노르웨이	조세부담률	*30.4*	*28.8*	*28.0*	*28.1*	*27.9*
	국민부담률	39.9	38.8	38.4	38.7	38.2
OECD	조세부담률	*25.1*	*25.1*	*25.8*		
	국민부담률	34.2	34.4			

자료: OECD; 국회예산정책처, 『2019경제재정수첩』, 46; 국가통계포털.

한국의 조세부담률은 2013년 이후 꾸준히 상승했지만 대부분의 선진국에 비하여 낮다. <표 1-19>에 따르면, 조세부담률은 2017년도에 일본 정도를 제외하고 영국보다 6.9%, 독일보다 3.3%, 프랑스보다 9.4%가 낮다. 특히 북유럽 복지국가와 비교하면 상당히 낮은데, 덴마크보다 25.9%, 핀란드보다 11.2%가 낮다. 덴마크는 조세부담률과 국민부담률의 차이가 거의 없는데, 이것은 세금으로 사회보장기여금의 대부분을 충당한다는 것을 의미한다. 2015년에 한국의 조세부담률은 OECD 평균 25.8%보다 7.3%가 적은 18.5%로 비교 대상 OECD 35개국 중에서 하위 4위에 머물렀다.

그 동안 학계 중에서는 재정확대의 필요성을 인식하고 꾸준히 세율 인상, 법인에게 매우 특혜적인 조세제도를 유지하고 있는 조세특례제한법의 정비 등 개혁안을 제안해 왔다. 그렇지만 세원을 확장하기 위한 법률이나 제안들은 여러 가지 원인 때문에 이루어지지 못한 채 오히려 세율 인하가 단행되기도 했다. 이 중에서 두 가지의 사례만 들어 보자.

첫째, 정부는 2005년 6월에 부동산 과다 보유자에 대한 과세 강화 등을 목적으로 종합부동산세를 도입하였는데, 당초 계획대로라면 매년 3~4조 원이 걷힐 것으로 예상되었다. 이로 인한 세수는 2006년 1조 3천억 원에서 2007년 2조 4천억 원으로 늘었지만, 2008년 정권이 바뀌면서 더욱 격렬한 반발에 부딪혀 사실상 무력화된 적이 있다.

조세특례제한법

이 법에 따르면, 조세의 감면 또는 중과(重果) 등 조세특례와 이의 제한에 관한 사항을 규정하여 과세의 공평을 기하고, 조세정책을 효율적으로 수행함으로써 국민경제의 건전한 발전에 이바지할 목적으로 제정되었다고 한다. 1965년 12월 20일 법률 제1723호로 제정되었는데, 2019년 현재 총 7장 147개조 및 부칙으로 구성되어 있다.

중소기업, 연구 및 인력개발, 국제자본거래, 투자촉진, 고용지원, 기업 구조조정, 금융기관 구조조정, 지역간 균형발전, 공익사업 지원, 저축 지원, 국민생활 안정, 근로장려, 동업기업, 자녀 장려를 위한 조세특례, 그밖의 직접국세 특례, 간접국세 지방세, 외국인투자 등에 대한 조세특례 등 매우 다양한 주제를 포함하고 있어 조세특례의 전시장을 방불케 한다. 중소기업 육성, R&D 등 중요하고 필수적인 부분을 규정하고 있지만, 법인 특히 대기업에 대해 특혜적 조치를 취하고 있다는 점에서 비판이 지속되어 왔다.

둘째, 친기업정책의 일환으로서 법인세율이 인하되기도 하였다. 중앙정부가 받는 국세(내국세+관세) 중 중요한 세원이 되는 것으로는 소득세, 법인세가 있다. 정부는 기업의 투자를 자극하여 경기를 활성화한다는 명분 아래 과세표준 2억 원 초과 기업에 대한 법인세율을 2009년 25%에서 22% 인하한 데 이어 2012년에는 재차 20%로 낮추었다.32) 그 결과 소득세 징수액은 법인세보다 많아졌지만 기업의 투자가 획기적으로 증가하거나 경기활성화 효과는 나타나지 않았다. 감세를 하지 않으면 기업들이 해외 이전을 할 것이라고 주장하지만 실제로 이에 대해서는 반론이 만만치 않다. 기업 투자는 법인세보다는 이자율, 시장 상황, 노동시장, 사회인프라 수준 등에 영향을 더 크게 받을 수도 있기 때문이다. 세계적 대기업으로 성장한 삼성전자, LG전자, 현대자동차 등의 대표기업은 물론 많은 중소기업이 해외로 이전한 것은 법인세가 높기 때문이 아니라 FTA 체결, 투자처의 시장개발 가능성 및 저임금과 같은 노동시장 상황 등이 중요한 요인으로 작용했기 때문이다. 연구에 따르면, 법인세 등 세율 인하가 투자를 자극하여 경기를 활성화하고 일자리를 창출한다는 소위 낙수효과는 거의 없다고 한다. 2019년 기준으로 법인세는 과세표준 2억 원 초과~200억 원 이하=20%, 200억 원 초과~3,000억 원 이하=22%, 3천억 원=25%이다. 하지만 이것은 2009년 최고 세율 25%의 대상 법인과세표준을 2억 원에서 3천억 원으로 바꾼데 지나지 않아 사실상 대부분의 기업이 적용 대상에서 빠져나간 것을 의미한다.33) 조세저항을 고려한다면 국가 경제 운용에서 가장 중요한 자원인 세금을 깎아주는 일은 매우 신중해야 한다.

흔히 말하듯이 "증세 없는 복지는 허구"이지만 복지수요의 증가를 뒷받침하는 조세개혁은 이렇게 사실상 추진되지 못하고 있는 실정이다. 2000년대 들어서 확대재정의 필요성이 커짐에 따라 연말만 되면 증세 논쟁이 되풀이되지만 실질적으로 개선될 기미는 거의 보이지 않는 것이다. 한마디로 정치권과 정책 당국은 조세를 부담해야 할 사람들의 눈치를 보기에 바쁘기 때문이다. 세율 인상 문제를 해결하지 못하면 복지를 비롯한 재정수요를 충당할 예산 확보는 물론이고 재정건전성에도 도움이 되지 않을 것이다.

---

32) 이 법인세율 인하로 2009년부터 2013년까지 5년 동안 법인세 감소액은 37조 2천억 원이었다(한겨레신문, 2015.2.11., "정석구 칼럼, 증세논쟁의 본질").

33) 소득세율도 약간 올랐다(국회예산정책처, 『2019경제재정수첩』, 49−50, 53−57, 60).

5.2.2 국공채 발행

국공채 발행은 조세저항 없이 더 많은 예산을 확보하는 데 유리하다. 그러나 언젠가는 갚아야 할 빚이므로 국공채 발행은 건전재정 유지는 물론 후손들에게 빚을 떠넘긴다는 비판을 받기 일쑤이다.

그림 1-21 GDP 대비 국가채무 비율 (단위: 조원, %)

주: 2017년까지는 결산기준, 2018년은 국가재정운용계획 전망 기준, 2019년은 본예산 기준.
자료: 국가통계포털; 국회예산정책처, 『2019경제재정수첩』, 88.

국가채무는 1997년 60조 원에 지나지 않았지만 2000년 100조 원을 돌파하고 2011년 420조 5천억 원, 2018년 697조 3천억 원이었다. 2019년에는 740조 8천억 원이 될 것으로 예상되어 20여 년 사이에 무려 11배 이상이나 증가할 것으로 보인다. 이 때문에 국가채무의 절대액이 엄청나게 증가한다거나 복지지출로 인해 국가채무 증가 속도가 빨라졌다는 비판이 나온다. 그러나 이런 비판과는 달리 2016년 이후에 GDP 대비 국가채무 비율의 증가 속도가 빨라진 것으로 보이지 않는다(<그림 1-21>). 국가채무는 절대액이나 증가속도가 문제가 아니라 빚을 감당할 정도로 부담 능력이 충분한가가 문제이다. 절대액이 크다고 하더라도 GDP 규모에 비해 국가채무 비중이 낮고 이를 감당할 수 있는 인프라가 잘 구축되어 있다면 크게 문제가 되지 않기 때문이다.

그림 1-22 OECD 회원국의 정부부채 비교(2017년)   (단위: %)

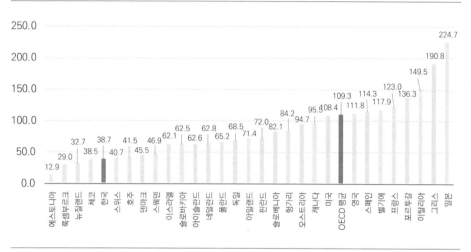

자료: 국회예산정책처, 재정경제통계시스템.

　　국가채무 비율이 어느 정도라야 적정한지 정해진 국제적 기준이 있는 것은
아니다. 그러나 국가 간 비교를 통해서 얼마나 재정여력이 있는지, 즉 재정건전
성의 정도를 파악할 수 있다(<그림 1-22>). 한국의 채무비율은 2019년도에 비
교 가능한 30개국 중에서 최하위에서 5위인데 채무비율이 한국보다 낮은 4개국
중 한국보다 인구나 GDP규모가 큰 나라는 하나도 없으므로 한국의 재정건전성
이 사실상 가장 높다고 할 수 있다. 또한 한국의 채무비율 38.7%는 OECD 평균
109.3%의 35% 수준에 지나지 않는다. 실제로 2015년 이후 한국의 채무비율은
OECD 평균과 비교하여 3분의 1 수준을 크게 벗어나지 않고 있다.[34]

추가적으로 얼마나 국채(national bonds)를 발행할 수 있을까?

---

① 현재의 GDP 대비 국가채무(national debts)가 약 40%이고 2018년 GDP 1,780조,
　OECD 평균 국가채무 비율 111%이므로 우리나라 국가채무 비율을 10~20% 인상하여
　60%까지 올린다면,
  - 10% 인상 시: 1,780×0.1=178(조)
  - 15% 인상 시: 1,780×0.15=267(조)
  - 20% 인상 시: 1,780×0.2=356(조)

---

34) 국회예산정책처, 『2019경제재정수첩』, 91을 참조.

물론 한꺼번에 발행하는 것은 곤란하고 상황에 따라 순차적으로 발행해야 할 것이다.
② 또한 OCECD 최저 수준의 세율을 인상한다면(예를 들어, 2% 인상 시 2018년 기준으로, 매년 약 36조원을 더 조성할 수 있다.
③ 여기에 매년 경제성장률에 따른 GDP 상승분을 고려한다면 그 액수는 더 커진다.

우리나라는 국공채를 발행할 수 있는 상당한 재정여력이 있다는 주장에 대하여 공공기관의 부채를 합치면 부채가 훨씬 더 커지기 때문에 안심할 수 없다는 반론이 있다. 공공기관도 국가기관이므로 공공기관의 부채가 궁극적으로 국가의 빚이라는 것을 부정할 수 없다. 지적대로 공공기관의 부채를 합하면 공공부문 전체의 부채가 커지는 것은 사실이다. 하지만 감당할 수 없을 정도로 GDP 대비 비율이 커지는 것도 아니고 외국의 수준과 비교하더라도 상당히 낮다. 이를 다음의 <표 1-20>에서 확인해 보자.

표 1-20 공공부문의 부채(2017년)　　　　　　　　　　　　　　　(단위: 조원)

분류			국가채무 (D1)	일반정부 부채 (D2)	공공부문 부채 (D3)
공공 부문	일반 정부	중앙정부 부채	627.4	683.4	683.4
		지방정부 부채	37.4	63.9	63.7
		중앙-지방 간 내부거래	△4.6	△12.1	△12.1
	비금융공기업	중앙(114개)	-	-	345.8
		지방(54개)	-	-	41.2
		내부거래	-	-	△8.5
		합계	-	-	378.5
	일반정부-비금융공기업간 내부거래		-	-	△69.2
합계			660.2	735.2	1,044.6

주: 1) △는 마이너스
　　2) 중앙정부=회계·기금+비영리공공기관+내부거래
　　　지방정부=지방자치단체+지방교육자치단체+내부거래
자료: 국회예산정책처, 『2019경제재정수첩』, 90.

2017년도 국가채무는 660조 2천억 원인데 여기에 비금융공기업 등을 합한 공공부문 전체의 채무는 1,044조 6천억 원으로 크게 늘어난다.[35] 그러나 이를 합한 부채비율은 GDP 1,730조 4천억 원의 60.4%에 지나지 않는다. 즉, 우리나라의 부채비율은 비금융공기업의 부채를 더하더라도 비금융공기업의 부채를 포함하지 않는 여타 OECD 회원국 평균 수준의 54.5%에 지나지 않을 정도로 건전한 재정을 유지하고 있다.

표 1-21 **공공기관의 자산 및 부채 동향(2013~2017)**   (단위: 조원, %)

	2013	2014	2015	2016	2017
공공기관 자산	760.7	777.9	781.3	800.0	811.2
공공기관 부채	520.5	519.3	504.9	500.4	495.9
(부채-자산비율)	68.4	66.8	64.6	62.6	61.1
(부채-자본비율)	(216.6)	(200.8)	(182.6)	(167.0)	(157.3)
당기순이익	5.2	11.4	12.4	15.4	7.2

주:1) 부채비율은 3개 은행형 공공기관(중소기업은행, 한국산업은행, 한국수출입은행)을 제외한 공공기관 총자본 대비 공공기관 총부채 비율임.
　　2) 한국석유공사의 경우 감사원 감사결과에 따른 감사보고서 재발행(2018.6.) 수치를 적용함.
자료: 국회예산정책처, 『2019대한민국공공기관』, p.22.

공공기관은 공기업, 준정부기관, 기타공공기관으로 구성된다.[36] 공공기관의 자산(자본+부채)과 부채를 비교하면 2017년도 자산총액은 부채총액보다 315조 원이 많다. 2017년도 부채총액은 자본 대비 1.5배를 넘는다. 이러한 통계는 공공기관이 방만하게 운영된다는 비판의 근거를 제공한다. 그렇지만 자산 대비 부채비율(부채-자산비율)은 2013년 68.4%에서 2017년 61.1%로 안정적으로 운영되고 있다. 이에 따라 부채-자본비율도 216.6% → 157.3%로 개선되었다. 공공기관 정상화대책으로 부채비율이 크게 하락한 것이다.[37] 다만, 공공기관 중에서 특히 부채비율이 높거나 부채 증가율이 높은 공공기관에 대해서는 보다 세심한 관리를 해야 할 필요가 있다. 그렇지만 공공기관은 국민경제에 필요한 공공재를 공급하는 기관이 많기 때문에 사기업처럼 수익성만을 추구할 수 없다는 점도 이해

---

35) 공공부문은 크게 비금융공공부문과 금융공공부문으로 나누어진다.
36) 공공기관은 2018년에 338개, 2019년 2월 339개이다(국회예산정책처, 『2019대한민국공공기관』, p.22.).
37) 2013년 12월 기획재정부가 공공기관 부채 발생에 대한 책임성과 투명성 강화를 위해 도입하였다(국회예산정책처, 『2019대한민국공공기관』, p.2.

해야 한다.

한편, 공공기관에는 한국가스공사, 한국남동발전(주), 한국전력공사, 인천국제공항공사와 같은 시장형 공기업, 한국토지주택공사와 같은 준시장형 공기업과 같이 기업의 성격을 띠고 있는 기관들도 적지 않다. 이들 기관들은 수익성, 효율성만을 좇는 민영기업과는 달리 공공성이 강하지만 수입과 지출의 균형을 완전히 무시하지 않으며 독과점 분야가 많기 때문에 경영이 급격히 악화될 가능성이 적다. 또한 경제 위기 등 아주 절박한 시기에는 국가가 직접적으로 예산과 지출을 통제할 수도 있다. 그러므로 공기업 부채는 중앙정부의 채무와 성격이 많이 다르다. 공기업을 비롯한 공공기관의 부채에 대한 주의를 게을리 하지 않아야 하지만 지나친 우려 또한 금물이라 하겠다.

4차 산업혁명 시대의 제조업

제1절 제조업의 개황
제2절 제조업의 주요 지표
제3절 제조업의 기술수준
제4절 연구개발의 동향

산업사회의 다음 단계는 탈산업사회 혹은 탈공업화사회이다. 정보화가 진행된 탈산업사회는 지식과 정보가 부가가치의 원천이 되고 노동 인구의 대부분이 전문 서비스업에 종사하게 된다고 한다. 실제로 현대경제는 서비스업이 노동인구와 총생산의 압도적 부분을 차지하고 경제의 기조가 재화로부터 지식 및 서비스로 이행하고 있다. 지식과 정보는 기업은 물론 국가 및 사회의 경쟁력을 결정하는 핵심 요인으로 상품화된 지 이미 오래다.

그렇다고 물적 재화를 생산하는 제조업의 중요성이 줄어든 것은 아니다. 투자와 수출, 국내소비, 고용 등의 면에서 재화의 생산은 여전히 가장 중요한 위치를 차지한다. 제조업과 지식정보는 밀접하게 연관되어 있으며 그런 의미에서 제조업이 존재하지 않는 지식정보사회란 생각할 수 없다. 서비스 없는 경제는 생각할 수 있어도 제조업 없는 세상은 상상할 수 없기 때문이다.

제조업은 투자를 이끄는 가장 핵심적인 부문이고 시장의 분배, 교환, 소비수준에 영향을 미칠 뿐만 아니라 성장률과 고용을 결정하는 요인이다. 제조업은 세계경제에서 국가적 위상을 보여주는 대표적인 지표이다. 예를 들어, 독일과 일본은 OECD 회원국 중에서 제조업 선진국으로서 매우 강한 경제력을 과시하고 있다. 그런데 한국의 GDP 대비 제조업 비중은 독일이나 일본보다 훨씬 높다. 한국이 2015년 이후 세계 5, 6위 수출국의 지위를 유지하는 것은 제조업 기반을 나름대로 갖추고 있기 때문이다. 이처럼 한국은 글로벌 시장에서 일단 선진제국과 어깨를 나란히 하는 제조업 강국으로서 위상을 정립하고 있다.

그렇지만 그동안 이룬 성과에도 불구하고 우리보다 나은 제조업 경쟁력을 지닌 국가의 기업들과 경쟁하려면 해결해야 할 과제가 한둘이 아니다. 특히 4차 산업혁명의 진행으로 로봇이 인간노동을 대체하는 과정에서 대량 실업이 초래될 것이며, 중국 등 후발국의 추격으로 제조업에 위기가 도래할 것이라는 우려가 자주 언급되고 있다. 여기에 대비하는 방법은 제조업의 경쟁력을 강화하고 이를 바탕으로 고용을 확대하는 노력을 끊임없이 기울이는 것이다. 그러므로 여기서는 우리나라 제조업의 현황을 정리하고 급변하는 경제 환경에 어떻게 대처해야 할 것인지를 살펴보기로 한다.

제1절 제조업의 개황

표 2-1 GDP에서 각 산업부문이 차지하는 비중(연평균)　　　　　　　(단위: %)

	1960년대	1970년대	1980년대	1990년대	2000년대	2010년대	2015~19
농림어업	35.6	24.0	12.0	5.8	3.0	2.2	2.0
광업	1.9	1.3	1.1	0.4	0.2	0.1	0.1
제조업	17.3	23.2	28.0	27.6	28.1	29.5	28.8
전기, 가스 및 수도사업	1.1	1.5	2.9	2.4	2.4	2.3	2.4
건설업	4.0	6.0	6.6	8.8	6.2	5.4	5.8
서비스업	40.1	43.9	49.4	55.0	60.0	60.5	60.8
총부가가치	100.0	100.0	100.0	100.0	100.0	100.0	100.0

주: 1) 2015년 기준 명목가격분으로 계산.
　　2) 각 부문을 합산하면 총부가가치와 일치.
자료: 한국은행경제통계시스템.

　　먼저, 우리나라 산업구조의 변화를 살펴보자. GDP(여기서는 총부가가치)에서 각 산업이 차지하는 비중을 살펴보면 1960년대 이후 서비스업이 가장 많이 늘어났고 다음이 제조업이며, 반대로 농림어업은 급속하게 감소했다. 1960년대 GDP에서 3분의 1 이상의 비중을 차지하던 농림어업은 1970년대에는 20%대로 하락하고, 1980년대 10%대, 1990년대 5%대, 2015~2019년은 2%에 지나지 않는다. 이에 비해 1960년대 GDP의 40%를 점했던 서비스업은 꾸준히 증가하여 1990년대에 평균 55%, 2000년대 이후는 60% 정도를 차지하고 있다. 제조업의 비중도 계속 커져 1960년대 연평균 17.3%에서 1970년대에 20%를 넘어서고, 1990년대 이후 27~29%대를 유지하고 있다.

　　대부분의 선진국들은 GDP 대비 제조업의 비중이 대체로 10% 전후이거나 이를 조금 상회한다. 반면, 독일과 일본은 2017, 2018년에 21%로 세계의 주요 공업국 중 가장 높다. 이에 비해 미국과 영국을 비롯한 선진국들은 금융을 비롯한 서비스업의 비중은 높고 제조업은 상대적으로 낮은 편이다. 미국의 제조업 비중은 11%이며, 영국은 9%, 프랑스 약 10%, 이탈리아 15% 정도이다.

　　한국의 GDP 대비 제조업 비중은 독일이나 일본보다 높은 30%에 가깝다. 통계 목록에 올라있는 186개국의 대부분의 국가는 10%를 약간 상회하는 정도인데, 한국보다 높은 나라는 대만(32%), 푸에르토리코(48%), 아일랜드(32%), 알제리(35%)밖에 없다. 중국은 한국보다 이전에는 높았으나 2017, 2018년에는 오히려 약간 낮다(국가통계포털–국제비교).

제조업 제품이 대부분을 차지하는 한국의 수출은 2017~2019년 동안 GNI의 42~43%를 점하고 있고, 전체 사업체 숫자 중에서 10%를 차지하는 제조업체가 전체 노동자의 20%를 고용하고 있다. 이처럼 한국은 글로벌 시장에서 제조업 강국으로서 위상을 정립하고 있으며, 제조업은 대내적으로 고용 유지의 주역을 담당하고 있다.

그림 2-1 전사업체 수 및 산업분야별 비중   (단위: 개, %)

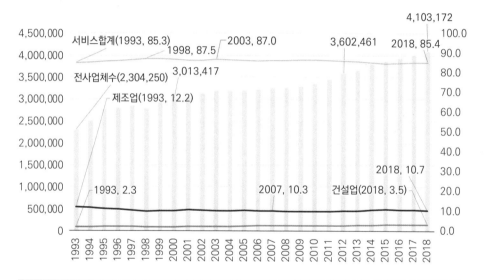

주: 1) 전사업체수는 좌측 축, 산업분야별 비중은 우측 축을 읽음.
    2) 2005년까지는 산업분류 8차 개정, 그 이후는 10차 개정에 의한 것.
    3) 서비스는 각 세분류를 합산해서 계산.
    4) 농림·어업, 광업, 전기·가스·수도 등은 제외.
자료: 국가통계포털.

다음으로, 산업부문별로 전사업체수의 변화와 비중을 살펴보자. <그림 2-1>은 통계청의 「전국사업체조사」를 정리한 것이다. 표의 기간 동안 제조업, 건설업, 서비스업 등을 포함한 전사업체의 숫자는 크게 증가하였지만, 제조업체

수가 차지하는 비중은 약간 감소한 것으로 나타난다. 즉, 아시아외환 때인 1998년에 각 부문의 사업체수가 약간씩 감소하면서 전사업체수도 감소한 것을 제외하면 1993년 230만여 개에서 2018년 400만여 개로 78.1%(170만 개)나 증가하였다. 전사업체 중에서 서비스부문은 1993년 약 197만 개에서 2018년 약 351만 개로 78.4%가 증가하였는데, 1998년에 전사업체수의 87.5%를 차지한 것을 정점으로 2018년에도 85.4%로서 압도적 비중을 차지하고 있다. 제조사업체수는 1993년 28만 개에서 2018년 약 44만 개로 55.2%가 증가하였지만, 비중은 1993년 12.2%에서 2018년 10.7%로 약간 줄어들었다.

그림 2-2 전체 종사자 수 및 산업분야별 비중　　　　　　　　　　　　　　(단위: 명, %)

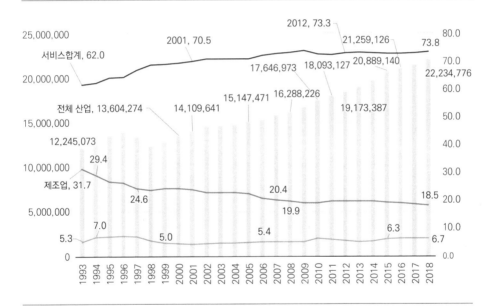

주: 상동.
자료: 국가통계포털.

전산업의 총종사자수는 1993년 1,246만 명에서 2000년 1,300만 명, 2010년 1,746만 명, 2015년 2,089만 명, 2018년 2,223만 명으로 2000년 이후 약 1천만 명 가까이 지속적으로 증가하였다. 이것은 총사자수가 1993년 대비 2018년까지 무려 81.6%가 늘어난 것이다. 제조업 종사자수는 1993년 388만 명에서 2018년 411만 명으로 22만 명 증가하였다. 이는 같은 기간 종사자 총증가의 2.2%에 해당하는 것으로 종사자 증가를 이끈 것은 서비스업이란 것을 의미한다. 그 결과 제조업 종사자는 증가했지만 제조업 종사자가 총종사자에서 차지하는 비중은 1993년 31.7%에서 2018년 18.5%로 크게 줄어들었다.

앞의 표와 그림을 종합해 보면, 1960년대 이후 GDP에서 제조업과 서비스업의 비중은 각각 12%, 21% 정도 증가하였다. 또 1990년대 초 이후 사업체 및 종사자가 크게 증가하였지만 그 증가를 주도한 것은 서비스업이었다. 그러나 2018년 기준으로 제조업은 사업체의 10.7%에 지나지 않지만, GDP에서 28.8%, 종사자의 18.5%를 차지하여 생산 및 고용에서 여전히 중요한 위치를 차지하고 있음을 보여주고 있다.

그림 2-3 제조업의 실질성장률 추이(1960~2019) (단위: %)

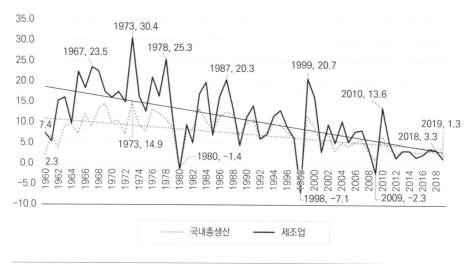

주: 실선 직선은 제조업성장률 추세선, 점선 직선은 GDP성장률 추세선.
자료: 한국은행경제통계시스템.

제조업의 성장률은 어떻게 변화해 왔을까? 10년 단위로 볼 때 제조업의 연평균 성장률은 1960년대 15.9%, 1970년대 18.0%, 1980년대 10.9%, 그리고 2010년대(2010~2018)는 4.7%로 1970년대의 거의 4분의 1, 1980년대의 절반 이하 수준으로 떨어졌다(제1장 <표 1-9> 참조). <그림 2-3>을 보면, 제조업 성장률은 1973년 30.4%가 정점이었고 그 이후 꼭지점의 높이가 하락하고 있다. 1960년 이후 약 60년간 제조업 성장률이 마이너스(-)였던 시기는 1980년 제2차 오일쇼크(및 광주민주화운동), 1998년 아시아외환위기, 2009년 글로벌 금융위기 전후의 세 차례이다. 이 시기에 대외충격으로 우리나라의 제조업은 매우 큰 타격을 입었다. 그럼에도 제조업은 1960년대 이후 장기간에 걸쳐 경제성장을 견인하는 주요한 요소였다. 그림에서 제조업 실질성장률은 2010년대 이전에는 GDP 성장률보다 높았지만 최근에는 제조업 성장률이 경제성장률에 미치지 못하는 해가 늘어나고 있다. 즉, 2012년 이후에는 2017년과 2018년을 제외하고 제조업 성장률이 GDP 성장률보다 낮게 나타나고 있다(2014년은 동일).

이러한 변화를 보다 명확하게 보여주는 것이 추세선이다. 1960년 이후 제조업 성장률의 추세선은 GDP성장률의 추세선보다 크게 높아서 제조업이 경제성장을 이끌고 있음을 알 수 있다. 그렇지만 시간이 지날수록 양자 간의 차이가 감소하여 2014년 이후에는 제조업의 추세선이 GDP성장률 추세선보다 낮아졌다. 이것은 성장동력으로서 제조업의 힘이 크게 약화되고 있음을 의미한다. 4차 산업혁명시대에 혁신성장을 통한 제조업의 도약이 절실하게 요구되는 배경이라고 하겠다.

그림 2-4 제조업 생산지수의 변화

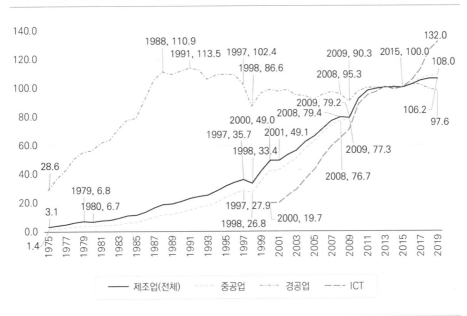

주: 지수 2015년=100.
자료: 국가통계포털.

제조업의 부문별 생산은 어떻게 변화해 왔는지를 살펴보자. <그림 2-4>는 2015년을 기준(=100)으로 한 생산지수의 변화도이다. 한 부문의 매년도 생산액을 분자로 기준연도의 생산액을 분모로 계산해 그 부문의 장기적 변화를 보여준다는 점에 유의해야 한다. 가령, 경공업이 높게 그려져 있다고 해서 생산액이 중공업보다 높은 것이 아니다.

그림에서 제조업 전체의 생산지수는 꾸준히 증가하고 있다. 다만, 1979~1980년, 1997~1998년, 2008~2009년에 약간 감소하였는데, 이때는 각각 제2차 오일쇼크 및 광주민주화운동, 아시아 외환위기, 글로벌 금융위기로 인한 충격파가 제조업 생산지수에 부정적으로 반영된 것으로 볼 수 있다. 최근의 지표를 보면, 글로벌 금융위기를 맞이한 2008년 79.4에서 2011년 98.0까지 급속하게 증가한 이후에 정체 혹은 미증하고 있다. 제조업의 실질성장률에서 보았듯이, 이것 역시 최근 경제성장에 대한 제조업의 기여도가 하락하고 있음을 보여준다.

제조업을 부문별로 보면, 경공업은 1975년에 2015년 대비 28.6%였던 반면 제조업은 3.1%, 중공업은 겨우 1.1%이다. 이것은 경공업은 1970년대에 이미 성장한 상태에 있었던 반면, 중공업은 성장이 초기 단계에 있었던 것을 보여준다.

경공업은 공업화 초기 단계에 급성장했을 뿐만 아니라 1988년까지도 지수가 2015년 대비 111에 이를 정도로 높은 성장세를 지속하였다. 하지만 1991년에 정점에 이른 후 감소추세로 돌아서서 2019년에는 2015년 대비 97.6%이다.

중공업은 1973년 1월 중화학공업화선언 이후 이 분야에 대한 집중적 투자에 힘입어 2019년까지 지속적으로 증가세를 유지하고 있다. 그러나 2010년대 초 이후에는 생산지수가 미증하고 있다. 제조업 전체의 생산지수가 이 시기 이후 정체 혹은 약간 증가한 것은 중화학공업 부문의 실질성장률이 예전과 달리 하락했기 때문이다.

그림에서 가장 현저한 변화를 보여주고 있는 것은 ICT분야이다. 이 분야는 2000년부터 생산지수가 매우 급속하게 증가하다가 2010년대 전반기에 정체한 후, 2015년부터 다시 빠른 속도로 증가하고 있다. 4차 산업혁명시대를 맞이하여 우리 경제에서 ICT의 중요성이 날로 커지고 있음을 보여준다.

제2절 제조업의 주요 지표

종사자 10인 이상의 사업체를 대상으로 한 광업제조업조사결과를 바탕으로 제조업의 특징을 파악해보자.[1]

표 2-2 제조업체(10인 이상)의 주요 지표(1960~2018)

시점	사업체수 (개)	월평균 종사자수 (천명)	출하액 (백억원)	부가가치 (백억원)	1업체당 종사자수 (명)	1업체당 출하액 (백만원)	1업체당 부가가치 (백만원)
1960	15,204	275	6	2	18	4	1
1966	22,718	567	41	16	25	18	7
1970	24,114	861	131	55	36	54	23
1975	22,787	1,420	799	283	62	351	124
1980	30,823	2,015	3,523	1,186	65	1,143	385
1985	44,037	2,438	7,649	2,674	55	1,737	607
1990	68,872	3,020	17,523	7,092	44	2,544	1,030
1995	96,202	2,952	35,889	15,945	31	3,731	1,657
2000	51,148	2,311	52,931	20,519	45	10,349	4,012
2005	57,198	2,443	79,863	29,115	43	13,963	5,090
2011	63,047	2,695	149,135	48,020	43	23,655	7,617
2012	63,907	2,754	150,783	48,071	43	23,594	7,522
2013	65,389	2,814	149,174	47,928	43	22,813	7,330
2014	68,640	2,905	148,657	48,449	42	21,658	7,058
2016	68,790	2,958	141,349	50,430	43	20,548	7,331
2017	69,458	2,955	151,176	54,334	43	21,765	7,823
2018	69,513	2,956	156,389	56,524	43	22,498	8,131

주: 1) 1998년까지는 8차개정, 2006년까지 9차개정, 2007년 이후 10차개정 기준 적용.
  2) 2010, 2015년은 경제총조사 자료로 제외.
자료: 국가통계포털.

---

1) 한국산업은행에서 1967년에 기준조사를 시작하였다. 1969년 이후의 기준조사는 경제기획원 조사통계국에서 맡아서 하다가 1991년부터 통계청에 이관되었다.

1960년도에 10인 이상 제조업체수는 1만 5천개에서 2018년도에 약 7만개로 증가하였고, 월평균 종사자수는 약 28만 명에서 약 296만 명으로, 출하액은 6백억 원에서 약 1,564조 원으로, 부가가치는 2백억 원에서 565조 원으로 크게 증가하였다. 사업체수에 비해 월평균 종사자수나 및 출하액, 부가가치가 크게 증가한 것을 알 수 있는데, 그 결과 1개 업체당 해당 부문의 숫자도 크게 증가하였다. 즉, 1개 업체의 고용 규모가 확대되었을 뿐만 아니라 부가가치도 8천 배 이상으로 늘어나 지난 60년 동안 제조업의 내실이 크게 강화된 것으로 볼 수 있다. 다만, 1개 업체당 출하액 및 부가가치는 1995~2000년에 급증했지만[2] 2011년 이후는 대체로 정체상태인 것으로 나타난다.

1개 업체당 종사자수는 1980년 65명으로 가장 높았지만 이후에 점차 감소하였으며, 2018년 43명으로 줄어 1개 업체의 고용흡수력이 감소하고 있음을 보여주고 있다.[3] 이와 같은 감소는 노동집약적인 경공업 중심에서 과학기술혁명으로 인해 자본집약적, 지식집약적인 첨단산업구조로 급속하게 변화가 진행되고 있는 것이 배경이다. 과학기술혁명에 대한 적극적 대응의 필요성이 강조된다고 하겠다.

제조업 출하액의 변화를 경공업과 중화학공업으로 나누어 살펴보자(<그림 2-5>). 제조업 전체의 출하액은 2001년도 583조 원에서 2018년 1,564조 원으로 2.7배가 늘었다. 이 기간 동안 경공업은 22.5%에서 14.8%로 줄었고 중공업은 77.5%에서 85.2%로 늘었다. 다시 말해, 제조업에서 경공업 비중의 감소와 중공업의 비중 증대가 여전히 지속되고 있는 것이다.

---

2) 연도별 증가를 보면, 1997년 1,965백만 원, 1998년 2,222백만 원, 1999년 3,973백만 원으로 외환위기 직후에 급증한 것으로 나타난다.

3) 1개 업체당 종사자수가 가장 높은 해는 1977년 72명이었다. 종사자는 상용근로자, 임시 및 일용근로자, 자영업자, 무급가족종사자, 기타종사자, 다른 사업체로부터 받은 종사자를 가리킨다(통계청, 『광업제조업조사보고서』, 2018년 기준, p.7).

그림 2-5 산업구조별 제조업 비율(10명 이상)   (단위: %)

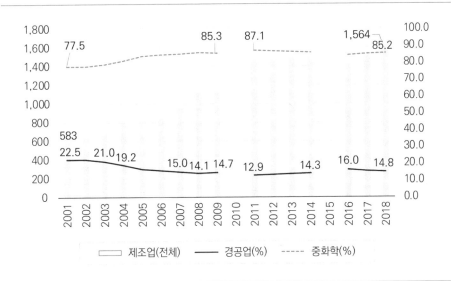

주: 2010, 2015년 집계하지 않음.
자료: 통계청, 『한국의 통계연감』, 2004년판, p.41, 2006년판, p.43, 2008년판, p.45, 2009년판, p.4
5, 2012년판, p.45, 2018년판, p.343, 2019년판, p.401.

표 2-3 제조업(10인 이상) 산업분류별 주요 지표(2018년)

	제조업 전체(개, 천명, 백억원)				1업체당(명, 억원)		
	사업체수	종사자수	출하액	부가가치	종사자수	출하액	부가가치
(제조업)	69,513	2,956	156,389	56,524	43	225	81
식료품	5,345	211	8,012	2,730	39	150	51
음료	271	16	1,189	666	60	439	246
담배	7	2	358	220	340	5,120	3,137
섬유	2,971	81	1,924	712	27	65	24
의복, 모피	2,224	56	1,559	728	25	70	33
가죽, 신발	695	17	493	201	25	71	29
목재(가구제외)	844	19	602	214	23	71	25
펄프, 종이	1,828	58	2,386	817	32	131	45
인쇄	1,174	28	494	232	24	42	20
코크스,석유정제품	140	12	13,239	2,570	85	9,456	1,836

	제조업 전체(개, 천명, 백억원)				1업체당(명, 억원)		
	사업체수	종사자수	출하액	부가가치	종사자수	출하액	부가가치
화학(의약품제외)	2,960	141	16,246	5,016	48	549	169
의약품	560	45	2,009	1,235	81	359	221
고무, 플라스틱	6,316	230	6,928	2,598	36	110	41
비금속 광물	2,698	90	3,549	1,562	33	132	58
1차금속	2,999	143	14,382	3,131	48	480	104
금속가공	9,432	261	7,448	2,949	28	79	31
전자,통신장비	3,505	360	27,371	14,617	103	781	417
의료, 정밀,시계	2,368	87	2,744	1,153	37	116	49
전기장비	4,462	197	8,357	2,808	44	187	63
기타 기계 및 장비	9,731	336	12,221	4,671	34	126	48
자동차 및 트레일러	4,724	351	18,869	5,326	74	399	113
기타 운송장비	1,457	136	4,403	1,597	93	302	110
가구	1,250	29	779	316	23	62	25
기타 제품	1,052	26	526	233	25	50	22
기계및장비수리	500	23	299	223	45	60	45

주: 금속가공에는 기계 및 가구 제외, 기계및장비수리=산업용기계및장비수리업
자료: 국가통계포털.

표 2-4 제조업 세부업종의 주요 지표별 순위(2018년)

순위	제조업 전체				1개업체당		
	사업체수	종사자수	출하액	부가가치	종사자수	출하액	부가가치
1	기타기계	전자, 통신	전자, 통신	전자, 통신	담배	석유정제품	담배
2	금속	자동차	자동차	자동차	전자, 통신	담배	석유정제품
3	고무	기타기계	화학	화학	기타운송	전자, 통신	전자, 통신
4	식료품	금속가공	1차금속	기타기계	석유정제품	화학	음료
5	자동차	고무	석유정제품	1차금속	의약품	1차금속	의약품
6	전기장비	식료품	기타기계	금속가공	자동차	음료	화학
7	전자, 통신	전기장비	전기장비	전기장비	음료	자동차	자동차
8	1차금속	1차금속	식료품	식료품	1차금속	의약품	기타운송

| 9 | 섬유 | 화학 | 금속가공 | 고무 | 화학 | 기타운송 | 1차금속 |
| 10 | 화학 | 기타운송 | 고무 | 석유정제품 | 기계수리 | 전기장비 | 전기장비 |

자료: 국가통계포털.

2018년의 상황을 산업분류별로 보다 자세하게 살펴보자. <표 2-3>은 주요 지표를 나타낸 것이고, <표 2-4>는 지표별로 순위를 정리한 것이다. 이를 통해 제조업 각 부문의 산업적 중요도를 읽을 수 있다.

첫째, 제조업 전체 지표 중에서 사업체 수는 기타 기계, 금속, 고무, 식료품의 순서이지만, 종사자수, 출하액, 부가가치 등에서는 전자·통신, 자동차, 화학, 기타 기계 등이 상위를 차지하고 있다. 출하액을 살펴보면, 전자가 274조원으로 총출하액(1,564조원)의 17.5%, 자동차 및 트레일러가 189조 원으로 12.1%, 화학(의약품 제외)이 10.4%를 차지하여 도합 625조 원으로 40.0%를 차지한다.

부가가치를 보면, 전자·통신장비는 총부가가치 565조 원 중 146조 원(25.9%), 자동차는 53조 원(9.4%)으로 두 부문이 총부가가치의 35.3%를 차지하며, 화학 50조 원을 합하면 44.2%나 된다. 이것은 우리 경제가 전자와 자동차, 화학의 세 산업에 대한 의존도가 매우 높다는 것을 보여 준다.

둘째, 1개 업체당 지표에는 담배가 1, 2위를 차지하고 있다. 그렇지만 한국담배인삼공사(KT&G)[4]가 과거 정부출자기관으로서 독점적 지위를 누렸던 점을 고려하여 이를 제외하면, 전자·통신, 석유정제품, 기타 운송, 화학, 의약품 등이 상위에 랭크되어 있다. 1개 업체당 부가가치에서 음료가 4위를 차지하고 있지만, 전체적으로 보면 공업화의 심화과정에서 중화학 및 첨단산업이 매우 중요한 위치를 차지하고 있다. 또한 제조업 전체의 출하액, 부가가치에서 1, 2, 3위를 차지했던 전자·통신, 자동차, 화학 중 자동차산업의 1업체당 순위는 7위이다. 자동차 산업의 영향을 고려할 때, 소재 및 부품 등 관련 산업의 생산성 향상이 시급한 과제라고 하겠다.

---

[4] 담배와 인삼을 제조 판매하는 기관인 전매청으로서 오랫동안 독점적 지위를 누리다가 2000년 전후에 인삼과 담배의 전매권이 폐지되고 완전히 민영화되었다. 전매청은 1987년에 한국전매공사로 발족한 후 1989년에는 한국담배인삼공사로, 2002년에 주식회사 KT&G로 사명이 변경되었다.

출하액, 생산액, 부가가치

- 출하액 = 제품출하액+부산물·폐품판매액+임가공 수입액+수리수입액
- 생산액 = 출하액 + (완제품 재고증감액 + 반제품 및 재공품 재고증감액)
- 부가가치 = 생산액 − 주요 중간투입비(원재료비+연료비+전력비+용수비+외주가공비+수선비)

※ 출하: 생산된 제품이 판매 등의 목적으로 사업체에서 출고되는 것
※ 주요 중간투입비: 제조과정에서 직접 투입되는 비용으로 인건비, 감가상각비, 광고선전비 등 간접 중간투입비는 제외
출처: 통계청, 2018년 기준 광업·제조업조사 잠정결과, 2010.11.27.

표 2-5 전산업 및 제조업 취업관련계수의 변화 (단위: 명/10억원)

		취업계수	고용계수	취업유발계수	고용유발계수
1995	제조업	12.0	–	19.7	18.7
	전산업	25.1	–	40.0	25.1
2000	제조업	6.9	5.9	11.2	9.8
	전산업	12.2	7.8	21.9	13.0
2005	제조업	4.8	4.2	12.2	8.8
	전산업	8.5	6.0	16.3	10.1
2010	제조업	3.1	2.5	9.4	6.2
	전산업	6.8	4.6	13.9	9.0
2015	제조업	3.0	2.5	8.3	6.0
	전산업	6.2	4.5	11.7	8.0
2017	제조업	2.9	2.3	7.8	5.6
	전산업	5.8	4.2	11.0	7.6

자료: 한국은행경제통계시스템.

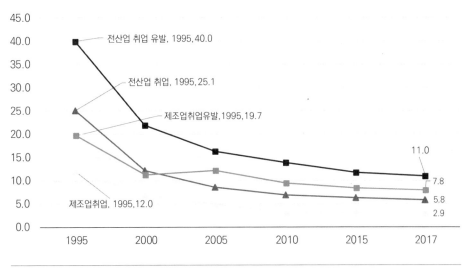

그림 2-6 취업계수 및 취업유발계수의 변화   (단위: 명/십억원)

자료: 한국은행경제통계시스템.

　　취업관련계수는 실질산출액 10억원 당 취업(고용)되는 인원수로 표시된다. 첫째, 표와 그림에서 취업관련계수는 시간이 지날수록 크게 하강하고 있다. 전산업의 취업계수는 1995년에 25.1명에서 2017년 5.8명, 취업유발계수는 40.0명에서 11.0명으로 하락하고 있으며, 고용계수와 고용유발계수도 마찬가지이다. 제조업의 취업계수는 1995년 12.0명에서 2017년 2.9명으로 4분의 1 수준으로 떨어지고 나머지 관련계수들도 크게 하락하였다.

　　둘째, 제조업의 계수는 전산업의 계수보다 적은데 이는 제조업의 계수들이 서비스업을 비롯하여 농림수산, 광산품보다 낮기 때문이다. 예를 들어, 2017년도 고용표에서 제조업만을 제외한 취업계수는 8.6명이며, 제조업, 농림수산품, 광산품을 제외한 취업계수는 8.2명이다. 이와 같은 취업관련계수들의 감소는 과학기술혁명의 진전으로 고용흡수력이 대폭적으로 하락하고 있음을 의미한다.

취업과 고용관련 계수

- 취업계수와 고용계수: 각 상품 또는 산업별 산출액 10억 원당 소유되는 취업자(피용자)의 수이다. 취업계수(employment to GDP Ratio)는 생산에 따른 고용창출력 평가하는데 쓰이며, 노동생산성과 역수관계에 있다. 고용계수(coefficient of employment)는 임금근로자(상용 및 임시직) 수를 실질산출액(10억원 단위)로 나눈 수치이다. 그러므로 취업계수는 임금근로자의 고용증가분에 자영업자와 무급가족종사자의 증가분까지 포함한다.
- 취업(고용)유발계수: 특정 상품에 대한 최종수요가 1단위(10억원) 발생할 경우 해당 상품을 포함한 모든 상품에서 직·간접적으로 유발되는 취업자의 수를 의미한다.

표 2-6 상품별 제조업의 취업 및 고용 관련 계수(2017년)　　　　　(단위: 명/10억원)

상품	취업계수	고용계수	취업유발계수	고용유발계수
음식료품	2.8	2.1	13.5	6.1
섬유 및 가죽제품	4.3	3.1	9.8	6.9
목재 및 종이, 인쇄	4.1	3.3	10.0	7.4
석탄 및 석유제품	0.1	0.1	1.2	0.9
화학제품	1.6	1.5	5.5	4.3
비금속광물제품	2.5	2.2	8.5	6.4
1차 금속제품	1.1	1.0	4.6	3.6
금속가공제품	2.8	2.3	7.4	5.7
컴퓨터, 전자 및 광학기기	1.3	1.3	3.7	3.0
전기장비	2.8	2.6	7.3	6.0
기계 및 장비	2.7	2.4	7.5	5.9
운송장비	2.3	2.2	8.0	6.6
기타 제조업 제품	6.7	4.4	13.0	8.7
제조임가공 및 산업용 장비 수리	4.7	4.0	9.8	7.5
제조업 평균	2.9	2.3	7.8	5.6
전산업 평균	5.8	4.2	11.0	7.6

주: 상품에 따른 분류, 생산자가격기준으로 계산함.
자료: 한국은행경제통계시스템.

<표 2-6>은 2017년의 제조업을 상품별로 나누어 정리한 것이다. 취업계수는 임금근로자에 자영업자와 무급가족종사자의 증가분을 더한 것이므로 당연

히 고용계수보다 약간 높다. 취업유발계수와 고용유발계수는 해당 분야의 상품 생산뿐만 아니라 연관되는 모든 상품에서 유발되는 계수이므로 취업이나 고용 계수보다 높게 나타난다.

계수를 부문별로 비교하면, 먼저 전산업 평균을 상회하는 상품은 기타 제조 업 제품뿐이고 나머지는 모두 낮다. 이것은 제조업 중에서 전산업의 고용흡수력 에 미치는 상품생산 분야가 극히 제한적임을 의미한다.

취업 및 고용계수가 제조업 평균보다 높은 상품은 대체로 기타 제조업, 제조 임가공 및 산업용 장비 수리, 섬유 및 가죽제품, 목재 및 종이·인쇄 등의 순이 고, 취업유발계수에 음식료품, 비금속광물제품, 운송장비, 고용유발계수에는 음 식료품, 비금속광물제품, 전기장비, 기계 및 장비가 추가로 포함된다. 반면, 석탄 및 석유제품, 화학제품, 1차 금속제품, 컴퓨터·전자 및 광학기기 등의 계수는 매우 낮다. 대체로 노동집약적 상품은 고용흡수력이 높고 자본 및 기술집약적 부문은 낮음을 확인할 수 있다.

제3절 제조업의 기술수준

표 2-7 제조업의 기술수준 평가 (단위: %, 년)

		세계최고대비기술수준			세계최고기술수준기업비율			중국과의 기술격차(년)		
		2015	2011	2007	2015	2011	2007	2015	2011	2007
제조업전체		80.8	81.9	81.3	9.5	14.7	13.8	3.3	3.7	3.8
산업 유형	정보통신	78.8	83.3	83.3	6.5	13.2	–	2.6	2.9	–
	자동차	81.4	81.9	81.0	3.4	9.6	4.7	3.7	4.2	3.6
	조선	72.7	77.3	78.2	15.6	22.2	26.3	3.7	3.1	3.6
	기계장비	81.8	82.7	81.3	9.7	15.9	13.6	4.0	4.0	4.0
	철강금속	82.7	82.0	83.7	16.9	18.5	11.1	3.1	3.9	4.1
	화학	79.6	83.2	80.5	12.2	19.8	16.5	3.5	3.9	3.8
	전기기계	86.0	82.6	76.9	14.3	13.5	15.4	3.3	3.3	3.6
	정밀기기	79.5	84.9	85.6	11.4	19.1	4.2	3.4	4.1	3.5
	섬유	81.4	78.7	73.4	5.5	6.1	21.1	3.0	4.0	4.1

		세계최고대비기술수준			세계최고기술수준기업비율			중국과의 기술격차(년)		
		2015	2011	2007	2015	2011	2007	2015	2011	2007
	중화학공업	81.0	81.9	81.4	10.5	15.5	13.0	3.5	3.8	3.7
	경공업	81.4	78.6	78.7	7.3	6.1	14.6	2.9	4.0	3.9
규모	대기업	85.2	83.9	84.1	14.3	17.6	19.0	3.5	4.0	-
별	중소기업	80.2	81.5	80.7	8.8	14.0	12.7	3.3	3.7	-

주: 1) 정보통신(ICT)/ 조선=조선 및 기타수송
　　2) 세계최고대비기술수준: 전자=84.1, 반도체=82.2, 비금속광물=81.0
　　　세계최고기술수준기업비율: 전자=21.4, 반도체=18.0, 비금속광물=8.3
　　　중국과의 기술격차: 전자=3.4, 반도체=3.6, 비금속광물=3.7
　　3) 2004년 제조업전체: 세계최고대비기술수준=80.0, 세계최고기술수준기업=12.9, 중국과의 기술격차=4년
　　4) 2015년 5차 조사, 2011년 4차 조사, 2007년 3차 조사, 2004년 2차 조사, 2002년 1차 조사
자료: 산업연구원,『2015년 한국제조업의 업종별 기술수준 및 개발동향』, p.15, pp.20-21.
　　　_____,『2011년 한국제조업의 업종별 기술수준 및 개발동향』, p.1, pp.6-7, p.21.
　　　_____,『2007년 한국제조업의 업종별 기술수준 및 개발동향』, pp.1-2, p.7, p.22.

　　우리나라 제조업의 기술수준에 대해 살펴보자. <표 2-7>은 산업연구원 (KIET)에서 조사한 2015년의 제5차 자료까지 정리한 것이다. 우리나라의 제조업은 전체적으로 세계 최고 대비 기술수준이 80%를 약간 넘고 있는데 마지막 조사연도인 2015년도에는 오히려 약간 하락한 것으로 나타난다. 즉, 국제적으로 제조업 전체의 기술수준이 향상되었다고 볼 수 없다. 여기에 2011년도의 제4차 조사보고서에서 세계최고수준 제품과 비교할 때 소재관련 기술이 상대적으로 취약한 부문으로 조사된 것을 고려하면 여전히 이 부문의 기술개발이 시급한 것으로 보인다.[5]

　　산업유형별로 살펴보면, 경공업은 기술수준이 약간 상승했지만 중공업은 오히려 약간 하락한 것으로 나타난다. 세부적으로 2011년 대비 2015년 기술수준은 전기기계, 경공업을 제외하고 모두 하락하였다. 자동차 산업은 동일한 수준을 힘겹게 유지하고 있지만 정보통신, 화학, 정밀기기의 하락이 눈에 띈다. 특히 중화학공업 중 조선은 기술수준이 가장 낮은 72.7%에 지나지 않고, 최고 기술수준의 기업 비율도 2011년 22.2%에서 2015년 15.6%로 크게 하락했다.

　　전반적으로 세계 최고 대비 기술수준을 갖춘 기업의 비율은 2007년 13.8%에

---

5) 반면, 조립가공기술은 상대적으로 강점이 있는 것으로 조사되었다(산업연구원,『2011년 한국 제조업의 업종별 기술수준 및 개발동향』, p.37.).

서 2015년 9.5%로 감소하였다. 다만, 정밀기기와 조선, 정보통신, 기계장비, 화학, 섬유 등이 감소한 반면, 철강금속, 정밀기기 두 분야만 상승하였다.

세계최고 대비 기술수준이 하락하면서 중국과의 기술격차도 해가 갈수록 줄어들고 있다. 정보통신은 2015년에 2.6년의 차이가 있고, 특히 철강금속과 경공업의 격차가 가장 빠르게 줄어들었다.

표 2-8 제조업의 연구개발실태 (단위: %)

		연구개발수행비율			R&D투자액비율 (매출액대비)			R&D인력비율 (총종업원대비)		
		2015	2011	2007	2015	2011	2007	2015	2011	2007
제조업전체		69.5	81.9	85.5	4.7	4.2	4.3	8.8	8.1	8.5
산업 유형	정보통신	74.2	94.0	-	5.9	6.0	5.0	12.2	11.9	10.9
	자동차	62.9	83.1	89.1	3.9	3.7	3.9	8.4	7.3	7.0
	조선	46.9	51.5	84.2	4.3	3.9	4.5	7.2	5.1	6.4
	기계장비	73.8	91.4	88.1	5.1	4.1	4.4	9.9	9.4	10.2
	철강금속	63.4	75.8	66.7	3.5	2.9	3.2	5.1	5.0	5.8
	화학	76.7	83.8	87.3	4.4	4.0	4.4	7.1	8.8	8.7
	전기기계	69.0	75.7	88.5	4.6	4.6	4.9	10.2	9.2	9.6
	정밀기기	93.2	95.7	87.5	6.3	6.4	5.2	11.8	11.3	12.9
	섬유	60.0	72.7	94.7	3.6	2.6	4.4	6.9	4.6	7.1
	중화학공업	70.2	80.8	-	4.5	4.0	4.3	8.3	7.8	8.7
	경공업	61.5	72.7	-	4.6	2.6	3.9	7.9	4.6	6.3
규모 별	대기업	86.9	93.9	-	4.4	4.0	3.9	9.7	9.0	7.3
	중소기업	67.1	79.3	-	4.8	4.2	4.4	8.7	7.9	8.8

주: 2007년: 연구개발수행비율 → 전자=85.7, 반도체=82.1, 비금속광물=95.8
　　　　　 R&D투자액비율 → 전자=5.4, 반도체=4.8, 비금속광물=3.2
　　　　　 R&D인력비율 → 전자=11.9, 반도체=10.1, 비금속광물=6.1
　　 2004년: R&D투자액비율 → 중화학=4.9, 경공업=3.1, 대기업=3.1, 중소기업=5.2
　　　　　 R&D인력비율 → 제조업전체=9.0, 정보통신산업=4.6, 중화학=9.5, 경공업=4.6, 대기업=6.8,
　　　　　 중소기업=9.8
자료: 산업연구원, 『2015년 한국제조업의 업종별 기술수준 및 개발동향』, p.16, pp.20-21.
　　　 _____, 『2011년 한국제조업의 업종별 기술수준 및 개발동향』, pp.17-19, p.21, p.26.
　　　 _____, 『2007년 한국제조업의 업종별 기술수준 및 개발동향』, p.2-3, pp.9-11, p.27, p.29.

<표 2-8>은 산업연구원이 조사한 자료 중에서 공통적으로 파악할 수 있는 부문의 지표를 골라 정리한 것이다. 가장 눈에 띄는 것은 제조업체 중 연구개발(R&D: Research & Development)을 수행하는 기업의 비율이 2007년 85.5%에서 2015년 69.5%로 16%나 줄어들었다는 점이다. 업종별로는 선도산업인 정보통신, 자동차, 조선은 물론이고 기계장비, 전기기계, 철강금속, 섬유 등 모든 산업이 하락했다. 이는 해당 최종재 생산 기업에 납품하는 소재, 부품, 장치생산 중소기업의 기술개발이 정체되고 있는 것을 뜻한다. 규모별 생산에서 중소기업의 연구개발 수행비율이 대기업보다 크게 하락하고 연구개발 수행비율도 크게 낮게 나타나는 것이 이를 증명한다. 다만, 정밀기기는 2015년에 2011년보다 높아졌지만 2007년보다는 낮아 등락하고 있다. 특히 조선은 장기간의 불황과 깊은 연관이 있겠지만 2007년에 비해 무려 37.3%나 감소하였는데, 그 결과 앞의 <표 2-7>에서 조선이 기술수준이 가장 낮게 나타난 것과 밀접하게 연관된 것으로 보인다.

매출액 대비 R&D투자액 비율은 제조업 전체적으로 2007년 4.3%에서 2015년에 4.7%로 상승하였다. 제조기업 전체의 연구개발 비율이 69.5%로 급락한 점을 고려할 때 자금력이 우수하고 규모가 큰 기업을 중심으로 연구개발이 진행된 것으로 해석된다. 또한 이것은 규모별 제조기업의 기술격차가 벌어지고 있기 때문에 연구개발투자의 확대를 통한 중소기업의 육성이 시급한 과제임을 시사한다고 하겠다.

제조업 전체의 총종업원 대비 연구인력은 2007년 8.5%에서 2015년 8.8%로 약간 상승하였고, 중소기업은 정체인 반면 대기업의 연구인력 비율은 7.3%에서 9.7%로 커졌다. 제조업 전체의 연구개발 수행비율이 크게 하락했기 때문에 이 역시 대기업 중심으로 연구개발이 수행되었음을 명확하게 보여주는 지표라고 하겠다. 연구개발 인력의 비율이 상승한 업종은 중공업에서 정보통신, 자동차, 조선, 전기기계와 경공업 부문이었다.

제4절 연구개발의 동향

4.1 연구개발의 중요성

시장경제에서 제조업체의 생존을 결정하는 가장 중요한 요소는 기술경쟁력이다. 물론 생산 및 기술인력, 투자와 운영비 등의 자금문제, 그 외 경영상의 노하우도 중요하다. 기술력이 탁월함에도 불구하고 경영 미숙으로 큰 타격을 입거나 재해나 공황 등 예기치 못한 사태로 파산이라는 최악을 맞이한 기업도 적지 않다. 하지만 세계적으로 성장한 기업들의 대다수는 뛰어난 기술력을 무기로 시장에서 성공했다. 특히 오늘날과 같이 국가 간 장벽이 사라진 글로벌시대는 연구개발을 통한 기술력의 확립이 기업의 생존을 좌우한다고 해도 과언이 아니다.

기술이 기업의 성과와 생존을 좌우한 예는 굳이 최근이 아니라도 얼마든지 찾을 수 있다. 지난 20세기를 돌아보면, 세계 100대 기업의 지위를 지속한 기업은 얼마 되지 않는다. 그 원인의 대부분은 급변하는 시장환경에 기술적으로 적절하게 대처하지 못한 데 있다. 가령, 20세기 초에 세계 최대 규모의 자본력과 미국 철강생산의 3분의 2를 차지했던 US Steel은 2018년 미국에서 두 번째, 세계 26위의 철강회사로서 세계 100대 기업에서 밀려난 지 오래다. 이에 비해 우리나라의 포스코[Posco, 1968년 포항종합제철(주)로 설립]는 거듭된 기술혁신으로 세계 3위의 철강기업으로 부상하였다. 사무용 기기사업으로 출발하여 세계 최대 컴퓨터 제조업체로 성장했던 IBM은 최근 주력사업을 기업컨설팅 및 IT솔루션으로 바꾸었다. IBM은 컴퓨터산업의 발전을 주도하면서 세계 최고의 기업으로서 명성이 자자했으나 2019년에는 주식시가 총액 69위로 밀려나 있다. 이에 비해 새로운 아이디어로 기술혁신을 거듭한 Microsoft, Amazon, Apple은 세계 1~3위이며, 후진국에서 발진한 삼성전자는 주식시가 총액 17위에 올라있다. 오늘날 Apple이나 Microsoft, Google, Amazon과 같은 온라인 기업은 물론이고 Benz, 삼성전자, 현대자동차 등 제조 기업조차도 연구개발투자를 통한 기술력을 확보하지 않으면 세계적 기업으로서 국제경쟁력을 유지하기 힘들다. 우리나라에서 삼성전자나 현대자동차, 엘지화학 등이 세계적 기업으로 성장한 것도 역시 연구개발이 그 원천이다.

기술개발의 중요성은 세계적인 대기업에만 해당하는 문제가 아니다. 독일과 일본이 세계적인 공급기지로서 강한 영향력을 발휘하는 것은 수많은 중소기업들이 최고의 기술력을 보유하고 있기 때문이다. 우리나라에도 국제경쟁력을 가진 중견기업 중 사내에 적지 않은 기술개발인력을 가지고 있는 경우가 적지 않다. 2019년 일본이 화이트리스트에서 한국을 배제하고 수출금지조치를 시행한 것은 국가 간, 기업 간 경쟁에서 기술개발이 얼마나 중요한지를 웅변하는 예이다.

이와 같이 기업의 성과와 흥망성쇠를 결정하는 핵심은 기술개발이며, 기술력은 기업경쟁력을 결정하는 핵심적 요소라 할 수 있다. 한때 세계적 기업이 일순간에 사라지거나 후순위로 겨우 명맥을 유지하는 것은 기술개발에서 뒤처진 것이 가장 큰 이유이다. 기술개발이야말로 기업경쟁력은 물론 국가의 경쟁력을 결정하는 가장 중요한 요소인 것이다. 결론적으로 기업 경쟁력 확보의 핵심은 R&D 투자이다. 특히 최근 세계적 기업들의 부침은 에너지다소비형의 산업에서 경박단소의 첨단산업 혹은 지식정보산업으로 전환하는 과정에서 성취한 R&D의 성공 여부와 관계가 깊다. 그러므로 우리나라 제조기업의 기술경쟁력 확보는 우리 경제의 미래를 좌우할 가늠자이다.

4.2 연구개발 동향

제조업을 중심으로 우리나라의 R&D 투자에 대해서 살펴보자.

표 2-9 GDP 대비 총연구개발비율 국제비교 및 한국 순위 (단위: %)

국가	1991	2000	'02	'04	'06	'08	'10	'11	'12	'13	'14	'15	'16	'17
한국	1.7	2.2	2.3	2.5	2.8	3.1	3.5	3.7	4.0	4.1	4.3	4.2	4.2	4.6
이스라엘	2.2	3.9	4.1	3.9	4.1	4.3	3.9	4.0	4.2	4.2	4.2	4.3	4.3	4.5
스웨덴	2.6	–	–	3.4	3.5	3.5	3.2	3.2	3.3	3.3	3.1	3.3	3.3	3.4
일본	2.7	2.9	3.0	3.0	3.3	3.3	3.1	3.2	3.2	3.3	3.4	3.3	3.1	3.2
오스트리아	1.4	1.9	2.1	2.2	2.4	2.6	2.7	2.7	2.9	3.0	3.1	3.0	3.1	3.2
독일	2.4	2.4	2.4	2.4	2.5	2.6	2.7	2.8	2.9	2.8	2.9	2.9	2.9	3.0
덴마크	1.6	–	2.4	2.4	2.4	2.8	2.9	2.9	3.0	3.0	2.9	3.0	2.9	3.0
핀란드	2.0	3.2	3.3	3.3	3.3	3.5	3.7	3.6	3.4	3.3	3.2	2.9	2.7	2.8

국가	1991	2000	'02	'04	'06	'08	'10	'11	'12	'13	'14	'15	'16	'17
미국	2.6	2.6	2.6	2.5	2.6	2.8	2.7	2.8	2.7	2.7	2.7	2.7	2.7	2.8
벨기에	1.6	1.9	1.9	1.8	1.8	1.9	2.1	2.2	2.3	2.3	2.4	2.5	2.5	2.7
프랑스	2.3	2.1	2.2	2.1	2.1	2.1	2.2	2.2	2.2	2.3	2.3	2.3	2.2	2.2
중국	0.7	0.9	1.1	1.2	1.4	1.4	1.7	1.8	1.9	2.0	2.0	2.1	2.1	2.1
아이슬란드	1.2	2.6	2.9	–	2.9	2.5	–	2.5	–	1.8	2.0	2.2	2.1	2.1
네덜란드	1.8	1.8	1.8	1.8	1.8	1.6	1.7	1.9	1.9	2.0	2.0	2.0	2.0	2.0
노르웨이	1.6	–	1.6	1.5	1.5	1.6	1.6	1.6	1.6	1.7	1.7	1.9	2.0	2.1
한국순위	11 (30)	8 (32)	8 (32)	6 (36)	6 (35)	5 (37)	3 (35)	2 (37)	2 (35)	2 (37)	1 (35)	2 (38)	2 (35)	1 (34)

주: 1) ( )는 조사국가수.
　　2) 영국, 러시아 제외.
자료: 국가통계포털.

<표 2-9>는 GDP에서 총연구개발비가 차지하는 비중을 나타내고 있다. 총연구개발비이므로 서비스나 농업 등 제조업 이외 부문의 것도 포함하고 있다. 그러나 제조업이 압도적 비중을 차지할 것이므로 제조업의 연구개발비 동향을 반영한다고 볼 수 있다. 한국의 GDP 대비 총연구개발비는 2012년 4.0%를 기점으로 점차 증가하여 2017년에 4.6%이며, 2011~2013년 세계 2위를 차지한 이후 이스라엘과 1, 2위를 다투고 있다. 그 다음이 스웨덴, 일본, 오스트리아, 독일의 순으로 나타난다. 한국의 GDP 대비 연구개발비율은 2010년 이후로 경쟁국인 일본보다 높아지고 그 차이도 조금씩 벌어지고 있다. 다만, 중국의 급속한 증가가 주목되는데 1991년 0.7%에 지나지 않지만 2017년에 2.1%로 크게 비율이 증가하였다.

GDP 대비 연구개발비의 비율은 수위를 다투지만 절대액에서는 다른 양상을 보인다. <그림 2-7>은 2017년을 기준으로 절대액 기준 랭킹 6위까지 그려놓은 것이다. 미국은 2017년에 GDP 대비 총연구개발비율에서는 세계 6위이지만 절대액은 543,249백만 달러로서 중국을 제외한 3~6위 국가의 총액(458,557백만 달러)을 합친 것보다 무려 847억 달러가 많다. 2위는 중국인데 2000년을 시작으로 무서운 속도로 늘어나 2017년에 495,981백만 달러에 달하고 있다. 이 역시 3~6위의 국가의 합계보다 많은 액수이다. 중국이 대규모의 R&D 투자를 통한 기술력 확립에 얼마나 적극적으로 나서고 있는지를 보여준다.

그림 2-7 주요국의 총연구개발비(GERD) 비교   (단위: 백만달러)

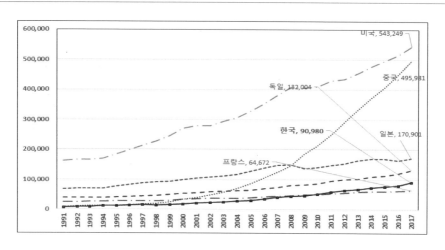

주: 1) 국내연구개발지출(GERD)
    2) 단위: 경상 PPP달러
    3) 2017년 영국 49,345백만 달러(7위), 러시아 41,868백만 달러(8위)
자료: 국가통계포털.

    한국은 2017년에 GDP 대비 총연구개발비의 비율은 세계에서 1위이지만 절대액에서는 5위이다. 한국은 2010년에 프랑스를 제치고 5위를 차지하고 있다. 한국은 절대액 5위이지만 미국은 한국의 6배, 중국은 5.5배, 일본은 1.9배에 이르러 규모면에서 차이가 크다. 그림의 기간인 1991~2017년 동안 조사 대상 전 국가의 총연구개발비[6]는 약 4,023억 달러에서 1조 8,597억 달러로 2.9배로 증가하였다. 2017년에 미국과 중국의 연구개발비는 전체의 56%를 차지하고, 한국을 포함한 상위 5개국의 합계는 68%나 차지할 정도로 소수의 국가에 집중되어 있다.

    이 기간에 미국의 연구개발비는 2배로, 일본은 1.7배로 늘어난 데 비해 중국은 15배, 한국은 4.9배로 크게 늘어났다. 또한 조사된 국가들의 연구비 총액에서 미국은 1991년 무려 40.1%를 차지했지만 2017년 29.2%로 줄어들었고, 일본은 17.2%에서 9.2%로 하락했다. 이에 비해 중국은 2.3%에서 26.7%으로 급증했으며, 한국도 1.8%에서 4.9%를 차지하게 되었다. 이런 변화는 각국이 기술의 중요성을 새삼 깨닫고 R&D에 적극적으로 뛰어든 결과다.

---

6) 조사대상 전국가수는 <표 2-9>를 참조.

표 2-10 지식재산권 출원 건수   (단위: 건)

	합계	특허	실용신안	디자인	상표
1960	3,356	611	1,207	329	1,209
1965	6,745	1,018	2,849	825	2,053
1970	17,659	1,846	6,167	4,522	5,124
1975	26,387	2,914	7,290	6,707	9,476
1980	37,261	5,070	8,558	10,075	13,558
1985	74,153	10,587	18,548	18,949	26,069
1990	114,069	25,820	22,654	18,769	46,826
1995	240,195	78,499	59,866	29,978	71,852
2000	283,087	102,010	37,163	33,841	110,073
2005	359,207	160,921	37,175	45,222	115,889
2010	362,074	170,101	13,661	57,187	121,125
2011	371,116	178,924	11,854	56,524	123,814
2012	396,996	188,915	12,424	63,135	132,522
2013	430,164	204,589	10,968	66,940	147,667
2014	434,047	210,292	9,184	64,345	150,226
2015	475,802	213,694	8,711	67,954	185,443
2016	463,862	208,830	7,767	65,659	181,606
2017	457,955	204,775	6,809	63,453	182,918
2018	480,245	209,992	6,232	63,680	200,341

주: 1998년 이후 출원서 기준.
자료: 국가통계포털.

　지식재산권에는 특허, 실용신안, 디자인, 상표가 있으며, 네 가지 중 어느 것
하나 기업경영에서 중요하지 않은 것이 없다. 그렇지만 기술개발과 관련되는 지
식재산권 중 가장 중요한 것은 특허이다. 가령, 세계적 모바일 폰 생산업체인
Apple과 삼성전자 간에는 2011년부터 미국에서 시작된 특허 소송을 비롯하여
여러 건의 분쟁이 진행되고 있다. 물론 이 소송에는 특허 외에도 디자인이나 상
표권과 관련되는 사항들도 중요하게 다루어지고 있다. 그렇지만 세계경제에 막
강한 영향력을 미치는 두 회사가 명운을 걸고 치열하게 다투는 것은 역시 기술

개발에 따른 독점적 이익을 보장하는 특허권이라고 하겠다.

　글로벌 기업들의 분쟁은 국적뿐만 아니라 핏줄도 가리지 않는다. LG화학과 SK이노베이션은 2011년부터 2차전지 및 전기차 배터리 관련 특허 소송을 진행하고 있다. 이처럼 기업들이 국적을 불문하고 소송전을 전개하는 예는 얼마든지 찾아볼 수 있다. 기업들이 국내외를 가리지 않고 소송을 제기하는 것은 기술이 기업의 미래와 생존을 좌우하기 때문이다.

　네 가지 지식재산권 중에서 가장 많이 출원되고 있는 것은 특허이다. <표 2-10>에 따르면, 매년도 지식재산권 출원 건수는 1960년 3,356건이었지만 2018년에 142배가 증가한 48만여 건에 이르고 있으며 이 중에 43.7%에 해당하는 약 21만 건이 특허이고, 다음이 41.7%를 차지하는 상표이다.

　소규모 발명이라고 할 수 있는 실용신안의 출원건수는 1988년까지 매년도에 특허보다 많았지만 그 이후로 특허가 많아졌고 그 차이도 크게 벌어지고 있다. 특허는 2013년 이후 매년 20만 건 이상 출원되고 있다. 그만큼 우리나라 기업들이 특허의 중요성을 인식하고 기술개발에 나서고 있음을 알 수 있다.

특허와 실용신안의 차이

　특허는 특정인의 이익을 위하여 일정한 법률적 권리나 능력, 포괄적 법률관계를 설정하는 행위를 말한다. 행정법상으로는 특정인에 대하여 일정한 법률적 권리나 능력, 포괄적 법령관계를 설정하는 설권적·형성적 행정 행위를 의미한다. 특허법은 발명을 보호·장려하고 그 이용을 도모함으로써 기술의 발전을 촉진하고 산업발전에 이바지하기 위해 제정된 것으로 이 법의 요건을 충족하는 발명에 대해 독점적으로 이용할 수 있는 권리를 부여한다.

실용신안제도는 특허법상 보호대상인 '발명'이라는 고도의 기술에 가려서 사장되기 쉬운 실용적 기술사상(小發明)인 '고안'을 보호하기 위해 마련된 제도이다. 현재 우리나라를 비롯하여 일본, 독일 등 일부 국가에서 운영되고 있으며 자국의 국내산업 보호라는 산업정책적 목적에서 탄생한 제도라고 볼 수 있다. 실용신안의 보호 대상은 물품의 형상·구조·조합에 관한 '고안'이다. 여기서 '고안'이라 함은 자연법칙을 이용한 기술적 사상의 창작을 의미한다.

출처: 시사경제용어사전, 기획재정부.

표 2-11 출원인 유형별 국제특허출원 점유율(2014~2018년)　　　　　　　(단위: 건, %)

순위	유형	2014	2015	2016	2017	2018	누계	
							건수ⓑ	비율 (ⓑ/ⓐ)
1	대기업	5,252	5,644	6,173	6,267	7,313	30,649	40.3
2	중소기업	3,075	3,433	3,851	4,000	3,882	18,241	24.0
3	내국 개인	1,906	2,158	2,122	2,015	2,003	10,204	13.4
4	대학	1,035	1,224	1,295	1,383	1,476	6,413	8.4
5	중견기업	1,064	1,200	1,192	1,106	1,190	5,752	7.6
합계	(1~5)	12,332	13,659	14,633	14,771	15,864	71,259	93.7
출원인 전체		13,138	14,594	15,595	16,991	16,991	76,108	100.0

주: 전체에는 위 1-5위 외에도 연구기관, 비영리법인, 외국법인, 공공기관, 공기업의 특허도 포함.
자료: 한국특허신문사, 특허뉴스, 특허동향, 2019.7.22.

　특허에 대해 더 자세히 살펴보자. 우리나라의 매년 국제특허출원 건수는 2014년 13,138건에서 2018년 16,991건까지 매년 증가해 왔다. 국제특허 출원자 중 대기업, 중소기업 등 순위 1~5위의 출원인이 매년 출원 건수 전체의 대부분을 차지하고 있는데, 5년간 누계치를 보면 이들이 전체의 93.7%를 출원하고 있다.[7] 2014년부터 2018년 5년간 대기업이 40.3%, 중소기업 24.0%, 중견기업이 7.6%로서 기업 전체가 출원의 71.9%를 차지하였다. 개인이 13.4%를 차지한 것도 눈에 띈다.

　기업 규모별로는 대기업의 매년 증가율이 8.6%로서 중소기업 6.0%, 중견기업 2.8%보다 높다. 이는 여전히 국제특허출원의 필요성을 대기업이 크게 인식하고 있음을 보여준다. 중소기업도 증가하고 있는데, "대기업 중심으로 발생했던 해외 특허분쟁이 최근 중소기업으로 점차 확대됨에 따라 중소기업과 개인도 해외 진출시 특허권 확보에 대한 인식이 높아진 결과로 풀이된다"(한국특허신문사, 특허뉴스, 2019.7.22).

　기업별 점유율 순위는 5년간 누계건수 76,108건 중에서 삼성전자 12.1%(9.232건)가 1위이고, 그 뒤로는 LG전자 11.2%(8,527건), LG화학 6.0%(4,581건), LG이노텍 1.5%(1,105건), 포스코 1.2%(890건), 삼성SDI 1.0%(747건)가 2~6위이며, 그 이하는

---

7) 6위인 연구기관은 3.8%이며, 나머지 출원인은 모두 0.7% 이하이다.

각각 0.7% 이하이다. LG전자를 비롯한 LG그룹 계열사들과 삼성전자가 주도하고
있는 것이다(특허뉴스, 2019.7.22).

그림 2-8 재원별 연구개발비 (단위: 억원, %)

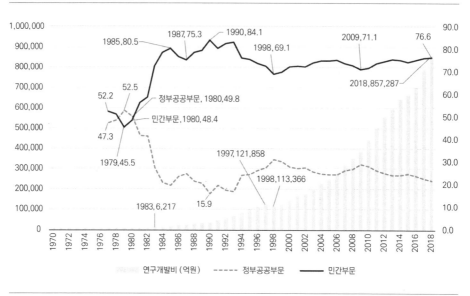

주: 1) 해외부문은 표시에서 제외.
　　2) 1970년 105억 원.
　　3) 정부와 민간부문의 총연구개발비에서 차지하는 비중.
자료: 국가통계포털.

　　연구개발비를 재원별로 나누어 보면, 최종적 기술 수요자인 민간부문의 비중
이 훨씬 높게 나타난다. 연구개발비는 1970년 이후 지속적으로 증가하였는데
1970년 105억 원에 지나지 않았지만, 1985년에 1조 원을 넘어선 이후 빠른 속
도로 증가하여 1996년 10조 원, 2012년 50조 원을 넘어섰으며, 2018년에 총액
약 86조 원 수준이다. 1970년 이후 연구개발비는 외환위기로 IMF에서 구제금융
을 받았던 1998년에 단 한 차례 감소했을 뿐이다.
　　연구개발비를 정부공공부문과 민간부문으로 나누어 보면, 제2차 오일쇼크와
광주민주화운동 등 정치경제적 격변이 있었던 1979년과 1980년에만 정부공공부
문의 투자액이 민간부문보다 많고 나머지는 민간부분의 비율이 크게 높다. 정부
의 투자는 1980년까지 50% 정도를 차지했지만, 1982년 41.1%로 떨어지고 그

이후 크게 하락하여 대체로 20%대를 유지하고 있지만 여전히 점차 하락하는 추세이다. 민간연구비는 1990년에 전연구개발비의 84.1%를 차지한 정점 이후 약간 하락했지만 2010년 이후 약간씩 비중이 상승하고 있다.

4.3 기술무역수지

기업은 독자적으로 개발한 기술을 제품생산에 적용하기도 하지만, 기술 자체를 판매하거나 기술이 부족할 경우 기술을 사기도 한다. 이렇게 기술을 국제시장에서 사고파는 것을 기술무역이라고 하는데 그 거래의 결과를 보여주는 것이 기술무역수지이다.

표 2-12 주요국의 기술무역수지 (단위: 백만달러)

	2006	2007	2008	2009	2010	2011	2012	2013	2014	2015
한국	-2,941	-2,925	-3,140	-4,856	-6,889	-5,868	-5,741	-5,193	-5,775	-6,001
미국	32,705	35,802	36,944	32,065	30,992	38,110	38,490	37,599	43,866	41,943
일본	14,383	15,046	15,726	15,822	21,720	24,690	28,480	28,868	29,707	27,653
영국	14,952	16,189	15,591	12,319	12,684	17,828	20,961	19,759	22,795	19,780
독일	3,499	3,671	8,084	8,488	13,038	15,757	15,432	13,125	18,784	18,102
스웨덴	731	5,562	5,414	6,457	7,905	11,622	10,783	13,059	11,402	12,219
이스라엘	5,653	6,035	6,830	7,134	7,623	9,548	9,481	11,328	10,987	11,859
스페인	-1,377	-2,609	3,643	4,385	4,299	5,713	5,534	6,629	8,458	7,002
네덜란드	0	5,808	7,096	3,503	-	10,558	9,293	11,049	3,284	6,062
오스트리아	2,676	3,080	3,627	3,447	3,588	4,586	4,173	4,095	4,747	4,182
핀란드	-1,764	-1,793	1,311	441	1,703	2,650	1,246	3,529	5,109	5,759
폴란드	-1,712	-2,294	-1,830	-1,510	-2,142	85	203	-357	311	1,740
덴마크	2,353	2,175	1,796	1,464	1,200	347	1,621	2,062	2,063	1,641
체코	-264	-579	150	-261	75	486	304	623	862	1,227
이탈리아	978	1,118	-4,433	-4,480	-3,589	-3,024	1,035	109	906	1,224
러시아	-609	-773	-1,345	-966	-782	-1,323	-1,364	-1,695	-1,177	-551

주: 1) 2015년 10억 달러 이상 흑자국 순서대로 표시.
   2) 프랑스 통계는 알려지지 않음.
자료: 과학기술정보통신부, 과학기술통계서비스.

<표 2-12>는 2015년을 기준으로 기술무역수지 흑자가 많은 순서대로 국가를 배열하고 있다. 한국과 러시아를 제외한 나머지 대부분의 국가들은 기술무역수지가 흑자이다. 2015년 경제규모(GDP규모) 세계 11위였던 한국보다 순위가 높은 국가들(미국, 일본, 영국, 독일, 이탈리아)은 모두 기술무역수지 흑자국이다. 한국과 GDP 대비 연구개발비의 비율에서 수위를 다투는 이스라엘은 매우 강한 기술수출국으로서 2015년에 무려 119억 달러의 흑자를 기록하고 있고, 한국보다 경제규모가 적은 EU국가들 역시 흑자국이다.

　　이에 비해 한국은 기술무역수지 적자가 2006년 29억 달러였는데 매년 점차 증가하여 2015년에 60억 달러를 기록하였다. 한국의 기술무역수지는 1981년 95백만 달러 적자 이후 한 차례도 적자를 벗어나지 못하고 증가하여 왔다. 다만 2015년 60억 달러를 정점으로 2016년 42억 달러, 2017년 47억 달러, 2018년 39억 달러로 적자가 감소하고 있다(국가통계포털).

　　한 나라 생산기술의 전반적 수준 혹은 기술의 자립적 완성도를 기술무역수지만으로서 파악할 수는 없다. 국제경제환경이나 기업의 상황에 따라 모든 분야의 생산기술을 국내에서 충족하지 못하고 때로는 불가피하게 해외로부터 기술을 도입하기도 한다. 가령, 한국과 같이 경제규모가 적지 않고 제조업의 생산분야가 다양한 국가라면 어느 정도의 기술무역수지 적자를 비정상적이라고만 할 수 없을 것이다. <표 2-12>에서 보듯이, 한국보다 경제규모가 크지 않은 나라 중 기술무역수지는 흑자이지만 기술자립화를 달성했다고 보기 힘든 국가도 있다. 또한 러시아도 적자이지만 이것만을 근거로 러시아의 과학기술수준이 다른 나라들보다 낮다고 할 수 없다.

　　그럼에도 한국이 장기에 걸쳐 기술무역수지 적자를 보이고 있는 점은 산업기술의 기반이 확고하지 않다는 것을 뜻한다. 기술도입액이 총연구개발비에서 차지하는 비중을 기술선진국인 일본과 비교해 보자(총연구개발비는 <그림 2-7> 통계를 이용). 일본은 2000년 4.2%에서 2010년 4.3%, 2015년 3.0%이다. 한국은 2000년에 16.5%에서 2010년 19.6%, 2015년 21.3%, 2017년 18.1%이다. 즉, 한국은 국내연구개발비 대비 기술도입액 비율이 20%에 가깝고 그 비율도 오히려 약간 상승하고 있는 반면, 일본은 4% 전후이지만 약간 하락했다. 이와 같이 한국은 아직도 기술 부족 때문에 국가 총연구개발비의 20%에 해당하는 금액을 해외에 지불할 정도로 기술의 대외의존성에서 여전히 벗어나지 못하고 있다. 앞의

<표 2-7>에서 제조업의 세계최고 대비 기술수준이 2000년대 이후 최근까지도 대체로 80% 수준을 벗어나지 못하고 있는 점을 고려하면, 나머지 20%의 기술수준을 추격하기가 쉽지 않음을 보여준다. 이 부분은 핵심기술일 가능성이 크기 때문이다. 그러나 반드시 넘어야 할 과제이다.

표 2-13 우리나라의 산업별 기술무역수지   (단위: 백만달러)

	2009	2010	2011	2012	2013	2014	2015	2016	2017	2018
기계	-739	-450	-696	-220	544	-536	-669	-605	-285	-327
전기전자	-2,479	-4,396	-3,183	-4,467	-4,073	-4,369	-4,647	-4,065	-4,200	-4,383
소재	-445	-819	-441	-215	-246	-129	-186	-124	-88	-218
화학	-342	-389	-373	-381	-44	-405	61	170	-200	-400
섬유	-35	-47	-219	-88	43	-325	-180	-273	-302	37
기술서비스	0	0	0	0	0	0	0	196	155	205
건설	-21	-41	-116	580	-291	-129	-13	100	35	-23
정보통신	-233	-586	-68	-223	-408	673	115	837	515	1,629
농림수산	-77	-73	-207	-6	-151	-210	-199	-69	-111	-90
기타	-486	-89	-564	-721	-567	-346	-282	-321	-197	-292
합계	-4,856	-6,889	-5,868	-5,741	-5,193	-5,775	-6,001	-4,155	-4,678	-3,862

주: 합계는 기술무역수지 전체를 나타냄.
자료: 과학기술정보통신부, 과학기술통계서비스.

제조업 기술무역수지의 동향을 부문별로 좀 더 자세히 살펴보자. 먼저, 정보통신이 2013년부터 흑자를 보이고 있는 것을 제외하면 기계, 전기전자, 화학 등 주력 산업 부문은 물론 심지어 농업까지 포함하여 대부분의 분야가 적자를 면치 못하고 있다. 2018년 기계, 전기전자, 소재, 화학의 네 산업만의 적자액이 5,328백만 달러로서 국가 전체 적자 3,862백만 달러의 약 1.4배에 이르고 있다. 특히 우리 경제를 이끌어 가는 전기전자의 수지는 2010년 이후 거의 매년 40억 달러를 크게 상회한다. 소재부문도 2010년 전후보다 적자폭이 크게 줄기는 했으나 여전히 적자여서 역시 가까운 시일 내에 기술의 대외의존성에 벗어나지 못할 것으로 보인다.

표 2-14 우리나라 기업유형별 기술무역수지 (단위: 백만달러)

	2009	2010	2011	2012	2013	2014	2015	2016	2017	2018
대기업	-4,070	-6,701	-4,705	-6,158	-4,921	-5,633	-6,044	-4,250	-4,577	-4,441
중소기업	-748	-812	-1,124	395	-341	-173	13	58	-99	555
비영리	-38	623	-40	21	70	31	31	37	-2	24
합계	-4,856	-6,890	-5,869	-5,742	-5,192	-5,775	-6,000	-4,155	-4,678	-3,862

주: 비영리=비영리법인 및 기타
자료: 과학기술정보통신부, 과학기술통계서비스.

표 2-15 우리나라 주요 국가별 기술무역수지 (단위: 백만달러)

	2009	2010	2011	2012	2013	2014	2015	2016	2017	2018
미국	-3,586	-4,378	-4,470	-5,540	-6,899	-5,411	-6,273	-5,613	-5,240	-5,207
일본	-1,152	-1,211	-1,046	-758	-759	-624	-121	-343	-507	-784
독일	-441	-410	-501	-450	-536	-614	-638	-482	-564	-608
프랑스	-191	-150	-79	-257	919	-464	-314	71	-267	-396
영국	-342	-377	-396	-416	-392	-185	-281	125	104	116
중국	1,020	730	1,227	1,771	3,202	2,437	1,521	1,547	1,442	2,371

자료: 과학기술정보통신부, 과학기술통계서비스.

유형별로 보면, 중소기업은 2014년 이전은 대체로 적자였지만 지속적으로 감소 경향이고 2018년에 555백만 달러 흑자이다. 반면, 예상과는 달리 대기업은 매년 50억 달러 전후의 적자를 보여주는데, 2018년에도 44억 달러 적자로 국가 전체 적자액 약 39억 달러를 상회하여 기술무역수지 적자의 주요인으로 나타난다.

우리나라는 어느 국가로부터 기술을 가장 많이 도입할까? <표 2-15>에 따르면, 미국에서 가장 많이 도입하는데, 2018년 전체 적자의 1.3배인 5,207백만 달러이다. 다음으로 일본, 독일, 프랑스에서 도입하고 있으며, 중국에 대해서는 매년 흑자를 누적하고 있다.

일본은 2019년에 과거의 역사문제 촉발을 핑계 삼아 화이트리스트에서 한국을 제외하여 주요 생산 부문에 타격을 가하고자 했다. 2020년 미국은 첨단우주산업의 중심지인 휴스턴에 있던 중국 총영사관을 지적재산권 침해와 스파이행위의 기지로 지목하며 급작스럽게 폐쇄했고, 중국도 미국의 선제공격에 맞대응하여 청도의 미 영사관을 폐쇄했다. 이같이 기술 갈등을 본질로 하는 격심한 쟁투는 주요 국가 간에 기술적 격차가 줄어든 것이 원인이다. 앞으로도 양상은 달라질지라도 언제 어느 곳에서 얼마든지, 때와 장소와 국적을 가리지 않고 발생할 가능성이 높다.

우리나라는 그동안 기술개발의 중요성을 깨닫고 지속적으로 이에 대한 지원과 투자를 아끼지 않았다. 그 결과 연구개발 투자면에서 세계의 선진국과 어깨를 나란히 하게 된 성과를 거두었고 세계적으로 R&D투자 상위기업도 등장했다. 2018년에 글로벌 R&D투자 상위 기업에서 삼성전자는 Google의 모기업인 Alphabet에 이어 2위를 차지하였다. 삼성전자는 2014년부터 2016년까지 3년 연속 2위였다가 2017년에는 세계 1위였다, 2018년 글로벌 1000대 R&D 투자기업 중 우리나라 기업은 24곳이 이름을 올렸는데 R&D 기업수 세계 8위, 투자액 6위이다(아시아경제, 2020.2.5).[8]

이처럼 R&D 투자를 확대함으로써 다수의 기업이 세계시장 진입에 성공하는 등 적지 않은 성과를 거두고 있다. 그렇지만 이대로 만족할 만한 정도는 아니다. 수십 년 전에는 우리나라 전체의 연구개발비가 선진국 기업 한 곳의 연구개발비보다 적었던 적이 있었다. 현재는 GDP 대비 연구개발비율이 세계 수위를 다투고 있다. 그렇지만 제조업 기술수준은 세계최고 대비 80% 전후를 오랫동안 넘어서지 못하고 있으며, 기술무역수지도 수십 년째 적자를 면치 못하고 있다. 이것은 우리나라 산업화의 역사가 길지 않은 탓도 있지만, 아직 내부적으로 기술을 온전히 체화할 정도로 기술적 기반이 확립되지 못했기 때문이다. 최고대비 기술수준이 80%정도이므로 세계최고와의 격차가 그리 크지 않은 것으로 생각할 수도 있지만, 그 격차의 내용은 실제로는 핵심 기술인 것으로 생각되므로 추격이 쉽지 않을 것이다. 우리 경제는 장기에 걸쳐 국제수지 흑자를 누적하고 제조업도 나름대로 생산체제를 갖춘 제조업 중심의 국가에 속하지만, 기술무역수지 적자의 지속은 부문별로 극복해야 할 과제가 적지 않음을 의미한다고 하겠다.

한국경제가 성장하는데 결정적으로 기여한 것은 기본적으로 기업이다. 글로벌 기업으로 성장한 우리나라 기업들은 오로지 기술력으로 승부했다고 과언이

---

8) 우리나라는 2015년에 세계 R&D 투자 상위 2,500개 기업에 총 75개의 기업이 포함되었다. 2016년도에는 R&D투자 상위 100대 기업에 삼성전자와 LG전자, 현대자동차, SK하이닉스의 4개 기업이 포함되었다(중앙일보, 2016.12.27.).

아니다. 그러나 이것은 우리 기업이 그랬던 것처럼 다른 나라의 기업들도 충분히 우리와 같은 성과를 거두고 우리를 추월할 수 있음을 의미한다. 이것을 전제하고 끊임없이 독자적인 기술체계와 기술경쟁력을 확립해 나아가야 할 것이다.

둘째, 대기업뿐만 아니라 보다 많은 중소기업들도 마음 놓고 R&D에 투자할 수 있는 환경을 만드는 것이다. 삼성전자, 현대자동차, LG전자 등 대기업들은 막대한 R&D 자금을 투하하여 글로벌 기업의 위상을 지켜가고 있다. 삼성전자가 수년째 세계 2위를 사수하는 것이나 그 외 유수한 기업들이 글로벌 순위 1000대 기업, 2500대 기업에 수십 개씩 들어간 것은 우리 기업의 성장 배경을 이해하는 데 도움을 준다. 하지만 이것은 반대로 R&D 자금이 특정 대기업에 집중된 반면 근로자의 대다수를 고용하는 중소기업의 R&D는 매우 취약한 상태에 있음을 의미한다.

한편, 대기업의 고용흡수력이 한계에 도달했기 때문에 수출은 물론 고용과 투자 등의 면에서 중소기업의 중요성이 더욱 중요해지고 있다. 우량 중소기업이든 중견기업이든 중소기업 육성을 통해 고용문제의 근본적 해결과 성장의 질적 측면을 담보하기 위해서는 중소기업의 기술경쟁력 확보야말로 국가적 과제라고 할 수 있다. 그러나 중소기업에 대한 대기업의 부당한 압박이나 다양한 방법에 의한 기술력 탈취가 여전히 근절되지 않고 다발하고 있다. 이러한 문제가 근본적으로 해결되어야만 중소기업의 R&D 붐을 자극하고 기술경쟁력도 제고할 수 있을 것이며, 대기업의 경쟁력도 동반 상승할 것이다. 이 문제에 대해서는 뒤의 중소기업에 관한 장에서 따로 자세히 살펴보기로 한다.

고용문제와
노동시장

제1절 노동문제의 근원
제2절 노동시장의 동향
제3절 임금수준의 동향
제4절 청년실업

우리나라에서 실업문제의 본격적 대두는 1997년 말에 시작된 아시아 외환위기 이후이다. 그 전의 고도성장기에는 투자와 더불어 노동수요도 비례적으로 증가하여 대체로 완전고용이 유지되었기 때문에 실업이 크게 사회적 문제가 되지 않았다. 이 시기에는 오히려 저임금, 장시간 노동, 노동자에 대한 부당한 압력 등의 노동조건이 문제였다. 물론 1950년대에서 1970년대 전반의 실업률은 현재보다 훨씬 심각했다.[1] 그렇지만 당시의 실업은 최근의 일자리 부족과는 근본 원인이 달랐다. 그때에는 자본의 절대적 부족으로 공장 건설은 부진한 반면, 노동력은 과잉공급 상태였다. 이런 상태에서 노동자에게 노동운동은커녕 노동조건에 대한 문제 제기조차도 쉽지 않은 상황이었다.

고도성장기에 진입하게 되자 공식적 실업률은 1968년 이후 5% 이하로 하락하였고 1973년 이후에는 대외적 충격이 가해지지 않는 한 대체로 4% 이하의 완전고용을 유지했다. 특히 1987년 6·29선언 이후 민주화의 진전과 더불어 노동조합설립이 합법화하자 억눌렸던 저임금이 폭발적으로 상승했지만 시간이 흐르면서 실업 그 자체보다는 노동자의 처우개선 등이 주요 이슈로 등장하였다. 그런데 1998년 외환위기 때 기업이 연쇄도산하면서 대량실업이 초래되었고 지금까지도 일자리 창출문제는 주요한 경제적 이슈로 자리잡고 있다. 현재의 일자리 문제는 과거와 같이 자본 부족이 원인이 아니라 새로운 투자처를 필요로 하는 신산업 개척과 얽혀있는 문제이다.

취업은 노동자의 생존이 걸린 문제이다. 더욱이 오늘날의 취업문제는 단순한 일자리 확보가 아니라 인간답게 일하고 생활할 수 있는 좋은 일자리의 창출과 밀접하게 연관되어 있다. 최근에는 진학률의 급상승으로 대졸 인력이 매년 수십만 명씩 노동시장에 배출되기 때문에 특히 청년층의 일자리 문제가 강조되고 있다. 여기에서는 이러한 문제를 중심으로 노동시장의 현황을 이해하는 데 중점을 두기로 한다.

---

1) 1963년 실업률은 8.1%에서 하강하였지만 1975년에도 4.1%였다.

제1절 노동문제의 근원

흔히 말하는 근로 혹은 근로자란 용어는 정확한 경제학적 용어가 아니며 경제학 교과서에서도 찾아보기 힘들다. 노동력 혹은 노동이 원래의 뜻에 맞는 용어이다. 우리는 노동력(labour power)과 노동(labour)을 같은 의미로 혼용하고 있지만 이 둘은 전혀 다른 개념이다. 노동력이란 어떤 재화나 용역을 생산할 수 있는 정신적·육체적 능력의 총체를 가리키며, 노동은 자연에 힘을 가해서 생활자료를 획득하기 위해 노동력을 지출 혹은 소비하는 것이다. 대학에서 강의하는 경제원론을 비롯한 경제이론에서는 이 둘을 거의 구분하지 않지만 어떤 의미인지는 자세히 읽어보면 파악할 수 있다.

자본주의경제는 상품생산이 지배하는 사회이다. 자본주의에서 모든 상품은 자가소비가 아니라 타인을 위한 소비, 즉 타인에게 판매하기 위해서 생산된다. 우리 주위에 소비되거나 거래되는 재화의 대부분은 기업이 생산한 것이다. 기업이 생산에 투입하는 물자들(중간재)조차도 대부분 다른 기업이 생산한다. 개인들이 소비하는 물자에도 스스로 만든 재화란 찾아볼 수 없다. 비록 내가 만든 것일지라도 그 재료는 남이 생산한 물자를 구입한 것이다. 이같이 자본주의는 상품생산이 일반화된 경제이다.

상품생산이 일반화된 자본주의사회에서는 노동력도 상품이다. 전(前) 근대사회에서 산업사회로 이행하는 과정에서 대부분의 직접생산자들은 생산수단을 상실하고 노동력을 팔아야만 생계를 유지할 수 있게 되었다. 소작농은 소작권을, 자작농은 소유지를 잃었으며, 가내수공업자는 생산작업장과 도구 일체를 상실하고 임금노동자로 전환되었다. 이렇게 형성된 자본주의는 자본-임노동관계를 기반으로 작동하는 경제이다.

노동력은 기업이 생산하는 재화나 용역의 생산요소에 포함된다. 노동력에 대한 수요는 최종재 수요에 따라 생겨나는 간접적인 수요란 점에서 파생적 수요(derived demand)이다. 그러나 자본주의경제에서 노동력은 일반적인 재화나 토지, 자본 등의 생산요소와는 전혀 다른 성격을 띠고 있는 상품이다.

첫째, 노동력은 살아있는 존재인 인간의 인격과 결부되어 있다. 그러므로 노동력은 저장이 불가능하며 생산현장에서만 제공이 가능하다.

둘째, 자본주의경제에서 노동력이 거래되는 곳은 노동시장이다. 이 노동시장에서 노동력을 판매한다는 것은 노동자 자체를 거래하는 것이 아니라 노동력을 이용할 수 있는 권리를 거래(노동력의 임대)하는 것을 의미한다. 즉, 노동시장에서의 거래는 노예처럼 노동자 자체의 구매나 판매를 의미하는 것이 아니다. 노동력의 임대를 노동자의 거래와 구분하지 않는다면, 잔혹무도한 노예노동과 인신매매가 판을 쳤던 고대 서양의 그리스 혹은 로마제국이나 하등 다를 바가 없을 것이다. 자본주의사회에서 자본가가 노동시장에서 구매하는 것은 노동력이며, 노동자가 판매하는 것 역시 노동이나 노동자 자신이 아니라 노동력이라는 상품이다.

그런데 노동력이 인격과 결부되어 있으므로 노동력을 수요하는 자본가와 생산에 직접 참여하는 노동자 간에는 노동의 성과 배분을 둘러싸고 이해관계가 대립할 수밖에 없다. 그러므로 노동시장에서는 임금수준을 결정을 둘러싼 노사간 갈등이 필연적이며, 갈등을 조정하는 과정에서 다른 상품시장과는 달리 많은 비시장적인 제도와 법률이 도입되었다. 2018년 최저시급을 대폭적으로 인상시킨 최저임금제의 현실화, 주당 최대 노동시간을 제한한 법정근로시간제 강화 등을 둘러싼 논란은 노동시장에서 제도적 역할의 중요성을 보여주는 예라고 할 수 있다. 기본적으로 노동시장에서는 노동력이 거래되고 임금수준이 결정되며, 노동시간, 작업환경 등 제반 노동조건은 결정된다. 이와 같이 노동시장에서 임금을 비롯하여 제반 노동여건을 둘러싼 협상, 노사간의 갈등이 나타나는 것은 노동력이 단순히 생산요소로서의 상품이 아니라 노동자란 인격체와 결부되어 있는 힘이기 때문이다. 자본가(혹은 기업)와 임금노동자 간의 이해관계의 대립, 이것이 바로 노동문제의 근원인 것이다.

노사관계에서 가장 중요한 것은 임금수준의 결정에 관한 것이다. 임금이 어떻게 결정되는지에 대해서는 여러 가지 이론이 있지만, 여기서는 우리나라 노동시장의 현황과 과제를 이해하는 데 중점을 두고 내용을 전개하기로 한다. 특히 현재 이슈가 되고 있는 고용문제, 즉 실업문제 및 좋은 일자리 창출문제, 비정규직 및 임금차별 등에 집중하여 살펴보기로 한다.

제2절 노동시장의 동향

2.1 생산활동가능인구의 구성

노동시장을 이해하는데 필요한 기본 개념을 먼저 이해해 보자. 한 나라의 노동시장의 규모를 알기 위해서는 먼저 인구 중에서 생산활동에 참가할 수 있는 사람의 숫자를 알아야 한다. 이를 생산활동가능인구라고 하는데 만 15세 이상의 인구로서 노동이 가능한 사람의 숫자를 가리킨다. 생산활동가능인구는 경제활동인구와 비경제활동인구로 나누어진다. 경제활동인구란 노동을 제공할 의사가 있는 사람인데, 현재의 취업자와 실업자를 합한 것이다. 비경제활동인구는 만 15세가 넘는 인구 가운데 일할 수 있는 능력은 있으나 일할 의사가 없거나, 전혀 일할 능력이 없어 노동력을 공급할 수 없는 사람을 말한다. 경제활동인구는 취업자와 실업자로 구분된다.

그림 3-1 생산활동가능인구의 구성

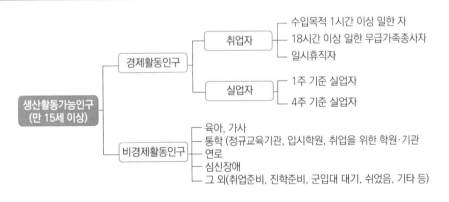

주: 취업을 위한 학원·기관은 고시학원, 직업훈련기관 등.
자료: 국가통계포털.

생산활동가능인구를 구성하는 상세한 개념은 <그림 3-1>과 같다. 통계작성 항목에 따른 구분이다. 매년도 실업자(혹은 실업률)는 1999년까지는 구직기간 1주 기준, 2000년 이후는 4주 기준으로 작성된다. ILO기준에 따르면, 실업자는 일할 의사와 능력을 가진 사람 중에서도 1주일에 한 시간도 일할 기회를 갖지 못한 자를 가리킨다.[2] 비경제활동인구에는 주부, 학생, 환자, 군인, 기결수는 물론이고 구직활동에도 불구하고 일자리를 구하지 못하거나 기타 이유로 취업을 포기한 사람(쉬었음)이 포함된다. 일자리 문제를 해결하기 위해서는 생산활동가능인구, 경제활동인구, 취업자 및 실업자 등의 절대적 숫자도 중요하지만 각 항목이 기준이 되는 항목에서 어느 정도의 비율을 차지하는가를 파악하는 것이 보다 중요하다.

경제활동참가율은 15세 이상의 인구인 생산활동가능인구에서 경제활동을 하는 인구의 비율이고, 취업률은 경제활동인구에서 취업자가 차지하는 비율이다. 취업자와 실업자를 합한 것이 경제활동인구이므로 취업률을 제외한 나머지가 실업률이 된다. 취업률과 함께 자주 사용되는 개념으로서 고용률이 있다. 취업률은 경제활동인구에서 취업자가 차지하는 비중이지만 고용률은 15세 이상의 생산활동가능인구에서 차지하는 비중이라는 점에 유의해야 한다. 고용률을 자주 이용하는 이유는 실업률 통계에서 빠지는 비경제활동인구를 포함함으로써 구직 단념자나 단속적으로 반복되는 실업 등에 의한 과소 추정의 문제를 해소한다는 장점이 있기 때문이다. 그러므로 고용률은 취업률보다 많이 낮게 나타나는 것이 일반적이다.

기본 개념의 계산 방법

경제활동참가율=경제활동인구/생산활동가능인구×100
실업률(unemployment ratio)=실업자/경제활동인구×100
취업률=취업자/경제활동인구×100
고용률(employment to population ratio)=취업자/생산활동가능인구×100

---

2) OECD기준으로 실업자는 1주일에 4시간 동안 취업의 기회를 가지지 못한 자이다. 일반적으로는 ILO기준을 적용한다.

표 3-1 생산활동가능인구의 세부 내역(2000~2019)　　　　　　(단위: 천명, %)

시점	생산활동 가능인구 (15세이상)	비경제활동 인구	경제활동 인구	취업자	실업자	경제활동 참가율	실업률	고용률
2000	36,192	14,041	22,151	21,173	978	61.2	4.4	58.5
2001	36,608	14,097	22,511	21,614	898	61.5	4.0	59.0
2002	37,014	14,032	22,982	22,232	751	62.1	3.3	60.1
2003	37,410	14,368	23,043	22,222	821	61.6	3.6	59.4
2004	37,772	14,228	23,544	22,682	862	62.3	3.7	60.0
2005	38,120	14,401	23,718	22,831	887	62.2	3.7	59.9
2006	38,632	14,608	24,024	23,188	836	62.2	3.5	60.0
2007	39,180	14,829	24,351	23,561	790	62.2	3.2	60.1
2008	39,775	15,225	24,551	23,775	776	61.7	3.2	59.8
2009	40,301	15,719	24,582	23,688	894	61.0	3.6	58.8
2010	40,825	15,868	24,956	24,033	924	61.1	3.7	58.9
2011	41,387	15,998	25,389	24,527	863	61.3	3.4	59.3
2012	41,857	16,076	25,781	24,955	826	61.6	3.2	59.6
2013	42,304	16,196	26,108	25,299	808	61.7	3.1	59.8
2014	42,795	15,959	26,836	25,897	939	62.7	3.5	60.5
2015	43,239	16,086	27,153	26,178	976	62.8	3.6	60.5
2016	43,606	16,187	27,418	26,409	1,009	62.9	3.7	60.6
2017	43,931	16,183	27,748	26,725	1,023	63.2	3.7	60.8
2018	44,182	16,287	27,895	26,822	1,073	63.1	3.8	60.7
2019	44,504	16,318	28,186	27,123	1,063	63.3	3.8	60.9

주: 15세이상 인구 중 군인, 의무경찰, 사회복무요원, 형이 확정된 교도소 수감자 등은 제외.
자료: 국가통계포털.

　　15세 이상의 생산활동가능인구는 2000년에 3,600만 명에서 2019년에 4,450
만 명으로 850만 명이나 증가하였는데, 이에 따라 전체 인구 대비 비율은 2000
년 81.3%에서 2019년에는 85.8%로 높아졌다. 외관상으로는 생산활동가능인구
의 비율이 늘어났다. 하지만 이 기간 동안 주민등록상의 총인구는 4,773만 명에
서 5,185만 명으로 412만 명 증가하였고 65세 이상 노령인구는 336만 명에서

803만 명으로 467만 명이 늘어나 약 20년간의 인구증가 중에서 54.9%가 노령층의 증가였다. 이에 따라 65세 이상의 인구비율은 7.0%에서 15.5%로 두 배 이상으로 증가하였다(국가통계포털). 추세대로라면 당분간은 생산활동가능인구가 증가하고 그 비율도 올라갈 것이다. 그러나 현재 출산율의 급격한 저하와 빠르게 진행되는 고령화, 그리고 2020년 들어 인구가 감소로 돌아서기 시작한 것을 고려하면, 생산활동가능인구수는 조만간 줄어들 것으로 예상된다.

그림 3-2 경제활동참가율(2000~2019)　　　　　　　　　　　　(단위: %)

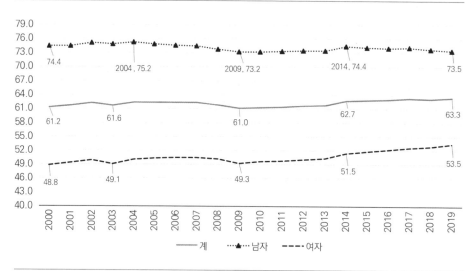

자료: 국가통계포털.

　　경제활동참가율은 2000년 이후 전체적으로 약간의 상승 경향인데, 2008년 글로벌 금융위기에 최저점이며 남성과 여성의 참가율도 하락하고 있다. 전체 참가율의 상승을 주도한 것은 여성 쪽이다. 즉, 남성 참가율은 2004년의 75.2%를 정점으로 약간 하락추세인 반면, 여성은 2000년 48.8%에서 2019년 53.5%로 4.7%가 상승하여 남성 감소보다 많이 증가했다. 이것은 여성의 사회적 진출이 지속적으로 증가하고 있기 때문이다. 여성의 진출 증가는 여성의 사회참여에 대한 인식 변화, 그리고 서비스업의 확대에 따른 part time 일자리가 늘어난 것과 관계 깊다.3) 그러나 남녀 간의 참가율 차이는 여전하다. 즉, 양자 간의 차이는

---

3) 주성환, 김진욱, 『한국경제의 이해』, 무역경영사, 2015, p.121.

25.6%에서 20.0%로 줄었지만 여성의 참가율은 아직도 55%에도 미치지 못한다. 여성의 사회적 진출을 위한 정책적 배려를 한층 강화할 필요가 있다고 하겠다.

그림 3-3 주요국의 경제활동참가율(2018)　　　　　　　　　　　　　　　　(단위: %)

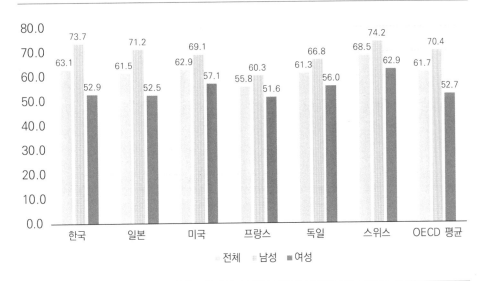

자료: 국가통계포털.

그림 3-4 비경제활동인구비율과 경제활동참가율의 비교　　　　　　　(단위: 천명, %)

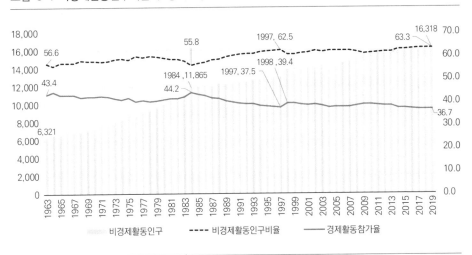

주: 1999년까지 구직기간 1주 기준, 2000년 이후 구직기간 4주 기준.
자료: 국가통계포털.

주요국과 비교하면 그동안 한국의 경제활동참가율이 많이 개선된 것으로 나타난다. 전체의 참가율은 OECD 평균보다 높으며 위의 비교 대상국과 비교해도 가장 높다. 남성의 참가율은 가장 높은 스위스와 비슷하다. 여성은 OECD, 일본, 프랑스과 비슷한 수준으로 상대적으로 낮다. 성별 간 차이는 한국이 가장 크게 나타나고 있다.

경제활동인구와 비경제활동인구를 비교하여 보자. 1963년부터 2019년까지 경제활동인구는 약 2천만 명 가까이 늘었다. 이에 따라 경제활동참가율은 1963년 56.6%에서 2019년 63.3%로 6.7% 증가하였고 비경제활동인구비율은 그만큼 감소하였다. 비경제활동인구는 이 기간 동안 약 1천만 명 가까이 증가하였다. 이것은 인구가 1960년대 전반 2,500만여 명에서 2019년 약 5,200만 명으로 거의 두 배로 크게 증가하였기 때문이다.

비경제활동인구에서 가사(육아와 다름에 주의)가 가장 많은 비중을 차지하고, 그 다음이 통학－그 외(취업준비, 진학준비, 군입대 대기, 쉬었음, 기타 등)－육아의 순이다. 2000년 이후 2019년까지 가사는 비경제활동인구 전체의 35~37%로서 일정 수준을 유지하고 있는 반면, 통학은 약 31%에서 약 23%로 감소하였다. 통학의 감소는 출산율 감소로 인해 학생 수가 감소했기 때문이다. '그 외' 항목은 9.2%에서 18.2%로 배가 증가하였다. 그 외에 속하는 취업준비 역시 2003년 2.4%에서 2019년 4.6%(약 75만 명)로 증가하여 청년층의 취업이 쉽지 않음을 보여준다. 그런데 그 외 항목의 9% 증가에 비해 취업준비가 2% 정도밖에 늘어나지 않았다. 진학준비와 군입대대기는 일정 수준으로 유지되는 경향이 있을 것이므로 그 차이는 대체로 쉬었음, 특히 구직단념자의 증가로 해석할 수 있다. 구직단념자는 비경제활동인구이지만, 사실상의 잠재실업자란 점에서 취업준비 항목의 증가와 함께 심각한 사회적 문제이다.

성별로 비교해보자. 동일한 기간 동안 비경제활동인구 전체가 증가한 비율에 비해 남성은 크게 증가하였고 여성은 적게 증가하였다. 즉, 전체는 16.2%, 남성은 29.4%, 여성은 10.0% 증가하였다. 때문에 남성의 비경제활동인구 비율은 증가(31.9% → 35.5%)하고 여성의 비율은 감소(68.1% → 64.5%)하였다. 그렇지만 여성의 비경제활동인구 수는 남성의 약 2배에 가깝고 비율도 크게 높다.

2.2 고용, 취업 및 실업

2.2.1 고용

먼저 <표 3−1>로 돌아가서 고용률을 보자. 고용률은 2000년 이후로 58.5%에서 2019년 60.9%로 2.4%가 상승했다. 이 고용률은 대체로 3~4% 수준의 실업률을 뺀 취업률보다 크게 낮게 나타나는데, 이것은 취업률이 경제활동인구에서 차지하는 비중인 데 비하여 15세 이상의 생산활동가능인구 전체를 대상으로 했기 때문이다. 고용률의 증가는 앞에서 본 바와 같이 여성의 사회적 진출의 확대에 따라 경제활동참가율이 증가했기 때문이다.

표 3-2 주요국의 고용률 (단위: %)

		2012	2013	2014	2015	2016	2017	2018
한국	전체	64.3	64.6	65.6	65.9	66.1	66.6	66.6
	남자	75.1	75.2	76.0	75.9	75.9	76.3	75.9
	여자	53.5	54.0	55.0	55.7	56.1	56.9	57.2
미국	전체	67.1	67.4	68.1	68.7	69.4	70.1	70.7
	남자	72.3	72.6	73.5	74.2	74.8	75.4	76.1
	여자	62.2	62.3	63.0	63.4	64.0	64.9	65.5
일본	전체	70.6	71.8	72.8	73.4	74.4	75.3	76.9
	남자	80.4	80.8	81.6	81.9	82.6	83.0	84.0
	여자	60.7	62.5	63.7	64.7	66.1	67.5	69.6
프랑스	전체	64.0	64.1	63.7	63.8	64.2	64.7	65.4
	남자	68.1	67.8	67.1	67.1	67.6	68.4	68.9
	여자	60.1	60.4	60.3	60.7	60.9	61.2	61.9
독일	전체	73.0	73.5	73.8	74.0	74.7	75.3	75.9
	남자	77.9	78.0	78.1	78.0	78.4	78.9	79.7
	여자	68.1	69.0	69.5	69.9	70.8	71.5	72.1
OECD 평균	전체	65.8	66.1	66.8	67.6	68.5	69.4	70.3
	남자	71.6	71.8	72.5	73.2	74.0	74.8	75.7
	여자	60.1	60.5	61.2	62.1	63.0	64.0	65.0

자료: 국가통계포털.

이것을 다시 OECD에 소속되어 있는 주요국과 비교해 보자. <표 3-2>의 한국의 통계는 <표 3-1>과 비교하여 고용률이 높게 나와 있다. 이유는 OECD가 국가 간 비교를 위해 조정했기 때문이다. 한국은 전체 고용률은 OECD 평균보다 낮은데, 남자는 2017년까지는 높았지만 2018년에는 약간 낮아졌다. 반면, 여성은 전 기간에 걸쳐 OECD에 비해 7%가 낮다. 한국은 프랑스를 제외하고 미국, 일본, 독일보다도 낮은데, 이는 15세 이상의 생산가능인구 중에서 군입대, 입시 및 취업을 위한 통학 등이 상대적으로 많기 때문으로 추측할 수 있다. 성별로 보면, 남자는 프랑스를 제외하고 나머지 국가들과 비슷하다. 그렇지만 여성은 50%대로서 모든 국가들보다 낮다. 한마디로, 한국은 주요 선진국은 물론 OECD 평균에 비해서도 여성의 사회적 진출이 뒤처지고 있는 것이다.

2.2.2 취업

취업자는 돈을 벌기 위해 1주일에 1시간 이상 일한 사람, 1주일에 18시간 이상 일을 한 무급 가족종사자, 일시 휴직자를 포함한다. 취업은 종사상지위별, 취업시간별, 성별, 연령별, 교육정도별, 행정구역별, 종사자규모별, 직업별, 산업별 등 여러 가지 측면에서 파악할 수 있다. 여기서는 종사상지위별, 성별, 연령별 등 취업의 이해에 필요한 몇 가지 핵심적 항목을 중심으로 살펴보기로 한다.

먼저, 종사상 지위별 취업자의 변화를 보자. 종사상 지위별 노동자란 취업자를 임금노동자와 비임금노동자로 구분하는 기준이다. 임금근로자는 상용, 임시, 일용근로자를 합한 것이고, 비임금근로자는 자영업자와 무급가족종사자를 합한 것이다.

종사상지위별 취업자

- 취업자=임금근로자+비임금근로자
- 임금근로자=상용근로자+임시근로자+일용근로자
- 비임금근로자=자영업자+무급가족종사자
- 자영업자=고용원이 있는 자영업자+고용원이 없는 자영업자

- 상용근로자: 고용계약 기간이 1년 이상인 사람
- 임시근로자: 계약기간이 1년 미만~1개월인 사람
- 일용근로자: 계약기간이 1개월 미만인 사람

<표 3-3>, <그림 3-5>에서 취업자의 급속한 증가, 취업자 중에서 비임금근로자 비중의 감소(그 중에서도 무급가족 종사자의 절대적 감소), 임금근로자수 및 비중의 커다란 증가 등을 읽을 수 있다. 이것은 인구 증가에 힘입은 탓도있지만 기본적으로 경제성장의 지속에 따른 투자 증가와 기업의 설립 혹은 확장이 가져온 결과라 할 수 있다.

표 3-3 종사상 지위별 취업자 (단위: 천명)

	취업자 총계	비임금근로자			임금근로자			
		합계	자영업자	무급가족 종사자	합계	상용 근로자	임시 근로자	일용 근로자
1963	7,563	5,178	2,817	2,361	2,383	–	–	963
1970	9,617	5,872	3,286	2,586	3,746	–	–	1,018
1980	13,683	7,220	4,651	2,569	6,464	–	–	1,300
1990	18,085	7,135	5,068	2,067	10,950	5,938	3,171	1,840
1995	20,414	7,515	5,569	1,946	12,899	7,499	3,598	1,802
2000	21,173	7,817	5,876	1,941	13,356	6,397	4,602	2,357
2001	21,614	7,955	6,071	1,884	13,659	6,717	4,722	2,220
2002	22,232	8,026	6,212	1,814	14,206	6,879	4,891	2,436
2003	22,222	7,773	6,066	1,707	14,449	7,301	5,015	2,133
2004	22,682	7,746	6,161	1,585	14,936	7,651	5,092	2,194
2005	22,831	7,645	6,141	1,503	15,186	7,923	5,059	2,205
2006	23,188	7,580	6,109	1,471	15,608	8,248	5,163	2,197
2007	23,561	7,467	6,048	1,419	16,095	8,715	5,202	2,178
2008	23,775	7,418	6,005	1,413	16,357	9,105	5,122	2,130
2009	23,688	7,102	5,749	1,352	16,586	9,479	5,134	1,973

	취업자 총계	비임금근로자			임금근로자			
		합계	자영업자	무급가족종사자	합계	상용근로자	임시근로자	일용근로자
2010	24,033	6,922	5,643	1,279	17,111	10,178	5,107	1,826
2011	24,527	6,930	5,657	1,273	17,596	10,786	5,045	1,765
2012	24,955	7,034	5,768	1,266	17,921	11,250	5,032	1,639
2013	25,299	6,934	5,703	1,232	18,365	11,847	4,919	1,600
2014	25,897	6,939	5,720	1,219	18,959	12,319	5,069	1,570
2015	26,178	6,776	5,622	1,153	19,402	12,716	5,114	1,572
2016	26,409	6,740	5,614	1,126	19,669	13,062	5,124	1,483
2017	26,725	6,791	5,682	1,110	19,934	13,428	4,992	1,514
2018	26,822	6,739	5,638	1,101	20,084	13,772	4,851	1,460
2019	27,123	6,683	5,606	1,077	20,440	14,216	4,795	1,429

자료: 국가통계포털.

우리나라의 취업인구는 1963년에 756만 명에 지나지 않았지만, 2000년 2,117만 명, 2019년 2,712만 명으로 약 60년 동안 2.6배에 해당하는 무려 1,956만 명이나 늘어났다.

비임금근로자는 1963년 약 518만 명에서 2019년 668만 명으로 151만 명, 약 30% 정도 늘었다. 비임금근로자는 자영업자와 무급가족종사자로 나누어지는데, 자영업자는 약 2배로 늘어났지만 2002년 약 803만 명을 정점으로 서서히 감소하고 있다. 자영업자의 증가와는 대조적으로 무급가족종사자는 절반 수준 이하로 크게 줄어들었다.

임금근로자는 1963년 겨우 238만 명에서 2019년에 2,044만 명으로 무려 7.6배에 달하는 1,806만 명이 증가하였다. 비임금근로자의 약 30%가 증가한 것과는 매우 대조적이다. 임금근로자 중 상용근로자는 1990년에서 2019년까지 30년 동안 594만 명에서 약 1,422만 명으로 2.4배로 늘어났지만, 임시근로자는 소폭 증가하였고 일용근로자는 오히려 감소하였다(일용근로자는 1963년에 비하면 2019년에 1.5배로 증가). 좋지 못한 취업시장에도 불구하고 임시근로자는 2008년 이후에, 일용노동자는 2002년 이후 그 절대수가 감소추세이다.

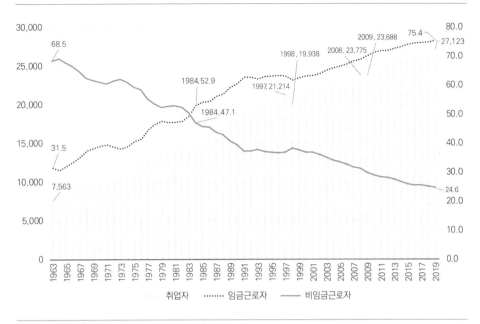

자료: 국가통계포털.

　　종사상 지위별 취업자의 변화를 비율로 따져보자. 경제성장과 노동시장의 확대에 따라 임금근로자의 비중 증대를 확인할 수 있다. 1963년에 전체 취업자 중에서 임금근로자는 겨우 31.5%밖에 되지 않을 정도로 1960년대에는 노동시장이 후진적이었다. 임금근로자는 이후 꾸준히 상승하여 1984년에 52.9%로서 비임금근로자의 비중을 처음으로 역전하였고, 2019년에는 75.4%에 이르고 있다. 반면, 비임금근로자의 비중은 68.5%에서 24.6%로 크게 줄어들었다.

그림 3-6 비임금근로자(자영업자 및 무급가족종사자) 비중의 변화　　　　　　　(단위: %)

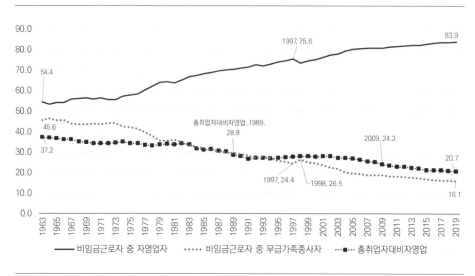

자료: 국가통계포털.

　　비임금근로자 중에서 자영업자의 비중은 늘어나고(54.4% → 83.9%), 무급가족종사자의 비중은 절반 이하로 떨어졌다(45,6% → 20.7%). 자영업자 수는 늘어난 반면, 후자는 오히려 감소했기 때문이다. 자영업자는 수적으로는 늘어났으나 전체 취업자에서 차지하는 총취업자 대비 자영업의 비중은 오히려 감소하고 있다(37.2% → 20.7%). 특히 2002년의 802만 명을 정점으로 2019년에는 669만 명으로 줄었는데, 이것은 최근 불경기로 인한 퇴직과 실업으로 인하여 음식숙박업 등 영세부문의 자영업자들이 늘어나고 있다는 보도와는 상반된다. 이같은 불일치는 아마도 취업시장의 불안정과 단기간에 지속적으로 반복되는 기존 자영업자의 퇴출 및 신규 자영업의 진입 현상을 반영한다고 할 수 있겠다.

그림 3-7 임금근로자(상용·임시·일용근로자) 비중의 변화   (단위: %)

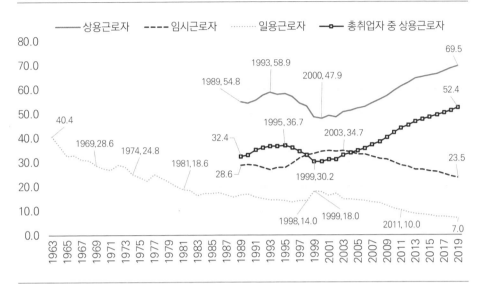

자료: 국가통계포털.

    1963년 이후 1,800만여 명이나 증가한 임금근로자의 변화를 보자(<그림 3-7>). 1980년대 말 이후 상용근로자의 비율은 증가하였으나 임시근로자와 일용근로자는 비중은 줄어들었다. 상용근로자는 1989년에 임금근로자의 54.8%에서 증가하다가 외환위기의 여파로 2000년까지 최저수준인 47.9%까지 내려갔다가 2019년 69.5%로 다시 크게 상승하였다. 상용근로자가 전체 취업자에서 차지하는 비율은 1980년대 말 3분의 1 수준(32.4%)에서 2019년에는 절반을 약간 넘는 수준(52.4%)으로 증가하였다. 임시근로자와 일용근로자는 상용근로자가 증가한 만큼 감소하였는데, 이것은 장기적으로 일하는 여건의 개선이 이루어진 것을 의미한다.[4] 특히 일용근로자는 1963년에 임금근로자의 40.4%나 되었지만, 2019년에는 7.0%로 크게 감소했다.

---

4) 다만, 상용근로자는 1년 이상 고용계약을 맺은 노동자이므로 비정규직이 포함될 수 있어서 최근의 변화를 이해하기 위해서는 보다 자세한 파악이 필요하다.

그림 3-8 성별·연령별 취업자 비중의 변화 (단위: %)

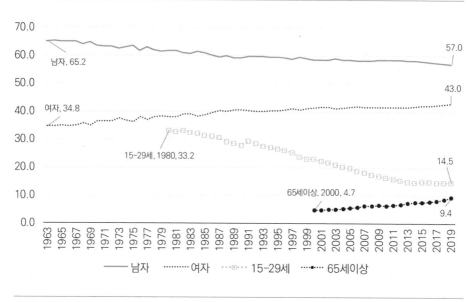

자료: 국가통계포털.

<그림 3-8>은 성별 및 연령별 취업자이다. 전체 취업자에서 남성이 차지하는 비중은 감소(1963년 493만 명→ 2019년 1,546만 명)하고 여성은 그만큼 증가(263만 명 →1,166만 명)하여 여성의 사회진출이 상대적으로 늘어나고 있음을 보여준다. 취업자를 연령대별로 보면, 15~29세의 청년층의 취업자는 1980년 약 455만 명에서 2019년 395만 명으로 60만 명 줄었고, 그 비중도 총취업자의 3분의 1에 해당하는 33.2%에서 8분의 1이 조금 넘는 14.5%로 격감하였다. 이것은 인구 증가에도 불구하고 고령화가 진행되고 청년층의 취업난이 가중되었기 때문인 것으로 보인다. 가령, 1993년에 청년층의 인구는 1,314만 명에서 2019년 951만 명으로 감소하여 총인구에서 차지하는 비중이 29.4%에서 18.5%로 크게 감소하였다. 한편, 65세 이상의 취업률은 2000년 4.7%에서 2019년 9.4%로 증가하였는데, 이 기간 중 65세 이상 인구는 395만 명, 총인구 대비 8.3%에서 1,020만 명 19.9%로 무려 10% 넘게 늘어났다.[5]

노령인구의 취업자 및 취업률 증가는 이같이 고령화의 결과이기도 하지만, 다른

---

5) 연앙인구 기준임.

한편으로는 노후의 불안 때문에 일을 그만두지 못하는 것도 이유라고 할 수 있다.

표 3-4 산업별 취업자 비중 (단위: 천명, %)

		2013	2014	2015	2016	2017	2018	2019
취업자수(천명)		25,299	25,897	26,178	26,409	26,725	26,822	27,123
농, 임, 어업		6.0	5.6	5.1	4.8	4.8	5.0	5.1
광공업	합계	17.1	17.3	17.6	17.4	17.2	16.9	16.4
	광업	0.1	0.0	0.1	0.1	0.1	0.1	0.1
	제조업	17.0	17.2	17.6	17.4	17.1	16.8	16.3
사회간접자본 및 기타 서비스업	합계	76.9	77.2	77.2	77.8	78.0	78.1	78.5
	건설업	7.0	7.1	7.1	7.1	7.4	7.6	7.4
	서비스업 (소계)	69.9	70.1	70.1	70.7	70.6	70.5	71.1
	사업·공공서비스	35.3	35.3	35.4	36.1	36.4	36.5	37.4
	(보건·사회복지)	(6.2)	(6.6)	.8)	(7.0)	(7.2)	(7.6)	(8.1)
	도소매·숙박음식점업	22.4	23.0	23.0	22.9	22.8	22.2	22.0
	(도매 및 소매업)	(14.6)	(14.8)	(14.6)	(14.2)	(14.2)	(13.9)	(13.5)
	(숙박 및 음식점업)	(7.8)	(8.2)	(8.4)	(8.7)	(8.6)	(8.4)	(8.5)
	전기·운수·통신·금융	12.2	11.8	11.8	11.7	11.4	11.8	11.6

주: 1) 사업·공공서비스=사업·개인·공공서비스 및 기타, 보건·사회복지 = 보건업 및 사회복지서비스업
   2) 서비스업은 비중이 높은 것만을 표시.
자료: 국가통계포털.

최근의 산업별 취업인구를 보면 농·임·어업과 제조업의 비중이 약간 감소한 것을 제외하고, 각 산업이 고용하는 인력의 비율에는 커다란 변화가 없다. 서비스업은 약간씩 상승하고 있는데, 2019년에 교육이나 보건업 및 사회복지서비스업 등 11개 세부항목을 포함하는 사업·공공서비스(37.4%)가 가장 높고, 다음으로 도소매·숙박음식점업이 597만 명으로서 22%를 점하고 있다. 그런데 세부 항목만 보면, 도매 및 소매업이 366만 명, 13.5%, 숙박 및 음식점업 230만 명, 8.5%로서 이 둘이 전체 취업자의 5분의 1 이상을 차지하고 있다.6) 높은 취업률

6) ( )안이 세부 항목의 산업이고, 그 상위는 세부항목을 유사한 것끼리 묶어놓은 것이다.

에도 불구하고 우리나라 취업자의 상당 부분이 영세한 서비스업종에 종사하고 있음을 확인할 수 있는 것이다.

2.2.3 실업

실업(unemployment)은 일할 의사와 능력이 있음에도 불구하고 취업의 기회를 가지지 못한 상태를 가리킨다. 실업에는 분류기준에 따라 여러 가지가 있다. 자발적 실업은 일할 능력은 있지만 임금 등을 이유로 일할 의사를 가지고 있지 않은 상태로서 현실에서는 실업으로 분류되지 않는다. 마찰적 실업은 자발적 실업의 대표적 예이다. 비자발적 실업은 실업통계 작성에 사용되는 것으로 경기적 실업, 구조적 실업, 계절적 실업을 포함한다. 우리가 흔히 말하는 실업은 이 비자발적 실업을 가리킨다. 구조적 실업은 기술진보나 산업 및 자본축적의 고도화로 인한 노동수요 감소로 생기는 실업이다. 실업은 소득을 감소시키고 생산에 부정적 영향을 미쳐 성장률을 떨어뜨린다. 뿐만 아니라 소득분배도 악화시켜 사회적 안정성을 해치고 개인적으로도 자신감 상실을 초래하고 자아실현을 방해하여 인간다운 생활을 불가능하게 한다.

실업의 발견

실업이란 용어가 처음으로 등장한 것은 1888년이지만 공식적인 통계가 작성된 것은 그보다 훨씬 뒤의 일이다. 실업이 본격적으로 사회문제가 된 것은 1930년대 전 세계를 불황에 빠뜨렸던 세계대공황 때부터이다. 물론 그 이전에도 실업은 있었지만, 그다지 심각한 문제로 인식되지 않았다. Alfred Marshall의 『경제학원리』(*Principles of Economics*, 1890)에는 실업이란 말이 딱 한번 나오며, 1913년 이전에 중요한 경제학저널에서 실업을 다루는 글은 불과 몇 편 되지 않았다. 19세기에 미국과 유럽 몇몇 국가에서는 농업사회에서 공업사회로 이행하는 시기였다. 당시에 농업노동에 대한 계절적 수요의 감소로 해고되더라도 노동자들은 스스로를 '실업상태'라기보다는 '일거리가 없는(out of work)' 상태로 생각하고 얼마 지나지 않으면 다시 고용될 것으로 생각했다. 19세기에 존재했던 상습적 실업자들은 개인적으로 게으르고 부도덕하며 무능한 자로 낙인찍힌 자들이었다.

그러나 공업화가 진전되면서 실업에 대한 인식이 달라졌다. 제1차 세계대전 이후에 평균적인 실직 기간은 전쟁 전의 실직 기간보다 길어졌다. 인식 변화의 결정적 계기는 1930년대 세계대공황이다. 공황이 발생하자 대규모 실업이 현재화하였고 한번 올라간 실업률은 제2차 세계대전이 터질 때까지 내려올 줄 몰랐다. 대량실업은 공업경제의 발달로 인한 자본축적이 가져온 구조적 문제가 원인이었다. 공황의 내습으로 생산은 물론 투자, 물가 등이 대폭적으로 하락했고 시청과 고용서비스센터 앞에는 실업자들이 끝도 없이 줄을 섰다. 더 이상 실업은 개인적인 도덕의 문제가 아니라 사회문제가 되었다. 1930년 무렵이 되자 실업에 관한 학술적 출판물들이 쏟아지기 시작하고 경제학의 중심 논제로 자리잡았다.

출처: 『대공황 전후 세계경제』, 양동휴 등 역, 동서문화사, 2008(Charles H.Feinstein, Peter Temin and Gianni Toniolo., *The World Economy Between the World Wars*, 2008.), pp.34-35, pp.177-180 참조.

그림 3-9 실업자수 및 실업률 (단위: 천명, %)

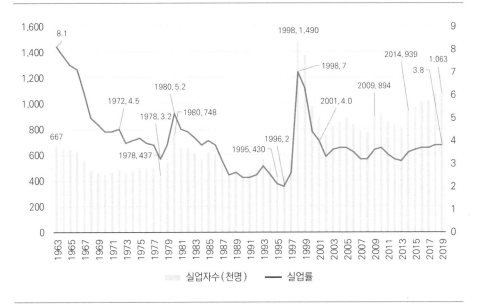

주: 1) 1963-1999년: 경제활동인구총괄(구직기간: 1주 기준)
    2) 2000-2019년: 경제활동인구총괄(구직기간: 4주 기준)
자료: 국가통계포털.

실업률은 1960년대 초반부터 급속하게 줄기 시작하여 1973년에 3.9%에 도달한 이후 현재까지 대체로 완전고용 수준을 유지하고 있다. 다만, 1980년과 1998년에는 실업률이 5.2%, 7.0%로 급상승했는데 3~4년 후에는 4% 이하의 완전고용을 다시 회복하였다. 실업률은 호경기였던 1980년대 말부터 1990년대 초보다는 높지만 2000년대에도 4% 이하 수준을 유지하고 있다. 다만, 여기에 표시된 실업률은 연도 말에 조사된 수치이므로 월별로는 실업률이 더 높을 수 있다. 가령, 2000년 이후에는 매년도 월별 실업률이 4%를 넘는 빈도수가 증가하고 있다. 이에 비해 1987년 4월 이후 외환위기가 닥치는 1997년 12월 말까지 월별 실업률은 대체로 2%대의 낮은 수준을 보인다. 이것은 최근의 취업시장이 예전보다 어려워졌다는 것을 의미한다.

그림 3-10 성별 실업률　　　　　　　　　　　　　　　　　　(단위: %)

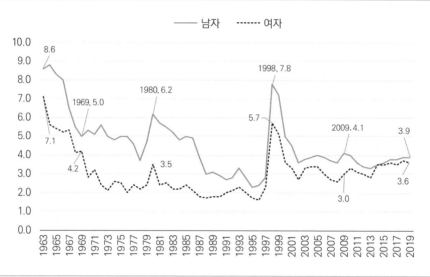

주: 〈그림 3-9〉와 동일.
자료: 국가통계포털.

　전 시기에 걸쳐서 남성의 실업률이 여성보다 높은데 남녀간 실업률 차이는 1990년대 초반 이후 상당히 줄어들고 있다(<그림 3-10>). 이것은 생활전선에 뛰어드는 남성의 비율이 여성보다 높아서, 즉 경제활동참가율이 높아서 실업에 노출될 가능성이 높은 반면, 여성은 비경제활동인구로 존재하다가 취업 가능성이 높을 때 노동시장에 참여하는 경우가 많기 때문일 것이다.

　청년층과 고령층의 실업률을 보자(<그림 3-11>). 5~29세의 청년층의 실업률은 어느 나라나 평균보다 높은 것이 일반적이다. 우리나라도 청년층의 실업률은 대체로 경제활동인구 전체 실업률의 2배 이상이다. 1987년 이후 7%대 보다 훨씬 낮아졌지만, 1998년 외환위기 이후에는 대체로 8% 이상으로 높아졌고 최근에 더욱 높아지는 추세로서 청년층들이 노동시장 진입에 상당한 애로를 겪고 있음을 보여주고 있다.

그림 3-11 청년층 및 노년층 실업률 (단위: %)

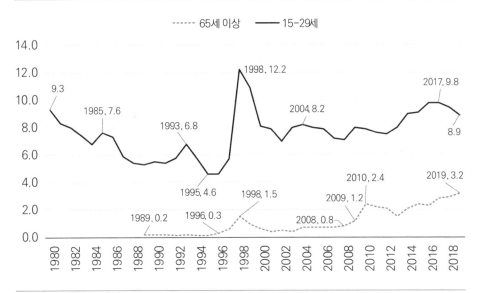

자료: 국가통계포털.

    1989년부터 외환위기 전까지 0.1~0.2%를 지나지 않았던 65세 이상 고령층의 실업률은 외환위기 이후 급상승하였다. 이후 감소추세이지만 2008년 글로벌 금융위기 이후에 다시 급상승하였다. 고령층의 실업률이 증가하면서 전체 평균 실업률과의 격차가 점차 줄어들었는데, 2019년에 전체 평균 3.8%에 비해서 고령층은 3.2%일 정도로 차이가 크지 않다. 노동현장을 떠나 노후를 즐겨야 할 시점에 이처럼 실업률이 높아진 것은 급속한 고령화로 노령인구가 전체 인구에서 차지하는 비중이 증가한 것과 관계가 깊지만, 다른 한편으로는 노후대비 부족과 사회안전망의 미비가 커다란 원인이라고 하겠다.

2.3 노동조합과 노동쟁의

2.3.1 노동조합

(가) 노동조합 가입율

기업 혹은 자본과 마찬가지로 노동자 없는 자본주의 경제란 있을 수 없으며, 노동운동 없는 노동자를 생각할 수 없다. 자본주의 발달사에서 자본만큼이나 노동운동도 자본주의 발전의 한 축으로서 자본주의 경제구조의 변화와 발전에 지대한 영향을 미쳤기 때문이다. 산업혁명 직후 초기의 노동운동은 치안유지법이나 단결금지법과 같은 반노동적 입법에 의해 크게 제약되었지만, 산업자본의 확립과 자본주의경제의 발전과정에 대응하여 노동운동도 조직화되고 발전해 왔다. 노동운동은 대체로 노동당과 같은 노동자정당과 노동조합을 기반으로 전개되었는데, 이들은 노동자의 금전적·비금전적 노동조건을 향상시키는 데 크게 기여해 왔다.

우리나라에서도 노동조합의 설립과 정상화과정에 매우 많은 우여곡절과 긴 시간이 걸렸다. 해방 직후에는 좌익계인 조선노동조합전국평의회(1945.11.5. 결성, 전평)와 우익계인 대한독립촉성노동총연맹이 결성(1946.3.10. 결성)되어 서로 대립하였으며, 전평의 붕괴 이후 1948년 8월 26일에 후자는 대한노동총연맹(대한노총)으로 명칭을 변경하였다. 1950년대에 대한노총은 내부적으로 대립과 반목을 거듭했으며 정권의 앞잡이가 되어 노동자들의 권익보호에는 소홀하였다. 대한노총은 4·19 혁명 후인 1960년 11월 25일 한국노동조합총연맹으로 재탄생한 후 한 번의 해산을 거쳐 오늘에 이르고 있다.

노동자들의 권익을 지키기 위한 제도와 법률의 확립에도 적지 않은 시간이 걸렸다. 1953년에 노동 3법(노동조합법, 노동쟁의조정법, 근로기준법)이 제정되었지만 노동자들의 권리는 실질적으로 보호받지 못했다. 1972년 10월에는 유신헌법이 공포되어 노동 3권(단결권, 단체교섭권, 단체행동권)이 크게 제약되고 노동자들의 공식조직은 완전히 어용화했다. 노동운동에 대한 탄압은 전두환 정권기(1981.3~1988.2)에도 계속되었다. 노동운동에 숨통이 트이고 노동조합이 나름대로 역할을 하게 된 것은 1987년 6·10 민주항쟁의 압력으로 발표된 6·29선언 이후이다. 정권의 폭압을 걷어내고 사회 전반에 걸친 민주화의 요구가 분출되는 가운데 노동조합의 조직이 크게 확대되고 노사 간의 협상에서도 노동자들의 요구가 크게 반영되기 시작하였다. 1990년에는 전국노동조합협의회가 창립되었으며, 1995년 11월에는 이를 모태로 전국민주노동조합총연맹(민주노총)이 출범하였다. 우리나라 노동운동은 6·29선언 이후에도 내외적으로 많은 대립과 갈등을 겪었지만, 성과 또한 적지 않아서 양대 노총은 나름대로 노동자의 권익을 위한 활동을 전개하고 있다. 그럼에도 행정부나 사법부의 판단은 여전히 노동조합에게 불리하게 작용하는 측면이 사라지지 않고 있다. 예를 든다면, 조합원 약 7만명에 이르는 전국교직원노동조합에 대해 2013년 고용부가 법외노조 통보를 내리고, 소송에서도 패소하여 법적 보호를 받지 못하는 등 불이익을 받았다. 전교조의 법외노조 문제는 2020년 9월 3일에 헌법에 어긋나는 무효라는 판단을 받았다.[7] 이 문제는 해결되었지만, ILO(국제노동기구)가 요구하는 기본협약을 비준하여 국내에 실질적으로 적용하는 문제 등 국제적 기준을 확립하는 과제 등이 아직도 남아있다.

그림 3-12 **연도별 노동조합 수와 조직률(1977~2018)**   (단위: 개, %)

주: 조직률=조합원수/조직대상노동자×100
자료: 국가통계포털; 고용노동부, 『노동조합조직현황』.

---

7) ILO는 조합원의 자격을 노조가 스스로 결정할 수 있어야 하며, 노조의 권한을 저해할 수 있는 국가의 개입을 자제해야 한다고 여러 차례 권고하고 있다. 전교조 조합원은 2015년도에 60,284명이었지만, 2016년에는 7,291명으로 격감하였고, 2019년에는 14,516명이다. 조직률은 2004년에 27.3%이었지만 2019년에는 3.1%이다(고용노동부, 『교원노동조합조직현황』).

<그림 3-12>는 1977년 이후의 노동조합 상황을 보여주고 있다.[8] 1980년에 2,600개가 넘던 노동조합수는 제5공화국이 들어선 다음 해에 약 480개가 감소하였다. 우리나라 노동조합 설립 역사에서 획기적인 해는 1987년이었다. 이 해에 6·29선언을 계기로 매우 많은 노동조합이 설립되었다. 노조 설립이 자유로워지자 1987년에는 전년도보다 1,400여개가 많은 4,086개로 늘어났고 1989년까지 최대 7,861까지 늘어났다. 그 이후 감소하다가 2015년부터 다시 약간 늘어나 2018년에 약 5,900개 수준을 유지하고 있다. 한편, 그림에서 경기침체기에 노동조합의 숫자가 오히려 감소해 왔던 점이 주목된다. 제2차 오일쇼크 후인 1979년은 1978년에 비해 노동조합 수가 절반 이하로 떨어졌으며,[9] 1998년과 2010년에도 감소하고 있음을 볼 수 있다.

그림 3-13 노동조합 조직률의 국가별 비교 　　　　　　　　　　　　　　　(단위: %)

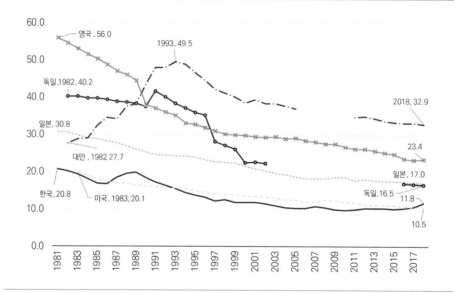

자료: 국가통계포털.

---

8) 고용노동부의 통계에 따르면, 1979년까지 노동조합수는 553개였다가 1980년에는 2,618개로 급증하였다. 이것은 통계작성 기준이 법률 변경에 의해 산별노조에서 기업별노조로 바뀌었기 때문이다.

9) 다른 자료에 따르면, 노동조합수는 1978년 4,965개에서 1979년 2,158개로 줄어들었다(주성환·김진욱, 『한국경제의 이해』, 무역경영사, 2015, p.141, <그림 4-13>).

노동조합의 조직률은 지난 20년간 10~11%에 머물고 있다. 조직률은 1977년의 25.4%에서 1986년까지 16.8%까지 떨어진 후 1989년에 19.8%까지 회복되었지만, 다시 2010년에 9.8%까지 최저수준으로 떨어졌는데 최근에는 11.8%까지 상승하였다.

국가별로 노동조합의 조직률은 1993년까지 올라간 대만을 제외하고 지속적으로 하락하였다. 특히 노동선진국인 영국조차 조직률이 절반 수준으로 하락하였다. 이것은 1980년대 이후 신보수주의 경제학이 풍미하면서 각국의 노동정책이 보수화하고 세계화가 진행되어 기업 간 경쟁이 치열하게 전개된 것에 상당한 영향을 받았던 것으로 보인다. 한국은 미국과 함께 1980년대에 이미 비교 대상국보다 노동조합 가입비율이 상당히 낮았는데 2010년대 말에도 1980년대 초의 절반으로서 여전히 최저수준에 머물고 있다.

한편, 2000년 이후의 GDP 대비 노동소득분배율을 OECD 소속 19개국과 러시아를 포함하여 비교하면, 한국, 일본, 미국, 러시아, 스페인, 호주를 제외한 나머지 국가들은 약간 하락하거나 오히려 상승하고 있다. 한국은 비교 대상국 중에서 가장 많이 줄어든 것으로 나타난다. 노동조합 조직률의 하락에도 노동소득분배율이 상승한 국가들이 있으므로 노동조합 조직률의 하락만을 분배율 하락의 직접적 원인이라고 하기에는 무리가 있다. 그렇지만 한국이 가장 크게 하락하였으므로 이에 대한 심층적 원인 분석과 대책이 필요한 것으로 보인다.

(나) 노동조합의 중앙조직 가입상황

표 3-5 노동조합의 중앙조직, 조직형태별 가입 상황 (단위: 개, %)

	노동조합 수(a)	중앙조직 가입비중			형태별 중 기업별 노조			
		한국노총	민주노총	미가맹	전체(a) 대비 비중	기업별 노조에서 차지하는 비중		
						한국노총	민주노총	미가맹
2006	5,889	58.2	19.4	22.4	92.0	54.6	17.6	23.0
2007	5,099	56.3	13.5	30.1	92.4	52.3	12.6	30.7
2008	4,886	54.5	11.0	34.5	92.6	51.0	9.8	35.2
2009	4,689	53.6	11.8	34.6	92.9	50.5	10.7	34.9
2010	4,420	51.9	9.8	38.4	92.2	48.3	8.6	38.9
2011	5,120	46.1	8.1	44.1	90.7	41.8	7.2	45.2

	노동조합 수(a)	중앙조직 가입비중			형태별 중 기업별 노조			
		한국노총	민주노총	미가맹	전체(a) 대비 비중	기업별 노조에서 차지하는 비중		
						한국노총	민주노총	미가맹
2012	5,177	44.6	7.4	46.0	90.1	40.3	6.6	46.8
2013	5,305	43.6	6.7	47.8	89.7	39.0	5.9	48.9
2014	5,445	44.0	6.7	49.3	89.7	39.3	5.9	50.2
2015	5,794	40.9	6.4	52.3	90.1	36.8	5.7	53.2
2016	6,164	38.9	6.0	54.1	90.2	34.9	5.2	55.1
2017	6,239	39.2	6.1	53.6	90.0	35.3	5.4	54.4
2018	5,868	39.3	6.3	53.2	90.8	35.6	5.4	54.4

주: 1) 상급 노동조합 중에서 전국노총, 공공노총을 제외.
　　2) 형태별 노동조합 중에서 지역별·업종별노조, 산별노조, 산별연맹, 총연맹 제외.
자료: 국가통계포털.

　　<표 3-5>는 노동조합의 상급단체 가입을 정리한 것인데, 한국노총, 민주노총, 미가맹이 거의 전부를 점하기 때문에 중앙의 상급단체 중에서 전국노총, 공공노총을 제외했다. 2000년대에 들어와서 중앙조직인 한국노총과 민주노총에 가입한 노조의 비율은 격감하고 있고, 중앙조직에 가입하지 않은 노조는 5분의 1정도 수준에서 절반 이상으로 증가하였다. 형태별 노조는 기업별, 지역별·업종별, 산별노조와 총연맹이 있는데, 기업별 노조가 전체 노조 숫자의 90% 이상을 차지한다. 여기에 지역별·업종별 노조를 합치면 96% 이상을 차지한다. 기업별 노조에서 한국노총은 2000년대에는 절반 이상을 차지했지만 2018년에는 3분의 1 수준으로 떨어지고 있고 민주노총이 기업별 노조에서 차지하는 비중도 5%대로 급락했다.

표 3-6 노동조합원의 중앙조직, 조직형태별 가입 상황　　　　　　　　　(단위: 천명, %)

	조합원수 (a)	중앙조직 가입비중			형태별 중 기업별 노조			
		한국노총	민주노총	미가맹	전체(a) 대비 비중	기업별 노조에서 차지하는 비중		
						한국노총	민주노총	미가맹
2006	1,559	48.4	40.2	11.3	60.3	54.9	30.2	15.0
2007	1,688	43.9	40.4	15.7	48.7	56.4	22.5	21.2

	조합원수 (a)	중앙조직 가입비중			형태별 중 기업별 노조			
		한국노총	민주노총	미가맹	전체(a) 대비 비중	기업별 노조에서 차지하는 비중		
						한국노총	민주노총	미가맹
2008	1,666	43.5	39.5	17.0	47.1	57.0	18.8	24.2
2009	1,640	45.1	35.9	19.0	47.1	57.4	14.8	27.8
2010	1,643	44.3	35.3	20.4	45.9	56.4	15.7	27.9
2011	1,720	44.7	32.7	21.3	44.0	53.7	12.9	31.2
2012	1,781	45.4	33.9	19.7	44.8	57.7	13.2	27.4
2013	1,848	44.4	33.9	20.7	44.3	54.1	15.4	28.9
2014	1,905	44.3	33.1	22.6	43.5	54.2	14.5	31.3
2015	1,939	43.5	32.8	23.0	43.3	54.2	12.4	33.4
2016	1,967	42.8	33.0	22.5	44.7	51.9	12.9	34.6
2017	2,089	41.8	34.0	21.4	43.4	52.2	13.2	33.7
2018	2,332	40.0	41.5	16.0	42.1	53.6	13.0	32.3

주: 〈표 3-5〉와 동일.
자료: 국가통계포털.

노동조합원수는 2006년 160만 명에서 2018년에 233만 명으로 늘었다. 중앙조직에 가입한 조합원 비율은 한국노총과 민주노총과의 차이가 크지 않다. 민주노총 조합원 비율은 최저 3분의 1수준이다가 2018년에는 41.5%로서 한국노총보다 약간 높아졌고, 미가맹 비율은 20% 전후이다가 16%로 낮아졌다. 이것은 노조가 중앙조직에 가입하지 않는 미가맹이 절반에 이르고 민주노총의 비율이 6%대에 지나지 않는 것과는 매우 대조적이다. 형태별 노조의 가입에서도 노조의 90% 이상이 기업별 노조였던 데 비해 기업별 노조의 조합원은 60% 수준에서 하락하기 시작해 2018년에 42.1%에 지나지 않고 오히려 산업별 노조원이 절반 이상을 차지한다. 기업별 노조에서 차지하는 한국노총원의 비중은 절반 이상이지만 민주노총 조합원의 비율도 기업별 노조에서 민주노총이 차지했던 비율보다 높다(<표 3-5>와 <표 3-6>비교). 또한 표에는 없지만, 산업별 노조에서 민주노총 조합원의 비율은 2018년에 68.5%로서 기업별 노조에서 점하는 비율과 비교가 되지 않을 정도로 높다. 이와 같이 민주노총이 전체 노조 수에서 차지하는 비율이 6% 정도임에도 불구하고 민주노총 조합원의 비율이 한국노총보다 높거나, 기업별 노조에서 민주노총원의 비중이 상대적으로 높은 것은 양대 중앙노총에 가입하는 노조의 특성 때문이다. 즉, 한국노총은 중소기업이 중심이 되는 기업별 노조가 많고, 민주노총에는 산업별 노조에 가입한 대기업 노조가 상대적으로 많기 때문이다.

2.3.2 노동쟁의

노동쟁의(labour dispute)는 임금, 근로시간, 복지, 해고, 기타 대우 등 노동조건의 결정에 관해 노동관계 당사자 간의 주장의 불일치로 발생하는 분쟁을 가리킨다. 노동관계 당사자는 노동쟁의가 발생한 때에는 어느 일방이 이를 상대방에게 서면으로 통보해야 하고 노동위원회는 관계 당사자의 일반이 노동쟁의 조정을 신청한 때에는 지체없이 조정을 개시하여야 한다. 노동쟁의는 노동자들의 동맹파업, 태업뿐만 아니라 사용자측의 직장폐쇄(lock out)도 포함한다. 그렇지만 노동자 측이 불리하기 때문에 노동쟁의는 파업이나 태업의 형태로 진행되는 것이 일반적이다.

노동쟁의는 1970년대와 1980년대 초의 권위주의적 정권에서는 발생건수가 그렇게 많지 않았다. 그러나 1987년에는 발생건수가 급증하였으며 이에 따라 근로손실일수도 크게 증가하였다. <표 3-14>에서 노동쟁의는 1985년에 265건에 지나지 않던 것이 1987년에는 3,749건으로 엄청나게 증가하였다. 이것은 6·29 선언으로 인하여 노동조합의 설립이 자유화되고 그동안 억제되었던 임금수준을 비롯한 노동조건에 대한 요구가 분출했기 때문이다. 임금인상 등 노동자들의 요구가 어느 정도 받아들여지면서 이후 노동쟁의는 잦아들었는데 2004년 462건이 발생한 후에는 1백 건 전후로 감소하였다.

노동쟁의는 1980년대까지 임금인상이 주요 원인이었다. 하지만 1990년대 기업의 구조조정이 진행되고 특히 1998년 IMF 구제금융사태 때 대규모 실업이 발생하고 인력을 절감하는 과학기술혁명이 급속하게 진행되면서 고용안정과 일자리문제가 노동시장의 주된 과제로 등장했다.

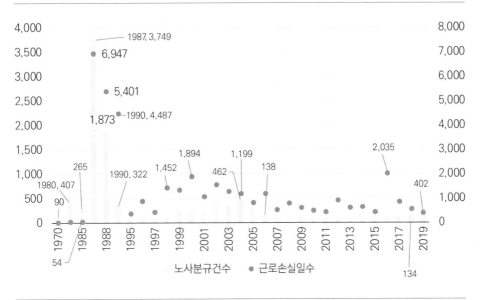

그림 3-14 노사분규 발생 건수 및 근로손실일수　　　　　　　　　(단위: 건, 천일)

주: 1) 노사분규건수: 우측 축, 근로손실일수: 좌측 축
　　2) 근로손실일수=파업기간 중 파업참가자 수×파업시간/1일 근로시간(8시간)
자료: 국가통계포털.

제3절　임금수준의 동향

3.1 노동시간과 임금

　　노동시간은 노동자의 복리나 임금의 실질적 수준과 밀접한 관계가 있다. 우리나라에서 장시간 노동은 매우 오랫동안 일상화되어 있었고 지금은 당연하게 여기는 주 5일제 노동도 실시된 지 얼마 되지 않는다. 해방 후 노동자들의 노동시간을 최초로 법률로 정한 것은 1953년 근로기준법으로서 하루 8시간, 1주 48시간으로 정해졌다. 그러나 1일 8시간의 규정은 사실상 무의미했다. 절대적인 자본 부족과 노동력의 과잉공급으로 취업 기회가 매우 제한되었기 때문에 근로기준법이 제대로 적용될 리가 없었다. 임금이 너무 낮았으므로 노동시간을 문제삼기도 힘들었다. 요즈음은 듣기 힘든 단어이지만, 공무원을 제외하고 철야나

야근은 아주 흔한 일이었다. 잔업과 특근으로 일해야 생계를 유지할 만큼 급여 수준은 낮고 생활이 불안정했기 때문이다. 많은 기업과 중소상공인은 일요일에도 일했다. 경제가 안정되면서 노동시간은 점차 감소했지만, 토요일 오전까지의 노동은 일상적이었다. 그러므로 우리나라 노동자의 연근로시간은 세계적으로 매우 높은 수준이었다. 심지어 1970~80년대에 우리나라의 주당 노동시간이 선진국보다 엄청나게 많다는 신문기사에 대해 우리나라 사람들의 성실성을 보여준다고 여기는 사람이 있을 정도로 장시간 노동은 만연해 있었다.

우리나라에서 주 5일제 노동에 대한 논의는 1980년대부터 이루어졌는데, 기업의 이해를 대변하는 사용자단체, 보수적인 언론 등에서는 경기침체 초래 및 이에 따른 실업 증가, 기업 및 국가경쟁력의 약화를 명분으로 반대했다. 그러나 노동시간에 대한 국민들의 인식이 바뀌면서 노동시간 축소에 찬성하는 분위기가 점차 강하게 형성되어 갔다. 1989년에는 주 노동시간이 44시간으로 규정되었으며, 참여정부 시절인 2004년 7월 1일에는 주 40시간, 1일 8시간 노동을 골자로 하는 법률이 실시되었다. 이 법에 의한 주 5일제는 공공기관과 1,000명 이상인 사업장부터 실시되고 이후 점차 규모가 적은 사업장에 확대 적용되었다. 그리고 2018년에는 이전의 법정근로시간 68시간(주당 노동 40시간＋평일 연장 12시간＋휴일 노동 16시간)을 주당 노동 40시간과 연장근로 12시간을 합하여 52시간으로 제한하였다. 이렇게 1953년에 최초 제정된 근로기준법의 1일 8시간 노동원칙은 시간을 훌쩍 뛰어넘어 2000년대에 이르러 실질적인 적용을 보게 되었다.[10]

근로기준법의 근로시간 조항(제52조, 제53조) 〈2020년 5월 기준〉

제50조(근로시간)
　① 1주 간의 근로시간은 휴게시간을 제외하고 40시간을 초과할 수 없다.
　② 1일의 근로시간은 휴게시간을 제외하고 8시간을 초과할 수 없다.
　③ 제1항 및 제2항에 따른 근로시간을 산정함에 있어 작업을 위하여 근로자가 사용자의 지휘·감독 아래에 있는 대기시간 등은 근로시간으로 본다.

제51조(탄력적 근로시간제)
　① 사용자는 취업규칙(취업규칙에 준하는 것을 포함한다)에서 정하는 바에 따라 2주 이

---

10) 그렇지만 주 5일제가 아니라 주 40시간제라는 주장이 있는 만큼 모든 문제가 해결된 것은 아니다. 예를 들면, 상시 5명 미만 사업장이 적용대상에서 제외되고 있으며, 모든 산업 부문의 모든 노동자가 이 법의 적용을 받고 있지 못한 것이 현실이다.

내의 일정한 단위기간을 평균하여 1주 간의 근로시간이 제50조 제1항의 근로시간을 초과하지 아니하는 범위에서 특정한 주에 제50조 제1항의 근로시간을, 특정한 날에 제50조 제2항의 근로시간을 초과하여 근로하게 할 수 있다. 다만, 특정한 주의 근로시간은 48시간을 초과할 수 없다.

② 사용자는 근로자대표와의 서면 합의에 따라 다음 각 호의 사항을 정하면 3개월 이내의 단위기간을 평균하여 1주 간의 근로시간이 제50조 제1항의 근로시간을 초과하지 아니하는 범위에서 특정한 주에 제50조 제1항의 근로시간을, 특정한 날에 제50조 제2항의 근로시간을 초과하여 근로하게 할 수 있다. 다만, 특정한 주의 근로시간은 52시간을, 특정한 날의 근로시간은 12시간을 초과할 수 없다.

(이하 삭제-인용자)

제53조(연장 근로의 제한)

① 당사자 간에 합의하면 1주 간에 12시간을 한도로 제50조의 근로시간을 연장할 수 있다.

② 당사자 간에 합의하면 1주 간에 12시간을 한도로 제51조의 근로시간을 연장할 수 있고, 제52조 제2호의 정산기간을 평균하여 1주 간에 12시간을 초과하지 아니하는 범위에서 제52조의 근로시간을 연장할 수 있다.

③ 상시 30명 미만의 근로자를 사용하는 사용자는 다음 각 호에 대하여 근로자대표와 서면으로 합의한 경우 제1항 또는 제2항에 따라 연장된 근로시간에 더하여 1주 간에 8시간을 초과하지 아니하는 범위에서 근로시간을 연장할 수 있다.

그림 3-15 전체노동자의 월당 총노동시간   (단위: 시간)

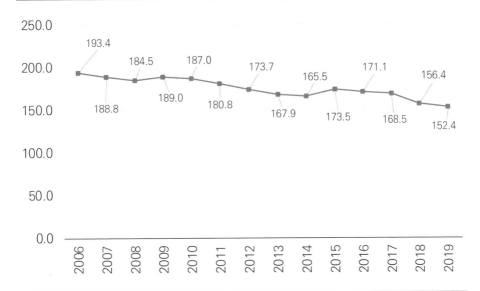

자료: 국가통계포털.

노동자의 노동시간의 변화를 보자. 전체 노동자가 한 달 동안 평균적으로 일하는 시간은 매년 감소하여 2006년부터 2019년 사이에 41시간이 감소하였다. 즉, 주당 노동시간이 약 10시간 가까이 줄어들었다. 이렇게 노동시간이 감소했음에도 우리나라 노동자의 노동시간은 선진국과 비교해서 상당히 높은 편이다.

표 3-7 노동자 1인당 연평균 노동시간의 국제비교 (단위: 시간)

	한국	일본	미국	프랑스	독일	이탈리아	영국	OECD평균
2008	2,228	1,771	1,787	1,543	1,418	1,807	1,521	1,729
2009	2,174	1,714	1,762	1,531	1,373	1,776	1,516	1,698
2010	2,163	1,733	1,773	1,540	1,390	1,777	1,506	1,705
2011	2,136	1,728	1,780	1,546	1,393	1,773	1,518	1,703
2012	2,119	1,745	1,783	1,541	1,375	1,734	1,531	1,693
2013	2,106	1,734	1,781	1,526	1,363	1,720	1,541	1,688
2014	2,076	1,729	1,784	1,518	1,367	1,717	1,547	1,686
2015	2,083	1,719	1,785	1,519	1,370	1,718	1,531	1,686
2016	2,068	1,714	1,781	1,526	1,363	1,722	1,545	1,682
2017	2,018	1,709	1,780	1,522	1,360	1,719	1,543	1,674
2018	1,993	1,680	1,786	1,520	1,363	1,723	1,538	1,667

자료: 국가통계포털.

한국은 OECD 국가 중에서 노동시간이 매우 많은 나라이다. 예를 들어, 2018년에 OECD 조사대상 35개국 중 한국의 노동자 1인당 총노동시간보다 많은 나라는 멕시코(2,148시간)밖에 없다. <표 3-7>에서 한국의 노동시간은 상당히 줄어 다른 나라와의 차이도 많이 줄었다. 그래도 한국은 일본보다 313시간, 미국 207시간, 독일보다는 630시간이 많다. 이것은 한국을 기준으로 하더라도 1년에 일본보다는 2달, 미국보다는 1.3달, 특히 독일보다는 4달이나 일을 많이 하는 것이다.

한편, 2018년에는 법적으로 정해진 최저임금도 대폭적으로 상승하였다. 최저임금제는 노동자에게 임금의 최저수준을 보장하여 생활안정과 노동력의 질적 향상을 꾀하고 저임금 노동자를 보호하기 위한 장치이다. 최저임금제의 기준은 이미 1953년의 근로기준법에서 도입되었지만 유명무실하였다. 1986년에 최저임금법이 제정·공포되고 1988년부터 실시됨으로써 비로소 효력을 발휘하기 시작했는데, 2000년 11월 24일부터 모든 사업 또는 사업장에 적용되고 있다. 최저임금은 최초 적용연도인 1989년에 최저 시간급 600원에서 시작하였지만 여러 가지 사회상황 때문에 매년 인상폭은 100원에도 미치지 못하는 해가 많았다. 2001년 이후 2017년까지 100원대에서 400원대 정도의 소폭 인상으로 저임금 노동자들을 보호하기에는 한계가 적지 않았다. 그러나 2018년과 2019년에는 최저 시간급 7,530원, 8,350원으로서 전년 수준에서 각각 1,060원, 820원이 올랐다. 대폭적인 상승으로 기업과 소상공인들이 반발하는 등 많은 찬반양론을 야기했지만, 후진적 노동 상황을 개선하고 노동소득임금을 올리기 위해서 불가피한 측면이 있었다고 할 수 있다.[11]

3.2 종류별 임금 수준

임금은 노동자가 노동력을 사용자에게 제공(판매)한 대가로 받는 일체의 금품이다. 임금은 인격과 결부되어 있기 때문에 일반적인 타 상품과는 다른 특질을 지니고 있다. 예를 들어, 일반 상품은 가격이 상승하면 지속적으로 공급이 증가하지만, 임금은 높아지면 여가의 기회비용이 높아져 노동력의 공급이 증가하다가 일정 수준 이상으로 올라가면 오히려 감소하기도 한다. 또한 자본소득이나 상속 등으로 비노동소득이 증가하면 노동공급이 감소할 수 있다. 직종의 사회적 위상, 직장의 복지시설이 악화되면 노동공급이 감소하여 임금 수준의 결정에 변화가 나타나기도 한다. 특히 임금은 일반적으로 노동자의 숙련도, 교육 수준에 따른 전문성, 직무수행능력, 연령 및 성별, 정규직 및 비정규직 등에 따라서 차이가 있다. 이같이 시장경제에서 임금 차이는 피할 수 없는 현상이지만, 그 격차가 심하거나 노동소득이 너무 심하게 감소하면 노동 의욕을 감소시키고 사회경제적 불안을 조성하며 경제불황을 초래하기도 하므로 적극적 대응이 필요하다. 여기서는 산업, 직종, 학력, 성별 등에 따른 임금수준과 격차가 어느 정도인지 그 현황을 살펴보기로 한다.

---

11) 급속한 시간급 인상의 후유증으로 2020년에는 8,590원, 2021년에는 8,720원으로 240원, 130원이 올랐다. 이것은 2.9%, 1.5% 인상된 것인데, 2021년의 인상폭은 최저임금제 실시 후 역대 가장 낮은 인상률이다.

표 3-8 산업별 월임금총액 수준 비교 (단위: 천원, %)

	월임금 총액	농·임· 어업	제조업	전기· 가스· 수도	도매· 소매	숙박· 음식	금융· 보험	전문· 과학
2009	2,277	100.4	109.5	199.4	86.6	48.0	172.1	133.8
2010	2,326	104.4	111.2	205.9	87.1	48.4	173.9	133.6
2011	2,428	100.0	112.6	205.0	86.1	47.9	178.3	136.6
2012	2,527	99.1	114.0	194.0	87.2	49.4	174.0	137.8
2013	2,617	100.3	116.7	195.2	86.4	50.0	174.1	137.1
2014	2,700	97.9	121.0	193.0	87.4	46.1	176.4	137.9
2015	2,740	97.4	121.4	195.1	88.6	46.2	176.2	139.7
2016	2,833	98.0	119.3	203.6	89.5	47.5	183.7	140.7
2017	2,896	91.1	118.2	193.2	89.5	46.8	178.3	141.3
2018	3,028	96.0	118.6	190.6	90.2	48.6	178.2	140.9
2019	3,138	94.1	118.2	182.2	91.7	50.0	178.8	141.4

주: 1) 숫자는 전체노동자 월임금총액 기준 대비 각 산업 월임금총액의 백분비임.
　　2) 월임금총액=월급여액[정액급여+초과급여]+(전년도연간특별급여/12개월)
　　3) 전기·가스·수도=전기, 가스, 증기 및 수도사업, 전문·과학=전문, 과학 및 기술서비스업
자료: 국가통계포털.

<표 3-8>은 전체 노동자의 월임금총액을 기준으로 각 산업별 노동자의 임금을 나누어 비율로 표시한 것이다(다음 표들도 동일함). 2009년부터 2019년까지 전체 노동자의 월임금총액은 37.8%가 상승하였는데, 농·임·어업과 전기·가스·수도만은 상대적으로 약간 하락하였다. 그렇지만 전기·가스·수도사업의 임금은 최고수준으로서 2019년에 평균 임금의 1.8배에 이르고 있고, 그 다음이 금융·보험, 전문·과학의 순이다. 농·임·어업은 2014년 이후 평균 임금보다 낮아지면서 격차도 벌어지고 있다. 도매·소매업과 숙박·음식점업도 평균 임금보다 낮은데, 특히 영세업종이 집중된 숙박·음식점업은 절반 이하의 수준으로 나타나고 있다.

표 3-9 직종별 월임금총액 수준 비교 (단위: %)

	관리자	전문가 및 관련 종사자	사무 종사자	서비스 종사자	판매 종사자	농림어업 숙련 종사자	단순노무 종사자
2009	223.1	123.3	113.6	53.6	82.6	69.8	55.0
2010	227.7	123.9	114.1	53.2	83.7	67.5	53.8
2011	238.0	121.3	117.7	53.5	87.4	76.9	54.8
2012	235.7	122.6	118.4	54.4	83.3	76.1	54.0
2013	236.5	119.7	116.5	55.6	80.4	71.8	55.1
2014	260.1	119.1	119.6	50.2	80.6	70.6	53.4
2015	283.9	121.9	119.5	49.1	80.9	69.2	52.9
2016	292.2	121.2	118.2	48.3	81.4	70.6	55.9
2017	285.8	121.2	117.1	49.0	79.5	64.2	58.3
2018	290.8	120.0	118.5	50.5	80.1	66.5	57.8
2019	312.9	120.3	118.9	51.5	80.8	65.5	57.0

자료: 국가통계포털.

직종별로는 관리자의 임금 수준이 가장 높은데 해가 갈수록 평균 임금과의 격차가 커져서 2019년에는 3배를 넘고, 전문가 및 관련종사자, 사무종사자도 평균 이상 받고 있다. 이에 비해 전문성이 떨어지는 서비스종사자와 단순노무종사자는 평균보다 조금 높은 수준이다.

표 3-10 고용형태별 월임금총액 비교 (단위: %)

	정규 근로자	비정규 근로자	재택/가 내근로자	파견/용 역근로자	일일 근로자	단시간 근로자	기간제 근로자	한시적 근로자	비정규/ 정규
2007	111.8	54.2	43.3	54.0	56.1	28.6	69.7	63.1	48.5
2008	112.7	53.5	36.3	55.2	55.8	28.5	69.9	59.4	47.5
2009	114.4	54.1	36.5	56.7	56.0	28.5	70.1	58.0	47.3
2010	115.1	53.5	35.8	57.2	54.0	28.2	71.5	57.0	46.5
2011	115.9	53.9	36.6	58.4	55.8	28.0	73.2	57.6	46.5
2012	114.9	53.1	38.9	58.0	54.5	27.6	71.7	60.4	46.2

	정규 근로자	비정규 근로자	재택/가 내근로자	파견/용 역근로자	일일 근로자	단시간 근로자	기간제 근로자	한시적 근로자	비정규/ 정규
2013	114.1	53.6	48.5	60.1	55.8	27.3	76.3	55.2	47.0
2014	116.7	49.4	45.2	57.0	44.9	25.9	75.0	56.8	42.3
2015	116.6	50.1	48.8	58.5	47.3	27.3	76.0	50.6	43.0
2016	115.9	51.0	41.9	60.1	50.1	26.8	76.4	45.7	44.0
2017	116.1	52.0	45.2	65.3	50.1	28.0	78.9	48.2	44.8
2018	115.9	52.4	51.8	63.0	51.6	29.7	80.4	43.8	45.2
2019	115.1	52.4	50.3	64.6	50.0	29.9	77.8	40.1	45.5

주: 용어는 국가통계포털 해당 항목 통계설명자료 참조.
자료: 국가통계포털.

고용형태에 따른 임금과 노동조건의 문제는 1998년 외환위기 사태 이후에 본격적으로 등장하였다. 당시에 대우, 기아, 한보 등 대기업과 많은 중소기업이 도산하면서 정리해고가 단행되고 노동시장이 악화되어 비정규직 노동자가 대거 양산되었다.[12] IMF는 달러부족으로 위기에 처한 한국 정부에 대부조건의 하나로 노동시장의 유연화를 위해서 비정규직의 채용을 장려하도록 권고했다.

정규직은 원칙적으로 정당한 사유가 없이 해고할 수 없지만 기간제 근로자 등 비정규직은 해고가 용이하다. 가령, 기간제근로계약을 체결한 경우 그 기간이 만료됨에 따라 사용자의 해고 등 별도 조치가 없어도 계약이 종료되는 것이 원칙이다.

비정규직의 가장 큰 문제점은 고용이 보장되지 않고 임금수준이 낮다는 것이다. <표 3-10>에서 정규직 노동자는 평균 임금보다 약간 높게 받지만, 비정규직은 평균의 절반보다 약간 높은 50%대이다. 정규직 대비 비정규직의 임금수준은 최근 5년간 절반에도 미치지 못하는 45% 정도에 지나지 않는다. 이 중에서 단시간노동자는 최근에는 평균 임금의 30%가 되지 못하여 가장 열악하고, 한시적 노동자, 재택가내노동자, 일일노동자는 50% 혹은 그 이하의 수준으로서 생계에 위협을 받고 있다.

---

12) 비정규직은 대체로 일용직, 기간제, 단시간, 파견, 도급, 간접고용, 특수고용 노동자 등을 포괄한다.

표 3-11 학력별 월총액임금 비교 (단위: %)

	중졸 이하	고졸	초대졸	대졸	대학원졸
2006	74.4	84.6	89.9	131.4	188.5
2007	67.1	82.8	90.7	133.2	188.6
2008	66.5	82.2	93.4	132.8	185.4
2009	65.6	81.9	93.0	130.4	182.4
2010	64.8	81.0	92.1	129.9	180.4
2011	65.2	81.5	95.1	130.9	171.6
2012	63.1	81.1	94.3	129.6	173.9
2013	63.6	81.6	94.4	127.5	179.6
2014	56.5	79.6	98.6	128.0	172.9
2015	56.6	77.5	96.0	127.7	189.2
2016	57.9	77.5	96.3	127.7	180.9
2017	60.2	78.8	95.2	125.2	180.1
2018	60.7	78.7	96.2	123.8	176.2
2019	60.8	78.4	96.2	123.4	175.6

자료: 국가통계포털.

평균 임금 수준을 기준으로 중졸 이하, 고졸, 초대졸 이하의 학력자는 모두 평균임금 이하를 받고 있다. 종졸 이하와 고졸은 평균 임금과의 격차가 오히려 벌어졌다. 대졸 기준으로 초대졸의 임금수준은 지표상 개선되고 있음을 볼 수 있다. 반면, 고졸 임금은 정체 상태이고 중졸 이하는 약 57%에서 50% 수준으로 오히려 떨어졌다. 자료에 따르면 대졸 이상과 그 이하 학력의 임금격차는 1970년대 이후 1990년대 말까지 전반적으로 개선되었으나,[13] 2000년대 이후는 악화되거나 정체상태인 것으로 보인다.

---

13) 주성환·김진욱, 『한국경제의 이해』 p.135.

표 3-12 성별 월임금총액 비교 　　　　　　　　　　　　　　　　　　(단위: %)

	남	여	여/남(%)
2006	118.5	68.3	57.6
2007	118.0	70.0	59.3
2008	118.5	69.5	58.6
2009	118.2	69.7	59.0
2010	118.4	70.2	59.3
2011	118.2	70.6	59.7
2012	117.7	71.8	61.0
2013	118.3	71.6	60.5
2014	119.2	71.3	59.8
2015	119.3	70.9	59.5
2016	118.7	72.0	60.6
2017	118.5	72.9	61.5
2018	117.9	74.6	63.3
2019	117.3	75.6	64.4

자료: 국가통계포털.

임금수준은 여성 쪽이 약간씩 개선되어 왔다. 그러나 성별 간의 격차는 여전히 적지 않다. 남성은 평균의 약 1.2배의 임금을 받고 있고, 여성은 2019년에도 75% 수준에 머물고 있다. 남성을 기준으로 여성의 임금 비율은 2019년 64.4%까지 올랐지만 아직 남성 임금의 3분의 2 수준에 미치지 못한다.

이 같은 우리나라 여성임금이 국제적으로 어느 수준인지를 비교해보면 다음과 같다.

<그림 3-16>의 숫자는 남성을 기준(=100)으로 할 때 여성 임금 수준과의 차이를 나타낸다. 즉, 남성과 여성임금의 차이를 남성 임금으로 나눈 것이다. OECD국가 중에서 한국의 남녀간 임금격차가 가장 심하고, 그 다음이 일본이다. 그 외의 국가들과는 격차가 매우 심하며, OECD 평균과 비교에서도 약 10% 가까이 차이가 난다.

그림 3-16 남녀 임금격차의 국제 비교　　　　　　　　　　　　　　　　(단위: %)

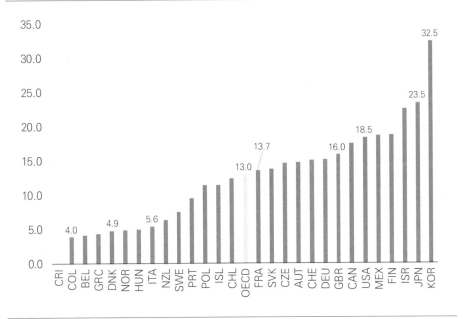

자료: OECD.

　이제까지 살펴본 여러 가지 기준의 임금격차는 1970년대 이후 대체로 개선
되어 왔다. 그렇지만 최근에 들어서 부문별로 개선이 정체되거나 조금씩 악화된
부문도 있다. 전체적으로 볼 때, 영세상인들이 집중되어 있는 음식·숙박업, 전
문성이 낮은 단순노무종사자 및 서비스종사자, 비정규직 노동자, 고졸 이하의
학력자, 여성에 대한 임금의 개선이 해결되어야 할 과제라고 하겠다.

제4절 청년실업

　여기서는 우리 경제의 이슈가 되고 있는 청년실업 문제에 대해서 파악해 보
자. 청년실업은 단순히 실업률 자체의 문제 이상으로 경제와 사회에 미치는 악
영향이 심각하다. 실업은 반드시 해결해야 할 사회적 과제이지만, 특히 청년실
업은 노동시장 진입 첫 단계에서 겪는 실패여서 개인적으로 매우 큰 충격과 실

망을 안길 수 있다. 청년실업은 개인적으로 매우 큰 불행을 초래할 수 있고, 사회적으로도 인적 자본의 형성을 저해하고 지속적인 경제성장의 토대 구축을 약화시킬 수 있다는 점에서 매우 심각한 문제이다. 청년실업은 비정규직 확대 문제와 얽혀서 1998년 외환위기 이후에 우리 사회가 해결해야 할 중요한 과제가 되고 있다.

<표 1-6>과 <그림 3-9>를 보면 전체 노동자의 실업률은 최근에도 외관상 4% 이하의 완전고용을 유지하고 있다. 하지만 청년실업률은 외환위기가 불어닥친 1998년 이후의 시기가 그 이전보다 크게 높을 뿐만 아니라 점차적으로 상승 추세에 있으며 전체 실업률의 두 배 이상을 기록하고 있다(<그림 3-11>). 청년실업이 최근에 증가한 원인은 다음과 같이 요약할 수 있다.

첫째, 성장률의 둔화가 기본적인 원인이다. <그림 1-2>, <그림 1-3>에서 보듯이 우리나라의 성장률은 최근 3% 내외로 하락했다. 성장률 하락의 주요 원인은 그동안 고도성장의 동력이었던 수출이 정체상태에 빠지고 민간투자도 2000년대 이후 4%를 약간 상회하는 수준으로 주저앉았기 때문이다. 신규투자의 감소는 기업설립, 자본금 확대, 공장건설 등에 악영향을 미쳐 청년층의 노동시장 진입에 부정적으로 작용했다.

둘째, 산업구조의 변화가 급속하게 진행되면서 고용흡수력이 크게 저하되었다. 특히 제조업에서는 자동화가 급속히 진행되어 취업계수와 고용계수가 크게 떨어졌다(제2장 참조). 재벌을 중심으로 대기업들의 고용은 전체 노동자의 10% 정도이지만 제4차 산업의 진행으로 고용흡수력의 획기적 상승을 기대할 수 없다. 중소기업도 최대한 인건비를 줄이고 인력을 자동기계로 대체하고자 하기 때문에 청년고용 확대의 장애요인으로 작용하고 있다. 최근에는 AI, 로봇을 비롯한 기술혁명이 미래산업으로 등장하고 있어서 대량실업에 대한 우려가 나오고 있다.

세 번째로는 기업의 고용관행, 즉 인사노무관리 관행이 변하고 있기 때문이다. 예전에는 기업들이 신규인력을 매년 졸업생들을 공채를 통해서 고용했다. 그러나 외환위기 이후 기업들은 공채를 줄이고 경력직의 수시 채용을 늘이고 있다. 주로 대리·주임에서부터 차장급, 혹은 실무자를 채용하는 경우가 많은데, 이렇게 중간관리층의 고용이 많아지게 되면 청년층의 입장에서는 취업기회가 줄어들게 된다. 경력직 채용은 일본에서는 1980년대부터 보편화되었으며, 우리나라에서는 2000년대 중반부터 본격적으로 도입되기 시작했다. 기업이 경력직을 선호하는 이유는 직무능력을 갖춘 직원을 채용하면 교육을 따로 하지 않아도 되어 비용을 절감할 수 있기 때문이다. 경력직의 입장에서는 임금을 비롯한 제반 조건이 좋은 직장으로 이동하는 것이 개인적으로 바람직한 일일 것이다. 하지만 중소기업이 애써 양성한 숙련인력이 대기업으로 이동하면 중소기업의 경쟁력이 약화될 수도 있다.

넷째, 산업, 직업, 학력 등 부문별로 노동력의 공급과 수요가 일치하지 않는 수급불일치(mismatch)가 문제가 되고 있다. 이것은 구인기업과 구직자 간에 학력 수준이나 전문지식에 맞는 일자리를 찾기가 어려워졌다는 것을 뜻한다. 특히 대학진학률이 매우 높아져서 대학졸업자들이 기대하는 임금, 복지 등 노동조건과 기업의 보상이 일치하지 않는 경우가 적지 않다. 또한 기업이 수요하는 인력과 구직자의 전공불일치도 취업을 어렵게 하는 요인이다. 이같이 교육과 일자리의 연계 부족으로 기업과 구직자 간에 상호기대하는 눈높이의 불일치가 지속되면 청년층은 장기간 실업에 노출되거나 최악의 경우 취직을 포기하게 된다.

실업문제는 단기간에 해결하기 매우 어려운 문제이다. 산업구조 조정과 기업의 노동수요 패턴의 변화, 교육시스템의 변화, 중소기업과 대기업간 일하는 조건의 격차 등 구조적인 문제와 깊숙이 결부되어 있기 때문이다. 그러므로 청년실업 역시 해결이 용이하지 않다. 떨어진 성장률을 회복하고 4차 산업혁명에 따른 대량실업 혹은 취업난을 해결하기 위해서는 중소기업육성책을 비롯하여 다양하고 종합적인 대책이 시급한데, 몇 가지를 정리하면 다음과 같다.

첫째, 신성장산업의 육성이다. ICT(정보통신)산업, AI(인공지능), 로봇, 블록체인, IoT, Data, 친환경·저탄소 등 신재생에너지, 문화콘텐츠, 디자인 산업 등 각 방면에 걸친 기술의 개발과 기업의 육성이 필요하다. 이들 산업 중에서 ICT, AI, 로봇 등의 분야는 인력 절감형 기술이라는 점에서 실업을 유발할 수 있는 속성을 내포하고 있지만 그렇다고 기술개발을 소홀히 할 수 없다. 기술개발이 실업을 심화하거나 혹은 신산업의 발전을 통해 고용을 촉진할 것인가는 오래된 논쟁일 뿐이다. 적극적인 개발과 신산업육성을 통해 경제가 활력을 지속할 수 있다면 청년층 실업문제는 상당 부분 완화할 수 있을 것이다.

둘째, 우량 중소기업의 육성을 통해 좋은 일자리를 확충해야 한다. 청년들이 중소기업에 가려고 하지 않는 가장 큰 이유는 일하는 조건이 마땅찮기 때문인데, 그중에서도 임금에 대한 불만이 가장 높다.

그림 3-17 사업체 규모별(노동자 500인 기준) 임금 격차 비교 (단위: %)

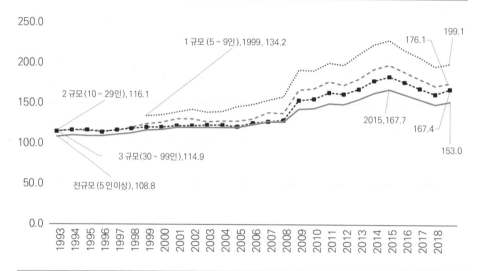

주: 1) 각 규모의 사업체 노동자가 받는 임금 대비 노동자 500인 사업체 노동자 임금 비율을 나타냄.
　　2) 1993~2008년: 상용 10인 이상 사업체의 상용노동자, 2009년 이후 사용 5인 이상 사업체의 상용
　　　노동자.
　　3) 1993~2008년의 비교계산자료기준은 월급여총액, 2009년 이후는 월임금총액.
자료: 국가통계포털.

　　<그림 3-17>은 각 규모의 중소 사업체 노동자가 받는 임금을 기준으로
대기업에 속하는 노동자 500인 이상 사업체의 상용근로자가 받는 임금의 비율
을 보여주고 있다. 2008년 이전과 2009년 이후의 작성 기준이 임금의 종류, 상
용노동자의 수 면에서 조금 다르지만 대기업과 중소기업 간 임금 격차의 추세를
이해하는 데는 무리가 없다.[14] 그림을 보면, 1990년대 이후 중소기업과 대기업
의 임금격차가 벌어지고 있다. 이와 같은 임금수준의 격차 때문에 청년들은 중
소기업에 취직하지 않으려 하며 차라리 쉬는 사람도 적지 않다. 많은 중소기업
은 부족 인력의 상당 부분을 외국 인력으로 지탱하고 있다. 우량 중소기업이 늘
지 않고서는 청년층의 실업문제를 해결하기 어려울 것이다.

---

14) 중소기업은 2015년 개정으로 자산 5천억원 미만, 중견기업은 10조원 미만, 그 이상은 대기
　　업으로 분류한다. 그러나 실제로는 예전의 기준인 상용근로자 300인 미만을 기준으로 중소
　　기업과 대기업으로 분류하여 사용한다.

셋째, 기업수요에 맞추어 인력 양성 시스템을 조정할 필요가 있다. 산업수요와 괴리된 인력을 과잉 배출하는 교육시스템으로 인하여 실업문제가 심화되어 왔다는 주장이 꾸준히 제기되어 왔다. 특히 사용자 단체에서는 대학의 인적 자원개발 투자가 산업계의 수요를 제대로 반영하고 있지 못하다고 주장해 왔다. 또 이런 주장의 배경으로 고학력화의 진행으로 구직자와 구인기업 간의 눈높이가 많지 않게 되었다는 점도 언급된다. 정책당국에서는 산업수요와 괴리된 인력 양성을 기업수요에 맞추도록 조정할 필요가 있겠다.

그렇지만 이 과제 역시 전공을 비롯한 교육제도 내부의 이해관계의 상충으로 인해 달성이 쉽지 않다. 또 대기업의 인력채용 공고를 살펴보면, 이공계 혹은 상경계가 압도적으로 많고 전공을 따로 정하지 않아도 앞의 두 전공에게 인센티브를 주기도 한다. 4차 산업혁명을 맞이하여 기술과 경제, 인문학 및 예술의 융합의 중요성이 지적되고 있으므로 이 문제에 대한 심각한 고려가 있어야 할 것으로 보인다.

이 외에도 직업훈련시스템의 확충, 실직자의 재취업 및 창업지원 등도 보다 강화될 필요가 있다고 하겠다.

CHAPTER
04

확대일로
개방경제

제1절 무역과 시장개방의 진전

제2절 무역 동향

제3절 무역구조의 변화

제4절 국제수지의 변동

제5절 대외채권·대외채무, 직접투자, 외환보유고

시장경제에서 일국의 경제는 독자적으로 생존할 수 없다. 최초의 산업국가로 탄생한 영국은 물론 프랑스나 독일에서도 상품 및 자본의 대외거래는 형식과 정도에서 차이는 있지만 자본주의 경제를 확립하고 경제대국으로 성장하는 데 매우 중요한 역할을 담당했다. 국내시장을 바탕으로 20세기 초까지 보호무역으로써 경제강대국이 된 미국도 20세기 후반부터 대외거래를 통해서 세계경제를 지배하고 있다.

우리나라는 자유무역을 비롯한 대외거래의 자유화를 통해서 가장 큰 이익을 향유한 국가에 속한다. 즉, 외국과의 거래를 통해서 성장에 필수적인 자본과 생산물자 등 자원을 획득하고 생산시설을 갖추었으며 장기간에 걸쳐 고도성장을 달성할 수 있었다. 그러나 교역은 성장을 이끄는 핵심적인 역할을 수행했지만 그 과정이 순탄했던 것만은 아니다. 1970년대에 두 차례에 걸친 오일쇼크과 외채위기, 경제적 파국을 불러온 1997년 말과 1998년의 외환위기, 2008년의 글로벌 금융위기 등은 우리 경제에 적지 않은 충격을 주었다. 특히 우리나라의 시장개방은 1998년의 외환위기를 계기로 가속화되었다. 한편, 2004년 칠레와의 FTA를 시작으로 체결된 협정이 늘어나면서 대외개방은 더욱 가속화하고 있다. 외국자본이 아무런 장애없이 드나들고 우리 금융시장에서 적지 않은 비중을 차지한다는 점에서 불안요인이 전혀 없는 것은 아니지만, 개방이 가속화되는 과정에서 외환보유고가 세계 9위가 될 정도로 크게 증가하는 등 자본금융시장의 지표가 크게 개선된 것도 사실이다. 이와 같이 물적 재화의 교역뿐만 아니라 자본금융의 대외거래도 우리 경제의 성장에 크게 기여하여 왔다. 여기에서는 무역 및 국제수지, 국내외 직접투자 및 증권투자, 외환보유고의 변동 등을 포함하는 개방경제 전반에 대해서 각 항목별로 자세히 살펴보기로 한다.

제1절 무역과 시장개방의 진전

1.1 자유무역과 세계시장의 확장

오늘날은 세계화로 인하여 상품은 물론 자본도 거의 무제한적으로 자유로이 이동하고 있다. 제2차 세계대전 이후 재화와 자본의 자유로운 이동은 IMF와

GATT의 출범을 계기로 확대되었다. 이 두 기구는 1930년대 전 세계 경제를 파국으로 몰고 간 대공황에 대한 심각한 반성으로 결성되었다. 미국을 비롯한 강대국들은 1920년대 초부터 보호무역주의를 강화했는데, 대공황이 닥치자 배타적인 블록경제로 전환하여 근린궁핍화정책을 노골화하였다.[1) 대공황기에는 이전의 관세인상뿐만 아니라 수입할당, 자국 통화의 평가절하, 외환관리 등의 보호정책과 블록화가 만연하였다. 특혜주의를 내건 강대국의 자국 중심적 통상정책은 국제무역을 위축시키고 공황을 더욱 경색시킴으로써 5천만 명이나 사망자를 낸 제2차 세계대전을 촉발시킨 경제적 배경으로 작용하였다.

제2차 세계대전이 끝나자 세계 각국은 전쟁의 후유증을 극복하기 위한 노력을 다방면으로 기울였다. 미국과 영국을 중심으로 44개국 연합국 대표들은 1944년 7월 미국 New Hampshire주 Bretton Woods에서 통화금융회의를 개최하고 IMF(International Monetary Fund)와 IBRD(International Bank for Reconstruction and Development, 국제부흥개발은행 혹은 세계은행＝World Bank)의 설립을 결의하였다. IMF는 중단기 자금공급기관으로서 달러를 기축통화(key currency)로 삼고 고정환율제를 도입하였으며, 금 1온스당 35달러와 태환될 수 있도록 규정하였다. IMF는 1947년에 업무를 개시하였고, 장기자금 공급 역할을 맡은 IBRD는 1946년에 문을 열었다. 한편, GATT(General Agreement on the Tariff and Trade, 관세 및 무역에 관한 일반협정)는 1947년 Geneva에서 성립되고 1948년 Havana에서 52개국이 헌장에 조인한 것을 계기로 본격적으로 업무를 개시하였다. 이 국제협력기구들의 주요 목표는 블록경제 방지, 자유·무차별의 무역체제, 평가절하 방지 및 환율안정, 완전고용, 세계적 경제개발과 성장의 촉진에 있었다.

IMF－GATT체제는 무역 및 외환 자유화를 진전시킴으로써 세계무역 확대와 자본이동에 크게 공헌하였다. 미국을 중심으로 서방 선진국은 국제기구의 출범으로 1970년대 초까지 매우 빠르게 성장하였다. 그러나 미국의 무역흑자와 금보유고가 급감하자 1971년 8월 15일에는 달러의 태환이 중지되었고 1974년에는

---

1) 미국은 1922년에 Fordney－McCumber Tariff로써 고율관세를 유지하였으며 공황 발생 다음 해인 1930년에는 Hawley－Smoot Tariff에 의해 관세를 더욱 인상하였는데, 이것은 다른 나라의 관세 인상을 부추기는 도화선이었다. 블록경제로 가장 먼저 전환한 나라는 영국이었다. 대영제국이 1932년 7월 Otawa협정으로 대영제국특혜관세제도를 창설하자 세계경제는 빠른 속도로 블록화되었다. 독일은 바터협정, 청산협정 등 쌍무협정에 의해 광역경제블록을 확대했고, 미국은 남북미대륙을 중심으로 달러블록, 프랑스는 금블록, 일본은 일만지(日滿支)블록 혹은 엔블록을 형성하였다.

주요국이 변동환율제로 이행하였다. 이로써 IMF의 두 가지 주요 근간(달러의 금태환, 고정환율제)이 파기되었다. 그리고 1971년부터 미국의 무역적자가 커지면서 통상마찰이 본격화하기 시작하였다.

1970년대 말부터 심화된 통상마찰을 주도한 것은 장기간의 무역적자와 재정적자에서 벗어나지 못한 미국이다. 그렇지만 현재의 국제경제는 통상마찰과 상호의존이 동반되는 세계화의 시대에 접어들었다. 1930년대의 불황이 쌍무협정을 바탕으로 블록경제를 강화하고 경쟁국을 방출하여 세계시장을 분할·축소했던 것과는 판이하게 다른 현상이 진전되고 있다. 오히려 국가 간, 지역 간의 교역과 자본이동이 확대되는 양상이 전개되고 있다. 1970년대 달러 유출에 따른 달러 가치의 불안과 국제금융시장의 동요, 유가 급등을 불러일으킨 두 차례의 오일 쇼크, 미국과 유럽 경제력의 저하 등으로 국제 간에는 무역마찰과 갈등이 끊이지 않고 때로는 보호주의가 강력한 무기로 등장하기도 하지만, 여전히 자유무역 기조는 유지되고 있으며 주요국들은 이것을 유지하기 위한 국제적 협력을 지속하고 있다.

자본 및 상품교역의 세계화에 큰 계기를 마련한 것은 1986년에 개최된 GATT 제8차 회의 Uruguay Round이다. 여기에 올려진 의제는 관세, 비관세조치는 물론 서비스업, 지적재산권, 분쟁해결, 무역관련 투자, 섬유류, 농업 부문 등으로 매우 광범했는데, 이들 의제들은 1970년대 이후 진행된 과학기술혁명과 깊은 관련을 맺고 있다. Uruguay Round는 1993년 12월 15일에 완전히 타결되었다.

1995년 1월 1일에는 Uruguay Round를 보다 강력하게 추진할 수 있도록 GATT가 WTO로 전환되었다. 기존 GATT를 WTO로 개편한 것은 세계의 경제 환경이 크게 변화하였기 때문이다. GATT는 1947년 출범할 당시에는 23개 회원국이었지만 1994년에는 125개국으로 늘어나서 국제기구로서의 위상을 확립하고 있었다. 그렇지만 가입국이 늘어나는 과정에서 다자간 무역협상에서 많은 예외가 인정되고 그 내용도 매우 복잡해졌다. 또한 과학기술의 발전으로 서비스업 및 자본이동의 중요성이 증대했기 때문에 선진국들은 새로운 기준을 갖춘 국제 경제협력기구를 설립하고자 했다. 1995년 출범 당시의 WTO 회원국은 161개국이었으며 2020년 현재 162개국이다. 명실상부하게 세계적 기구로서 출범했던 WTO는 무역의 확대는 물론 금융을 비롯한 자본이동, 분쟁의 해결에 이르기까지 세계시장의 확대에 크게 기여하고 있다.

1.2 개방 가속화와 FTA

고도성장기에 수출은 우리 경제를 이끄는 동력으로서 역할을 충실히 수행했다.[2] 성장 초기에는 민간 기업의 신용이 낮았기 때문에 정부는 외자를 도입하거나 기업의 수출 촉진을 위해 지불을 보증하는 등 자본 부족을 해소하는 데 주도적인 역할을 하였다. 정부는 일정한 기준에 따라서 기업에게 자금을 배분하여 생산시설에 대한 투자를 유도하고 수출할 수 있도록 유인책도 제시하였다. 수출은 투자를 확대하는 가장 중요한 방법이었고 외화 획득의 거의 유일한 수단이었다. 가득된 외화는 다시 생산시설 확장에 투입되어 수출과 고용을 증대하였다.

한편, 경제성장의 주요한 요인으로서 수출이 일방적으로 강조되고 있지만, 실제로는 수입도 경제성장에 적지 않게 공헌했다. 우리 경제의 체질상 수입 없이 수출이 있을 수 없고, 수출 없이 고도성장을 달성할 수 없었기 때문이다. 초기에 생산재의 부족에 시달렸기 때문에 달러 확보를 통한 시설재 수입은 기업들의 생존을 결정하는 문제였다. 정부는 외화자금에 대한 배분권을 가지고 있었기 때문에 소비재의 수입을 되도록 억제하고 시설재의 도입을 효과적으로 추진할 수 있었다. 수입은 원재료 및 중간재의 부족, 기계 및 장비(자본재)의 부족을 해결하고 생산기반을 확충하는 데 매우 중요한 역할을 담당했다.

1970년대 말에는 통상마찰이 심화되면서 시장개방의 압력 또한 높아졌다. 경제가 발전하고 경제규모도 커졌기 때문에 우리도 시장개방을 추진할 필요가 있었다. Uruguay Round 타결에 따라 법률, 교육, 의료, 우편·송달 등 일부 공공서비스를 제외한 대부분의 분야가 개방되었으며, WTO 출범 이후에는 관세율을 인하함으로써 수입자유화가 급격히 진전되었고 서비스시장도 개방되기 시작하였다. 특히 거시경제지표를 그 이전과 이후로 확연하게 구분할 정도로 엄청난 충격을 준 외환위기는 재화는 물론 자본과 금융, 서비스 등 모든 시장을 거의 완전히 개방하는 계기로 작용했다. 우리나라는 IMF로부터 구제금융을 받는 대가로 IMF가 요구하는 가혹한 구조조정안을 받아들이지 않을 수 없었다. 1999년

---

2) 1950년대의 성장률도 국제적 수준에서는 결코 낮지 않았다. 미국의 원조물자를 바탕으로 한 소비재공업을 중심으로 5% 이상의 높은 성장률을 달성하였다.

에는 수입선다변화제도3)가 폐지하는 등 수입 장벽이 제거되었으며, 외국자본이 마음대로 드나들 수 있도록 금융을 비롯한 서비스시장도 완전히 개방되었다. 그 결과 내외국인의 직접투자 및 증권투자 등 자본의 유출입은 거의 완전히 자유화된 상태에 이르고 있다.

한편, 우리나라의 대외부문은 2000년대에 들어서 다수의 FTA(Free Trade Agreement: 자유무역협정) 체결을 계기로 하여 더욱 확대되고 있다. FTA의 세계적 유행은 WTO가 갖지 못한 장점 때문이다. WTO는 모든 회원국에게 최혜국대우를 보장해주는 다자주의를 원칙으로 자유무역을 추진하고 있지만, 산업구조의 차이에서 발생하는 선후진국 간의 이해의 충돌은 물론이고 선진국 간, 후진국 간의 이해관계조차 조정하는 것이 쉽지 않다. 반면, FTA는 양자주의 혹은 지역주의에 기초하여 회원국간 관세인하 등 자유화를 추진하기가 용이하다. FTA는 무역뿐만 아니라 체결 당사국간 직접투자 등 자본유출입을 자극하는 측면도 있다. 현재 체결되는 협정은 서비스, 투자, 지적재산권, 정부조달, 경쟁, 협력 등으로 범위가 넓어지고, WTO규범보다 한층 더 발전된 형태를 보여 관세철폐 중심의 전통적인 지역협정과 현저한 차이를 보이고 있다.4)

표 4-1 우리나라의 FTA 체결 현황(2020년 말 기준)

체결 국가(지역)	발효일
칠레	2004.04.01.
싱가포르	2006.03.02.
EFTA(4개국)	2006.09.01
아세안(10개국)	2007.06.01
인도	2010.01.01.
EU(28개국)	2011.07.01.
페루	2011.08.01

---

3) 특정 국가와의 무역수지 적자를 줄이기 위해 품목을 정해 놓고 수입을 금지하는 제도이다. 1977년 도입 이래 일본에 대해서만 적용되어 왔다.

4) 지역무역협정(Regional Trade Agreement)에는 역내 무관세 및 역외 공동관세를 내용으로 하는 '관세동맹'과 역내 무관세만 규정한 '자유무역지대' 두 가지가 있으며, 자유무역지대의 설립협정인 FTA가 발효 중인 지역협정의 대부분을 차지한다(e−나라지표−산업통상자원부 −주요국가별 RTA 현황 참조).

체결 국가(지역)	발효일
미국	2012.03.15.
터키	2013.05.01.
호주	2014.12.12.
캐나다	2015.01.01.
뉴질랜드	2015.12.20.
중국	2015.12.20.
베트남	2015.12.20.
콜롬비아	2016.07.15.

자료: 관세청, 국제원산지정보원, 『FTA Trade Report』, Vol.3, 2016.9, p.43.

표 4-2 주요 국가(지역)별 지역무역협정 체결현황(2019년)

	체결국가수	체결건수
한국	52	15
일본	17	15
중국	23	14
미국	20	14
캐나다	44	13
EU	62	41
ASEAN	6	5
호주	21	13

자료: e-나라지표(통상자원부).

우리나라는 2004년 칠레와의 협정을 시작으로 2020년 말 현재 15개의 FTA, 총 52개국과 협정을 체결했는데, 이는 EU의 62개국 다음으로 많이 체결한 것이다.

제2절 무역 동향

먼저, 1960년대 이후의 수출 및 수입의 추세를 살펴보자.

그림 4-1 수출 및 수입의 추이(1965~2019)   (단위: 억달러)

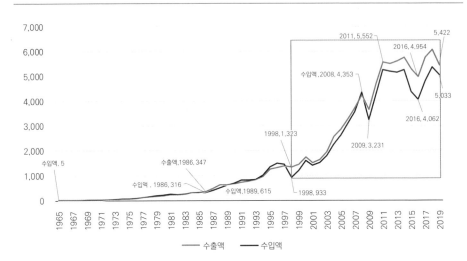

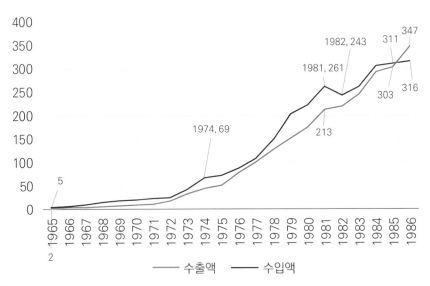

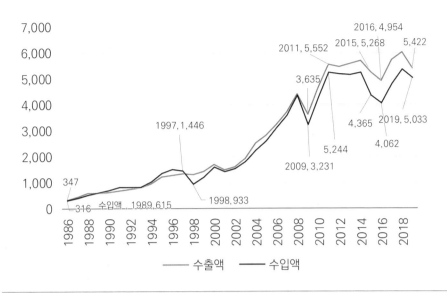

주: 유엔의 SITC 기준 작성.
자료: 국가통계포털(1991년 이전은 관세청, 무역통계연보 자료).

　1960년대 이후 우리나라의 수출과 수입은 빠른 속도로 증가하였다. 수출은 1960년 3,200만 달러에서 2019년에는 5,422억 달러로 16,500배 이상 증가하였고, 수입은 같은 기간 중 1,470배 정도 증가하였다.[5] 1960년 이후부터 2000년까지 수출은 1998년에 단 한 차례, 수입은 1982년과 1998년 두 차례만 감소했을 뿐이다. 1965년에도 수출 2억 달러, 수입 5억 달러 도합 무역액 7억 달러에 지나지 않았던 것을 현재의 무역액 1조 달러와 비교하면 격세지감이라고 하겠다.

　이와 같은 수출 증가는 우리나라 경제를 고도성장으로 이끄는 동력으로서 핵심적인 역할을 수행했다. 1962년부터 추진된 경제개발계획의 추진과정에서 정부는 공공차관 및 상업차관의 도입에 노력하였고, 도입된 외자(주로 달러)를 주로 수출용 재화의 생산에 집중적으로 투입되도록 유도하였다. 그러나 수출의 성장은 2009, 2012, 2015~2016, 2019년에 전년도 보다 감소하는 등 2010년대 들어 정체를 겪고 있다. 이 점에 관해서는 이미 제1장에서 어느 정도 언급한 바가 있다. 2017년 기준으로 한국의 수출은 중국, 미국, 독일, 일본 다음으로 5위를

---

5) 당시의 수입에는 외국으로부터의 공공원조가 포함되어 있는데 매우 큰 비중을 차지하고 있다. 공공원조를 제외하면 실제로는 4,500배 정도가 된다(국가통계포털, 경제기획원, 『제12회 한국통계연감』, 1965, p.279).

차지하고 있는데, 일본과의 수출액 차이는 1,200억 달러 정도로서, 1인당 수출액이 일본보다 훨씬 크다는 점만을 고려하더라도 더 이상의 순위 상승이나 수출의 획기적 증가는 기대하기 어렵다(<표 1-9> 참조). 위의 그림에서도 2010년 전후부터 등락을 거듭하고 있는데, 우리 경제의 대외의존도가 높기 때문에 앞으로도 이러한 현상이 반복될 가능성이 크다.

그림 4-2 전년 대비 수출 및 수입의 증가율 　　　　　　　　　　　　　(단위: %)

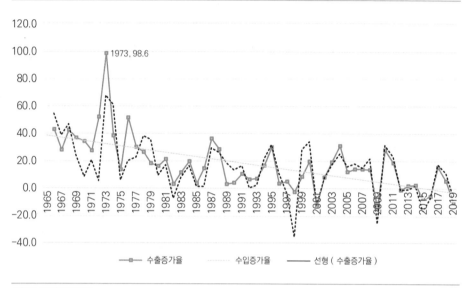

자료: 국가통계포털.

<그림 4-2>에서 꼭지점들의 점차적인 하락은 장기에 걸쳐 수출 증가율이 감소하고 있음을 의미한다. 매년의 수출 증가율은 1960~70년대에는 대체로 20%에서 50% 사이인데 1973년에는 전년에 비해 무려 100% 가까이 증가하였다. 1980년대에는 매년도 평균 증가율이 약 16%였지만 1990년대 및 2000년대에는 10% 전후로 하락했고, 2010년대는 4.7%로 하락했다. 그리고 최근에는 증가율이 마이너스로 나타나는 해가 많아지고 있을 확인할 수 있다. 수출 증가율이 감소하고 있음을 한눈에 보여주고 있는 것이 선형으로 그려진 수출 증가율 추세선이다. 추세선은 우하향하고 있으며 2014년경을 전후로 마이너스로 떨어지고 있다.

<그림 4-1>에서 수출과 수입을 비교하면, 1997년 이전 시기는 무역적자

구간이고, 1998년 이후에는 무역흑자가 일반화되고 있음을 알 수 있다. 단, 무역 적자 구간 중에서 1986~1989년에는 상당한 흑자였는데, 이것은 해방 이후 최초 의 무역흑자 기간으로서 3저호황으로 인한 것이다.[6]

3저호황이란?

1986년부터 1988년에 걸쳐 국제시장에 형성된 저달러, 저유가, 저금리현상이다. 이로 인해 우리나라는 유례없는 호황을 누렸다. 미국의 Reagan대통령 집권 이래 강한 미국의 기치를 내걸고 고금리, 고달러(달러가치의 평가절상) 유지를 위해 경쟁국들을 압박하였다. 그러나 이 정책이 기대한 성과를 거두지 못하자 저금리정책으로 돌아서기 위해서 1985년 9월 5개 국 재무장관회담(플라자회담)을 열어 달러가치의 평가절하에 합의하였다. 이 과정에서 일본 과 독일 화폐의 가치가 70% 이상 절상되고 대만 돈도 36% 이상 절상되었다. 이에 비해 한국의 원화는 11.2%가 절상되어 경쟁상대국에 비해 수출경쟁력이 강화되었다. 동시에 유 가하락은 생산비용을 떨어뜨려 사상 최초의 무역흑자를 달성하게 되었다.

한편, 우리나라는 경제성장 과정에서 수입대국으로서 그 위상이 커져서 경제 성장에 나름대로 기여해 왔음에도 수입의 중요성에 대해서는 상대적으로 소홀 하게 취급한 면이 없지 않다. 그것은 우리가 수출입국을 내세워 투자를 유도하 고 고용을 창출하는 수단으로서 수출을 강조해 왔기 때문이다. 하지만 수출 증 대를 위해서는 기계류 등 자본재의 수입, 중간재 및 부품, 소재, 에너지의 수입 도 필수적이었다. 더욱이 우리나라가 세계의 자유무역 체제를 바탕으로 급속하 게 수출 증대를 달성하기 위해서는 교역 상대국의 상품을 수입하는 시장개방이 필수적이었다. 따라서 수입도 수출 못지 않게 경제성장에 기여했다고 할 수 있 다. 수입에 대해서는 다음 절에서 자세히 살펴보기로 한다.

---

6) 1986년 31억 달러, 1987년 약 63억 달러, 1988년 약 89억 달러, 1989년 9억 달러였다.

제3절 무역구조의 변화

3.1 국가별 수출입

3.1.1 국가별 수출

표 4-3 한국의 수출액 및 주요 수출국별 비중   (단위: 억달러, %)

	총수출액	중국	미국	베트남	홍콩	일본	대만	인도	싱가포르	멕시코	말레이시아
1965	1.8	–	35.2	–	6.2	25.5	1.2	0.1	1.3	–	0.2
1970	8.4	–	47.3	–	3.3	28.1	0.9	0.1	1.3	–	0.1
1975	50.8	–	30.2	–	3.6	25.4	1.2	0.1	1.1	0.1	0.2
1980	175.0	0.1	26.3	–	4.7	17.4	1.2	1.0	1.5	0.3	1.1
1985	302.8	0.1	35.5	0.0	5.2	15.0	0.6	1.5	1.6	0.1	1.5
1990	650.2	0.9	29.8	0.2	5.8	19.4	1.9	0.7	2.8	0.9	1.1
1995	1,250.6	7.3	19.3	1.1	8.5	13.6	3.1	0.9	5.3	0.8	2.4
2000	1,722.7	10.7	21.8	1.0	6.2	11.9	4.7	0.8	3.3	1.4	2.0
2005	2,844.2	21.8	14.5	1.2	5.5	8.4	3.8	1.6	2.6	1.3	1.6
2010	4,663.8	25.1	10.7	2.1	5.4	6.0	3.2	2.5	3.3	1.9	1.3
2011	5,552.1	24.2	10.1	2.4	5.6	7.1	3.3	2.3	3.8	1.8	1.1
2012	5,478.7	24.5	10.7	2.9	6.0	7.1	2.7	2.2	4.2	1.7	1.4
2013	5,596.3	26.1	11.1	3.8	5.0	6.2	2.8	2.0	4.0	1.7	1.5
2014	5,726.6	25.4	12.3	3.9	4.8	5.6	2.6	2.2	4.1	1.9	1.3
2015	5,267.6	26.0	13.3	5.3	5.8	4.9	2.3	2.3	2.8	2.1	1.5
2016	4,954.3	25.1	13.4	6.6	6.6	4.9	2.5	2.3	2.5	2.0	1.5
2017	5,736.9	24.8	12.0	8.3	6.8	4.7	2.6	2.6	2.0	1.9	1.4
2018	6,048.6	26.8	12.0	8.0	7.6	5.0	3.4	2.6	1.9	1.9	1.5
2019	5,422.3	25.1	13.5	8.9	5.9	5.2	2.9	2.8	2.4	2.0	1.6

주: 관세청의 통관기준임(수입은 CIF 기준).
자료: 국가통계포털.

표 4-4 10대 수출처의 순위 변화

	1	2	3	4	5	6	7	8	9	10	수출처 수
1965	미국	일본	홍콩	스웨	네덜	태국	영국	벨기에	독일	캐나다	43
1970	미국	일본	홍콩	독일	캐나다	네덜	영국	싱가	스웨덴	대만	96
1975	미국	일본	독일	캐나	홍콩	영국	네덜	이란	사우디	호주	138
1980	미국	일본	사우디	독일	홍콩	이란	영국	인도네	네덜	캐나다	162
1985	미국	일본	홍콩	캐나다	독일	사우디	영국	파나마	이란	싱가	178
1990	미국	일본	홍콩	독일	싱가	영국	캐나다	대만	프랑스	인도네	185
1995	미국	일본	홍콩	중국	싱가	독일	대만	인도네	말레이	영국	219
2000	미국	일본	중국	홍콩	대만	싱가	영국	독일	말레이	인도네	238
2005	중국	미국	일본	홍콩	대만	독일	싱가	영국	인도네	말레이	230
2010	중국	미국	일본	홍콩	싱가	대만	인도	독일	베트남	인도네	233
2015	중국	미국	홍콩	베트남	일본	싱가	인도	대만	멕시코	호주	235
2019	중국	미국	베트남	홍콩	일본	대만	인도	싱가	멕시코	말레이	234

주: 1) 스웨=스웨덴, 네덜=네덜란드, 싱가=싱가포르, 인도네=인도네시아, 말레이=말레이시아
　　2) 기타국을 1개국으로 계산.
자료: 국가통계포털.

　　<표 4-3>은 2019년을 기준으로 한국의 주요 수출국 중 10위 이내 국가의 수출 비중을 정리한 것이고, <표 4-4>는 시기별로 수출액 10위 이내의 국가를 나타낸 것이다. 1960년대 이후 2002년까지 한국의 제1위 수출국 대상국은 미국이었다. 미국의 비중은 1965년에 35.2%에서 1968년과 1969년에는 한국 수출의 50% 이상을 차지할 정도로 압도적이었으며, 이후에는 점차 감소하여 1989년까지는 약 3분의 1, 2002년까지는 전체의 5분의 1을 점했다. 2003년 이후에는 제1위의 자리를 중국에 내어주고 현재에는 총수출액의 8분의 1을 전후한 비중을 차지하고 있다.

　　일본은 2000년까지 제2위의 수출처였다. 대일본 수출은 1975년까지 대체로 한국 전체 수출의 4분의 1, 1979년까지 5분의 1 수준으로 하락하였다. 1980년에는 17.4%에서 꾸준히 감소하여 현재에는 5% 전후로 크게 감소하였다. 수출 순위는 2019년 현재 5위이다. 일본의 비중이 극적으로 감소한 것은 농수산물과 함께 의류 등 경공업 제품의 수출 비중이 감소하고, 특히 제조업의 성장 과정에서

기계류와 같은 완제품을 포함하여 부품, 소재 등 중간재 수출이 증가하면서 일본 이외 지역에 대해 수출이 급증했기 때문이다. 그 결과 일본에 대한 수출의존도가 상당히 감소하였다. 그렇지만 대일무역적자는 아직도 시정되고 있지 않으며 부품, 소재 등에 대한 의존성을 탈피하지 못하고 있다. 이에 대해서는 다음 절에서 보다 자세하게 살펴보기로 한다.

수출대상국에서 가장 극적인 변화를 보여주고 있는 나라는 중국이다. 대중국 수출이 사실상 개시된 것은 1980년이다. 이 해에 수출액은 1,500만 달러에 지나지 않았지만 1985년 4천만 달러, 1986년 1억 2,300만 달러로 급증한 이후 2019년 1,362억 달러에 이르기까지 매우 빠른 속도로 증가했다. 중국은 2003년 이후 미국의 자리를 대체해 제1위의 자리를 고수하고 있으며, 한국 전체 수출의 4분의 1을 차지하고 있다. 한마디로 한국은 중국의 시장개방으로 가장 큰 수혜를 본 나라에 속한다.

<표 4-4>에서 한국의 주요 수출대상국의 변화를 파악할 수 있다. 수출 증대 초기에 주요 수출대상 순위 10개 중에는 미국, 스웨덴, 네덜란드, 영국, 벨기에, 독일, 캐나다 등 유럽 및 영미계 국가들이 7개국이나 차지했지만, 2019년에는 미국과 멕시코를 제외하고 아시아 국가들이 8개국이나 10위 이내에 랭크되고 있다. 아시아가 세계경제의 성장지대로 급부상하면서 지역 내 교역이 증가하고 한국도 이 지역을 대상으로 물적 교류를 확대하고 있기 때문이다. 특히 최근에는 베트남과 홍콩의 중요도가 일본보다 커지고 있으며, 싱가포르, 말레이시아를 포함하여 동남아시아에 대한 진출이 빠른 속도로 이루어지고 있다.

또한 한국의 수출시장 다변화도 상당히 진전되어 수출처가 1965년 43개국에서 2019년에는 234개국으로 늘어났다. 다만, 2018, 2019년도에 수출 순위 10위의 국가들이 한국 총수출의 70%를 차지할 정도로 집중되어 있어서 EU시장이나 중남미 지역의 진출 확대를 위한 노력이 따라야 할 것으로 보인다.

<표 4-4>는 또한 중국, 인도 등 이른바 BRICs의 수출시장의 확대를 보여주고 있다. 통계에 따르면, 수출에서 인도가 차지하는 비중은 2002년까지만 하더라도 1% 미만이었지만 2019년에는 약 3% 가까이 증가하여 수출대상국 순위 7위이다. 소련 붕괴 이후 비로소 열린 러시아와의 교역도 2019년도에는 한국 총수출액의 1.4%, 수출 순위 15위이며, 브라질은 21위로 올라서고 있다.

그림 4-3 수출의존도의 추이(1960~2019)   (단위: %)

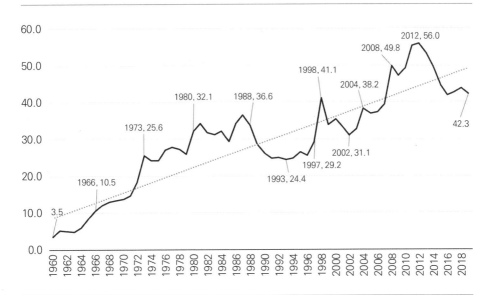

주: 1) 수출의존도=(총수출/GNI)×100
　　2) 점선은 수출의존도의 추세선
자료: 한국은행경제통계시스템.

　　수출이 급증하면서 수출의존도도 크게 증가했다. 1960년에 수출의존도는 3.5%에 지나지 않았지만 1980년에 최초로 30%를 넘어서서 1987년에는 36.6%를 기록했다. 1989~1997년에 20%대로 떨어졌지만 1998년에 40%를 넘은 이후 2012년도에는 56.0%를 차지했으며, 최근에는 40%대를 유지하고 있다.

　　높은 수출의존도는 수출이 성장의 동력으로서 매우 중요한 역할을 해왔음을 의미한다. 그러나 높은 수출의존도는 우리 경제가 대외충격에 취약한 원인이라는 비판을 받아왔다. 이와 함께 성장 기관차로서 수출의 역할이 감소한 점을 고려할 때 총소득에서 내수 비중을 늘리는 정책을 강화할 필요가 있다고 하겠다.

3.1.2 국가별 수입

표 4-5 한국의 수입액 및 주요 수입국별 비중   (단위: 억달러, %)

	총수입	중국	미국	일본	사우디	베트남	호주	독일	대만	러시아	카타르
1965	4.6	-	39.3	37.8	-	-	0.8	3.5	2.2	-	-

	총수입	중국	미국	일본	사우디	베트남	호주	독일	대만	러시아	카타르
1970	19.8	–	29.5	40.8	1.9	–	0.7	3.4	1.7	–	–
1975	72.7	0.0	25.9	33.5	8.3	0.0	2.8	2.6	2.2	–	–
1980	222.9	0.1	21.9	26.3	14.8	–	3.1	2.9	1.4	–	0.0
1985	311.4	1.5	20.8	24.3	2.1	0.0	3.6	3.2	1.1	–	0.1
1990	698.4	3.2	24.3	26.6	2.5	0.0	3.7	4.7	2.1	–	0.3
1995	1,351.2	5.5	22.5	24.1	4.0	0.1	3.6	4.9	1.9	1.4	0.2
2000	1,604.8	8.0	18.2	19.8	6.0	0.2	3.7	2.9	2.9	1.3	1.4
2005	2,612.4	14.8	11.7	18.5	6.2	0.3	3.8	3.7	3.1	1.5	2.1
2010	4,252.1	16.8	9.5	15.1	6.3	0.8	4.8	3.4	3.2	2.3	2.8
2011	5,244.1	16.5	8.5	13.0	7.1	1.0	5.0	3.2	2.8	2.1	4.0
2012	5,195.8	15.5	8.3	12.4	7.6	1.1	4.4	3.4	2.7	2.2	4.9
2013	5,155.9	16.1	8.1	11.6	7.3	1.4	4.0	3.8	2.8	2.2	5.0
2014	5,255.1	17.1	8.6	10.2	7.0	1.5	3.9	4.1	3.0	3.0	4.9
2015	4,365.0	20.7	10.1	10.5	4.5	2.2	3.8	4.8	3.8	2.6	3.8
2016	4,061.9	21.4	10.6	11.7	3.9	3.1	3.7	4.7	4.0	2.1	2.5
2017	4,784.8	20.5	10.6	11.5	4.1	3.4	4.0	4.1	3.8	2.5	2.4
2018	5,352.0	19.9	11.0	10.2	4.9	3.7	3.9	3.9	3.1	3.3	3.0
2019	5,033.4	21.3	12.3	9.5	4.3	4.2	4.1	4.0	3.1	2.9	2.6

주: 국가명은 2019년 기준 10대 수입처.
자료: 국가통계포털.

표 4-6 한국의 10대 수입처의 순위 변화

	1	2	3	4	5	6	7	8	9	10	수입국수
1965	미국	일본	독일	필리핀	대만	홍콩	부루	네덜	호주	말레이	37
1970	일본	미국	독일	말레이	프랑스	필리핀	사우디	대만	영국	쿠웨	68
1975	일본	미국	사우디	쿠웨	호주	독일	대만	캐나다	인도네	프랑스	130
1980	일본	미국	사우디	쿠웨	호주	이란	독일	인도네	말레이	캐나다	102
1985	일본	미국	말레이	호주	이란	독일	인도네	아랍에	오만	에콰	136
1990	일본	미국	독일	호주	중국	사우디	인도네	말레이	캐나다	대만	158
1995	일본	미국	중국	독일	사우디	호주	인도네	캐나다	대만	말레이	205

2000	일본	미국	중국	사우디	호주	인도네	말레이	아랍에	대만	독일	227
2005	일본	중국	미국	사우디	아랍에	호주	독일	인도네	대만	말레이	254
2010	중국	일본	미국	사우디	호주	독일	인도네	대만	아랍에	카타르	232
2015	중국	일본	미국	독일	사우디	대만	카타르	호주	러시아	베트남	243
2019	중국	미국	일본	사우디	베트남	호주	독일	대만	러시아	카타르	240

주: 1) 브루=브루나이, 쿠웨=쿠웨이트, 아랍에=아랍에미리트연합, 에콰=에콰도르
    2) 기타국을 1개국으로 계산.
자료: 국가통계포털.

<표 4−5>는 2019년을 기준으로 우리나라의 10대 수입처가 총수입에서 차지하는 연도별 비중을 나타낸 것이고, <표 4−6>은 각 시기의 10대 수입처를 정리한 것이다. 수입액은 1965년에 5억 달러에도 미치지 못했지만 2019년도에 수입액은 5천억 달러를 넘어섰는데, 한국은 국제적으로 2016년에는 9위, 2017년 이후 2019년 동안에는 세계 7위의 수입대국으로 부상하였다. 장기에 걸쳐 한국이 가장 많이 수입한 국가는 일본이었다. 일본은 미국을 제치고 1966년부터 2006년까지 제1위의 수입처였다. 일본으로부터의 수입은 1975년까지 총수입의 3분의 1이상을 차지했으며, 이후에는 차츰 줄어 2000년까지 5분의 1, 최근에는 10% 전후를 차지하고 있다. 미국은 1960년대 후반부터 2002년까지 한국이 두 번째로 많이 수입한 국가였는데, 이후에 중국과 일본에 밀려 3위이다가 2018년과 2019년에 2위를 다시 고수하고 있다.

중국은 한국의 수입에서도 극적인 변화를 보여주고 있다. 1975년에 한국의 대중국 수입은 18만 달러에 지나지 않았지만, 1990년에 중국은 한국의 제5위의 수입처로 등장하였다. 1985년까지도 10대 수입국 순위에 없던 중국은 1990년에 제5위의 수입국으로 등장하였다. 그리고 중국은 2007년 이후에는 한국의 가장 큰 수입국으로 부상하였으며, 전체 수입에서 차지하는 비중도 점차 증가하여 2015년 이후에는 전체 수입의 5분의 1 이상을 차지한다. <표 4−6>은 장기에 걸쳐 중국, 미국, 일본이 한국의 가장 큰 수입국임을 보여준다.

수입다변화도 이루어져 한국의 수입국은 1965년에 37개국에서 2019년에는 240개국으로 늘어났다. 그런데 수입국이 수십 개국에 지나지 않던 1960년대 및 1970년대에 주요 수입국은 대체로 미국과 유럽의 국가, 일본, 동남아 국가로 나누어진다. 이것은 미국, 유럽, 일본 등지에서는 중간재나 공장건립을 위한 기계 등의 자본재를 수입하고 동남아로부터는 노동집약적 산업에 들어가는 목재 등

의 원자재를 구입한 것으로 추측할 수 있다. 또한 1970년대부터 현재까지 주요 수입국 중에는 사우디아라비아, 쿠웨이트, 이란, 오만, 아랍에미리트연합, 카타르 등 중동 산유국이 이름을 올리고 있는데, 이것은 화학 및 에너지자원으로서 원유 수입을 이 지역에 크게 의존하고 있기 때문이다.

3.2 품목별 수출입

표 4-7 10대 수출품목 순위

순위	1970	1980	1990	2000	2005
1	섬유류	의류	의류	반도체	반도체
2	합판	철강판	반도체	컴퓨터	자동차
3	가발	선박	신발	자동차	무선통신기기
4	철광석	인조직물	영상기기	석유제품	선박
5	전자제품	음향기기	선박	선박	석유제품
6	과자류	타이어	컴퓨터	무선통신기기	컴퓨터
7	신발	목재류	음향기기	합성수지	합성수지
8	연초류	잡제품	철강판	철강판	철강판
9	철강제품	반도체	인조직물	의류	자동차부품
10	금속제품	영상기기	자동차	영상기기	영상기기

순위	2010	2015	2017	2018	2019
1	반도체	반도체	반도체	반도체	반도체
2	선박	자동차	선박	석유제품	자동차
3	유무선전화기	선박	자동차	자동차	석유제품
4	석유제품	무선통신기기	석유제품	평판디스플레이	자동차부품
5	승용자동차	석유제품	평판디스플레이	자동차부품	평판디스플레이
6	액정디바이스	자동차부품	자동차부품	합성수지	합성수지
7	자동차부품	평판디스플레이	무선통신기기	선박	선박
8	플라스틱	합성수지	합성수지	철강판	철강판
9	유무기화합물	철강판	철강판	무선통신기기	무선통신기기
10	가전제품	전자응용기기	컴퓨터	컴퓨터	플라스틱

자료: e-나라지표(한국무역협회, 관세청).

품목별 수출과 수입은 우리나라 산업구조의 변화를 반영하고 있다. 1960년대 이후 1990년대까지 10대 수출 품목에서 1~3위를 차지한 것은 주로 금속광물, 어패류, 목제품(1960년대), 섬유류, 의류, 합판, 가발, 신발을 비롯한 노동집약적 생산물이었으며 선박, 철강판, 반도체도 들어가 있다. 그러나 1990년에는 컴퓨터, 음향기기, 자동차 등이 포함되어 첨단산업구조로 산업이 재편되고 있음을 보여주고 있다. 2000년 이후에는 반도체, 컴퓨터, 자동차, 무선통신기기, 자동차 부품, 영상기기, 석유제품, 평판디스플레이, 합성수지 등이 높은 순위에 들어가 선진적인 첨단구조가 정착하고 있음을 보여준다.

표 4-8 10대 수입품목 순위

순위	1970	1980	1990	2000	2005
1	일반기계	원유	원유	원유	원유
2	곡물	곡류곡분	반도체	반도체	반도체
3	운반기기	기타기계	석유제품	컴퓨터	천연가스
4	전기기기	천연식물원료	섬유화학기계	석유제품	컴퓨터
5	석유	목재류	가죽	천연가스	석유제품
6	섬유사	석유화학제품	컴퓨터	반도체장비	철강판
7	목재	기호식품	철강판	금은및백금	반도체장비
8	직물	철강판	항공기,부품	유선통신기기	석탄
9	강철	기타유류제품	목재류	철강판	전자응용기기
10	금속광	선박	계측제어분석기	정밀화학원료	합금
순위	2010	2015	2017	2018	2019
1	원유	원유	원유	원유	원유
2	반도체	반도체	반도체	반도체	반도체
3	천연가스	천연가스	반도체장비	천연가스	천연가스
4	석유제품	석유제품	천연가스	석유제품	석유제품
5	유무선전화기	무선통신기기	석탄	반도체장비	석탄
6	석탄	자동차	석유제품	석탄	무선통신기기
7	반도체장비	석탄	무선통신기기	정밀화학원료	자동차
8	철강판	컴퓨터	컴퓨터	컴퓨터	컴퓨터

순위	1970	1980	1990	2000	2005
9	정밀기기	정밀화학원료	자동차	무선통신기기	정밀화학원료
10	플라스틱수지	의류	정밀화학원료	자동차	의류

주: 합금=합금·철·선철 및 고철, 반도체장비=반도체제조용장비
자료: e-나라지표(관세청).

10위 이내 주요 수입품목에서 1980년 이후 항상 수위를 차지하는 것은 원유이다. 2005년 이후에는 천연가스의 수입도 수입품목 3위에 올라있다. 1970년과 1980년에는 곡물이 2위였지만 이후에는 목록에서 사라졌다. 이것은 곡물 수입은 증가했지만 공업제품의 수입이 더 빨리 증가했기 때문이다. 원재료 및 중간재인 섬유사, 목재류 등은 2000년 이후의 목록에서 사라졌고, 운반기기, 기타기계, 섬유화학기계 등 자본재도 2000년 이후 없어졌다. 전자는 경공업 비중이 감소했기 때문이고 후자는 중공업이 심화하여 자급률이 높아진 결과로 볼 수 있다. 반면에 반도체, 반도체제조용장비, 컴퓨터, 전자응용기기, 정밀기기, 석유제품, 정밀화학원료와 더불어 자동차도 10대 품목에 들어가고 있다.

우리나라는 에너지원의 부족으로 수입에서 원류 및 천연가스가 큰 비중을 차지하고 있어서 이 부문에서 거액의 적자는 불가피하다. 품목의 변화를 볼 때 1차 산품과 기계류 수입의 감소는 중화학공업의 심화에 따른 것이고, 2000년 이후에는 산업의 첨단화에 따라 반도체와 반도체 제조용 장비 등 첨단관련 제품의 수입이 늘고 있다. 자동차와 의류 품목도 10대 품목 안에 들어있는데 FTA의 체결과 무역자유화의 폭이 넓어지면서 소비재의 수입도 늘어났기 때문이다.

제4절 국제수지의 변동

4.1 경상수지

4.1.1 상품수지 및 무역수지

국제수지는 우리나라의 대외거래 동향을 종합적으로 파악하여 경제정책 수립 및 정책 효과 분석 등에 필요한 기초 자료를 제공한다. 상품서비스 및 자본

등을 포함한 국제수지의 동향을 이해해보자.

표 4-9 국제수지의 내역

	국제수지						
	경상수지					자본수지	금융계정
	합계	상품수지	서비스수지	본원소득	이전소득		
1980	−69.0	−66.2	13.0	−20.0	4.2	0.0	−62.8
1985	−21.8	−23.5	23.3	−29.7	8.1	0.0	−39.0
1990	−28.0	−36.9	5.0	−5.5	9.3	0.0	−35.3
1995	−102.3	−70.0	−13.9	−21.2	2.9	0.0	−115.2
2000	101.8	153.9	−8.5	−41.5	−2.1	0.4	95.3
2001	21.7	94.1	−22.7	−37.1	−12.6	−0.6	82.9
2002	40.7	144.1	−58.3	−24.1	−21.1	−0.1	55.6
2003	113.1	221.4	−48.5	−28.2	−31.6	−0.5	166.8
2004	292.9	391.7	−50.5	−17.9	−30.4	0.1	340.6
2005	122.1	324.9	−89.8	−80.4	−32.6	0.0	184.7
2006	20.9	245.1	−130.4	−50.0	−43.8	−0.7	119.7
2007	104.7	324.4	−130.4	−45.4	−43.9	0.1	171.3
2008	17.5	117.5	−63.1	−24.2	−12.7	0.3	−64.9
2009	330.9	480.6	−93.4	−34.4	−21.9	−0.7	271.8
2010	279.5	479.3	−139.7	−6.9	−53.2	−0.6	215.2
2011	166.4	280.1	−120.6	54.0	−47.2	−1.1	229.2
2012	487.9	485.9	−50.6	107.3	−54.7	−0.4	483.9
2013	772.6	802.6	−63.3	75.2	−41.9	−0.3	782.6
2014	830.3	861.5	−32.9	51.6	−49.8	−0.1	863.5
2015	1,051.2	1,202.8	−146.3	44.5	−49.9	−0.6	1,027.8
2016	979.2	1,164.6	−173.4	45.7	−57.7	−0.5	998.1
2017	752.3	1,135.9	−367.3	53.4	−69.6	−0.3	844.3
2018	774.7	1,100.9	−293.7	49.0	−81.5	3.2	769.3
2019	599.7	768.6	−230.2	122.0	−60.6	−0.6	609.5

자료: 국가통계포털, 한국은행경제통계시스템.

국제수지는 경상수지와 자본수지, 금융계정으로 구성된다. 경상수지는 상품수지, 서비스수지, 본원소득수지, 이전소득수지의 총액이다. 경제성장, 고용 등 국민의 경제생활과 가장 밀접한 것은 경상수지이므로 먼저 이것을 중심으로 살펴보자.

국제수지 중에서 가장 중요하게 다루어지는 것이 상품수지이다. 이것과 비슷한 개념으로 무역수지가 있는데, 이 둘은 작성기준이 달라서 액수상 차이가 있다. 상품수지는 수출과 수입 모두 FOB로 계산하지만 무역수지는 수입 기준이 CIF이다.

우리나라의 경상수지는 만성적으로 적자였는데 1986~1988년의 3저호황기를 전후로 최초로 흑자를 보인 후 다시 적자로 돌아섰다가 외환위기가 닥친 1998년 이후부터 흑자 구조가 정립되었다. 경상수지 흑자는 1998년 401억 달러에서 시작하여 증감을 반복한다. 특히 2013년 이후 2019년까지 매년 600억 ~1,000억 달러의 흑자를 실현하고 있다.

그림 4-4 **경상수지 및 상품수지의 동향** (단위: 억달러)

자료: 국가통계포털.

경상수지에서 가장 큰 비중을 차지하고 있는 것은 상품수지이다. 상품수지는 장기적으로는 산업의 국제경쟁력을, 단기적으로 경기순환 등을 반영한다. <그림 4-4>에서 경상수지와 상품수지는 함께 등락하여 경상수지가 상품수지에 결정적으로 영향을 받고 있음을 보여주고 있다. 일반적으로 상품수지 흑자폭은 경상수지 흑자보다 큰데 이것은 대체로 무역외수지인 서비스수지와 무상원조가 포함된 이전소득수지가 적자이기 때문이다.

국제수지를 좀 더 설명하면…

- 국제수지=경상수지+자본수지+금융계정
- 경상수지=상품수지+서비스수지+본원소득수지+이전소득수지
- 금융계정=직접투자+증권투자+파생금융상품+기타투자+준비자산
- 종합수지=경상수지+자본수지
- 기초수지=경상수지+장기자본수지
- 서비스수지: 운송, 여행 등 서비스 거래의 결과
- 본원소득수지: 노동과 자본의 이용대가의 결과
- 경상이전수지: 아무런 대가없이 제공되는 무상원조, 교포 송금 등

국제수지는 소유권 이전을 기준으로 작성되므로 통관기준으로 작성되는 관세청의 수출입통계와 불일치한다, 즉 국제수지표(〈표 4-9〉)는 수출과 수입 모두 FOB 기준이고, 관세청의 통관통계는 수출은 FOB 수입은 CIF 기준임. 무역수지는 관세청 자료이고 상품수지는 한국은행에서 집계한 자료이다.
자본수지(balance of capital)는 정부와 민간이 해외로부터 차입 등의 방식으로 외화를 도입하거나 이와는 반대로 해외에 신용공여 등의 방식으로 외화를 유출함으로써 발생하는 외화의 유·출입차를 나타낸다. 자본수지가 플러스라는 것은 외화의 유입이 유출보다 많았다는 것을 의미한다. 자본수지는 1년을 기준으로 거래발생으로부터 상환까지의 기간이 1년이 초과한 거래의 경우를 장기자본수지, 1년 이하의 거래인 경우를 단기자본수지로 구분한다.

출처: 한경경제용어사전.

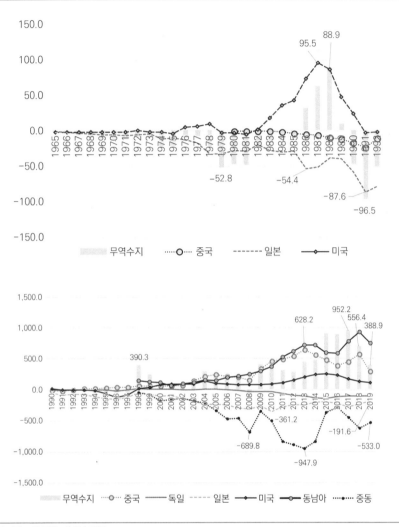

주: 동남아, 중동은 상품수지임.
자료: 국가통계포털, 한국은행경제통계시스템.

    그러면 우리나라의 국가별·지역별 무역수지는 어떻게 변화해왔을까? <그림 4-5>는 관세청의 통관을 기준으로 한 1965년 이후의 무역수지를 나타낸 것이다. 그림은 우리나라가 최초로 무역흑자를 기록한 1980년대 후반 3저호황기를 제외하고 장기에 걸쳐 무역적자에 시달려왔음을 보여준다.

    무역적자는 1970년대까지 점차 증가하여 1979년에는 53억 달러, 1996년에는

206억 달러나 되었다. 이것은 외환위기 이전의 최대의 적자규모였다. 그림에서는 1990년대 말까지 그렇게 많지 않은 것처럼 보이지만 이것은 외채상환 문제와 얽혀서 당시의 경제규모에 비하면 결코 적지 않은 부담이었다.

장기간에 걸친 무역적자는 대일본 무역과 깊이 연관되는 문제였다. 예를 들어, 3저호황기의 흑자를 제외하고 1997년까지의 29개년 동안 무역적자가 지속적인 증가 경향을 보이는데, 적자 총액 대비 대일 적자 비중은 1965년 최저 45.2%에서 증가하여 1966년, 1973년을 제외하면 항상 50% 이상이며, 1993년 최대 540%를 비롯하여 12개년도가 100% 이상이었다. 적자 총액 대비 대일 적자 비중 100% 이상은 적자 총액보다 대일 적자가 더 크다는 의미이다. 그러므로 한국은 수출을 통해 타 국가 및 지역에서 외화를 가득하여 일본에게 지불하는 꼴이었다. 현재는 무역흑자 기조가 지속되고 있기 때문에 대일 역조 문제가 일단 논의의 전면에서는 사라졌지만 2000년 이후에도 한국의 대일 역조는 100억 달러에서 300억 원대에 이르고 있다. 양국의 산업구조의 차이와 기술력의 격차로 인하여 단기간 내에 이 문제는 해결되기 어려울 것이다.

대일 적자와 비슷한 이유로 역조를 보이는 나라는 독일이다. 독일과의 교역에서 한국의 무역수지는 2002년 이후 적자로 고착화되었다. 그리고 EU와 FTA가 체결된 2011년에는 전년 대비 2배 이상인 약 75억 달러로 증가한 후 최근에는 100억 달러대의 적자를 지속하고 있다. 즉, 한국은 산업생산 지속과 수출 증대를 위해 불가피하게 민수산업의 기술수준이 높은 일본과 독일의 소재 및 부품, 장비 등을 수입하고 있는 것으로 보인다.

지역별로 볼 때, 대일본 무역보다 훨씬 큰 역조를 보이는 곳은 중동이다. 중동에 대한 역조는 1998년 42억 달러를 시작으로 급증하여 2013년에는 무려 약 950억 달러였으며 2018, 2019년에도 500~600억 달러 이상의 적자이다. 물론 적자의 원인은 원유 수입이다.

한편, 대중국 무역은 1980년 사실상의 개시 이래 1992년 최대 약 11억 달러까지 적자가 계속되었지만, 1993년부터는 흑자로 전환되었고 2010년 이후 300억 달러대~600억 달러대의 흑자를 지속하고 있다. 2위의 교역국인 미국과는 1998년 이후 흑자가 지속되고 있다. 그런데 가장 크게 흑자가 난 곳은 동남아지역이다. 이 지역에서 벌어들이는 흑자는 1998년 이후 대체로 매년 100억 달러 이상인데, 2007년에는 200억 달러, 2011년 이후에는 500억 달러대에서 2018년 최대 927억 달러에 이르고 있다. 정부에서 남방정책을 중시하는 이유가 여기에 있다고 하겠다.

4.1.2 서비스수지

표 4-10 서비스수지의 세부 동향 (단위: 억달러)

	서비스수지	기타사업	여행	가공	지식	운송	건설
1980	13.0	-1.8	0.2	0.6	-1.0	-4.6	19.0
1985	23.3	4.2	1.8	6.1	-3.2	3.0	10.7
1990	5.0	8.5	3.9	4.3	-13.4	-7.5	3.8
1995	-13.9	12.3	-11.9	5.4	-21.7	-4.8	5.8
2000	-8.5	-22.3	-3.0	8.8	-26.0	23.0	7.5
2001	-22.7	-20.2	-12.4	3.1	-21.9	17.4	9.6
2002	-58.3	-28.1	-45.3	2.7	-22.5	14.7	17.5
2003	-48.5	-33.0	-47.5	3.4	-23.2	30.7	16.4
2004	-50.5	-31.4	-62.9	-3.0	-26.8	44.8	21.7
2005	-89.8	-36.0	-96.1	-5.9	-26.8	31.7	38.3
2006	-130.4	-39.4	-130.9	-13.6	-26.6	21.5	57.0
2007	-130.4	-36.2	-158.5	-20.7	-35.1	39.8	78.7
2008	-63.1	-88.4	-93.2	-31.4	-33.9	75.1	110.8
2009	-93.4	-106.9	-52.6	-44.6	-41.0	48.2	117.5
2010	-139.7	-118.1	-85.0	-47.4	-59.9	86.6	96.8
2011	-120.6	-118.1	-75.6	-72.5	-30.2	63.3	116.8
2012	-50.6	-124.1	-73.7	-66.5	-47.1	101.3	163.5
2013	-63.3	-100.7	-72.6	-57.1	-54.8	73.4	155.2
2014	-32.9	-91.4	-57.3	-56.4	-50.0	61.9	152.9
2015	-146.3	-92.9	-104.7	-61.0	-35.0	46.5	96.4
2016	-173.4	-77.2	-103.6	-57.6	-24.9	-13.3	95.6
2017	-367.3	-122.1	-183.2	-69.6	-24.1	-54.2	78.8
2018	-293.7	-122.1	-165.7	-73.2	-20.6	-25.1	97.2
2019	-230.2	-123.5	-106.7	-69.9	-22.1	-16.2	96.5

주: 1) 지식=지식재산권사용료수지
   2) 기타사업서비스수지=연구개발서비스+전문경영컨설팅서비스+기술, 무역, 기타사업서비스
   3) 금액이 적은 보험, 금융, 통신·컴퓨터·정보서비스수지, 유지보수서비스수지, 개인·문화·여가서비스수지, 정부서비스수지는 제외.
자료: 국가통계포털, 한국은행경제통계시스템.

서비스수지는 1990년까지는 흑자였지만 그 이후 1998년과 1999년을 제외하고 2019년까지 적자이다. 적자 폭은 1991년 10억 달러에서 매년 점차 커져서 2017년 이후에는 230억~367억 달러에 이르고 있다. 항목별로는 서비스수지 중에서 건설수지만 전기간에 걸쳐 흑자이고 나머지는 2016년 이후에 모두 적자이다. 2000년 이후 가장 크게 적자가 나고 있는 부문은 기타사업서비스수지인데, 이것은 연구개발, 전문·경영컨설팅, 기술·무역, 기타사업서비스로 구성되어있다. 지식재산권사용료수지는 1980년 이후 적자이다. 기타사업서비스와 지식재산권사용료수지의 적자는 연구·기술개발 및 컨설팅 분야가 선진국에 비해서 매우 취약하다는 것을 보여준다.

그림 4-6 서비스수지 및 일반여행수지　　　　　　　　　　　　　(단위: 억원, %)

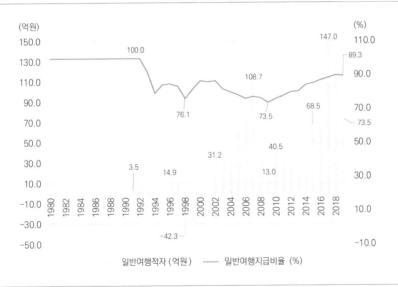

주: 1) 여행수지 흑자는 -, 적자는 +로 표시함.
   2) 일반여행적자=일반여행지급-일반여행수입
      일반여행지급비율=(일반여행지급/여행지급)×100
자료: 한국은행경제통계시스템.

특기할 만한 것은 여행수지가 거액의 적자라는 점이다. 여행수지는 1991년 이후 2019년까지 적자이며 최근 3년간 매년 100억 달러를 크게 상회한다. 이 단일항목은 전체 적자액의 절반 이상이거나 때로는 서비스수지 총액을 훨씬 능가할 정도로 거액의 적자이다.

여행수지는 유학연수수지와 일반여행수지로 나누어진다. 유학연수 수입은 현재까지도 1억달러 전후로서 매우 미미한 수준이다. 유학은 2000년경에 전면 자유화되었다. 유학연수지급은 1993년부터 기록되기 시작하여 2019년 현재 약 35억 달러이지만 여행수지에서 대부분을 차지하는 것은 일반여행수지이다. <그림 4-6>에 의하면 일반여행수지가 여행수지에서 점하는 비율은 2009년 최저 73.5%이고, 2019년에는 89.3%를 점하고 있다.

정부는 1983년부터 50세 이상 국민에 한하여 200만 원을 1년간 예치하는 조건으로 연 1회에 유효한 관광여권을 발급하여 관광목적의 해외여행을 자유화했다. 그러나 해외여행 자유화가 실질적으로 이루어진 것은 1989년이다. 이 해에 자유화되자마자 출국자가 100만 명을 돌파하는 등 일반여행지급액수가 전년대비 2배로 증가한 약 24억 달러에 달했다. 일반여행의 적자는 2002년 급증한 31억 달러에서 2019년 74억 달러에 이르기까지 매년 거액이 누적되고 있다. 국내 관광문화산업에 대한 보다 적극적인 육성 대책이 필요한 시점이라고 하겠다.

4.2 금융계정

금융계정은 대외적인 금융 거래의 결과로 나타나는 자산 및 부채를 나타낸 것이다. 금융계정에서 해외로의 자금 유출은 나중에 회수할 것이므로 자산으로, 국내에 유입되는 자금은 부채로 기록된다. 그러므로 금융계정 항목의 수지가 +로 나타나면 대외자산이 대외부채보다 많은 것이고, -이면 유입된 자금(부채)이 유출된 자금(자산)보다 많은 것이 된다. 가령, 직접투자나 증권투자를 위해 해외로 나간 자금은 자산으로 기록되고 국내로 유입된 자금은 부채로 부기된다.

금융계정이란?

금융계정(financial accounts)은 IMF방식에 의한 국제수지 통계의 한 항목으로 대외거래에 따른 금융기관의 대외자산 및 부채의 증감을 표시하는 계정이다. 금융계정은 직접투자, 증권투자, 파생금융상품, 기타 투자, 준비자산으로 구성된다.

직접투자는 장기적 수익을 얻기 위하여 우리나라 기업이나 외국기업이 자국의 해외에 공장을 설립하는 등의 투자행위를 말한다. 직접투자에는 해외직접투자와 외국인직접투자가 있다. 해외직접투자는 국외기업에 경영참여를 목적으로 10% 이상의 주식 또는 동등한 지분을 취득하거나 1년 이상 기업에 대부하는 투자행위를 말한다. 10% 미만이라도 임원 파견 등 일정 요건하의 투자와 외국환거래법시행령에 규정된 투자(해외자원개발)도 해외직접투자에 해당한다. 해외간접투자(포트폴리오투자, 기타투자)는 투자자가 경영참가 의사없이 배당, 이자, 시세차익 등을 목적으로 하는 투자이다. 거주자(개인이나 법인)가 해외에 사업장을 가지지 아니하고 거주자가 자신의 명의로 주거 또는 투자용 해외부동산을 구입하는 것은 해외직접투자 통계에 포함되지 아니한다. 외국인직접투자는 비거주자의 국내투자이다.

증권투자는 투자 자본의 이윤 획득만을 목적으로 하는 대외투자로서 외국의 주식 및 채권을 거래하는 것이다. 파생금융상품은 파생금융상품의 거래에서 발생한 손익을 나타낸다. 준비자산은 중앙은행과 같은 통화당국이 보유한 외환보유액의 거래변동을 나타내는 것이다. 기타투자는 직접투자, 증권투자, 파생금융상품 및 준비자산을 제외한 모든 금융 거래를 나타낸 것으로 국가 간의 차관도입이나 차관제공, 상품을 외상으로 수입하거나 수출할 때 발생하는 무역신용, 현금 및 예금 등과 관련한 기타금융거래 등이 여기에 속한다. 금융계정의 증감은 경상수지와 자본수지를 합한 종합수지의 증감과 수치는 일치하나 부호는 반대로 나타나게 된다.

표 4-11 금융계정의 내역 (단위: 억달러)

	금융계정	직접투자	증권투자	파생금융상품	기타투자	준비자산
1980	−62.8	0.0	−1.3	−	−70.0	8.6
1985	−39.0	2.5	−17.4	−	−23.8	−0.4
1990	−35.3	0.9	−1.6	0.8	−23.5	−11.9
1995	−115.2	13.8	−117.1	1.2	−83.5	70.4
2000	95.3	−66.7	−121.8	1.8	44.2	237.7
2001	82.9	−37.8	−67.1	1.2	110.8	75.8
2002	55.6	−20.4	−3.5	−3.6	−34.9	118.0
2003	166.8	−19.9	−172.9	−6.2	107.3	258.5
2004	340.6	−61.0	−66.0	−20.2	100.7	387.1

	금융계정	직접투자	증권투자	파생금융상품	기타투자	준비자산
2005	184.7	-53.1	35.2	-17.9	22.5	198.1
2006	119.7	34.0	233.9	-4.8	-364.5	221.1
2007	171.3	130.0	270.8	-54.4	-326.4	151.3
2008	-64.9	83.5	24.2	143.7	248.1	-564.5
2009	271.8	83.8	-511.9	30.9	-17.7	ㅠ686.7
2010	215.2	187.2	-423.6	-8.3	190.2	269.7
2011	229.2	198.7	-131.4	10.3	12.0	139.5
2012	483.9	211.0	-67.5	-26.3	234.8	131.8
2013	782.6	155.5	93.4	-44.1	414.8	163.0
2014	863.5	187.2	306.1	-38.3	229.6	178.9
2015	1,027.8	195.8	495.3	17.9	198.3	120.5
2016	998.1	177.9	669.7	-34.4	108.8	76.2
2017	844.3	161.6	578.5	-82.5	143.1	43.6
2018	769.3	260.4	474.2	-15.0	-125.2	175.0
2019	609.5	249.7	401.2	59.7	-115.8	14.7

주: 순자산 기준.
자료: 한국은행경제통계시스템.

　　금융계정은 1997년까지 3저호황기와 1993년을 제외하고 자산보다 부채가 많았지만, 1998년 이후로는 대외금융자산이 부채보다 많아서 우리나라는 자금 순수출국으로 변모하였다. 자산증가, 즉 자금유출은 특히 2013년 이후에 매년 500억~1천억 달러 이상에 달하고 있다.

　　금융계정을 항목별로 보자. 우리나라의 해외직접투자(ODI: Outward Direct Investment, Overseas Direct Investment)에서 국내에 대한 외국인직접투자(FDI: Foreign Direct ment Investment)를 차감한 직접투자 항목은 2006년도 이후 매년도마다 크게 증가하고 있다. 즉, 외국인의 국내투자보다 내국인의 해외직접투자가 훨씬 많은 것이다. 직접투자계정은 다시 주식, 수익재투자, 채무상품으로 나누어지는데 내국인의 해외매입(자산)에서는 주식이 대부분을 차지한 반면, 외국인의 국내매입(부채)에서는 대체로 주식 비중이 낮다. 이것은 외국인들이 국내에서 벌어들인 자금을 재투자하거나 채무상품 매입에 상대적으로 많이 사용하기 때문이다.

증권투자는 2014년 이후 300억 달러에서 670억 달러 사이이다. 국내 증시에 대한 외국인자금의 유입을 차감하더라도 해외증권시장에 대한 국내자금의 유출이 매년 수백억 달러의 거액에 이르고 있다. 증권투자는 2014년 이후에 직접투자보다 액수가 훨씬 많다. 이것은 내국인이 외국 증권매입에 유출하는 자금의 규모가 해외에 기업을 설립이나 기업경영에 관여하기 위해 유출하는 자금보다 많음을 의미한다. 그만큼 우리나라의 투자자들도 해외의 금융시장에 눈을 돌리고 있는 것이다.

그러면 우리나라의 대외금융에 연관된 자금의 규모는 얼마나 될까? 국제투자대조표(IIP: International Investment Position)를 통해서 알 수 있다. 국제투자대조표는 국제수지의 금융계정과 포괄범위 및 분류체계가 동일하지만 국제수지의 금융계정은 일정 기간 동안 발생한 경제적 거래를 기록한 플로(flow) 통계인 반면, 국제투자대조표는 경제적 거래 결과를 일정 시점에서 나타낸 스톡(stock) 통계라는 점이 다르다. 즉, 국제투자대조표는 내국인이 외국에 투자한 금융자산과 외국인이 국내에 투자한 금융자산의 변동 내역을 정리한 통계로서 특정 시점의 누적된 잔액을 나타낸다. 또한 국제투자대조표는 거래일 이후 환율이나 주가 변동 등으로 인한 가치평가분이 포함되어 있어서 금융계정의 플로를 누적한 금액과 차이가 날 수 있다.

표 4-12 **국제투자대조표의 세부 금융계정**   (단위: 억달러)

	대외금융 자산	직접 투자	증권 투자	파생금융 상품	기타 투자	준비 자산	대외금융 부채	순대외 금융자산
1994	738.9	97.2	47.5	0.0	370.8	223.4	1,111.3	−372.4
1995	993.1	132.8	73.4	0.0	493.3	293.5	1,454.4	−461.3
1996	1,216.7	176.2	144.9	0.0	601.3	294.2	1,852.0	−635.3
1997	1,175.6	195.5	120.9	0.0	770.6	88.7	1,820.4	−644.7
1998	1,394.6	190.9	93.2	0.0	625.4	485.1	1,914.6	−520.0
1999	1,570.6	191.9	80.3	0.0	557.8	740.5	2,426.2	−855.7
2000	1,808.8	215.0	55.3	0.0	576.6	962.0	2,173.3	−364.5
2001	1,771.0	199.7	79.3	4.1	459.6	1,028.2	2,348.0	−577.1
2002	2,019.9	207.3	115.5	9.2	473.8	1,214.1	2,630.8	−610.8

	대외금융 자산	직접 투자	증권 투자	파생금융 상품	기타 투자	준비 자산	대외금융 부채	순대외 금융자산
2003	2,545.4	249.9	195.5	7.8	538.8	1,553.5	3,175.7	−630.2
2004	3,279.8	321.7	330.9	10.8	625.8	1,990.7	3,882.0	−602.2
2005	3,681.7	386.8	521.3	10.1	659.5	2,103.9	5,120.4	−1,438.7
2006	4,624.7	491.9	977.7	13.9	751.7	2,389.6	6,191.8	−1,567.1
2007	5,904.8	747.8	1,586.1	23.4	925.4	2,622.2	7,794.2	−1,889.3
2008	5,339.5	979.5	751.1	560.1	1,036.6	2,012.2	6,042.0	−702.5
2009	6,265.3	1,212.8	1,011.5	286.8	1,054.3	2,699.9	7,272.2	−1,006.9
2010	6,937.9	1,440.3	1,122.3	275.8	1,183.7	2,915.7	8,264.4	−1,326.5
2011	7,564.0	1,724.1	1,034.5	267.5	1,473.9	3,064.0	8,385.9	−821.9
2012	8,557.5	2,028.8	1,377.0	317.2	1,565.0	3,269.7	9,534.4	−976.9
2013	9,617.0	2,388.1	1,687.6	235.9	1,840.8	3,464.6	10,020.7	−403.7
2014	10,726.5	2,605.0	2,048.4	305.7	2,131.6	3,635.9	9,917.3	809.2
2015	11,439.9	2,859.3	2,354.6	294.6	2,251.7	3,679.6	9,395.3	2,044.6
2016	12,451.2	3,102.2	3,049.0	222.2	2,366.8	3,711.0	9,640.2	2,811.0
2017	14,616.2	3,605.7	4,246.5	262.6	2,608.8	3,892.7	11,999.2	2,617.0
2018	15,463.3	4,052.2	4,649.8	202.9	2,521.5	4,036.9	11,101.7	4,361.6
2019	16,997.3	4,401.5	5,720.1	294.8	2,492.8	4,088.2	11,987.8	5,009.5

자료: 한국은행경제통계시스템.

　　국제투자대조표에서 대외금융자산은 내국인과 국내기업이 해외에 투자한 대
외투자의 총액이고, 대외금융부채는 비거주자인 외국인이나 외국기업이 우리나
라에 투자한 총액이다. 국제투자대조표상 매년도 말 대외금융자산은 2019년 기
준 약 1조 7천억 달러에 달하는데, 이것은 우리나라 2019년 GDP(2015년 기준)
약 1조 6,500억 달러를 상회하는 거액이다. 대외금융자산은 2017년 이후 증권투
자가 가장 많고 직접투자와 준비자산은 규모가 비슷하다. 대외금융부채도 빠른
속도로 증가하여 2019년에는 약 1조 2천억 달러이다. 대외금융자산에서 대외금
융부채를 뺀 순대외금융자산은 2014년 이후에 809억 달러에서 2019년에는 무려
5천억 달러에 달하고 있다. 즉, 최근에는 대외유출액 잔고액이 대외유입액 잔고
보다 커서 우리나라는 국제금융시장에서 자금공급국으로서 역할을 수행하고

있는 것이다.

　대외금융자산의 지역별 분포는 기타를 제외하고 2019년 기준으로 미국이 전체의 32.0%로서 1위이고 유럽연합(19.2%), 동남아(13.1%), 중국(11.0%), 중남미(7.3%)의 순이다. 대외금융부채는 미국(26.5%), 유럽연합(25.5%), 동남아(18.2%), 일본(7.7%), 중국(5.6%)의 순이다.

제5절　대외채권·대외채무, 직접투자, 외환보유고

5.1 대외채권·대외채무

　국제투자표의 내역을 좀 더 자세히 들여다 보자. 이를 통해서 한때 우리 경제의 불안요인이었던 대외채무, 즉 외채와 외환보유고 문제와 함께 우리 기업의 해외이전과 해외 기업의 유치 문제의 이해에 접근할 수 있다.

그림 4-7 대외채권 및 대외채무의 추이　　　　　　　　　　(단위: 억달러)

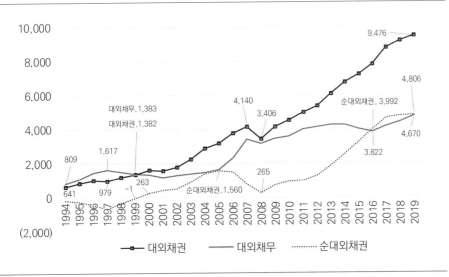

자료: 한국은행경제통계시스템.

<그림 4-7>은 대외채권 및 대외채무(외채), 그리고 대외채권에서 외채를 제외한 순대외채권의 추이를 보여주고 있다. 외환위기가 닥친 1997년 말에는 순대외채무가 최대로 늘어난 638억 달러로서 국제금융에서 매우 취약한 위치에 있었다. 그렇지만 1999년에는 대외채무가 1억 달러로 감소하고 바로 다음 해인 2000년에는 263억 달러의 순대외채권을 기록하면서 지속적으로 증가하였다.[7]

대외채권은 2007년 4,140억 달러에서 2008년 3,406억 달러로 감소했지만 이후 꾸준히 증가하여 2019년에는 9,476억 달러이다. 순대외채권은 1998년의 외환위기 이후 빠른 속도로 증가했다. 순대외채권은 특히 2008년의 265억 달러를 저점으로 크게 늘어나 2016년에는 대외채무를 상회하고 2019년에는 대외채권 약 9,500억 달러의 절반에 해당하는 4,800억 달러에 이르고 있다.

그림 4-8 **단기 대외채무 비율의 변화** (단위: %)

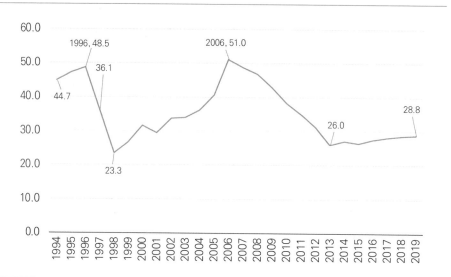

자료: 한국은행경제통계시스템.

---

7) 대외채권과 대외채무는 앞에서 본 국제대조표의 대외금융자산(대외투자) 및 대외금융부채 (외국인투자)의 세부 항목에서 직접투자 중 지분투자(직접투자＝지분투자＋채무상품), 증권 투자 중 주식, 파생금융상품 등을 제외한 확정 금융자산 및 부채의 잔액을 나타낸다. 여기에 도 거래일 이후 환율이나 금리변동 등으로 인한 가치평가분이 포함되어 있어서 거래 누계액 과 차이가 날 수 있다.

문제는 대외채무의 성격이다. 대외채권이 대외채무보다 많더라도 대외채무에서 단기채무가 너무 높으면 예기치 못한 충격으로 외채를 상환하지 못하거나 외화자산이 급감하여 위기가 초래될 수 있기 때문이다. 대외채무에서 차지하는 단기채무 비율의 변화도를 보면, 1996년까지 대외채무의 거의 절반을 단기자금이 차지하고 있다. 당시에 우리나라는 해외에서 단기자금을 차입하여 장기로 대부하는 등 국제금융의 운영 미숙으로 인하여 대외적 충격에 제대로 대응하지 못하고 위기에 빠지고 말았다.[8] 그 결과 외환위기 와중인 1998년 말에야 엄청난 대가를 치르면서 단기외채의 비중을 20%대로 떨어뜨릴 수 있었다. 그러나 다시 단기차입의 비중이 높아져 2006년에는 최대 51.0%까지 상승하였는데, 2008년 글로벌 금융위기를 겪고 2013년이 되어서야 현재까지 20% 후반대를 유지하고 있다.

5.2 직접투자

직접투자는 우리나라를 기준으로 국내거주자 및 기업이 투자하면 해외직접투자, 외국인 및 기업이 국내에 투자하면 외국인직접투자라고 한다. 국제투자대조표의 직접투자와 유사한 통계로는 산업통상자원부의 외국인직접투자 통계와 한국수출입은행의 해외직접투자통계가 있는데 국제투자대조표와 달리 일정 기간 내에 이루어진 투자를 보여준다.

<그림 4-9>의 직접투자는 산업통상자원부와 한국수출입은행이 작성한 매년도의 직접투자량이다.

---

8) 단기 대외채무는 증권발행, 차입금, 현금 및 예금, 무역신용, 기타부채, 장기는 증권발행, 차입금, 현금 및 예금, 무역신용, 기타부채, SDRs(특별인출권), 채무상품직접투자로 구성된다. 대외채권에서 단기는 증권투자, 대출금, 현금및예금, 무역신용, 기타자산, 준비자산, 장기는 증권투자, 대출금, 현금 및 예금, 무역신용, 기타자산, 채무상품직접투자를 포함한다.

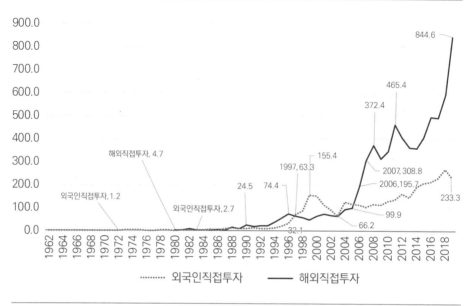

주: 1) 신고기준임.
    2) 해외직접투자의 1980년은 1968~1980년의 합계액임.
    3) 외국인직접투자는 산업통상자원부, 해외직접투자는 한국수출입은행이 작성.
자료: 한국은행경제통계시스템.

외국인직접투자는 1962년에 360만 달러에 지나지 않았지만, 1972년에는 1억 2천만 달러, 외환위기가 닥친 1997년 63억 3천만 달러, 1999년 155억 4천만 달러로 급증하였다. 이후 2003년에 64억 7천만 달러까지 급감하였지만 다시 증가하기 시작하여 2015년 이후에는 매년 2백억 달러 이상이 유입되고 있으며 2019년 투자액은 233억 3천만 달러이다.

해외직접투자는 1980년 4억 7천만 달러였는데, 특히 3저호황기인 1988년을 기점으로 급증하였다. 1987년의 3억 7천만 달러에서 다음 해인 1988년에는 17억 달러로 급증하였으며 1990년 이후에는 20억 달러를 크게 상회하기 시작하였다. 이 시기의 증가는 1987년 6·29선언으로 노조설립이 자유화되고 그동안 억눌려왔던 임금이 폭발적으로 올랐기 때문에 임금이 저렴한 중국을 비롯한 동남아시아 지역으로 적지 않은 기업이 이전한 것과 관계가 깊다. 즉, 이때는 우리 기업들이 최초로 해외로 이전하는 붐이 일었던 시기였으며 해외직접투자가 일상화하는 기점이기도 했다. 기업의 해외이전은 1994~1996년에 다시 한번 붐을 이루었다. 그리고 2000년대 이후에는 그 이전과 비교되지 않을 정도로 해외직접투자가 폭발적으로 증가하였다. 즉, 해외직접투자는 2005년 약 100억 달러에서 2008년 372억 달러로 증가하였고, 이후 두 차례 감소했으나 그 후에도 2019년 약 845억 달러까지 매우 빠른 속도로 증가하였다.

외국인직접투자와 해외직접투자를 비교하면, 직접투자의 규모가 커진 1990년대 이후에는 내국인의 해외직접투자가 외국인투자의 유치 실적보다 훨씬 많고 액수상의 차이도 커지는 추세에 있다. 즉, 1979년까지는 외국인투자가 많았지만 1980~1989년에는 양자가 번갈아 가며 많았다. 그리고 1990~1996년에는 해외직접투자가, 1997~2005년에는 2003년을 제외하고 외국인투자가 많았지만, 2006년 이후 2019년까지는 해외직접투자의 우위가 강화되고 있는 것으로 나타나고 있다.

이렇게 매년도 늘어난 해외직접투자의 지역별 비중은 얼마나 될까? <그림 4-10>은 매년도 해외직접투자액을 합산하여 구한 매년도 말 누적 잔액의 지역별 비중을 구한 것이다. 그림에서 보면, 북미지역의 해외직접투자는 1987년까지 투자된 총액의 40% 정도로서 1위였지만 1988년에 아시아에 수위 자리를 내어주었다. 북미는 2008년 19.5%까지 하락했지만 매년 투자액이 증가하면서 누적비율도 25.5%로 높아졌다. 가장 극적인 변화를 보이는 대륙은 아시아지역이다. 이 지역의 비중은 2위였지만 1985년 10.9%에서 급증하여 1988년에 누적 투자액이 가장 큰 지역이 되었다. 아시아의 비율은 2007년에 절반을 넘는 51.7%까지 올라갔다가 최근에는 40% 이하로 하락하였다. 아시아 비중의 하락은 북미, 중남미, 유럽에 대한 투자가 아시아지역보다 높은 비율로 증가하였기 때문이다. 그러나 아시아지역은 우리나라 수출뿐만 아니라 투자지역으로서 기업진출이 활발한 중요한 지역이다. 한편, 북미와 중남미는 1988년에 도합 6%에 지나지 않았으나 2019년에는 전체 투자누적액의 약 30%를 점하고 있다. 이상의 변화는 우리나라 해외직접투자 지역이 다변화되고 있음을 의미한다.

그림 4-10 **지역별 해외직접투자(1980~2019)**   (단위: %)

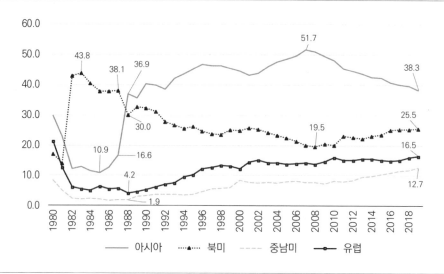

주: 1) 신고액.
    2) 매년도 말까지의 누적 잔액의 비중.
    3) 아프리카주, 오세아니아주 제외.
자료: 한국은행경제통계시스템.

그림 4-11 **지역별 외국인직접투자**

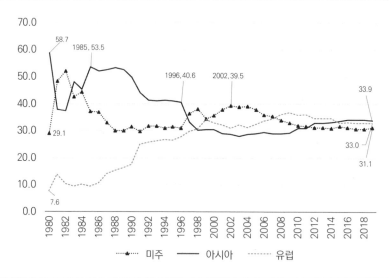

주: 1) 신고액.
    2) 매년도 말까지의 누적 잔액의 비중.
    3) 국제협력기구, 중동, 아프리카, 기타 제외.
자료: 한국은행경제통계시스템.

<그림 4−11>은 1962~1979년의 투자 누적액을 포함시켜 1980년부터 지역별 누적비율을 그린 것이다. 미주(북미), 아시아, 유럽의 비중은 1980~1990년대 중반까지 차이가 크지만 점차 수렴하여 최근에는 각각 3분의 1 정도를 차지하고 있는 것으로 나타난다. 아시아는 1980년대 후반에 전체 외국인투자의 절반 이상을 차지했으며 대체로 1996년까지 가장 높은 비율을 점했다. 그 이후 급감하여 2~3위였다가 최근 외국인의 투자에 힘입어 다시 1위를 차지했다. 미주는 1997~2007년에 가장 높은 비중을 차지했으나 최근에는 유럽보다 낮은 3위이다. 유럽은 가장 큰 변화를 보인다. 1980년에 7.6%에 지나지 않았지만 지속적으로 증가하여 2008~2014년에는 비중이 가장 높았고 최근에도 아시아와 비슷한 수준을 유지하고 있다.

그림 4-12 **산업별 외국인직접투자** (단위: 억달러, %)

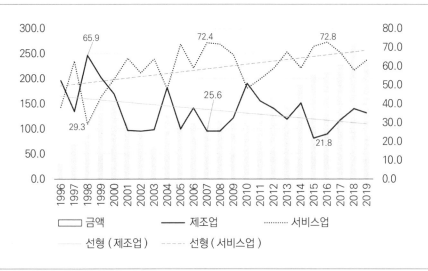

주: 1) 비중이 낮은 농·축·수산·광업, 전기·가스·수도·건설은 표시하지 않음.
    2) 직선은 서비스업과 제조업의 추세선.
자료: e-나라지표(산업통상자원부).

외국인투자의 유치 실적을 산업별로 보면, 주로 제조업과 서비스업을 합친 비중이 대체로 95% 이상일 정도로 압도적 비중을 점한다(<그림 4−12>). 전체적으로 서비스업의 그래프가 제조업 그래프보다 위에 있기 때문에 서비스업에 대한 투자 비율이 전기간에 걸쳐서 높다. 다만, 그림의 시작점인 1990년대 중반에 서비스업이 제조업보다 높은데 그 차이는 최근보다 상대적으로 적다.

　최근에 올수록 서비스업의 투자 비율은 올라가고 제조업의 투자 비율은 점차 감소하고 있다. 즉, 제조업과 서비스업의 그래프는 등락을 반복하고 있지만 서비스업의 꼭지점과 저점은 약간씩 올라가고 제조업은 점차 떨어지고 있다. 두 부문의 추세선의 격차가 점차 벌어지는 데서 알 수 있듯이, 해외자본들은 시간이 갈수록 국내의 서비스에 투자를 집중하고 있는 것이다. 이것은 ICT 및 지식정보산업 발달로 이 부분의 진출이 용이하게 된 것과도 관계가 있지만, 우리 서비스업이 상대적으로 영세하고 취약하여 외국자본이 이 갭을 메우는 것으로 해석할 수 있을 것이다.

　우리는 고도성장 초기에 부족한 자본을 해외에서 가져다 생산부문에 집중적으로 투입하였다. 해외자본의 유입에는 기본적으로 두 가지가 있다. 하나는 차관형식으로 자금을 차입하는 것이고, 다른 하나는 외국인 혹은 외국기업의 국내 진출을 허용하는 것이다. 우리나라는 성장과정에서 중남미와는 달리 해외기업의 직접투자보다는 차관도입을 선호하였다. 그러나 대외개방이 본격화하면서 외국자본의 국내투자가 확대되고 국내 기업도 해외에 공장을 설치하거나 기업인수, 혹은 주식의 매집을 통한 경영 참여가 늘어나고 있다.

　예전에는 외국인직접투자는 비난의 대상이 되기가 일쑤였다. 외국기업이 공장을 지으면, 우리나라의 저임금노동력을 착취하여 투자한 원금을 훨씬 뛰어넘는 이익을 해외로 송금(이른바 과실송금)하여 국부를 유출시키는 제국주의의 첨병이라는 비난을 받는 경우가 적지 않았다. 그러나 현재는 이러한 비난은 완전히 사라졌으며, 세계 각국은 해외자본 및 기업을 유치하고자 애쓰고 있는 것이 현실이다. 우리나라에서도 외국인자본을 유치하기 위해서 중앙정부는 물론 지방정부들도 많은 노력을 기울이고 있다. 그동안 경제발전으로 자신감이 생긴 데다 실용적으로는 국내에 진출한 외국기업으로부터 기술 및 경영상의 노하우를 전수받을 수 있다는 기대감과 특히 요즈음 문제가 되고 있는 일자리 창출에 도움이 되기 때문이다.

5.3 외환보유고

외환보유고는 대외지급 능력, 국제수지조절, 외환시장 운용, 환율, 대외채권 및 채무, 국가신용등급 등에 영향을 미친다. 외환보유고는 국제금융시장에서 한 나라가 비상시에 대처할 수 있는 최후의 보루라고도 할 수 있다. 외환보유고에 일차적으로 영향을 주는 요소는 상품수지(무역수지) 및 서비스수지 등을 포함한 경상수지이다. 상품수지를 포함한 경상수지의 흑자는 당연히 외환보유고의 증가를 가져온다.

외환보유고는 경상수지 외에도 자본금융계정의 수지에 의해서도 영향을 받는다. 우리나라의 외환보유고도 대외개방도가 높아지면서 대외금융시장과의 관계에 의해 적지 않은 영향을 받고 있다. 금융계정(혹은 국제투자대조표)의 흑자는 대외금융 자산이 대외금융 부채보다 많은 것이므로 외화자금이 국내에서 빠져 나가게 되고, 적자는 반대로 국내에 외국 자금이 들어와 쌓이게 된다. 우리나라는 외환위기 때 금융계정이 적자였는데, 그 규모는 경상수지와 맞먹는 규모였다. 금융계정의 적자는 국내로 외환이 보다 많이 들어오는 것이므로 외환보유고를 증가시키는 요인이다. 예를 들어, 직접투자 중 외국인직접투자의 증가는 외환보유고를 증가시킨다. 한편, 외환보유고가 감소하게 되면 자국화폐 가치가 떨어져(즉, 평가절하) 외화자산을 선호하게 되므로 헷지 펀드 등의 국제 투기성 자본들도 외환 매입을 통한 자금 유출을 더욱 촉진하게 되어 심할 경우 경제 전반의 위기를 촉발하기도 한다.

금융계정과 국제투자대조표에 있는 준비자산이란 통화당국이 보유한 외환보유고를 의미하는데, 금융계정의 것은 매년 거래의 변동을 나타내고 국제투자대조표는 당해연도의 외환보유액을 나타낸다. 외환보유고는 금과 SDRs(특별인출권), IMF포지션, 외환으로 구성되는데 1960년 이후 2019년까지 98%를 차지할 정도로 외환이 압도적이다.[9]

---

9) IMF Reserve Position이라고도 한다. IMF가맹국이 IMF에 의무적으로 납입한 출자금의 일정 부분으로 출자한 국가가 필요하면 언제든 인출할 수 있는 수시인출권이다. SDR과 IMF포지션은 모두 IMF에 출자금을 낸 가맹국이 수시로 통화를 인출할 수 있는 권리를 말한다. 그러나 SDR은 IMF가 달러의 유동성 부족에 대비하기 위해 만든 국제준비통화로 실제 거래에서 결제통화로 사용되지는 않는 반면, IMF포지션은 실제 거래에 사용되는 통화로 인출할 수 있는 권리이다.

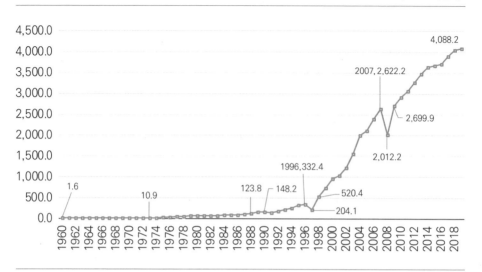

자료: 한국은행경제통계시스템.

    <그림 4-13>의 외환보유고는 국제투자대조표의 준비자산 계정과 수치가 비슷한데, 1999년 이후에는 국제투자대조표와 일치한다. 1960년에 1억 6천만 달러였던 외환보유고는 1973년 10억 9천만 달러, 1988년에는 123억 8천만 달러로서 최초로 100억 달러를 넘어섰으며, 1993년에는 202억 6천만 달러로 증가하였다. 그리고 1996년 말에는 332억 4천만 달러였으나 외환위기가 닥친 1997년말에는 204억 1천만 달러로 전년 대비 외환보유고가 3분의 1 넘게 격감하였다. 이 외환의 국외 유출 사태로 인하여 우리나라는 IMF로부터의 외화자금을 차입하기 위하여 IMF와 미국으로부터 구조조정의 압력을 받는 등 혹독한 시련을 겪어야 했다.

    그렇지만 우리나라는 아시아에서 생산기반이 나름대로 갖추어진 나라인데다 외환위기로 인해 환율이 상승하면서 수출이 급증하여 1998년에 400억 달러의 경상수지 흑자가 나기 시작하면서 흑자구조가 안착하였다. 2008년에 미국발 글로벌 금융위기가 닥쳤으나 거액의 외환을 보유하고 있었기 때문에 외환위기 때보다는 쉽게 충격을 극복할 수 있었다. 외환보유고는 2019년 4천억 달러 이상으로서 미국을 제외하고 제9위의 외환보유국이다.[10]

---

10) 이 중에 중국, 일본, 사우디, 대만, 인도 홍콩, 한국의 7개 국가가 아시아 국가이다(국가통계포털).

그림 4-14 외환보유고 대비 단기외채의 비율　　　　　　　　　　　　　　　　(단위: %)

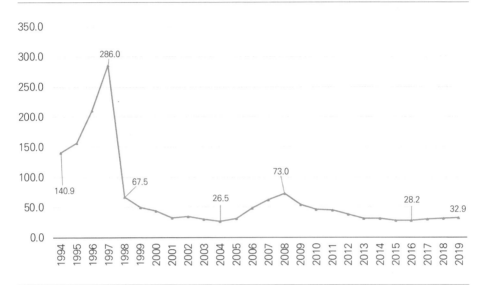

자료: 한국은행경제통계시스템.

　　우리나라는 4천억 달러에 이르는 외환을 보유하고 있지만 원화는 국제결제
통화가 아니므로 외환을 안정적으로 보유할 수 있도록 잘 관리해야 한다. 외환
은 국가경제가 외부충격을 받아서 심각한 위기에 빠졌을 때 대외지불 수단으로
사용할 수 있는 매우 유효한 위기 극복수단이다.

　　현재 대외채무보다 대외채권이 많지만 급작스런 경제변동에 대비하기 위해
서는 대외채무 중 단기자금의 비중이 일정한 선을 넘지 않도록 관리에 신중을
기할 필요가 있다. <그림 4-11>에서 과거 위기 때마다 외환보유고 대비 단기
외채의 비율이 매우 높았음을 알 수 있다. 1994년에는 141%였고 1996년에는
200% 이상, 그리고 외환위기가 닥친 2007년 말에는 거의 3배에 가까운 286%였
다. 2008년에는 67.5%로 어느 정도 수습이 되고 2004년에는 최저인 26.5%로 떨
어졌지만 2008년 글로벌 금융위기에는 다시 73%로 상승했다. 최근에는 30% 전
후인 것으로 나타나 비상시에 대비한 외환보유의 대외지급 능력이 질적으로 크
게 개선된 상태다.

　　외환위기 때 우리나라 금융기관들은 특히 일본으로부터 1년 미만의 단기자
금을 차입하여 장기로 대부하였는데, 외환시장이 동요하면서 외화자금이 빠져나

가고 만기가 도래하자 도저히 대응할 수 없게 되었다. 환율은 1997년 8월 말에 902원(매매기준율)(8.8.2.3)이던 것이 12월 17일에는 1,495원(시가기준), 12월 24일에는 최고 1900원으로 뛰어올랐으며, 1998년 5월 20일에조차 1,450원이었다. 그 결과 우리 경제는 IMF로부터 엄청나게 높은 이자율을 지급하면서 차입을 하지 않을 수 없었고 구조조정안을 받아들이지 않을 수 없었다. 이후 환율은 안정화되었는데 최근에는 달러당 1,150원대 이상의 수준을 유지하고 있다. 이것은 외환위기 직전의 900원대보다 상당히 올라간 수준이다. 최근에는 매년 무역수지가 흑자를 기록하면서 달러가 계속 유입되고 있고 펀드멘털도 튼튼하게 유지되고 있다. 2019년 5월 말 기준으로 일본계 자금 차입의 총규모는 24조 7천억 원으로서 총대출액 대비 1%에 불과하여 일본 자금이 한꺼번에 회수되더라도 충격을 받지 않을 정도로 자금시장이 안정화되었다. 그렇지만 급작스런 외부의 충격에 대비하여 외환보유의 안정성을 유지하기 위해서는 단기외채 비중이 지나치게 높아지지 않도록 관리하는 것이 매우 긴요하다고 하겠다.

적극 전환이
필요한 국가재정

제1절 재정의 기능과 체계
제2절 세입·세출 및 재정수지
제3절 재정 동향
제4절 국가채무

국가재정(public finance)은 나라살림을 일컫는다. 재정은 자유방임의 야경국가시절에는 치안유지나 국방을 비롯한 시민생활에 필요한 필수부문을 제외하고는 적극적인 역할을 하지 않았다. 19세기 말부터 20세기 초에 독점자본이 성립했을 때도 경제학에서는 균형재정을 가장 이상적인 상태로 여겼기 때문에 국가의 적극적 경제 개입은 정책 고려의 대상이 되지 않았다. 제국주의 국가들끼리 치른 제1차 세계대전에서 각국의 재정은 확대되었지만 그건 오늘날과 같이 체계적인 것이 아니었고 종전이 되자 원래의 정책기조로 환원하였다. 이러한 수동적 정책을 결정적으로 바꾸어 놓은 계기는 1930년대 미국과 전 세계를 파국으로 몰아넣었던 세계대공황이다. 대공황이 한창이던 1936년에 발간된 J.M.Keynes의 『화폐, 이자 및 고용에 관한 일반이론; General Theory on Money, Interest, and Employment)』은 기존의 균형재정론을 비판하고 적극재정 이론을 펼쳤다는 점에서 획기적이었다. 제2차 세계대전 이후 Keynes경제학은 주류로 자리매김하여 장기간의 호황을 창출하는 이론적 기반이 되었다. 일본을 포함하여 서유럽과 북유럽 국가들은 케인즈이론에 근거하여 확장정책을 펼치고 복지를 확대하면서 장기간에 걸쳐 높은 성장률을 달성하였다. 그러나 1970년대 이후에는 미국의 무역수지 악화, 달러화의 태환중지, 변동환율제의 도입, 오일쇼크, 그리고 스태그플레이션(stagflation)에 대응하는 과정에서 미국 중심의 세계경제제가 동요하자 미국의 Reagan 대통령은 시장기능의 회복을 강조하는 보수주의적 정책을 추진했다. 하지만 보수주의적 경제학이 Keynsian의 자리를 잠식해도 재정정책의 근간을 완전히 흔들지는 못했다. 현재 OECD를 포함한 각국은 불황극복책으로 확장정책을 시도하고 있다.

우리나라에서도 기업을 육성하고 일자리를 창출하면서 선진복지국가로 나아가기 위해서는 적극재정을 펼쳐야 한다는 주장이 제기되고 있다. 다른 한편에서는 확장재정이 국가의 빚만 늘려서 후세대에게 부담을 떠넘긴다는 견해도 여전히 목소리를 높이고 있다. 여기서는 국가재정의 구조와 변화를 파악하고 향후 재정운용의 방향에 대한 시사를 얻어보기로 한다.

제1절 재정의 기능과 체계

재정이란 정부가 가계와 기업으로부터 세금이나 기금 등을 거두어들이는 수입과 이 수입을 지출하여 공공재 및 공공서비스를 제공하는 모든 경제행위를 말한다. 정부는 매년 들어오는 수입을 바탕으로 국방, 외교, 치안 등 국가의 유지, 과학기술 발전 등 경제성장을 위한 기반 조성, 교육 및 사회복지 수요의 충족 등 공공부문에 지출한다. 이러한 정부의 경제활동에는 다음의 세 가지 기능이 있다.

그림 5-1 재정의 3대 기능

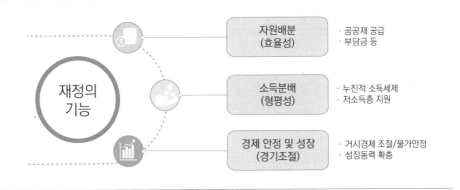

자료: 국회예산정책처, 『2020 대한민국 재정』, p.3.

재정의 기능은 자원배분, 소득분배, 경제안정 및 성장의 세 가지로 나누어진다. 첫째, 자원배분 기능은 공공재의 공급, 부담금 부과 등을 통해서 자원이 효율적으로 배분되도록 하는 것이다. 둘째, 소득분배 기능은 사회경제적 형평성을 제고하기 위해서 누진적 소득세제 및 저소득층을 지원하는 것을 의미한다. 셋째, 경제안정 및 성장 기능은 공공투자의 확대, 성장동력의 확충, 고용증대, 조세정책 등을 통해 성장률을 제고하거나 정부지출 규모를 조정하는 등 경기를 조절하는 기능을 말한다.

그림 5-2 공공부문의 구성과 재정의 위치

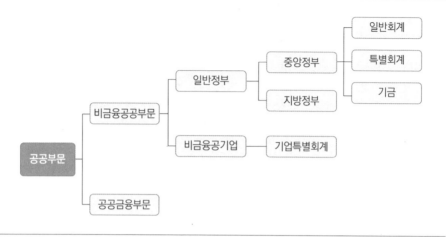

자료: 한국조세재정연구원 홈페이지; 주성환 외, 『한국경제의 이해』, 무역경영사, 2015, p.161.

우리나라의 공공부문은 크게 비금융공공부문과 공공금융부문으로 나누어진다. 공공금융부문의 경제활동은 중앙은행을 비롯한 여러 금융기관의 활동 영역에 나타난 금융현상이므로 재정통계에서 제외된다. 비금융공공부문은 일반정부와 비금융공기업으로 구성된다. 일반정부는 중앙정부와 지방정부(지방자치단체)로 나누어진다. 일반정부의 재정에서 중앙정부의 재정은 광역자치단체의 재정보다 훨씬 많고 국가경제 전체에 미치는 영향력도 크다. 재정이라고 할 경우에 특별한 단서를 달지 않으면 중앙정부의 재정을 가리키는 경우가 많다.

그림 5-3 재정의 개요

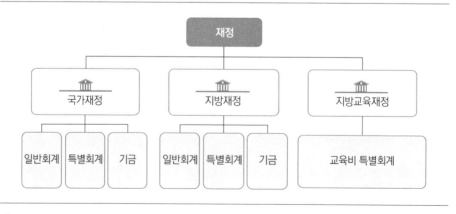

자료: 기획재정부 홈페이지.

우리나라의 재정은 운용 주체에 따라 중앙정부의 국가재정과 지방자치단체의 지방재정, 그리고 교육자치단체의 지방교육재정으로 구분된다. 국가재정과 지방재정은 운용 방식에 따라 예산과 기금으로 구분되며, 예산은 일반회계와 특별회계로 나누어진다. 일반회계는 국가의 일반적인 지출에 충당하기 위해 설치된 회계이며, 특별회계는 국가가 특정한 사업을 시행하기 위하여 설치·운영하는 회계이다. 기금은 국가가 특정한 목적을 위하여 특정한 자금을 신축적으로 운용할 필요가 있을 때 개별 법률로서 설치·운용하는 것으로 조세수입이 아닌 출연금·부담금 등을 주요 재원으로 한다. 한편, 지방교육재정은 지방자치단체의 일반회계와는 별도로 『지방교육자치에 관한 법률』에 의해 설치·운용되는 교육비특별회계로 운용된다.[1]

정부가 국가를 경영하기 위해서는 수입이 필요하다. 정부의 수입은 조세(국세와 지방세), 세외수입, 기금수입 등을 주요 재원으로 한다. 중앙정부재정(국가재정)은 국세수입(소득세, 법인세, 부가가치세 등)과 경상이전수입(벌금·가산금), 재산수입(출자배당수입 등), 세외수입(공기업매각수입 등), 기금수입(사회보장기여금 등)으로 구성되어 있다. 지방정부수입(교육재정 제외)은 자체수입(지방세와 세외수입), 의존수입(지방교부세, 국고보조금 등), 지방채발행수입 등으로 구성된다. 지방교육재정은 국가재정으로부터 지원받는 지방교육재정교부금과 국고보조금, 지방자치단체에서 받는 법정전입금과 비법정전입금으로 이루어진다.

---

1) 지방교육재정은 우리나라 지방자치제도에 따라 지방재정과 독립적으로 운용되고 있으며, 지방자치단체가 설치하고 운영하는 공·사립유치원, 초·중·고등학교, 특수학교가 대상으로 시·도교육청의 교육감이 관장하고 있다(기획재정부 홈페이지).

그림 5-4 중앙정부재정의 지방재정 지원 내역

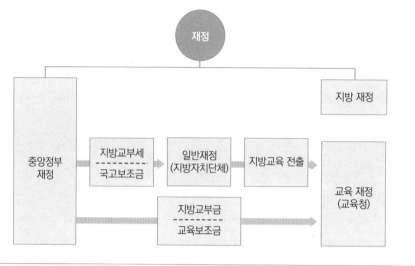

자료: 기획재정부 홈페이지.

제2절 세입·세출 및 재정수지

국가가 재정활동을 하기 위해서는 재원으로부터 조달한 수입을 지출하기 전에 예산(budget)을 작성해야 한다. 예산이란 국가 또는 지방자치단체의 한 회계연도의 수입과 지출에 관한 예정계획서이다. 우리나라에서 중앙정부의 예산(일반회계와 특별회계)은 국회의 심의·의결 및 결산심사의 대상이며, 기금도 국가예산의 성격을 띠기 때문에 국회의 심의·의결대상이다. 우리나라의 회계연도는 1월 1일부터 12월 31일까지이다.

예산은 성립형식에 따라 본예산(main budget)과 수정예산(revised budget) 및 추가경정예산(supplementary budget), 준예산(provisional budget, guasi−budget)이 있다. 본예산은 당초에 국회의 의결을 얻어 확정·성립된 예산이다. 수정예산은 정부가 예산안을 국회에 제출한 후 심의되고 있는 중에 특별한 사유가 발생하여 정부가 수정하여 제출하는 것이다. 추가경정예산은 예산이 의회의 의결을 거쳐 성립된 후 본예산을 집행하는 중에 새로운 사유가 생겨 본예산의 사항이나 금액을 변경하는 예산이다. 추가경정예산이 의회의 의결을 거쳐 성립하면 본예산과 통산하여 집행하는 것이 일반적이다. 준예산은 예산이 법정 기한 내에 국회의 의결을 받지 못할 경우에 대비한 제도이다. 준예산은 우리나라에서는 편성되거나 집행된 적이 없다.

정부재정은 한 회계연도를 기준으로 운용되기 때문에 한 회계연도의 모든 수입을 세입(歲入: annual revenue)이라 하고 지출을 세출(歲出: annual expenditure)이라고 한다. 정부 수입인 세입과 세출이 일치하면 균형재정이고, 세입이 세출보다 많으면 흑자재정, 세출보다 세입이 많으면 적자재정이다. 균형재정은 유럽의 산업자본주의시대부터 20세기 초까지 각국이 지키려고 한 재정원칙이었다. 흑자재정은 세입보다 재정지출을 적게 편성하는 정책으로 물가나 이자율이 지나치게 높을 때 경기과열을 억제하여 안정화하는 데 목적이 있기 때문에 그리 흔한 것은 아니다. 적자재정은 세출이 세입보다 많은 것으로 현재 많은 나라에서 채택하고 있다.

적자재정의 여부나 흑자 및 적자 규모는 재정수지를 통해서 파악이 가능하다. 재정수지에는 통합재정수지와 관리재정수지가 있다. 통합재정은 흔히 말하는 중앙정부의 예산으로서 일반회계, 특별회계, 기금으로 구성되며, 정부의 지출에서 채무상환 등을 차감한 순수한 재정활동을 나타낸다.

관리재정은 일반회계와 특별회계의 합을 말하는데 예산순계라고도 한다. 관리재정의 세입과 세출의 차액이 관리재정수지이다. 관리재정수지는 정부의 순재정상황을 보여주는 지표로서 통합재정수지에서 사회보장성기금(국민연금기금, 사학연금기금, 산재보험기금, 고용보험기금 등)을 제외한 것이다. 구체적으로는 통합재정수입에서 통합재정지출 및 순융자를 차감하여 계산한다. 관리재정수지는 미래에 지출할 사회보장성기금을 계산에서 제외하기 때문에 통합재정수지보다 정부의 재정건전성을 정확하게 보여준다고 할 수 있다.

회계연도가 종료되면 예산과 실적을 확정적 계수로 표시하는 결산보고서를 작성하게 된다. 즉, 결산(closing accounts, final accounts)은 한 회계연도 내에서 세입예산의 모든 수입과 세출예산의 모든 지출을 확정적인 계수로 표시하는 활동을 말한다. 결산 과정은 해당 행정기관의 출납 정리 및 보고, 중앙예산기관의 결산서 작성 및 보고, 감사원의 결산 확인, 국무회의 심의와 대통령의 승인, 국회의 결산심의순으로 이루어진다.[2]

---

2) 두산백과, 행정학사전.

제3절 재정 동향

3.1 관리재정과 통합재정

중앙정부의 재정(국가재정)의 동향을 살펴보자. 전체적인 재정체계를 구체적으로 살펴보면 <그림 5-5>와 같다.

그림 5-5 중앙정부 재정체계

일반회계	기업특별회계(5개)	기타특별회계(15개)	기금(67개)
• 세 입 • 내국세 • 관세 • 목적세 • 부족시 국채발행 • 세 출 • 보건/복지/고용 • 교육 • 문화/체육/관광 • 환경 • R&D • 산업/중소기업/에너지 • SOC • 농림/수산/식품 • 국방 • 외교/통일 • 공공질서/안전 • 일반/지방행정	• 우편사업 • 우체국예금 • 양곡관리 • 조달 • 책임운영기관	• 교도작업 • 지역발전 • 농어촌구조개선 • 등기 • 행정중심복합도시건설 • 아시아문화중심도시 조성 • 에너지 및 지원사업 • 우체국보험 • 주한미군기지이전 • 환경개선 • 국방·군사시설이전 • 혁신도시건설 • 교통시설 • 유아교육지원 • 소재·부품·장비경쟁력 강화특별회계	• 사업성기금 48개 • 사회보험성기금 6개 • 금융성기금 8개 • 계정성기금 5개

자료: 국회예산정책처, 『2020 대한민국 재정』, p.5.

중앙정부의 재정은 일반회계와 특별회계, 기금으로 구성되어 있다. 이 중 특별회계(20개)는 기업특별회계(5개)와 기타특별회계(15개)로 되어 있다. 기업특별회계는 국가의 공기업 활동에 속하는 것이고, 기타특별회계는 특정한 수입이 특정한 곳에 사용되는 회계이다. 기금(67개)은 특정한 목적을 위해서 특정한 자금을 지속적이고 안정적으로 운용하거나 신축적으로 자금을 집행할 필요가 있을 때에 법률로써 설치하는 특정한 자금이며, 세입세출예산에 의하지 아니하고 운용될 수 있다.

그림 5-6 일반회계 및 특별회계의 규모(세출의 결산기준)(1965~2018)　(단위: 조원)

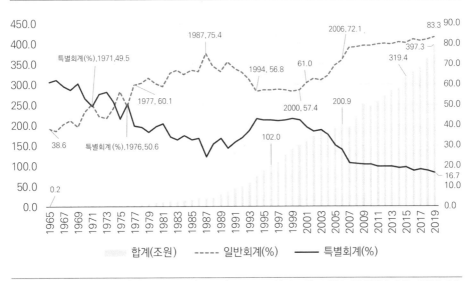

주: 특별회계수는 1965년(17), 1966~76(22~29), 1977~90(16~18), 1991~2006(19~24), 2007~20
(18~20)
자료: 국회예산정책처, 재정경제통계시스템.

　중앙정부 재정의 구체적 규모를 결산을 기준으로 살펴보자. 결산 기준은 매년도 정부의 경제활동의 결과를 명확하게 보여준다. <그림 5-6>은 기금을 제외한 재정규모를 보여주고 있다. 재정규모는 1965년에 2천억 원에서 1976년에 100조 원을 넘었고 이후에도 꾸준히 증가하여 2019년에는 약 400조 원에 달하고 있다. 일반회계와 특별회계를 비교하면, 통계가 공표된 1948년 이후 1970년대 후반까지 특별회계가 일반회계의 규모보다 훨씬 많았다. 정부가 특정한 정책 목표에 자금을 집중적으로 배분했던 것이 그 배경이라고 하겠다.

　재정규모에서 일반회계가 특별회계보다 커진 것은 1977년도(60.1%)인데, 1987년에는 75.4%로 크게 증가했다. 그러나 외환위기를 전후하여 일반회계 비중은 50%대로 작아졌는데, 2001년에 다시 61%로 회복된 후 크게 증가하여 2011년부터는 80%를 상회하고 있다. 특별회계는 고도성장기에 지속적으로 하락하여 1987년에 20%대까지 떨어졌다가 1990년대 중반경부터 2000년까지 40% 이상을 차지했지만 최근에는 20% 이하로 다시 하락하였다.

표 5-1 일반회계 및 특별회계의 규모(2010~2019)　　　　　　　　　　(단위: 조원)

	일반회계		특별회계	
	세출예산	세출결산	세출예산	세출결산
2010	201.3	197.1	54.1	51.5
2011	209.9	207.4	54.2	51.5
2012	223.1	220.7	59.5	54.1
2013	240.7	229.5	63.2	56.9
2014	247.2	236.4	62.5	55.2
2015	262.5	257.9	65.5	61.5
2016	279.4	274.0	62.5	58.2
2017	284.9	280.5	65.0	62.4
2018	334.7	299.9	69.4	64.6
2019	364.3	330.9	70.6	66.4

주: 예산은 추경 포함 기준임.
자료: 국회예산정책처, 재정경제통계시스템.

<표 5-1>은 일반회계와 특별회계의 예산과 결산을 비교한 것이다. 2010년 이후 일반회계는 150조 원 정도가 크게 증가한 반면, 특별회계는 상대적으로 정체하고 있다. 일반회계와 특별회계 모두 결산액이 예산액보다 적게 나타난다. 즉, 계획한 세출만큼 자금을 집행하지 못하고 있다.

정부는 일반회계 및 특별회계 외에도 기금을 포함하여 재정을 운용한다. 이 세 요소를 합한 것을 통합재정이라고 하는데, 여기에 내부거래와 보전거래를 차감하면 정부의 순수한 재정활동의 규모를 나타내는 총수입 및 총지출이 된다. 통합재정수지 산출에 내부거래와 보전거래 항목을 넣는 이유는 이 요소들은 정부내 거래로 중복되는 항목이거나 실질적인 정부수입으로 보기 힘들기 때문이다. 정부는 2005년부터 국민의 입장에서 느끼는 정부의 지출규모를 이해하기 쉽도록 총지출의 개념을 도입하고 있다. 총수입과 총지출은 다음과 같이 계산한다.[3]

---

3) 총지출에서는 기금 중 8개 금융성기금과 외국환평형기금을 제외한다(국회예산정책처, 『2020 대한민국재정』, pp.43-44.).

- 총수입=수입총계(일반회계+특별회계+기금)-내부거래수입-보전수입
- 총지출=지출총계(일반회계+특별회계+기금)-내부거래지출-보전지출

표 5-2 통합재정의 동향
(단위: 조원)

	2000	2005	2010	2015	2016	2017	2018	2019
총수입	135.8	191.4	270.9	339.2	371.3	403.8	438.3	443.9
경상수입	134.4	190.2	268.5	335.9	367.9	400.7	435.6	441.1
(국세수입)	92.9	127.5	177.7	217.9	242.6	265.4	293.6	293.5
(사회보장기여금)	14.8	24.9	35.6	53.1	56.9	60.5	64.9	69.6
(세외수입)	26.7	37.8	55.2	64.9	68.4	74.8	77.1	78.1
자본수입	1.4	1.3	2.4	3.3	3.4	3.2	2.7	2.7
총지출 및 순융자	129.3	186.6	254.2	339.4	354.4	379.8	407.1	455.9
총지출	109.4	183.5	251.1	330.5	342.6	363.7	389.6	436.7
경상지출	87.2	158.9	216.9	296.2	310.0	332.7	360.2	387.1
자본지출	22.3	24.6	34.2	34.3	32.6	31.0	29.4	49.6
순융자	19.8	3.0	3.1	8.8	11.7	16.1	17.5	19.2
통합재정수지	6.5	4.9	16.7	-0.2	16.9	24.0	31.2	-12.0

주: 결산 기준.
자료: 국가통계포털.

<표 5-2>는 중앙정부의 통합재정을 총수입과 총지출의 내역으로 표시한 것이다. 총수입은 크게 경상수입과 자본수입으로 이루어지는데, 국세수입을 포함하는 경상수입이 정부재정 수입에서 거의 전부를 차지한다. 경상수입 중 국세수입이 정부재정 수입의 65% 이상을 차지하고 있다. 총지출은 경상지출, 자본지출, 융자지출의 합계액인데 융자지출에서 융자회수액을 뺀 순융자를 대신 넣으면 지출면에서의 통합재정규모가 된다[통합재정규모＝지출(경상지출＋자본지출)＋순융자(융자지출－융자회수)].

그림 5-7 통합재정의 동향 (단위: 조원)

주: 총지출에는 순융자 포함.
자료: 국가통계포털.

<그림 5-7>은 통합재정수지를 파악하기 위한 것이다. 총수입이 총지출보다 대체로 높은 위치에 있다. 즉, 총수입에서 지출면의 통합재정 계수(총지출 및 순융자의 합계액)를 차감하면 통합재정수지가 되는데, 매년도 흑자로서 대체로 재정적인 안정성이 유지되고 있다. 그런데 관리재정수지는 통합재정수지와 다른 모습을 보이고 있다. 관리재정수지는 우리나라의 특수성을 감안하여 도입한 별도 지표로서 통합재정수지보다 명확하게 재정건전성을 판단할 수 있는 이점이 있다.[4]

---

4) 기획재정부, 『2017회계연도한국의 통합재정수지』, p.18.

그림 5-8 관리재정 및 통합재정수지 (단위: 조원)

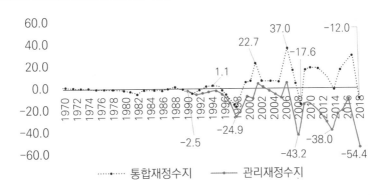

자료: e-나라지표.

표 5-3 2000년 이후 재정수지의 동향 (단위: 조원, %)

	00	05	10	11	12	13	14	15	16	17	18	19
통합재정	6.5	4.9	16.7	18.6	18.5	14.2	8.5	-0.2	16.9	24.0	31.2	-12.0
관리재정	-6.0	-6.7	-13.0	-13.5	-17.4	-21.1	-29.5	-38.0	-22.7	18.5	-10.6	-54.4
GDP대비 %	-0.9	-0.7	-1.0	-1.0	-1.2	-1.4	-1.9	-2.3	-1.3	-1.0	-0.6	-2.8

주: 중앙정부 기준.
자료: e-나라지표,
　　기획재정부, 『2017회계연도 한국의 통합재정수지』, p.18, p.41, pp.214-215.
　　대한민국정부, 『2016회계연도 국가결산보고서』, 국회예산정책처, 국가통계포털.

통합재정수지는 1970년 이후 지속적으로 적자 상태를 면치 못하였다. <표 5-8>의 원자료에 따르면, 1970년대에는 통합재정의 적자폭도 적지 않아서 GDP 대비 비중은 많을 때는 4.5%에 달하기도 했다. 이것은 2000년 이후 관리재정의 GDP 대비 흑자폭 비율 1% 전후보다 상당히 높은 것이고 심지어 관리재정 적자폭보다도 크다. 통합재정이 지속적으로 흑자 기조로 정착한 것은 2000년 이후부터이다. 즉, 통합재정은 최근에는 흑자 기조이지만, 고도성장기였던 1970년대에는 성장을 위해 정부에서 적극적으로 자금을 동원했기 때문에 적자 상태였다.

이에 비해 관리재정은 1990년부터 파악이 가능한데, 3개 연도를 제외하면 모두 적자를 기록하였고, 경제규모가 커지면서 적자 규모도 커지고 있다. 관리재정수지는 지출 초기 단계인 사회보장기금을 포함하고 있는 통합재정수지보다 열악하고 적자폭도 클 수밖에 없다. 그렇지만 한국의 재정수지는 미국, 일본, 독일, 프랑스 등 선진국과 비교해 볼 때 결코 나쁘지 않다. 가령, 2016~2017년에 한국의 GDP 대비 통합재정 수지의 비율은 흑자는 1%대이고 관리재정은 마이너스 1%대이다. 반면, 미국, 일본, 독일, 프랑스 등 선진국의 통합재정의 GDP 대비 비율은 2%대로서 실질적으로는 한국보다 배 이상의 적자 폭이 나타나고 있다.5)

3.2 세입

3.2.1 조세

(가) 조세의 구조와 내역

정부 경제활동의 원천인 총수입을 세입이라고 하는데, 세입은 크게 조세와 세외수입(稅外收入), 기금으로 구분된다.

세입 중에서 가장 큰 비중을 차지하는 조세수입이다. 조세는 부과하는 주체에 따라 중앙정부의 국세와 지방정부가 부과·징수하는 지방세로 구분된다. 국세는 조세 전체의 약 80%로서 대부분을 차지한다. 지방세는 부과 주체에 따라 도세와 시·군세로 나누어진다. 어떤 세원을 국세 혹은 지방세에 편입하는가에 대해서는 명확한 기준이 없고, 세원의 분포와 규모, 재정여건, 행정 편의 등 다각적 측면을 고려하여 결정한다.

국세는 통관 절차를 필요로 하는가에 따라 내국세와 관세로 나누어진다. 내국세는 국내에 있는 물건에 대해 부과하는 세금이고 관세는 외국에서 수입하거나 수출할 때 부과하는 조세이다. 내국세는 다시 직접세, 간접세, 목적세로 구성된다.

직접세란 납세의무자와 담세자가 일치하여 조세의 부담이 타인에게 전가되지 않는 조세이다. 즉, 납세의무자가 조세의 직접부담자이다. 소득이나 재산에 따라 과세되어 담세력에 부응한 세금이라는 점에서 합리적이고 누진과세에 의한 소득재분배 효과가 있지만 과중하면 조세저항이 커지는 단점이 있다. 국세 중에서 직접세는 대체로 40% 이상의 큰 비중을 차지한다.6)

---

5) e-나라지표, 기획재정부, 통합재정수지의 <주요 선진국 재정수지 비교>를 해석한 것임.
6) 2018년도에 조세에서 직접세는 45.7%를 점한다. <그림 5-9>는 직접세가 국세에 속하는

그림 5-9 조세체계

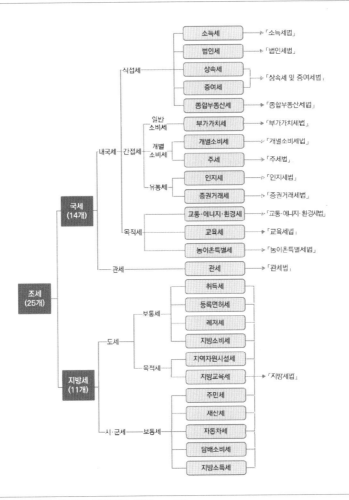

자료: 국회예산정책처, 『2020 대한민국 재정』, p.55.

간접세는 납세의무자가 대납하되 그 조세가 물품 가격 등을 통하여 조세부담자에게 전가되는 형태의 조세이다. 즉, 세금 납부 주체와 부담 주체가 다르다. 간접세는 조세저항이 낮고 수입에 비용이 적으며 조세수입 확보가 비교적 용이하다. 그러나 누진세율이 적용되기 힘들어 저소득자일수록 소득 대비 세부담이 상대적으로 높아지는 약점이 있다. 선진국들은 대체로 소득세 위주로 세제를 운

─────────

것으로 나타나고 있지만, 지방세 중 취득세, 주민세, 재산세, 자동차세 등도 사실상 직접세에 속한다. 직접세와 간접세의 구분은 학설마다 다르고 국가에 따라 적용기준이 다르다.

영하는 반면, 발전도상국에서는 간접세 위주로 세제를 운영하는 경향이 있다.[7]

목적세는 특정 목적에 충당하기 위해서 징수하는 조세이다. 세수입의 용도와 납세의무자 사이에 일정한 수익관계가 있을 것을 전제로 한다. 사용도가 명백하므로 납세자의 납득을 얻기는 쉬우나 특정 목적 이외에는 사용할 수 없어 재정 운용을 제한하고 경비지출 간에 불균형을 초래하는 수가 많다. 지방세에도 목적세가 있는데 지방교육세가 대표적이다.

그림 5-10 조세총액과 국세 및 지방세의 비중(단위: 조원,%)

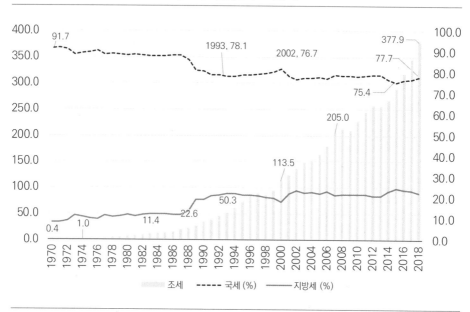

자료: e-나라지표.

총조세는 1970년에 4천억 원에 지나지 않았지만 1980년 6조 6천억 원, 2007년 205조 원, 2018년에는 380조 원으로 크게 늘어났다. 총조세에서 국세는 1970년에 91.7%나 되었는데, 이후 점차 감소하면서 1980년에는 87.9%, 2015년에는 최저 수준이 75.4%로 하락하였다. 같은 기간 동안 지방세는 8.3%에서 24.5%로 크게 증가하였다. 이것은 고도성장기에는 중앙정부가 조세정책을 완전히 장악하

---

7) 최근 지구온난화, 환경오염 등 상품소비로 인한 환경문제에 관심이 증대됨에 따라 향후 소득이 있는 곳에서 오염배출이 있는 곳으로 세원이 점진적으로 이동할 경우 간접세 비중이 다소 증가할 여지가 있다.

여 정책적으로 우선순위에 있는 부문에 자금을 투입한 반면, 지방정부의 독자적인 조세수입은 극도로 억제되고 있었음을 뜻한다. 이후 국세 비중은 지속적으로 줄어들었고 지방세의 비중은 3저호황기인 1989년을 기점으로 20% 가까이 크게 증가함으로써 지방정부의 역할이 상대적으로 강화되었다. 그러나 1995년 지방자치제의 전면 부활 이후에도 지방세가 차지하는 비중은 20%를 약간 넘는 수준으로 정체 상태에 있다.[8] 이것은 지방자치제의 실시에도 불구하고 재정분권이 아직 요원하다는 것을 의미한다. 더욱이 국세 비중은 2015년 이후에 오히려 증가하여 2018년에는 77.7%를 차지하고 있다. 중앙정부는 여전히 지역개발을 비롯한 정책은 물론 지방 공직의 인사 및 각종 정책에 적지 않은 영향력을 행사하고 있다. 지방재정의 자립도를 향상시키는 것이 과제라고 하겠다.

표 5-4 조세총액의 내역 (단위: 조원)

	1992	1995	2000	2005	2010	2015	2016	2017	2018
조세총액	44.7	72.1	113.5	163.4	226.9	288.9	318.1	345.8	377.9
국세합계	35.2	56.8	92.9	127.5	177.7	217.9	242.6	265.4	293.6
(내국세)	30.1	44.4	71.1	104.4	143.5	185.2	209.4	230.8	258.0
〈직접세〉	14.6	23.4	36.9	56.3	77.8	110.8	126.0	141.0	162.8
소득세	8.0	13.6	17.5	24.7	37.5	60.7	68.5	75.1	84.5
법인세	5.9	8.6	17.9	29.8	37.3	45.0	52.1	59.2	70.9
상속세	0.4	1.0	1.0	1.9	3.1	5.0	5.4	6.8	7.4
〈간접세〉	15.0	20.1	32.4	45.5	60.7	70.1	78.4	84.5	90.0
부가가치세	10.1	14.6	23.2	36.1	49.1	54.2	61.8	67.1	70.0
특별소비세	3.1	2.6	3.0	4.4	5.1	8.0	8.9	9.9	10.5
주세	1.3	1.8	2.0	2.6	2.9	3.2	3.2	3.0	3.3
증권거래세	0.2	0.5	2.7	2.4	3.7	4.7	4.5	4.5	6.2
〈인지세〉	0.2	0.3	0.4	0.5	0.5	1.0	0.9	0.9	0.9
〈과년도수입〉	0.3	0.5	1.5	2.1	4.4	3.4	4.1	4.4	4.4
(교통세)		3.4	8.4	10.3	14.0	14.1	15.3	15.6	15.3

8) 지방자치제는 1991년 3월에 광역 및 기초의회의 선거를 통해 공식 부활되었으며, 1995년 5월에는 지방자치단체장(광역,기초) 및 지방의회의원의 선거가 동시적으로 실시되어 지방자치제가 완전히 부활되었다.

	1992	1995	2000	2005	2010	2015	2016	2017	2018
(관세)	3.2	4.6	5.8	6.3	10.7	8.5	8.0	8.5	8.8
(교육세)	1.8	3.0	5.8	3.5	4.6	4.9	4.9	5.0	5.1
(농어촌특별세)		1.3	1.8	2.5	3.9	3.8	3.6	3.8	4.4
(종합부동산세)				0.4	1.0	1.4	1.3	1.7	1.9
지방세합계	*9.5*	*15.3*	*20.6*	*36.0*	*49.2*	*71.0*	*75.5*	*80.4*	*84.3*

주: 1) 과년도수입: 지난 해에 부과되었으나 징수되지 못한 것임.
  2) 다음 세부 항목은 없거나 극미하여 제외함. 직접세 중 자산평가세, 토지초과이득세, 부당이득세/간접
   세 중 전화세/그 외 전매익금, 방위세.
자료: 한국은행경제통계시스템.

그림 5-11 국세에서 주요 세목이 차지하는 비중   (단위: %)

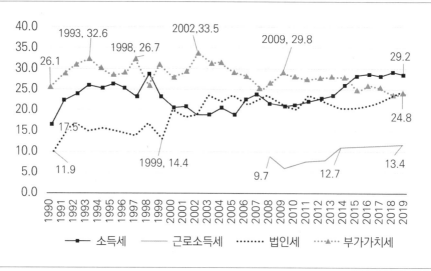

자료: e-나라지표; 국회예산정책처, 재정경제통계시스템.

　　내국세 항목 중에서 직접세와 간접세를 비교해보면, 1992년에는 간접세가 직접세보다 많았지만 1995년이 되면 직접세가 간접세보다 많다. 직접세의 비율은 간접세보다 점점 많아져서 2018년에 내국세에서 63% 이상을 차자한다. 직접세와 간접세의 세부 항목 중 내국세에서 가장 큰 부분을 차지하는 것은 소득세와 법인세, 부가가치세이다. 이렇게 직접세 비중이 늘고 간접세 비중이 줄어든 것은 직접세의 주요 항목인 소득세와 법인세가 상대적으로 많이 증가했기 때문이다.

소득세는 비율면에서 1990년 17.5%에서 2016년 이후 약 30%로 증가하여 국세 중에서 금액이 가장 많다. 법인세는 1990년에 11.9%에서 최근에는 국세 전체의 4분의 1을 차지하고 있다. 반면, 간접세에 속하는 부가가치세는 2014년까지 비중이 가장 높았지만 4분의 1 수준으로 감소했다. 네 번째로 많은 것은 특별소비세인데 1990년대 초 10% 이상이었지만 2000년 이후로는 절반 이하로 떨어졌다. 특별소비세의 감소는 시민생활이 향상됨에 따라 과거 과세대상이었던 사치성 소비품목이 크게 줄었기 때문이다.[9]

한편, 소득세는 종합소득세, 양도소득세, 근로소득세로 구분되는데, 이 중에서 근로소득세는 소득세 총액의 절반에 약간 미치지 못하지만 가장 많이 징수하는 세목이다. 그림에서 근로소득세가 증가함에 따라 소득세도 증가하고 있어서 근로소득세가 소득세 증가의 주요 요인임을 알 수 있다.

표 5-5 지방세 징수액 (단위: 조원, %)

		1991	1995	2000	2005	2010	2015	2016	2017	2018
지방세 징수액		8.0	15.3	20.6	35.9	49.2	71.0	75.5	80.4	84.3
(조세총액 대비, %)		20.9	21.2	18.1	22.0	21.7	24.6	23.7	23.3	22.3
(GDP대비, %)		3.8	4.1	3.6	4.5	4.2	4.3	4.4	4.4	4.5
광역	특별시	5.4	4.9	4.7	8.8	10.9	15.6	16.5	17.8	19.1
	광역시	4.3	4.2	3.6	7.2	9.4	13.9	14.3	15.3	15.3
	도	4.4	4.9	3.9	9.8	13.7	20.2	21.2	22.5	23.6
기초	시	3.2	3.6	3.7	6.9	10.7	15.1	16.7	17.8	19.1
	군	1.8	1.9	0.9	1.4	2.1	2.3	2.6	2.8	2.8
	구	1.8	1.8	1.3	1.8	2.1	3.9	4.0	4.2	4.4

자료: e-나라지표.

마지막으로 지방세를 보자. 지방세는 조세총액 대비 20%를 약간 상회하고 GDP 대비 4%대를 유지하고 있다. 광역별로는 도의 세액이 가장 크게 증가하였다. 6개 광역시가 거두어 들이는 지방세는 특별시보다 적다.

---

9) 간접세로서 낭비와 사치풍조를 억제하고자 주로 사치성 재화와 고가물품에 중과하였다.

(나) 세율과 조세부담률

표 5-6 조세부담률(1990~2018)　　　　　　　　　　　　　　　　　　　　(단위: 조원, %)

		1990	1995	2000	2005	2010	2015	2016	2017	2018
경상GDP		200.6	437.0	652.0	957.4	1,322.6	1,658.0	1,740.8	1,835.7	1,893.5
조세	계	33.2	72.1	113.5	163.4	226.9	288.9	318.1	345.8	377.9
	(조세부담률)	16.6	16.5	17.4	17.1	17.2	17.4	18.3	18.8	20.0
	국세	26.8	56.8	92.9	127.5	177.7	217.9	242.6	265.4	293.6
	지방세	6.4	15.3	20.6	36.0	49.2	71.0	75.5	80.4	84.3

주: 한국은행 신계열 GDP기준(2015년 기준).
자료: e-나라지표.

　　조세부담률은 국민들이 중앙정부와 지방자치단체에 납부하는 세금이 GDP에서 차지하는 비중이다[조세(국세＋지방세)/GDP×100]. 우리나라의 조세부담률은 조금씩 높아져 2018년도에 20%이다.[10] 그러나 이것은 제1장에서 보았듯이, OECD의 다른 나라들에 비하면 낮은 수준이다(<표 1-9> 참조).

그림 5-12 OECD국가의 조세부담률 비교(2018년)　　　　　　　　　　　　(단위: %)

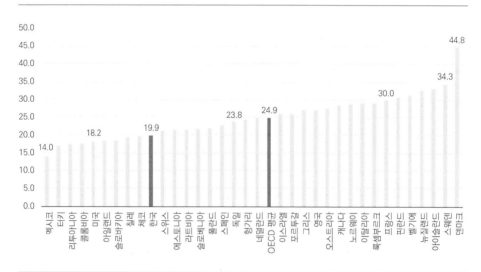

자료: 국회예산정책처, 재정경제통계시스템.

---

10) 발표 기관이나 시기에 따라서 약간씩 차이가 난다.

2018년도에 한국의 조세부담율은 파악이 가능한 OECD 36개국 중에서 9번째로 낮은 19.9%이다. 미국은 18.2%로서 한국보다 낮다. OECD 평균은 24.9%이며, 조세부담률이 가장 낮은 국가는 멕시코 14.0%이고 가장 높은 국가는 덴마크로서 44.8%이다. 그림에는 호주와 일본이 빠져있는데, 호주는 2017년도에 28.5%이고 일본은 18.8%로서 한국과 동일 수준이었다. 한국보다 부담률이 낮은 국가 중에는 선진국 중에서 미국만 포함되어 있으며, 대체로 세율이 높은 나라일수록 선진복지국가라는 점이 주목된다.

세금은 보건, 의료, 교육, 복지 국방 등 정부가 국가를 운영하는데 필수적인 재원이지만 납세자들은 새로운 세목의 형성이나 세율 조정에 대해서 민감하게 반응한다. 다음에서는 사회적 관심을 받고 있는 종합소득세, 상속세, 증여세, 종합부동산의 세율을 정리해 둔다.

표 5-7 종합소득세율(2018년 이후)

과세표준	세율	누진공제
1,200만원 이하	6%	–
1,200만원 초과	15%	108만원
4,600만원 초과	24%	522만원
8,800만원 초과	35%	1,490만원
1.5억원 초과	38%	1,940만원
3억원 초과	40%	2,540만원
5억원 초과	42%	3,540만원

자료: 국세청.

종합소득세는 국민들에게 가장 많이 부과되는 세금으로서 소득에서 각종 공제를 받고 난 후 나머지 금액이 일정액 이상이 되면 과세대상이 된다. 세액의 산출에서 과세대상 총액에 대해서 최종 세율을 매기지 않고 구간마다 정해진 과세표준에 대해서 세율을 적용한다는 점에 유의할 필요가 있다.

납세자 중에는 자기의 마지막 소득 구간에 해당하는 최고 세율이 소득 전액에 대해서 적용되는 것으로 오해하는 사람들도 간혹 있다. 실제로는 과세대상 금액이 정해지면, 각 구간마다 정해진 과세 표준에 해당하는 세율이 적용된다. 가령, 소득이 5천만원이면,

① 5,000×0.24-522=678(만원)하거나
② (1,200×0.06)+(3,400×0.15)+(400×0.24)=678(만원)으로 계산하면 된다.

표 5-8 상속세율 및 증여세율

(단위: %, 만원)

과세표준	1억원 이하	5억원 이하	10억원 이하	30억원 이하	30억원 초과
세율	10%	20%	30%	40%	50%
누진공제액	없음	1천만원	6천만원	1억 6천만원	4억 6천만원

주: 1) 상속세율과 증여세율은 동일함.
2) 상속세: 상속인이나 수유자가 피상속인의 자녀가 아닌 직계비속이면 30% 할증(단, 미성년자가 20억원을 초과하여 상속받는 경우에는 40% 할증)
3) 증여세: 수증자가 증여자의 자녀가 아닌 직계비속이면 30% 할증(단, 미성년자가 20억원을 초과하여 증여받는 경우에는 40% 할증)
자료: 국세청.

표 5-9 종합부동산세율(2019년 이후)

주택(일반)		주택(조정2, 3주택이상)		종합합산토지분		별도합산토지분	
과세표준	세율	과세표준	세율	과세표준	세율	과세표준	세율
3억원 이하	0.5%	3억원 이하	0.6%	15억원 이하	1%	200억원 이하	0.5%
6억원 이하	0.7%	6억원 이하	0.9%				
12억원 이하	1%	12억원 이하	1.3%	45억원 이하	2%	400억원 이하	0.6%
50억원 이하	1.4%	50억원 이하	1.8%				
94억원 이하	2%	94억원 이하	2.5%	45억원 초과	3%	400억원 초과	0.7%
94억원 초과	2.7%	94억원 초과	3.2%				

주: 2005년 최초 시행.
자료: 국세청.

3.2.2 세외수입과 기금

정부의 세입에는 조세 외에 세외수입과 기금이 있다. 세외수입은 정부의 세입예산 가운데 조세 이외의 수입이다. 세외수입은 정부출자기업의 배당·지분매각 등으로 이루어진다. 재산수입, 경상이전수입, 재화 및 용역판매수입, 수입대체경비수입, 관유물 매각대, 융자 및 전대차관 원금회수, 차입금 및 여유자금 회수, 전년도 이월금, 정부내부수입 및 기타 등 9개의 항목으로 구성된다. 특별회계에서는 세입 중 주세·농어촌특별세 등 국세 외의 자체세입(부담금, 기업특별회계영업수입 등)이 세외수입에 해당한다. 세외수입은 일반회계 수입과 특별회계 수입으로 구분할 수 있다. 세외수입은 그 종류는 많지만, 규모는 2010년 이후 20조원대로서 세입에서 차지하는 비중은 그다지 크지 않다.

기금은 특정 목적을 위해 신축적으로 운용될 수 있는 특정 자금으로서 세입세출예산에 의하지 아니하고 운용될 수 있다. 성질에 따라 사업성기금, 사회보험성기금, 금융성기금, 계정성기금으로 분류할 수 있다. 이 중 사회보험성기금에는 국민연금기금, 고용보험, 산업재해보상보험및예방기금, 사립학교교직원연금기금, 공무원연금기금, 군인연금기금의 6개가 있다.

그림 5-13 **기금의 수입과 지출** (단위: 조원)

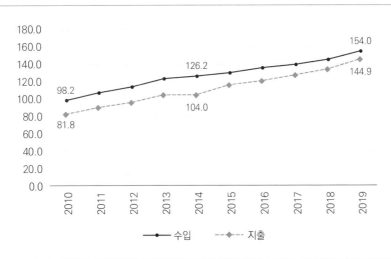

주: 결산 기준.
자료: 국회예산정책처, 재정경제통계시스템.

<그림 5-13>을 보면, 기금액은 매년 증가하고 있으며, 수입보다 지출이 적어서 매년 흑자를 내고 있다. 흑자폭은 2014년을 기점으로 감소 추세이다. 기금은 지출되더라도 회계상 완전히 소진되진 않고 누적되어 운용되는 부분이 있기 때문에 운용규모가 커지는 경향을 가진다. 기금은 사업비, 기금운영비, 여유자금운용, 정부내부지출 등으로 구성되는데, 사업비는 사실상의 재정지출의 성격을 띤다.

<그림 5-14>에서는 기금운용 규모가 크게 증가하고 있음을 알 수 있다. 정부내부지출 등이 가장 크게 증가하였고 사업비와 여유자금운용 항목도 커지고 있다. 사업비가 증가한 것은 사회보험성기금의 연금급여, 서민주거안정지원 관련 사업 등이 확대된 것이고, 여유자금운용의 증가는 연금과 보험기금의 운용규모 등이 커졌기 때문이다.

그림 5-14 기금의 운용규모 (단위: 조원)

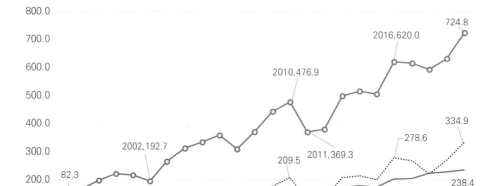

주: 1) 기금운영비는 표시하지 않음.
　　2) 05년도까지는 실적치 기준(재경부의 결산서와 다름, 당해 예산), 06년부터는 국회 심의, 의결된 금액
자료: e-나라지표.

기금의 규모는 우리나라 전체 재정규모보다 훨씬 크다. 다만, 정부내부간 거래 및 여유자금운용분이 포함되어 있어서 기금의 대외적 지출 규모를 나타내는 것은 아니다. 기금의 실질적인 지출은 사업비, 기금운영비, 차입금 이자 상환의 합계액이다. 예산 외로 운용되기 때문에 통제가 미흡하고 예산과의 연계성이 부족하며 재정의 통합성과 투명성을 저해한다는 비판을 받는다.

기금의 개념

- 사업비: 기금의 설치목적에 다른 지출로서 사실상의 재정지출 개념
- 기금운영비: 기금의 사업 수행을 위해 필요한 인건비, 경상경비 등
- 여유자금 운용: 당해연도 총수입에서 사업비, 기금운영비, 내부거래 등을 제외한 것
- 정부내부지출 등: 정부 내부의 회계·기금간, 기금상호간 거래 등을 의미

3.3 세출

중앙정부는 재정의 분류에 지출분야별로 12개 분야로 나누는 것과 16대 분야(디지털예산회계시스템, dBrain)로 나누는 것을 병행해서 사용하고 있다. 중앙정부의 분야별 지출을 예산을 기준으로 살펴보면 다음과 같다.

표 5-10 **중앙정부 재정의 분야별 지출(2010~2020)** (단위: 조원)

	2010	2011	2012	2013	2014	2015	2016	2017	2018	2019	2020
보건·복지·고용	81.2	86.4	92.6	99.3	106.4	120.4	126.9	131.9	145.8	161.0	185.5
교육	38.3	41.2	45.5	49.9	50.7	52.9	55.1	59.4	64.4	70.6	72.6
문화·체육·관광	3.9	4.2	4.6	5.1	5.4	6.4	6.9	7.0	6.5	7.2	8.0
환경	5.4	5.8	6.0	6.5	6.5	6.9	7.0	7.1	7.0	7.4	9.0
R&D	13.7	14.9	16	17.1	17.8	18.9	19.1	19.5	19.7	20.5	24.2
산업·중소기업·에너지	15.1	15.2	15.1	16.7	15.4	18.1	18.6	18.8	18.2	18.8	23.7
SOC	25.1	24.4	23.1	25.0	23.7	26.1	23.7	22.2	19.1	19.8	23.2
농림·수산·식품	17.3	17.6	18.1	18.9	18.7	19.8	19.6	19.8	19.8	20.0	21.5
국방	29.6	31.4	33	34.5	35.7	37.6	38.8	40.3	43.2	46.7	50.2

	2010	2011	2012	2013	2014	2015	2016	2017	2018	2019	2020
외교·통일	3.3	3.7	3.9	4.1	4.2	4.5	4.7	4.6	4.7	5.1	5.5
공공질서·안전	12.9	13.7	14.5	15.2	15.8	17.1	17.5	18.2	19.1	20.1	20.8
일반·지방행정	48.7	52.4	55.1	56.2	57.2	58.2	62.9	65.1	69.1	76.6	79.0
총지출	292.8	309.1	325.4	349.0	355.8	384.7	398.5	410.1	432.7	469.6	512.3

주: 본예산기준.
자료: 국회예산정책처, 재정경제통계시스템.

그림 5-15 중앙정부 재정의 주요 분야별 비중   (단위: %)

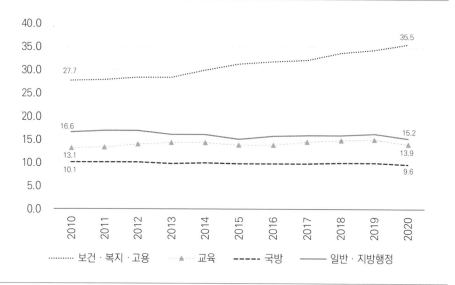

자료: 국회예산정책처, 재정경제통계시스템.

　예산을 기준으로 정부지출에서 가장 많은 액수를 차지하는 것은 보건·복지·고용으로서 2010년 81조원에서 2020년에는 약 186조 원으로 두 배 이상으로 증가하였고, 다음으로 일반·지방행정, 교육, 국방의 순으로 지출액이 많다. 이 네 분야 중에서 보건·복지·고용은 27.7%에서 35.5%로 전체 지출예산에서 3분의 1 이상으로 비중이 증가하였고, 다음으로 교육부문 지출이 미증하였다. 이에 비해 국방과 일반·지방행정 두 부문은 약간 감소하였다(<그림 5-15>).

　정부지출에서 보건·복지·고용의 비중이 가장 높지만, <그림 1-18>에서 본 바와 같이 OECD 기준으로 개편한 우리나라의 정부지출 대비 사회보장 및 복지지출은 20% 수준으로서 OECD의 평균 36.5%에 크게 못미치고 있다.

그림 5-16 OECD회원국의 정부지출 대비 사회보장복지지출 순위(2016년)　　　(단위: %)

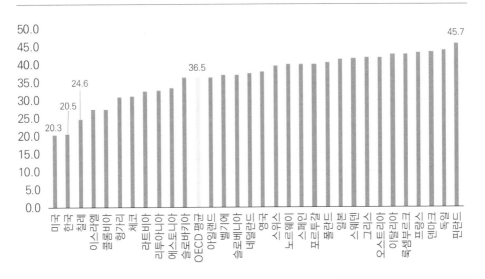

자료: 국회예산정책처, 재정경제통계시스템.

　　<그림 5-16>을 보면, 정부지출 대비 복지지출 비중이 가장 높은 나라는 핀란드이고 선진국에 속하는 국가는 대부분 GDP 대비 40% 이상을 차지하고 있다. 한국은 2012년에 자료를 제출한 31개국 중에서 17.3%로서 꼴찌였다. 한국은 2016년도에 20.3%로 늘었지만 OECD국가 중 미국 다음의 하위 2위로서 복지정책이 가장 취약한 나라이다.

　　2016년에 경제부문은 스페인(18.3%) 다음으로서 2위(15.2%), 교육은 칠레(20.6%), 이스라엘(17.7%), 스위스(16.4%) 다음의 4위(16.1%)이다. 국방부문은 이스라엘(15.0%), 미국(8.4%)에 이은 3위(7.6%)여서 국방비 부담이 적지 않음을 보여준다. 그렇지만 미중, 미일 간 마찰, 남북한 대립 등으로 동북아시아 전체가 군비지출이 증가하고 있기 때문에 군비지출 증가는 불가피한 상황이라고 하겠다.

제4절 국가채무

　　최근 들어 나라의 빚에 대한 논란이 심화되고 있다. 우려하는 견해의 요지는 국가의 빚이 빠른 속도로 과도하게 늘어나고 있다는 것이다. 통합재정은 흑자이지만 이것은 국민연금 등 사회보장성기금의 수입이 지출보다 많기 때문에 나타나는 현상으로서 이를 제외한 관리재정은 적자이므로 정부지출의 증가 속도와 폭을 줄여야 한다고 주장한다. 그러나 다른 한편에서는 떨어진 경제성장률을 높이고 복지를 강화하기 위해서는 적극적인 확장재정이 불가피하며, 선진국 모임인 OECD 회원국 중에서 재정건전성이 사실상 가장 양호하다는 점을 강조한다. 또한 우리의 경제적 저력이나 외환보유고, 채무의 성격 등을 고려하면 크게 걱정하지 않아도 되며, 세계적인 국제경제기구인 IMF와 세계은행의 권고를 받아들여 적극 재정으로 하루빨리 전환해야 한다고 주장한다. 이러한 국가채무를 둘러싼 논쟁은 향후 우리나라가 어떤 경제와 사회를 건설할 것인가 하는 문제와 연관된 핵심적 사안이라고 할 수 있다.

먼저 국가채무의 개념에 대해서 살펴보자. 국가채무는 정부가 민간이나 해외에 상환의무를 지고 있는 빚이다. 국가채무를 규정하고 있는 것은 국가재정법(제91조)과 동 시행령이다. 여기에 따르면, 국가채무는 기본적으로 국가의 회계 또는 기금이 발행한 채권, 차입금, 국고채무부담행위, 국가보증채무로 되어 있다.[11] 국가채무에는 중앙정부뿐만 아니라 지방정부의 순채무도 들어간다.[12]

출하액, 생산액, 부가가치

- 국가채무=중앙정부채무+지방정부순채무
- 중앙정부채무=국채+차입금+국고채무부담행위

---

[11] 한국은행으로부터의 일시차입금, 기금으로부터의 차입금 등에서 국가채무에서 제외되는 항목이 규정되어 있어서 국가채무에 들어가는 항목은 조금 복잡하다.

[12] 각각의 개념에 대해서는 국회예산정책처, 『2020 대한민국 재정』, pp.86－88.

국가채무를 알기 쉽게 영역별로 표시하면 다음과 같다.

그림 5-17 국가채무의 포괄 범위

주: 2018년 자료이므로 기금 내용이 달라질 수 있음.
자료: 국회예산정책처, 『대한민국 재정 2018』, p.200.

표 5-11 국가채무의 동향 (단위: 조원, %)

		2000	2005	2010	2015	2016	2017	2018	2019
국가채무(1+2)		111.2	247.9	392.2	591.5	626.9	660.2	680.5	723.2
(GDP대비, %)		17.5	25.9	29.7	35.7	36.0	36.0	35.9	37.7
중앙 정부	계(1)	100.9	238.8	373.8	556.5	591.9	627.4	651.8	699.0
	국채	76.3	229	367.2	551.5	587.5	623.3	648.4	696.3
	차입금	21.9	7.6	3.5	3.3	3.9	3.8	3.2	2.6
	국고채무부담행위	2.7	2.1	3.1	1.7	0.5	0.2	0.2	0.1
지방정부 순채무	계(2)	10.2	9.2	18.4	34.9	35	32.8	28.7	24.2
적자성 채무	계(1)	42	100.8	193.3	330.8	359.9	374.8	379.2	407.6
	일반회계 적자보전	22.1	40.9	119.7	240.1	271.3	289.6	300.4	334.7
	공적자금 국채전환 등	20.0	59.9	73.5	90.7	88.6	85.1	78.8	72.9
금융성 채무	계(2)	69.1	147.1	199	260.6	267	285.4	301.3	315.6
	외환시장 안정용	13.5	67.1	120.6	198.3	209.8	222.3	234.9	247.2
	서민주거 안정용 등	55.7	79.9	78.3	62.3	57.2	63.1	66.4	68.5

자료: e-나라지표.

국가채무액은 2000년의 111조에서 2019년에는 723조로 무려 7배 가까이 커졌고, GDP대비 국가채무비율도 17.5%에서 37.7%로 증가하였다. 그렇지만 그동안 국가의 경제규모도 커졌기 때문에 2015년 이후에는 국가채무비율은 35.5%에서 37.6%로 약간 증가했을 뿐이다.

국가채무에서 중앙정부의 비중은 95% 전후로서 국가채무의 대부분을 차지하고 있다. 중앙정부의 채무는 거의 다 국채발행으로 충당된다. 중앙정부 채무에서 국채는 2013년 이후 99%를 넘어서 2019년에는 99.7%이다.

국가채무는 성질에 따라서 적자성채무와 금융성채무로 나누어진다. 적자성채무는 대응자산이 없어서 상환할 때 조세 등으로 별도의 재원을 마련해야 하는 빚이고, 금융성채무는 융자금·외화자산 등이 있어서 별도의 재원을 조성하지 않아도 되는 것이다. 적자성채무에서는 일반회계의 적자를 보전하기 위한 것이 대부분이고, 금융성채무에서는 외환시장 안정용이 대부분을 차지하고 있다.

국가의 채무비율이 국제적으로 어느 수준인지는 제1절에서 이미 살펴보았는데, 2019년도에 38.7%로서 OECD국가에서 5위의 재정건전성을 보이는데, 우리나라보다 경제규모가 큰 나라들과 비교하면 가장 양호하다(<그림 1−22>참조).

국가채무에는 공공기관의 빚도 포함해야 한다는 견해가 있다. 공기업과 준정부기관을 비롯한 공공기관의 계정을 살펴보자.

표 5-12 공공기관의 계정
(단위: 조원, %)

		2010	2015	2016	2017	2018	2019
자산	합계	640.7	781.1	799.8	810.1	828.3	861.1
	공기업	459.9	555.6	563.0	569.0	579.3	600.3
	준정부기관	158.8	193.4	201.7	205.1	207.2	215.5
	기타	−	32.1	35.0	36.0	41.8	45.3
부채	합계	397.0	504.7	500.4	495.2	503.7	525.1
	공기업	292.0	365.3	363.0	364.1	371.2	388.1
	준정부기관	96.1	125.4	123.4	117.6	117.7	119.7
	기타	−	13.9	14.0	13.5	14.9	17.3
자본	합계	243.7	276.4	299.3	314.9	324.6	336.0
	공기업	167.9	190.3	200.0	204.9	208.1	212.2
	준정부기관	62.7	68.0	78.3	87.4	89.6	95.8
	기타	−	18.2	21.0	22.5	26.9	27.9
부채 비율	합계	162.9	182.6	167.2	157.3	155.2	156.3
	공기업	173.9	192.0	181.5	177.6	178.3	182.9
	준정부기관	153.1	184.5	157.7	134.6	131.4	124.9
	기타	−	76.8	66.7	59.9	55.3	62.1

주: 산업은행, 수출입은행, 기업은행 분은 제외.
자료: e-나라지표.

<표 5−12>를 보면, 공공기관의 부채는 약 400조에서 525조로 늘었다. 부채는 자본보다 많아서 자본 대비 부채비율은 1.5배 이상이다. 또한 부채와 자산을 비교하면 자산 규모가 부채보다 훨씬 크다. 자본규모 자체도 증가하고 있다. 다만, 부채비율은 2011~2014년에 200% 이상까지 올라갔지만 이후 부채비율 감소 노력에 의해서 2016년 이후 절대액 및 부채비율이 150~160%대에서 머물고

있다.

공공기관들의 빚은 궁극적으로 국가채무에 속하기 때문에 자주 사회적 비판의 대상이 되기도 한다. 그러나 공공기관은 필수적으로 요구되는 공공재를 공급한다는 특수성을 고려해야 하고, 정부가 경영을 통제할 수 있다는 점을 염두에 두면 부정적인 측면만 있다고 할 수 없다.

그림 5-18 GDP 대비 국가채무 및 공공기관부채 합계액 비율 (단위: %)

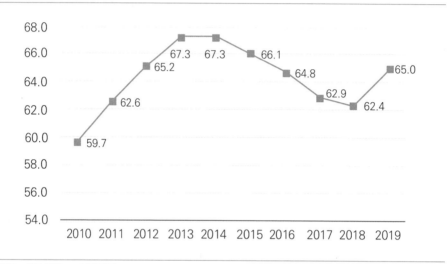

자료: 한국은행, e-나라지표.

<그림 5-18>은 국가채무에 공공기관 빚을 합산한 금액이 GDP에서 차지하는 비중의 변화를 보여주고 있다. 2013년과 2014년에 67.3%였지만 이후 개선되었고 2019년도에 65%이다. 이것은 공공기관의 빚을 합산하지 않은 OECD 회원국 평균 채무비율의 절반을 조금 넘는 수준에 지나지 않는다.

국가재정의 규모를 어느 정도를 할 것인가를 둘러싸고 논쟁이 가열되고 있다. 이와 관련된 핵심적인 논쟁거리가 국가채무의 비율에 관한 것이다. 수년 전부터 국가채무 비율이 40%를 넘어설 것이라는 예측과 우려가 언론의 헤드라인을 장식하곤 했다. 그러나 이러한 예측은 사실과 부합하지 않았다. 2020년도 중반경에도 재정확장안에 대한 반대의견으로서 국가채무비율 40%가 준수되어야 한다는 점이 강조되었다. 그러나 40%를 넘어서면 안된다는 국제적 기준은 없다.

국가재정의 건전성 유지를 위해 재정준칙의 도입이 검토되고 있지만 제시되고 있는 숫자들 역시 정확한 근거가 있는 것은 아니다.[13]

첫째, 국가채무는 가계의 빚과 성격이 전혀 다르다는 점을 이해할 필요가 있다. 가계는 빚이 없어야 한다. 그래야 안정적인 가정생활이 가능하다. 반면, 기업과 국가는 다르다. 수익을 많이 남겨서 재무상태가 양호한 회사도 회사채를 발행하는 등 금융시장에서 자금을 조달한다. 정부는 국방과 치안은 물론 경기활성화와 성장률을 높이기 위한 수단으로써 재정을 운용한다. 그러므로 현대국가의 운용에서 국가채무는 피할 수 없는 현상이다. 물론 가계나 기업처럼 국가도 빚이 너무 많으면 파산하고 위기에 처한다. 그러나 국가의 채무비율이 적정한 수준으로 관리될 수 있다면 오히려 재정의 목적 달성에 매우 유효한 수단으로 사용될 수 있다.

둘째, 국가채무가 주로 국채발행에 의존한다는 점에서 국가채무는 후손들에게 과중한 빚을 떠넘긴다고 비판하지만 꼭 그런 것만은 아니다. 국가는 부족자금을 국채발행, 차입금 등으로 조달하는데 국채발행이 대부분을 차지한다. 세계적인 저금리 현상 때문에 우리나라의 한국은행의 기준 금리도 2020년에 0.5% 수준으로 하락했으므로, 국채발행에 따른 이자지불 부담이 매우 적거나 거의 없다. 또한 만기가 도래한 국채의 처리방식도 가계나 기업과 달라서 실제로는 갚지 않는다. 즉, 만기가 된 국채는 일반적으로 새로운 국채발행으로 대체된다. 이외에도 국공채 발행은 자본시장의 발전을 위해서도 매우 중요하다는 것을 염두에 둘 필요가 있다.

셋째, 그러므로 국가채무는 규모나 증가 속도가 중요한 것이 아니라 그것을 관리할 수 있는 수준인가가 중요하다. 대부분의 국가에서 경제규모가 커지면 국가채무가 늘어나는 것은 일반적인 현상이다.

넷째, 한국의 정부재정 규모는 선진복지국들과 비교하여 상대적으로 적은 편이다. 2019년 한국의 GDP 대비 일반정부의 총지출은 OECD 평균보다 5% 이상

---

13) 이 기준은 EU에서 유일하게 참고할 만한 기준은 유럽연합의 경제 공동체로서의 통합성과 유로화 가치 유지를 위해 설정한 것으로 특별한 근거없이 자의적으로 설정되었다고 한다. 기획재정부는 국가채무비율 60%, 통합재정수지를 −3%로 하는 안을 재정준칙으로서 2025년부터 적용할 것으로 발표하였다. 특히 국가채무 비율을 60%로 나눈 수치와 통합재정수지를 −3%로 나눈 수치를 서로 곱한 값이 1.0 이하가 되도록 산식을 만들어, 두 개의 기준선을 일정 부분 넘나들 수 있도록 설계했다고 한다.

적으며, 독일, 프랑스, 이탈리아는 물론 북유럽 복지국가보다 10% 이상 큰 차이를 보이고 있다.

우리나라는 세계적으로 재정건정성이 높은 반면, GDP 대비 재정규모는 선진국에 비해 상대적으로 적다. 물론 재정규모의 급격한 확장은 여러 가지 문제를 일으킬 수 있다. 그러나 성장률을 제고하고 선진복지사회로 나아가기 위해서는 현재의 재정을 보다 적극적으로 운용해야 하며 그럴 여력도 있다는 점을 이해할 필요가 있다.

대외개방의 선두
금융

제1절 금융의 기능

제2절 금융정책

제3절 금융기관

제4절 금융시장

제5절 파생금융상품시장

우리나라의 금융시스템은 투자와 수출에 필요한 자금을 확보하는 데 집중되었기 때문에 생산물시장보다는 상대적으로 낙후되어 있었다. 1960년대와 1970년대에는 부족한 투자재원을 확보하여 자금을 생산부문에 집중시키는 정책금융이 중요한 위치를 차지하였다. 경제규모가 커짐에 따라 1980년대부터는 금융자율화와 금융시장 개방화가 추진되기 시작하였다. 그러나 당시의 금융개혁은 시중은행 민영화, 정책금융에 대한 금리우대의 축소 및 폐지, 신한은행 등 외국과의 합작은행 설립 등을 제외하면 부분적인 자율화와 개방에 그쳤다. 1990년대에는 보다 장기적이고 종합적인 측면에서 금융기관의 업무영역 및 소유구조에 대한 규제개혁 등 금융시장 선진화방안이 수립되어 추진되었지만 여전히 정부의 개입은 지속되었다. 근본적인 금융구조의 개혁은 외환위기를 계기로 단행되었다. 우리나라는 미국을 비롯한 선진국과 IMF에서 지원받는 구제금융을 대가로 부실금융기관의 퇴출, 대형은행의 설립, 공적 자금 투입을 통한 금융기관의 재무건전성 제고, 금융감독 기능의 강화 등을 추진하였다. 이 외환위기를 기점으로 금융시장이 완전히 개방되어 국내외 자금이 자유로이 드나들 수 있게 되었으며, 기업이 직접적으로 자금을 조달할 수 있는 자본시장도 크게 성장하여 금융시장의 모습이 많이 달라졌다. 여기에서는 국내금융시장의 구조를 이해해 보기로 한다.

제1절 금융의 기능

금융은 자금의 융통을 말하고 금융시장은 자금이 거래되는 곳으로서 자금의 수급을 조절하여 과부족을 해결하는 역할을 한다. 금융시장은 이자율과 통화량을 조절할 뿐만 아니라 투자와 저축, 생산, 소비, 물가, 유통 등을 비롯한 경제 전반에 대해 매우 커다란 영향을 미친다. 금융기관은 금융시장에서 자금의 중개 등 각종 금융서비스를 제공한다. 그리고 금융시장 및 금융기관과 이들을 형성하고 운영하며 원활하게 기능하도록 하는 법규와 관행, 지급결제시스템 등 금융인프라를 포괄하여 금융시스템이라고 한다.[1] 금융시스템은 경제의 발전정도 및

---

1) 한국은행 홈페이지.

금융 운영의 경험에 따라서 국가마다 차이가 있다. 금융시스템과 구조는 나라마다 다르지만 금융은 공통적으로 다음과 같은 기능을 수행한다.

첫째, 자금의 중개기능이다. 이것은 여유자금을 가진 사람들로부터 자금을 모아서 필요한 사람에게 전달하는 기능이다. 옛날에는 자금이 풍부한 개인이나 금장은행가(goldsmith banker), 그리고 근대에 들어오면서 은행이 주로 이 역할을 담당했는데 금융시장이 발달하자 증권거래소도 설치되어 채권이나 주식을 통한 금융 중개도 활발해졌다. 초기에 증권거래소에서는 주로 국공채를 비롯한 채권이 취급되었지만 19세기 말에 주식회사의 설립이 확산되면서 주식 거래가 활발해졌고, 매일 신문지상에 발표되는 주가는 주식에 환금성을 부여하여 금융의 자금중개 기능을 더욱 강화하였다. 그 결과 주로 장기자금을 조달하는 증권시장의 거래 규모가 은행을 중심으로 하는 예대시장에 비해 엄청나게 커졌다. 금융기관들은 자금중개를 원활히 하기 위해 차용자의 신용도를 평가하고 대여자와 금전 차용자간의 이자율을 조정하고 거리가 먼 지역간의 자금이동을 촉진하여 국제 금융시장의 활성화에 기여하고 있다.

둘째, 거래를 원활하게 한다. 화폐의 기본적 기능 중에는 가치척도의 기능과 교환매개의 기능이 있다. 모든 재화와 용역은 화폐단위로 표시되므로 그 표시된 화폐액은 다른 재화 및 용역과 교환될 수 있는 교환비율로서 가치척도의 기능을 지닌다. 또한 화폐는 한 재화 혹은 용역이 다른 재화 및 용역과 간접적으로 교환될 수 있도록 하여 교환을 매개하고 원활히 하는 기능을 수행한다. 금융은 이 같은 화폐의 기능이 실질적으로 발휘되어 거래가 원활히 진행되도록 한다.

셋째, 금융은 투자기회를 제공한다. 자금의 보관에는 비용이 든다. 화폐에는 가치저장의 기능이 있기 때문이다. 자금에 여유가 있는 사람들은 여분의 자금을 그냥 보관하기보다는 이익이 남을 만한 곳에 투자하여 수익을 얻고자 한다. 금융시장과 금융기관은 예금형태로 받아들인 자금을 대출하거나 채권 혹은 주식의 형태로 공급함으로써 투자를 유도한다. 여유자금은 금융시장에만 머물지 않고 실물시장에 투자됨으로써 자원의 효율적인 배분에 기여하기도 한다.

넷째, 위험의 회피이다. 경제에서 경기변동은 피할 수 없는 현상이기 때문에 경제적 성과는 경제주체의 예상이나 기대와 일치하지 않는 것이 일반적이다. 예측이 빗나가면 투자자들은 소유자산의 평가가치가 하락하여 손실을 볼 가능성이 높아진다. 금융은 다양한 금융상품과 파생금융상품 등의 헤지수단을 제공하여 투자자의 분산투자를 유도함으로써 투자자를 보호하고 경제의 불확실성을 줄여줄 수 있다. 금융시스템이 잘 정비되어 있으면 차입자들도 위험을 회피하거나 분산시킬 수 있는 기회를 가질 수 있다.

제2절 금융정책

2.1 금융정책의 수단

금융정책(financial Policy)의 최종목표는 경제성장, 완전고용, 통화가치의 안정과 물가안정, 국제수지균형 등이다. 재정정책은 정부가 세입을 바탕으로 지출하여 국민소득의 흐름에 직접적으로 영향을 미치는 반면, 금융정책은 중앙은행과 정부가 통화량 및 이자율 등을 조절함으로써 간접적으로 국민소득에 영향을 미친다.

금융정책의 운영목표는 금융정책의 최종목표를 달성하기 위하여 금융정책당국이 어느 정도 통제·조절할 수 있고 최종목표와 밀접한 관련을 가지고 있는 지표를 말한다. 각국의 중앙은행은 일반적으로 가격지표로서 이자율과 수량지표로서 통화량을 운영목표로 설정하고 정책을 추진한다.

정책당국이 사용하는 금융정책의 수단에는 선별적 정책수단과 일반적 정책수단이 있다. 선별적 정책수단은 정책당국이 어떤 특정 부문에 대해 차별적·직접적으로 영향을 미치기 위해 취하는 금융정책이다. 선별적 정책수단은 크게 두 가지로 나누어진다. 첫째는 특정 부문의 육성 혹은 발전을 주목적으로 사용하는 것이고, 둘째는 일반적 금융통제정책의 집행결과로서 특정 부문이 바람직하지 못한 영향을 받는 경우에 사용한다. 전자의 구체적 수단으로서는 중소기업의 지원 및 수출 진흥, 농업 지원, 특정 산업의 육성을 위한 자금지원 등이 있고, 후자에는 증권금융의 규제, 소비자신용 규제, 부동산신용 규제 등이 있다. 선별적 정책수단은 대체로 후진국에서 많이 채택되는데, 정책 당국자의 자의성이 개입하기 쉬워서 관치금융과 정경유착을 초래할 우려가 있다.

이에 비해 일반적 정책 수단은 금융수요자(정책대상자)에게 무차별적으로 적용됨으로써 간접적으로 통화량을 조절한다. 예전에 우리나라에서는 특정 목표를 달성하기 위하여 선별적 정책수단을 자주 동원하였지만 경제규모가 커지고 금융시장이 발전하면서 많이 줄어들었다. 일반적 금융정책에는 공개시장조작, 재할인율정책, 지불준비율정책이 있다.

공개시장조작(open market operarion)은 중앙은행이 증권시장에서 국채를 매입하거나 매각하여 통화량과 이자율을 조절하는 수단이다. 중앙은행은 시중에 자금이 너무 많이 공급되었다고 판단될 때 보유하고 있는 국공채를 매각하여 자금을 거둬들이게 되는데, 이 경우 시중의 통화량은 감소하고 이자율은 상승하게 된다. 그 반대의 경우에는 국공채를 사들여 시중에 유통되는 통화량을 증가시켜 이자율을 하락시킨다. 금융시장이 발달하여 금융자산이 다양하고 금리가 자율화되어 있는 선진국에서 통화조절 수단으로서 가장 많이 활용하고 있다. 우리나라에서는 한국은행이 금융기관과 일반을 상대로 주로 통화안정증권을 매각 혹은 매입함으로써 통화량을 조절하고 있다.

재할인율정책(rediscount rate policy)은 중앙은행이 금융기관에 빌려주는 자금의 이자율을 변경시켜 통화량을 조절하는 정책이다. 재할인율이란 시중은행이 고객에게 할인해 준 상업어음을 다시 중앙은행이 할인하여 현금화해 줄 때 적용하는 금리이다. 중앙은행이 재할인율을 높이면 은행의 차입규모가 줄어들도록 유도하여 시중 통화량이 감소하고, 재할인율을 낮추면 은행의 이자부담이 줄어서 은행으로 많은 돈이 풀리므로 통화량이 증가한다.

지불준비율정책(reserve requirements ratio polocy)은 중앙은행이 예금은행의 법정지불준비율을 변경함으로써 통화량을 조절하는 것이다. 지불준비금(cash reserve)이란 은행이 예금자들의 인출 요구가 있을 때를 대비하여 예금의 모두를 대출이나 유가증권 투자 등의 영리목적으로 사용하지 않고 자체 보유현금 또는 다른 은행에 가지고 있는 요구불예금이다. 중앙은행은 은행으로 하여금 예금의 일정 비율을 반드시 보유하거나 중앙은행에 예치하도록 하는데 이 비율을 법정지불준비율(legal reserve ratio)이라고 한다. 지불준비율정책은 처음에는 예금자 보호가 목적이었지만 1930년대 초부터 미국에서 통화량을 조절하는 수단으로 사용되기 시작하였다. 중앙은행이 법정지불준비율을 정하면 은행은 예금액에서 이 비율에 해당하는 자금을 제외한 나머지를 대출하거나 유가증권에 투자할 수 있다. 그러므로 법정지불준비율을 인하하면 은행의 초과지불준비금이 증가하여 대출여력이 생기므로 시중통화량이 늘어나게 된다. 이와 반대로 법정지불준비율을 인상하면 초과지불준비금이 감소하고 통화승수가 감소하여 시중이자율이 상승하게 된다.

2.2 통화량과 금리

금리의 변화는 가계 소비, 기업 투자 및 물가 등에 커다란 영향을 미친다. 금리(이자율)가 상승하면 저축이 늘어나고 금리가 하락하면 소비는 늘고 저축은 감소한다. 특히 기업의 투자는 금리에 민감하게 반응한다. 금리가 상승하면 기업의 원리금 부담이 늘어서 투자가 줄어들고 금리가 하락하면 일반적으로 투자가 증가한다. 금리는 자본의 국제적 이동에도 영향을 미친다. 자본시장이 자유롭게 개방되어 있을 경우 투자자들은 이자율이 높거나 금융시장의 기타 수익률이 더 높은 국가로 자금을 이동시킨다. 통화량은 변동은 이자율의 변화에 영향을 미친다. 금융시장에 통화(공급)량이 증가하면 이자율이 하락하고 통화량이 감소하면 이자율이 하락하여 간접적으로 투자에 영향을 미치게 된다.

정책당국은 금융정책의 운영목표를 통해서 경제성장을 비롯한 최종목표를 달성하고자 한다. Keynes는 통화수요함수는 불안정하므로 통화량보다는 이자율을 금융정책의 운영목표 혹은 지표로 삼아야 한다는 입장을 취한다. 반면에 M. Friedman과 같은 통화주의자들은 이자율 지표는 매우 불완전한 정보를 제공하기 때문에 통화량을 운영목표로 설정해야 한다고 주장한다. 통화주의자들은 지속적인 통화공급의 확대를 통해 경제정책의 최종목표를 용이하게 달성할 수 있다고 생각한다. 최근에는 금융혁신이 빠르게 진행되고 다양한 금융상품의 출시로 인하여 통화량(M1)의 보유형태가 급변하고 있어서 본원적 통화와 통화량 간의 관계 및 통화수요함수의 불안정성 문제가 제기되고 있다. 정책당국에서는 경제상황의 변화에 따라 이 두 지표를 혼합하여 사용하는 추세이다.

우리나라의 통화량은 1995년 약 102조 원에서 2019년에는 953조 원으로 증가하였다. 통화량의 절대규모는 크게 증가하였지만, 통화증가율은 감소추세에 있다. 이자율은 1990년대 후반 이후에 급격하게 감소하고 있다(<그림 6-1>).

그림 6-1 통화량(M1) 및 이자율   (단위: 조원, %)

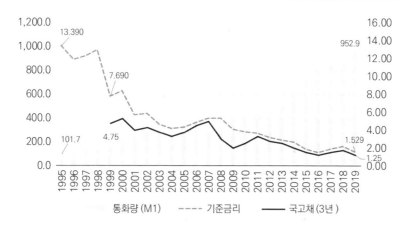

통화량(M1) ---- 기준금리 —— 국고채(3년)

자료: 한국은행경제통계시스템.

　금리에는 기준금리와 시장금리가 있다. 기준금리는 한국은행의 금융통화위원회(Monetary Policy Board)에서 결정하는 금리로서 시장에서 결정되는 금리의 기준이 되고 있다. 중앙은행은 경기과열이나 물가상승이 지나치면 기준금리를 올리고 경기가 침체되면 경기활성화를 위해서 기준금리를 하향조정한다. 중앙은행이 기준금리를 낮추려면 통화공급량을 늘여야 한다. 이 때 중앙은행은 간접적인 정책수단을 쓸 수도 있고 직접적으로 기준금리를 낮출 수도 있다. 한국은행이 기준금리를 결정하면 시중은행을 비롯한 금융기관들은 이를 기준으로 개별적으로 금리를 책정한다.

　시장금리는 금융시장에서 수요공급의 원리에 의해서 결정되는 이자율이다. 시장금리는 중앙은행이 결정하는 기준금리보다 높다. 개인이나 기업과 같은 차입자는 개별적으로 신용도에 차이가 있기 때문에 신용도(위험도)에 따라서 적용되는 이자율에 차이가 나게 된다. 또한 금리는 장단기에 따라서 달리 적용된다. 대체로 장기금리는 1년 미만의 단기금리보다 높은데 차입자가 장기간 안정적으로 자금을 사용하는 편익이 있기 때문이다.

　<그림 6-1>에서 한국은행이 정한 기준금리가 하락하고 있고 이에 따라 시장금리인 국고채도 하락하고 있다. 그림의 국고채 3년짜리는 국고채 중에서 가장 거래가 많아서 시중자금 사정을 나타내는 지표금리라고 할 수 있다[2]. 우리

───────────

2) 국고채에는 1년, 3년, 5년, 10년, 20년, 30년, 50년짜리가 있으며, 국고채는 채권시장에서 지

나라의 금리가 하락하는 것은 기준금리가 하락하기 때문이다. 기준금리는 2020년 3월 중순에 연 1.25%에서 0.75%로, 그리고 다시 5월 말경에 0.50%로 하락했다. 이러한 하락은 경기활성화의 측면도 있지만 기본적으로 미국 연방준비제도 이사회가 금리를 계속적으로 떨어뜨렸기 때문이다.

통화량의 종류

현재 한국은행에서 발표하고 있는 통화량 지표는 위와 같다.

- 본원통화=화폐발행액+예금은행의 중앙은행 지급준비예치금
- M1(통화)=현금+요구불예금 (당좌, 보통예금)
- M2(총통화)=M1+저축성예금(정기예금, 적금)/통화관리의 중심 지표
- Lf(금융기관 유동성)=M2+2년 이상 장기금융상품+생명보험계약 준비금 등
- L(광의의 유동성)=Lf+손해보험사 장기저축성보험계약 준비금+예금보험공사채 및 자산관리공사채+여신전문기관 발행채권+자산유동화채권+국채 및 지방채+기업어음+회사채+기타

이중에서 M2는 통화관리의 중심 지표로 사용된다. M1은 M2에서 1960년대 말부터 1978년까지 40% 이상을 차지했지만 점차 비율이 떨어져 2015년 이후에는 8분의 1 수준에 머물고 있다.

제3절 금융기관

3.1 금융기관

금융기관은 자금의 수요자와 공급자에게 자금을 중계하는 등 각종 금융서비스를 제공하는 기관이다. 우리나라의 금융기관은 금융서비스의 성격에 따라 다음과 같이 분류된다.[3]

표채권으로 사용되고 있다. 한국은행이 정부를 대신하여 발행업무를 대신하고 있고, 시장실세금리로 발행되는 것이 특징이다. 국고채는 안전하므로 회사채보다 수익률이 낮다. 국고채에 지방채, 특수채를 묶어서 국공채라고 부른다.

3) 이하 금융기관 및 금융상품, 금융시장, 파생금융상품시장 등에 나오는 용어의 설명에 관해서는 금융감독용어사전, 두산백과, 매일경제, 시사상식사전, 시사경제용어사전, 한경경제용어사전, New경제용어사전, 한국은행, 『한국의 금융시장』(2016) 등을 참조하여 정리함.

표 6-1 우리나라의 금융기관(2018년 2월말 기준)

구분			기관 수[1]	비고
은행	중앙은행	한국은행	1	
	일반은행	시중은행	8[2]	
		지방은행	6	
		외은지점	38	점포 수 47
	특수은행	한국산업은행	1	
		한국수출입은행	1	
		중소기업은행	1	
		농협은행	1	
		수협은행	1	
비은행 예금 취급 기관	상호저축은행		79	
	신용협동기구	신용협동조합	898	
		새마을금고	1,315	
		상호금융	1,358	농협 · 축산업 · 임산업1131/ 수협90/산림조합137
	우체국예금		1	
	종합금융회사		1	
금융투 자업자[3]	투자매매중개업자	증권회사	55	외국사 지점 11 포함
		선물회사	5	
	집합투자업자		215	
	투자일임자문업자		179	역외사 192
	신탁회사[4]	은행/증권/보험/부동산신탁	56	19/20/6/11
보험 회사	생명보험회사		25	외국사 9 포함
	손해보험회사	손해보험회사	19	외국법인(4), 국사지점(4) 포함
		재보험회사	10	외국사 지점 9 포함
		보증보험회사	3	외국사 지점 1 포함
	우체국보험		1	
	공제기관		3	새마을공제, 수협공제,

구분		기관 수[1]	비고
			신협공제
기타 금융 기관	금융지주회사	은행지주 / 비은행지주	7 / 2	지방은행지주 포함
	여신전문금융회사	시설/카드/할부금융/신기술금융	97	26/8/21/42
	벤처캐피탈회사	중소기업창업투자회사 / 신기술사업금융	120 / 42	
	증권금융회사		1	
	한국무역보험공사		1	
	한국주택금융공사		1	
	한국자산관리공사		1	
	한국투자공사		1	
금융 보조 기관	금융감독원		1	
	예금보험공사		1	
	금융결제원		1	
	한국예탁결제원		1	
	한국거래소		1	
	신용보증기관	신용보증기금 / 기술신용보증기금	2	
	신용정보회사		33	겸영회사 4 포함
	자금중개회사		13	원화중개회사 3 / 외국환중개회사 10

주: 1) 인가 및 전업 기준
    2) 인터넷전문은행 2개사(주식회사 케이뱅크은행, 한국카카오은행 주식회사) 포함
    3) 하위 구분은 자본시장법 시행 이전의 규제체계에 따른 기관별 분류
    4) 겸업사 포함
자료: 한국은행홈페이지(금융안정).

    2000년대의 금융기관은 1990년대의 금융기관과 비교해 볼 때 매우 크게 변화하였다. 가령, 1993년에 통화금융기관에 속하는 예금은행은 일반은행인 시중은행, 지방은행, 외국은행 국내지점과 중소기업은행, 국민은행, 주택은행, 농수축협 신용사업부문 등의 특수은행으로 구성되어 있었는데, 주택은행은 1997년에 시중은행으로 전환된 후 2001년에 국민은행과 합병하였고 국민은행 또한

1995년에는 일반은행(시중은행에 속함)으로 전환되었다.[4] 특수은행인 농협과 수협의 신용사업부문은 농협은행과 수협은행으로 바뀌었다. 시중은행과 지방은행도 외환위기를 거치면서 통합되거나 흡수되어 대형화되고 숫자가 많이 줄어들었다.

그 외에도 금융시장의 발전으로 당시에는 보이지 않던 선물회사, 여신전문금융회사, 벤처캐피탈회사, 신용정보회사 등의 새로운 금융기관이 등장하였다. 또한 한국장기신용은행이 1998년에 해체되고 서민 및 소규모 기업 전담기관이었던 상호신용금고가 2001년에 상호저축은행으로 명칭을 바꾸는 등 적지 않은 변화를 겪었다.

금융기관별 기능 및 특징을 설명하면 다음과 같다.

은행 일반은행과 특수은행이 있다. 일반은행은 은행법에 의해 설립되고 한국은행법과 은행법의 규제를 받는다. 일반은행은 예금은행 또는 상업은행으로 더 자주 불린다. 요구불예금과 저축성예금을 받아들여 기업 또는 일반인에게 단기대출을 제공하는 상업금융을 주로 하고, 그 외에 기업의 설비자금 공급을 위한 장기금융업무, 환업무, 지급보증, 유가증권의 인수·매매 및 대여, 국고대리업무 등 광범위한 업무를 취급하고 있다. 일반은행은 겸업주의가 확대됨에 따라서 보험업무도 영위하고 있다. 이를 은행과 보험업의 합성어인 방카슈랑스(bancassurance: 1997년 2월 개시)라고 한다.

일반은행 중 시중은행이란 전국적인 점포망을 가지고 있는 상업은행을 가리키고, 지방은행은 시중은행과는 업무에서는 별 차이가 없지만 지방에 본점을 두고 금융활동이 해당 지역에 집중되어 있는 은행을 말한다. 시중은행은 1997년 15개가 있었으나 외환위기 때 인수·합병되어 새로 생긴 인터넷전문은행 2개사와 합쳐 2020년 현재 8개가 있다. 지방은행은 지역경제의 발전과 금융의 지역적 분산을 목표로 1967년부터 1971년까지 10개가 설립되었는데, 외환위기에 몇 개가 통폐합되어 부산·경남·대구·광주·전북·제주은행 등 6곳이 남아 있다.

특수은행은 일반은행이 재원의 제약이나 채산성 확보의 어려움 등을 이유로 필요한 자금을 충분하게 공급하기 어려운 부문에 자금을 원활히 공급하기 위해

---

4) 주택은행은 1967년 한국주택금고로 설립된 후 1969년에 한국주택은행(주)로 변경되었다. 국민은행은 1962년에 서민금융기관이던 무진회사를 모체로 서민금융 전담의 특수은행으로 설립되었다.

설립되었다. 특수은행인 산업은행은 2002년부터 예금은행으로 분류되었다.

상호저축은행 서민들의 금융편의를 도모하고 저축 증대를 위해 설립된 금융 기관으로서 이전에는 상호신용금고, 저축은행이었다. 일반은행에 비해 이자율과 대출금리가 다소 높고 대출절차가 간편하기 때문에 서민들이 많이 이용한다. 기타 어음할인, 자금이체, 외환, 공과금수납대행 등 은행과 업무영역이 크게 다르지 않다. 5,000만원까지 예금자보호를 받는 점도 고객을 모으는 중요한 요인이 되고 있다. 그러나 경영진들이 자금을 유출하거나 부동산PF 부실 등으로 2011년 이후 대규모로 퇴출을 당하는 등 신용도가 은행에 비해 크게 낮다.

종합금융회사 비은행예금취급기관에 속하며, 기업에 대한 종합적인 금융지원을 원활하게 하기 위하여 설립된 회사로서 단기금융업무, 국제금융업무, 설비 또는 운전자금의 투융자업무, 증권의 인수·매출·모집 또는 매출의 주선 등의 업무를 수행한다. 1997년 말에는 종합금융회사의 수가 30개에 달했지만, 현재는 1개사만 남아 있다.

금융투자업자 자본시장법에 따라 금융투자업은 6개 분야로 분류된다. 투자매매업, 투자중개업, 집합투자업, 투자자문업, 투자일임업, 신탁업이 있다.

선물회사 투자매매중개업자에 속하며, 상품거래소에 상장된 파생상품이나 선물거래의 중개를 통해 수익을 얻는 파생상품 전문 중개회사이다. 선물(중개)회사는 주로 선물계약이나 옵션의 매매주문을 처리하는 데 필요한 서비스를 고객에게 제공하고 매매주문 체결에 따른 예탁자금 관리, 외국환 업무 등을 담당한다. 2011년 정부의 파생상품 시장건전화 조치로 관련 규제가 강화되어 회사수가 감소하였다.

생명보험회사, 손해보험회사 생명보험상품은 보험금 지급조건에 따라 사망보험, 생존보험, 양로보험 등으로 세분된다. 손해보험회사가 취급하는 보험상품은 화재, 해상, 자동차, 보증, 특종 및 장기저축성보험 등이 있다. 생명보험은 손해보험과는 달리 보험사고 발생과 관계없이 일정 기간 경과 후 보험금을 가입자에게 지급하는 정액보험이 많아 저축의 성격을 띠며 장기보험계약준비금을 주로 금융자산 형태로 운용한다.

금융지주회사 독자적으로 경영하는 사업없이 주식지분의 소유를 통해 은행이나 증권사, 보험사 등과 같은 금융기관을 자회사로 소유하고 경영하는 회사를 말한다. 금융지주회사는 특정 사업부문에 대한 진입·퇴출이 용이하고 겸업화·대형화를 통해 경쟁력을 제고할 수 있는 장점이 있다. 우리금융지주, 신한금융지주, 하나금융지주, KB금융지주 등이 있다.

여신전문금융기관 수신기능 없이 여신업무만을 행하는 금융회사로서 신용카드업, 시설대여업, 할부금융업, 신기술사업금융업 등이 있다. 신용카드업은 신용카드 발행 및 관리 또는 신용카드가맹점의 모집 및 관리 업무를 행하는 업종이다. 시설대여업은 일정한 물건을 새로 취득하거나 대여 받아 거래 상대방에게 일정 기간 이상 사용하게 하고 그 기간에 걸쳐 일정 대가를 정기적으로 분할하여 지급받는 등의 금융업(일명 리스)을 말한다. 할부금융업은 재화 및 서비스 매매에 대하여 재화 및 서비스의 구매자금을 매도인에게 지급하고 매수인으로부터 그 원리금을 분할하여 상환받는 방식의 금융업종이다. 신기술사업금융업은 신기술사업자에 대한 투자, 융자, 경영 및 기술의 지도 등의 업무를 종합적으로 운영하는 사업이다.

벤처캐피털회사 기술과 아이디어면에서 장래성이 있으나 경영기반이 약하여 자금을 동원하기 어려운 벤처기업에 투자하는 투자전문회사를 말한다. 벤처캐피털 업체가 중심이 되어 기업, 일반인, 금융기관 등의 참여로 투자조합 혹은 펀드를 통하여 자금을 모집한다. 주식 취득의 형식으로 투자하고 벤처기업이 이윤을 내면 주식 매각을 통하여 투자금을 회수한다. 높은 수익을 거둘 수도 있지만 담보 없이 투자하는 것이 특징으로서 벤처기업이 실패하면 투자금 회수가 어렵다.

증권금융회사 증권거래소에 등록되어 있는 증권회사에 대하여 증권투자에 필요한 증권금융업무와 유가증권시장에서의 매매거래에 필요한 자금이나 유가증권을 담보로 대부하는 업무를 한다. 증권시장의 매매거래를 성사시키는 데 매우 중요한 역할을 하고 있다.

3.2 금융상품

우리나라는 성장기에는 은행이 취급하는 예금과 대출을 제외하면 금융시장에서 볼 수 있는 금융상품은 대단히 제한되어 있었다. 그러나 금융기관의 종류가 다양화되고 금리 및 금융의 자유화가 진행되면서 금융상품의 종류도 크게 늘어나고 있다. 그러므로 요즈음 고객들은 소유하는 자금 규모나 금융상품의 수익률에 따라서 다양한 상품에 투자할 수 있다. 은행과 우체국 이외 금융기관들의 금융상품의 수익률은 은행보다 높다. 새마을금고나 신용협동조합, 상호금융, 상호저축은행 등의 예금금리는 은행보다 높지만 기관의 신용도가 낮다. 기타 투자금융기관의 상품들은 고수익 상품인 반면 위험도가 높기 때문에 손실을 볼 수 있다. 예를 들어, CMA(Cash Management Account)[5]는 예탁금을 어음이나 채권에 투자하여 그 수익을 투자자에게 돌려주는 실적배당 금융상품이고, 뮤추얼펀드는 주식발행을 통해 투자자를 모집하고 모집된 투자자산을 전문적인 운용회사에 맡긴 후 배당금을 돌려주는 고수익 상품이지만 수익이 나지 않으면 손실이 발생할 수 있다. 보험의 경우에는 만기일 이전에 해지하면 대부분 환급금이 보험료보다 낮다는 점에 유의해야 한다.

표 6-2 금융기관별 주요 금융상품 일람표

금융기관	주요 상품	특징
은행 (농·수협중앙회 포함)	요구불예금, 저축성예금, 신탁상품, CD·RP 등 시장성상품	대출 가능, 비교적 낮은 예금금리, 중도해지 시 저금리 적용
종합금융회사	CMA, CP, 발행어음	단기 고수익, 개인대출 불가, 최소 가입액 큼
상호저축은행	예금, 적금, 신용부금, 표지어음	고수익, 기관신용도 낮음
상호금융(지역농·축협, 지구별 수협, 지역산림조합)	출자금, 예탁금, 적금	고수익, 기관신용도 낮음
신용협동조합	출자금, 예탁금, 적금	고수익, 기관신용도 낮음
새마을금고	출자금, 예탁금, 적금	고수익, 기관신용도 낮음
자산운용회사	수익증권, 뮤추얼펀드	고수익, 일부 상품은 위험도 높음, 개인대출 불가
우체국	우체국예금·보험	원리금 100% 보장, 대출 불가
생명보험회사	보장성보험, 저축성보험	저축성보험도 기본적인 보장 기능을 겸함, 만기 전 해약 시 환급액이 보험료보다 적을 수 있음, 일반저축상품보다 수익률 낮음

---

5) 종합금융회사에서 먼저 취급했으나 현재는 증권사에서도 판매한다.

금융기관	주요 상품	특징
손해보험회사	재물보험, 배상책임보험, 제3보험, 특종보험, 근재보험, 보증보험, 재보험, 퇴직연금, 장기손해보험	만기 전 해약 시 환급액이 보험료보다 적을 수 있음, 일반저축상품보다 수익률 낮음
증권회사	증권저축, 채권저축, 수익증권, 뮤추얼펀드	고수익, 주가 하락 시 손실 발생
선물회사	파생상품 및 선물거래 중개	
신탁회사	신탁상품, 신탁형증권저축	
여신전문금융회사	대출(신용, 주택 등)	
벤처캐피탈회사	대출, 신기술투자(주식, 사채인수)	
증권금융회사	실권주청약예수금, RP	고수익

출처: 한국은행, 『2012년 금융생활길라잡이』, pp.187-188 및 기타 자료.

제4절 금융시장

4.1 금융시장의 구조

금융시장(fancial market)은 크게 직접금융시장과 간접금융시장으로 나뉜다. 간접금융시장은 은행 등의 금융기관이 개입하여 일반으로부터 흡수된 자금을 수요자에게 제공하는 시장이다. 간접금융시장에서 가장 중요한 거래는 예금과 대출(예대시장)이고, 당좌차월, 어음할인, 팩터링제도, 단자차입, 보험차입, 시설자금차입, 외화차입, 리스 등이 포함된다.

직접금융시장은 자금수요자가 주식 혹은 채권의 신규로 발행하여 자금을 직접적으로 조달하는 시장이다. 투자자의 입장에서는 직접금융 방식은 증권, 즉 주식 및 채권이 주요 거래 상품이므로 수익성이 높을 수 있으나 상대적으로 불확실성이 커서 손실을 볼 수도 있다. 반면, 예금 등 간접금융은 은행과 같이 공신력이 있는 금융기관이 중개하기 때문에 위험도와 수익성이 모두 낮다. 우리나라에서는 선진국에 비해 간접금융의 비중이 높다.

직접금융시장은 단기금융시장, 자본시장으로 나뉘는데, 여기에 금융상품의 특성을 고려하여 외환시장과 파생금융상품시장을 별도로 구분하기도 한다. 단기금융시장은 자금시장(money market)이라고도 하며, 만기 1년 이내인 금융상품이 거래된다. 주로 자금거래규모가 크고 신용도가 양호한 정부, 금융기관, 우량기업 등이 자금의 일시적인 과부족을 조절하는 시장이다.

그림 6-2 우리나라 금융시장의 구조

자료: 한국은행, 『한국의 금융시장』, 2016, p.6.

자본시장(capital market)은 만기 1년 이상의 장기자금을 조달하는 시장으로 주식 및 채권이 거래된다. 외환시장은 각국의 통화가 거래되는 곳으로 거래 당사자에 따라 외국환은행간 외환매매가 이루어지는 은행간 시장과 은행과 비은행고객간에 거래가 이루어지는 대고객시장으로 구분된다. 은행간 시장은 금융기관, 외국환중개기관, 한국은행 등이 참가하는 시장으로 대량 거래가 이루어지는 도매시장의 성격을 가진다. 일반적으로 외환시장은 은행간 시장을 의미한다. 파생금융상품시장은 금융상품의 가격변동위험과 신용위험 등 위험 관리를 위해 고안된 파생금융상품이 거래되는 시장이다. 대표적인 상품으로 선물, 선물환, 옵션, 스왑 등이 있다. 우리나라의 파생금융상품시장은 외환파생상품을 중심으로 발전되어 왔으나, 1990년대 중반 이후로 주가지수 선물 및 옵션, 채권선물 등이 도입되면서 상품종류가 다양해지고 거래규모도 크게 확대되고 있다.

4.2 간접금융시장

우리나라 금융시장은 초기에 예금 및 대출을 중심으로 하는 예대시장을 바탕으로 성장해 왔다. 그러므로 먼저 간접금융시장 중에서 예대시장을 살펴보기로 하자.

그림 6-3 예금은행의 총예금 및 총대출의 추이 (단위: 조원, %)

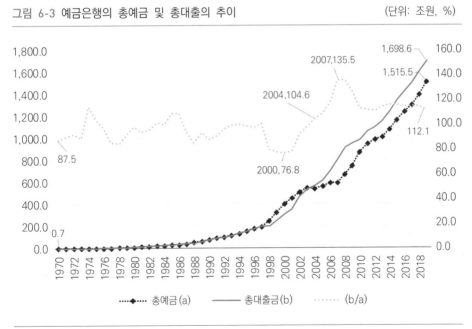

주: 말잔 기준.
자료: 한국은행경제통계시스템.

통화금융기관인 예금은행의 총예금과 총대출은 1970년에 둘 다 1조원에 미달하는 8천억 원, 7천억 원이었지만 2019년에 예금은 1,516조 원, 대출은 1,699조 원으로 명목상으로 엄청나게 증가하였다. 그런데 예금과 대출을 비교하면, 2003년 이전에는 몇 개년도를 제외하고 대출보다 예금이 많았지만 2004년 이후에는 대출이 예금보다 많아지고 그 격차도 매우 커서 200조 원을 넘는 해도 있다.

이렇게 예금을 초과하여 대출이 이루어지고 있음을 (b/a)가 보여주고 있다 (<그림 6-3>). 예대율(loan to deposit ratio)은 은행의 자산 구성 또는 오버 론 (overloan)의 정도를 나타내는 지표로서 예수금을 초과한 대출을 방지하기 위한 지표이다.[6] 예대율이 100%를 넘으면 자금운용에 적신호가 켜진 것이므로 은행경영에 각별히 유의해야 한다. 예대율은 실제로 계산하기가 까다롭기 때문에 편의상 이를 대신하여 총예금 대비 총대출을 타나내는 (b/a)를 그려두었다.[7] 그림을 보면, 2004년도에 이 비율이 100%를 넘고 있어서 대출이 예금보다 많아지고 있으며 최근까지 110%를 넘어서고 있다. 우리나라에서는 고도경제성장기에 필요자금을 대부분 은행융자에 의존했기 때문에 예대율이 높은 편이었다. 그런데 그 때보다 자금사정이 크게 나아진 2000년대에 오히려 비율이 올라간 채 머물고 있다. 이러한 상황 때문에 금융당국에서는 2019년도에 2020년도부터 신예대율을 은행에 적용하는 조치를 취했다. 새로운 예대율의 적용은 지나치게 증가한 가계대출을 줄이려는 것을 목표로 한 것이다.[8]

예금은 요구불예금과 저축성예금의 두 가지로 나누어진다. 총예금액에서 차지하는 요구불예금과 저축성예금의 비율은 어떻게 변화했을까? 고도성장기에 정부는 투자자금과 자본축적을 위해 저축을 장려했지만 산업자금의 대출금리를 낮추어야 했기 때문에 예금자들에게 불리하였다. 거기다가 장기간에 걸친 악성

---

6) 예대율은 80% 정도의 선에서 억제하는 것이 건전한 경영방침이라고 한다.

7) 예금은행의 총수신 항목 중에서 원화예금으로 표시된 것이 예금은행의 총예금인데 2010년 이후에 대체로 총예금은 총수신의 약 80%를 차지한다. 예대율계산방식은 여러 차례 바뀌었다. 2020년 1월에 도입된 예대율의 규제방식은 [원화대출금/(원화예수금＋시장성CD)]인데, 원화대출금에서는 정책자금대출 제외, 가계대출 가중치 115%, 기업대출 85%, 개입사업자는 이전과 동일한 100%로 조정되었다. 원화예수금에는 만기 5년 이상 커버드본드가 포함(원화예수금의 1% 이내)되고, 시장성CD는 원화예수금의 1% 이내로 되어 있어서 산정하기가 쉽지 않다.

8) 신예대율은 가계대출 가중치를 15%포인트 높이고 기업대출은 15%포인트 내리는 것을 중심으로 한다. 이에 따라 시중은행들은 비상이 걸렸다(한국은행, 『2019단기금융시장리뷰』, p.19, 매일신문, "예금 늘리고 대출 막아라"… 은행들 예대율 낮추기 비상, 2019.10.23.).

인플레이션은 예금 증가를 방해하는 요인으로 작용했다. 그럼에도 높은 성장률을 유지했기 때문에 예금의 절대액은 증가했고, 예금에서 차지하는 저축성예금의 비중은 하락 추세이지만 1980년대 말까지는 65% 이상을 차지했다. 저축성예금의 비중은 1991년에 최저 수준으로 하락했지만 1998년 이후에는 85% 수준을 상회하고 있다. 자본축적으로 자금적 여유가 생긴 데다가 저금리시대가 본격적으로 지속되면서 정기예금, 저축예금, 기업자유예금 등 저축성예금이 급증한 데 따른 것으로 보인다. <표 6-3>은 그것을 보여주고 있다.

그림 6-4 요구불예금 및 저축성예금 비중의 변화 (단위: 조원, %)

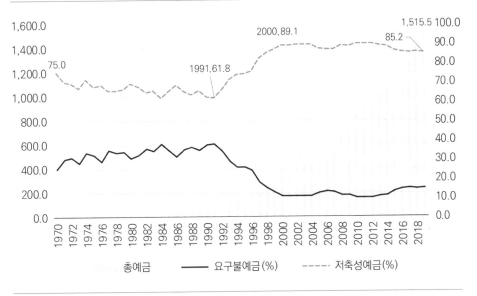

주: 말잔 기준.
자료: 한국은행경제통계시스템.

표 6-3 예금은행의 종류별 예금 (단위: 조원)

	총예금	요구불	(보통)	(별단)	저축성	(정기)	(저축)
1970	0.8	0.2	0.1	0.1	0.6	0.3	
1980	12.4	3.8	1.0	2.1	8.6	3.9	0.7
1990	84.1	31.6	7.3	17.2	52.4	15.8	5.3
2000	404.7	44.1	15.4	22.0	360.6	205.5	65.6

	총예금	요구불	(보통)	(별단)	저축성	(정기)	(저축)
2001	455.6	49.8	20.3	23.3	405.8	215.0	83.5
2002	512.4	55.4	25.6	22.1	457.0	252.0	92.0
2003	548.1	58.5	28.9	21.4	489.6	269.1	96.6
2004	540.7	58.1	31.1	19.6	482.7	268.9	93.6
2005	561.9	70.9	38.5	23.9	491.0	261.1	100.0
2006	592.7	78.3	42.8	27.3	514.5	279.9	103.6
2007	593.2	76.9	44.7	24.1	516.2	297.8	90.8
2008	675.2	75.7	44.9	21.2	599.5	368.9	90.2
2009	751.3	85.0	52.6	22.8	666.3	401.7	114.9
2010	873.9	88.1	56.5	22.1	785.8	502.8	129.5
2011	947.8	96.1	64.1	22.2	851.7	563.6	130.6
2012	990.3	100.9	66.3	23.0	889.3	575.7	141.2
2013	1,009.7	111.4	75.1	23.7	898.3	558.9	159.3
2014	1,080.5	122.8	86.5	24.0	957.7	578.0	176.7
2015	1,163.7	155.4	106.2	24.5	1,008.3	569.6	210.1
2016	1,241.0	179.9	125.2	25.6	1,061.0	587.0	234.2
2017	1,305.6	194.3	143.5	25.4	1,111.3	617.5	245.6
2018	1,395.0	202.4	153.0	26.4	1,192.6	694.0	243.2
2019	1,515.5	224.5	176.4	25.0	1,291.0	742.6	270.5

주: 1) 잔액기준.
　　2) 액수가 많은 종류별 예금을 표시, 나머지 제외.
자료: 한국은행경제통계시스템.

　　저축성예금이 빠른 속도로 느는 가운데 저축성예금 중 정기예금이 절반 이상을 점하고 있고 저축예금과 기업자유예금이 2, 3위를 차지하고 있다. 요구불예금에서는 보통예금 다음으로 별단예금이 많은 액수를 차지하였다. 한편, 자금별로 본 대출금에서는 운전자금이 1970년 이후 최소 73%에서 약 90%로서 시설자금에 대한 융자에 비해 압도적 비중을 차지하고 있다.

4.3 직접금융시장

4.3.1 단기금융시장

단기금융시장은 통상 만기 1년 이내의 금융시장이 거래되며 자금시장이라고도 한다. 단기금융시장은 유휴현금보유에 따른 기회비용 절감과 금융상품 보유에 따른 위험관리 수단을 제공한다. 또한 중앙은행의 통화정책이 수행되는 대상시장으로서 통화정책의 효과가 파급되는 시발점이기도 하다. 콜시장, 환매조건부매매시장, 양도성예금증서시장, 기업어음시장, 전자단기사채 등으로 구성된다.

단기금융시장에서 거래되는 상품들

- 콜(Call): 금융기관 상호간에 일시적인 자금과부족을 조절하기 위해 이루어지는 초단기 자금의 대차이다. 대출 측에서는 콜론(call loan), 차입 측에서는 콜 머니(call money)이며 이것의 약칭을 콜이라고 한다. 다음 영업일에 결제가 이루어지는 익일물이 대부분을 차지한다. 지급준비제도 적용 대상 금융기관들이 지급준비금의 과부족을 주로 콜거래를 통해 조정하고 있다는 점에서 콜시장은 지준시장으로서의 의미도 갖는다. 담보콜과 무담보콜 중 대부분은 무담보 중개거래 방식으로 이루어진다.
- CP(Commercial Paper, 기업어음): 기업이 발행하는 만기 1년 이내의 어음을 가리킨다. 주로 우량기업이 자금을 조달하기 위해서 자기신용을 바탕으로 발행하며 단기 무담보 상품이다.
- CD(Negotiable Certificates of Deposit, 양도성예금증서): 정기예금에 양도성을 부여한 예금증서로서 제3자에게 양도가능하다. 은행들은 단기자금 조달수단으로 활용하고 있으며, 중개기관 및 매수기관은 중개수수료 및 시세차익 획득과 단기자금 운용 등의 목적으로 CD시장에 참가하고 있다.
- RP(Repurchase Agreement, 환매조건부매매): 일정이 지난 후에 일정한 가격으로 동일 채권을 다시 매수하거나 매도할 것을 조건으로 발행하는 상품으로 경과기간에 따라 확정이자를 지급한다. 금융기관이 보유하는 국채와 특수채 등을 담보로 발행한다.
- 단기사채(Asset Backed Short-Term Bond): 만기 1년 미만의 단기자금을 "전자"방식으로 발행 및 유통하는 금융상품이다. 즉, 실물없이 중앙등록기관의 전자장부에 등록되는 방식으로 발행·유통된다. 기업들이 단기 자금을 조달하기 위해 발행했던 기업어음(CP)을 대체하여 기존의 기업어음 거래의 부작용을 해소하고 발행 및 유통의 편의성을 한층 제고하기 위하여 2013년 1월 15일부터 도입됐다. 발행 최소금액이 1억원 이상이며, 사채 금액을 일시에 납입해야 한다. 2019년 9월 전자증권제도 시행에 따라 전자단기사채에서 단기사채로 명칭이 바뀌었다.

자료: 한국은행, 『2019단기금융상품리뷰』, pp.52-53 등.

표 6-4 단기금융상품의 개요

	콜	환매조건부 매매	양도성 예금증서	기업어음	단기사채[1]
도입시기	1960년 7월	1977년 2월	1974년 5월	1972년 8월	2013년 1월
특징	금융기관간 자금조절	금융기관간 자금조절, 금융기관 단기 자금조달	은행의 단기 자금조달, 은행간 자금조절	기업의 단기자금조달	기업의 단기자금조달
법적성격	금전소비대차	채권매매	소비임치	약속어음, 채무증권	채권
참가기관 / 자금조달(발행)기관	은행, 증권 등	은행, 증권, 자산운용, 증권금융 등	예금은행	기업, 금융기관, spc	기업, 금융기관, spc
참가기관 / 자금운용(매입)기관	은행, 자산운용 등		은행간: 은행 시장성: 금융기관	금융기관, 법인, 개인	금융기관, 법인, 개인
참가기관 / 중개기관	자금중개	자금중개, 증권금융 등	증권, 종합금융, 자금중개	증권, 종합금융, 자금중개	증권, 자금중개
만기	최장 90일 이내	자유화	30일 이상	자유화	1년 이내
최저발행	1억원 (중개거래 시)	제한없음	제한없음	증권: 1억원 기타: 제한없음	1억원
이자지급방식	만기일시지급	만기일시지급	할인방식 선지급	할인방식 선지급	할인방식 선지급
중도환매	–	제한없음	금지	제한없음	제한없음

자료: 한국은행, 『2019년 단기금융시장리뷰』, p.51.

    단기금융시장에는 한국은행도 참여한다. 한국은행은 시중 유동성을 조절하기 위하여 RP 매입과 매각 등을 통해 시장에 개입한다. 예금은행은 CD 발행, 콜 차입, RP 매도 등을 하고 일시적 여유자금은 콜론, RP 매수 등으로 운용한다. 증권회사, 자산운용회사 등은 주로 RP 거래를 통해 부족자금을 조달하거나 여유 자금을 운용하고, 기업은 CP 및 단기사채를 발행하고 RP, CP를 매입하기도 한다. 이외에도 가계도 일시적인 여유자금의 운용을 위해서 단기금융시장에 참가하고 있다.

표 6-5 단기금융시장의 규모[1] (단위: 조원)

	콜	CD[2]	RP[3]	%	CP	%	단기사채	%	합계
2011	30.8	3.4	15.6	*11.4*	87.1	*63.6*	–		136.9
2012	28.2	3.3	23.4	*14.0*	112.5	*67.2*	–		167.4
2013	29.0	3.2	24.7	*12.6*	126.0	*64.4*	12.6	*6.4*	195.6
2014	24.6	3.5	29.5	*13.9*	133.8	*63.0*	21.0	*9.9*	212.5
2015	17.9	7.7	38.8	*17.8*	123.0	*56.4*	30.7	*14.1*	218.0
2016	15.8	6.7	51.9	*20.8*	140.9	*56.4*	34.5	*13.8*	249.9
2017	16.0	5.4	61.5	*22.2*	151.2	*54.5*	43.1	*15.5*	277.2
2018	13.2	8.8	75.4	*25.0*	158.8	*52.6*	45.8	*15.2*	302.0
2019	11.5	13.3	92.6	*26.1*	182.9	*51.5*	54.6	*15.4*	354.9

주: 1) 콜, RP는 기간 중 일평균잔액, CD, CP, 단기사채는 기말잔액.
  2) 시장성 CD 및 은행간 CD.
  3) 기관간 RP.
자료: 한국은행, 『2015년단기금융시장리뷰』, p.34.
  _____, 『2017년단기금융시장리뷰』, p.48.
  _____, 『2019년단기금융시장리뷰』, p.52.

단기금융시장은 2011년 이후 2019년까지 140조원에서 355조원으로 2.6배로 커졌다. 그러나 콜시장은 오히려 3분의 1수준으로 줄어들었다. 2010년 시작된 증권사에 대한 콜차입 한도 규제와 2015년 3월 일부 증권사 및 자산운용사를 제외한 비은행금융기관의 콜시장 참가 배제 등이 영향을 미쳤기 때문이다.[9]

가장 큰 비중을 차지하고 있는 것은 역시 자금을 가장 필요로 하는 기업의 CP이다. CP는 60%대에서 약 52%까지 떨어지고 있다. 그러나 이것은 단기사채가 도입된 것과 관계가 깊다. 즉, 단기사채가 시장에 도입되면서 전체 발행액에서 CP 발행이 차지하는 비중이 크게 감소하고 있는데, 이 둘은 합하면 2014년의 73%에 비해 적기는 하지만 최소 67% 이상을 차지하고 있다. 이것은 단기사채가 만기나 발행액 등 법적 제한이 있다는 점이 CP와 다를 뿐 경제적 실질은

---

9) 한국은행, 『한국의 금융시장』, 2016, p.27, 한국은행, 『2019년 단기금융시장리뷰』, p.4.

CP와 동일하다는 점에서 CP 발행이 단기사채로 옮겨간 것으로 볼 수 있다. 한편, RP는 2011년 15조 6천억 원에서 2019년 92조 6천억 원으로 5.4배로 커졌고 그 비중도 2배 이상으로 증가하였다. 이는 성장세를 지속한 채권형 헤지펀드와 시장금리 하락의 영향 등으로 채권매입을 늘린 증권사가 RP시장에서 조달하는 자금을 크게 늘렸기 때문이다.[10]

4.3.2 자본시장

(가) 자본시장의 구분

자본시장은 국채, 회사채, 주식 등 만기 1년 이상의 장기자금이 거래되는 직접금융시장으로서 통상 증권시장(securities market)이라고 한다. 자본시장은 각 경제주체들의 장기자금의 과부족을 조절하고 투자자들의 부를 늘여주는 역할을 한다. 또한 통화량과 이자율을 조절하는 정부의 공개시장정책도 자본시장에서 이루어진다.

증권시장은 발행시장과 유통시장으로 구분된다. 발행시장(issue market, investment market)은 중앙정부 및 공공단체나 기업이 자금을 조달할 목적으로 증권을 발행하여 일반 투자자들에게 매출함으로써 자금을 조달하는 시장을 가리킨다. 새로운 증권이 신규로 출현하는 시장이어서 제1차시장(primary market)이라고도 한다. 발행시장은 자본형성시장으로서 시중의 여유자금을 안정적으로 산업자금으로 전환시켜 주는 중요한 역할을 한다. 발행시장은 채권발행시장과 주식발행시장으로 나누어진다.

유통시장(circulation)은 발행된 증권을 개인과 기관들이 매매하는 시장으로서 제2차시장(secondary market)이라고도 한다. 유통시장은 발행된 유가증권의 시장성과 유동성을 높여서 언제든지 적정한 가격으로 현금화할 수 있는 기회를 제공한다. 유통시장에는 거래되는 상품의 종류에 따라 주식시장, 채권시장, 선물시장 등이 있고, 금융상품의 거래장소와 거래방법에 따라 거래소시장(장내시장)과 장외시장으로 나누어진다. 거래소시장에서는 일정한 요건을 구비한 상장증권의 매매가 이루어진다. 상장(上場, listing)이란 한국거래소에서 매매할 수 있도록 품목을 지정하는 것을 말한다.[11] 거래소시장에서는 금융상품을 판매하고 구입하는

---

10) 한국은행, 『2019년 단기금융시장리뷰』, p.6.

장소와 거래의 형식이 일정하게 표준화되어 있다. 그러므로 모든 거래가 집중되고 가격 및 거래정보가 누구에게나 잘 알려지며 거래의 익명성이 보장되어 거래상대방이 누구인지 알려지지 않는 특징이 있다.12) 우리나라에서는 한국거래소 (KRX: Korea Exchange)에서 증권과 파생상품의 원활한 거래와 가격형성을 담당한다.13)

장외시장(off board market)이란 최저거래단위 미만의 증권이나 비상장증권이 개별적으로 거래되는 시장으로서 거래의 대부분이 주로 증권회사의 창구에서 이루어진다고 해서 흔히 점두시장이라고도 한다. 장외시장은 거래방법에 따라 직접거래시장(No Broker Market)과 점두시장(Over-The-Counter Market)으로 구분된다. 직접거래시장은 투자자 상호간의 개별적 접촉과 협상에 의하여 거래가 이루어지는 시장이고, 점두시장은 중개기관인 증권회사의 창구에서 주식거래가 이루어지는 시장으로 협의의 장외시장이다. 장외시장은 비상장기업의 건전한 육성과 유통시장의 발전에 나름대로 기여하고 있다.

증권 중 주식의 유통시장에는 KOSPI시장(유가증권시장), KOSDAQ시장, KONEX시장, K-OTC가 있다. KOSPI(Korea Composite Stock Price Index)시장에서는 기업규모가 크고 비교적 우량한 주식을 거래하고, KOSDAQ(Korea Securities Dealers Automated Quatotations)시장은 중소벤처기업 중심의 상장주식이 거래되는 거래소시장이다. KONEX시장(Korea New Exchange)은 거래소에 개설은 되어 있지만 창업초기의 중소기업, 벤처기업, 기술형·성장형 기업 등에게 자금조달 기회를 제공하는 한편 투자자에게는 고위험·고수익 투자수단을 제공하는 제3의 주식거래시장으로서 KOSDAQ 전 단계의 시장이다. K-OTC(Korea Over-The-Counter)는 Free Board시장을 확대·개편하여 2014년 8월에 개설된 장외시장이다.14)

---

11) 증권이 거래소에서 매매되면 발행회사의 사회적 평가가 높아져 증자, 기채(起債) 등이 용이해지는 등 여러 좋은 점이 있으므로 증권을 발행한 회사는 증권거래소에서 상장해 줄 것을 요청하는데, 거래소로서는 공신력을 위하여 일정한 상장심사 기준을 설정해서 선별하고 있다. 상장 후에 일정한 요건에 미달하거나 계약을 위반하면 상장을 폐지하게 된다.

12) 채권유통시장도 상장채권만이 거래되는 거래소시장(장내시장)과 비상장종목을 포함한 전종목이 거래되는 장외시장으로 구분되는데 주식의 유통시장과는 달리 장외시장의 비중이 높은 점이 특징이다.

13) 주식을 거래하는 증권거래소, 선물을 거래하는 선물거래소, 기술주중심의 주식을 거래하는 코스닥증권시장의 3개로 나누어져 있던 것을 한국거래소로 통합하였다.

이 외에도 은 전자시스템을 이용해 주식을 사고 팔 수 있는 ECN(Electronic Communication Network: 장외전자거래시장, 2001년 출범)이 있다. 이것은 증권회사가 운영하는 대체거래시스템의 일종으로 사설증권거래소라고도 불리는데, 저렴한 수수료로 신속하게 거래할 수 있으며 주식시장 마감 후 다음날 개장 전(오후 4시~다음날 9시 30분)까지 열린다.

표 6-6 주식유통시장별 매매거래제도 비교

	유가증권시장	코스닥시장	코넥스시장	K-OTC
거래시간	정규시장 09:00~15:30 시간외시장 07:30~09:00 15:40~18:00	좌동	좌동	09:00~15:30
가격제한폭	기준가격±30%	좌동	기준가격±15%	기준가격±30%
매매방식	경쟁매매 동시호가매매	좌동	경쟁매매 동시호가매매 경매매	상대매매
위탁증거금	증권회사 자율 결정	좌동	좌동	매수: 현금 100% 매도: 주식 100%
결제전 매매	가능	가능	가능	가능
양도소득세	면제	면제	면제	대기업주식: 20% 중소기업주식: 10%
증권거래세1)	거래세 0.15% 농특세 0.15%	거래세 0.3%	거래세 0.3%	거래세 0.5%
호가	지정가 시장가 최유리지정가 최우선지정가 조건부지정가 경쟁대량매매 호가	좌동	지정가 시장가	지정가
기준가	전일종가	전일종가	전일종가	전일거래량 가중평균주가

14) 제3시장이었는데 2000년에 개장했으며, 2005년에 프리보드로 명칭이 변경되었다. 한국금융투자협회가 운영한다.

	유가증권시장	코스닥시장	코넥스시장	K-OTC
매매단위	1주	좌동	좌동	좌동
신용공여	가능	가능	가능	불가능

주: 1) 주식매도시에만 부과되면 세율은 매도금액 기준.
자료: 한국은행, 『한국의 금융시장』, 2016, p.277.

(나) 채권시장

채권은 정부와 공공단체, 주식회사 등이 일반인으로부터 비교적 장기자금을 조달하기 위하여 발행하는 채무이행약속증서이다. 주식은 채권과 마찬가지로 불특정 다수로부터 대규모 자금을 조달하는 수단이지만 주식소유자는 원칙적으로 기업의 자기자본의 일부를 소유한다는 의미에서 이익이 발생해야만 이익 중의 일부를 배당금으로 받게 된다. 반면에 채권은 액면가(발행금액), 발행일, 상환일 등과 함께 확정 이자율도 기록되어 있기 때문에 채무자가 수익이 발생하지 않아도 반드시 상환해야 할 의무가 있는 증서이다. 채권의 가격은 만기, 발행주체의 지급불능 위험과 같은 내부적 요인과 시중금리, 경제상황 등의 외부적 요인 등에 의한 수요과 공급의 원리에 따라 결정되며 수시로 변동한다. 정부, 공공단체, 기업이 장기자금조달 수단으로 쓰기 때문에 단위당 거래규모가 주식보다 고액이다.

우리나라에서는 자본시장 육성정책이 주로 주식시장에 집중되었기 때문에 채권시장의 발전은 상대적으로 늦었다. 채권시장은 외환위기를 계기로 크게 발전하였다. 또한 1997년에는 모든 상장 채권에 대한 외국인의 투자한도가 완전히 폐지되었다. 외국인의 채권투자는 시장개방 이후에도 부진하였다. 그러나 2007년 미국 서브프라임모기지 부실 확대 등으로 통화스왑금리가 하락하는 등 재정거래 유인이 증대하자 외국인 투자가 점차 증가하였다.[15]

---

15) 2016년 6월말 기준으로 5.6%를 차지하고 있다(한국은행, 『한국의 금융시장』, 2016, p.153.).

채권에는 국채, 지방채, 특수채, 회사채, 외국채가 있다.

- 국채: 국채는 중앙정부가 자금조달을 위해 발행하는 증권. 국채는 국회의 동의를 얻어야 한다. 국고채권, 재정증권, 국민주택채권, 보상채권 등 자금 용도에 따라 네 가지로 나뉜다. 이 중 국고채는 정부가 공공목적에 필요한 자금 확보 및 공급하는 공공자금관리기금의 부담으로 발행하는 채권이다. 국고채에서 지방채, 특수채, 등을 묶어서 국공채라고 부르기도 한다. 재정증권은 재정상의 수입을 목적으로 발행하는 증권이다.
- 지방채: 지방자치단체가 지방재정의 건전한 운영과 공공의 목적을 위해 재정상의 필요에 따라 발행하는 공채(公債)이다. 특별시·광역시·도 등 광역자치단체와 시·군 등 기초자치단체에서 발행한다.
- 회사채: 기업이 운영 및 시설투자 등에 필요한 장기자금을 조달하기 위해서 발행한다. 금융위원회에 증권신고서 제출 등의 절차를 거쳐서 발행된다. 공모발행(public dffering)과 사모발행(private placement)의 두 가지가 있다. 회사채는 개정 상법의 시행으로 정관에서 정하는 바에 따라 이사회결의가 없이도 발행이 가능해졌다. 채권의 유통시장은 장외시장과 장내시장으로 구분되는데, 대부분의 채권거래는 장외시장에서 주로 증권회사의 단순 중개를 통하여 이루어지고 있다. 장내시장으로는 한국거래소 내 일반채권시장과 국채전문 유통시장이 개설되어 있다. 회사채는 전환사채(CB), 신주인수권부사채(BW), 교환사채(EB) 등으로도 발행된다.
- 특수채: 특별법에 의해 설립된 특별법인(한국도로공사, 한국토지공사 등)이 자금조달 목적으로 발행한다. 공채와 회사채의 성격을 모두 가지고 있으며, 안정성면에서는 회사채보다 높고 수익성은 국채보다 양호하다. 한국가스공사채권, 한국도로공사채권, 한국전력공사채권, 예금보험공사채권 등이 있다.
- 외국채: 한 나라의 국내자본시장에서 외국차입자가 국내통화로 발행하는 채권으로서 주로 당해 국가의 거주자에게 판매된다.

표 6-7 자본시장의 규모와 내역   (단위: 조원, %)

	전체	채권								주식		
		소계	국채	(%)	특수채	(%)	회사채	(%)	지방채	소계	KOSPI	KOSDAQ
2007	1,883	831	–	–	–	–	–	–	–	1,052	952	100
2008	1,489	866		–	–	–	–	–	–	623	577	46
2009	1,988	1,014	330	32.5	405	39.9	264	26.0	15	974	888	86
2010	2,355	1,115	360	32.3	469	42.0	270	24.2	16	1,240	1,142	98
2011	2,350	1,202	391	32.5	493	41.0	301	25.0	17	1,148	1,042	106
2012	2,554	1,291	413	32.0	530	41.1	331	25.6	17	1,263	1,154	109
2013	2,701	1,396	453	32.4	579	41.5	346	24.8	19	1,305	1,186	119
2014	2,793	1,458	494	33.9	595	40.8	349	24.0	20	1,335	1,192	143
2015	3,004	1,559	546	35.0	635	40.7	357	22.9	22	1,444	1,243	202
2016	3,108	1,598	582	36.4	633	39.6	361	22.6	21	1,510	1,308	202
2017	3,548	1,659	616	37.1	640	38.6	382	23.0	21	1,889	1,606	283
2018	3,293	1,721	641	37.3	642	37.3	416	24.2	21	1,572	1,344	228
2019	3,541	1,824	689	37.8	645	35.4	468	25.7	21	1,717	1,476	241

주: 1) 채권은 상장잔액, 주식은 시가총액.
    2) 외국채는 생략(4천억 원 이하).
자료: 한국은행경제통계시스템.

채권의 상장액은 2007년 831조 원에서 2019년 1,824조 원으로 크게 증가하였는데, 주식의 시가총액보다 빨리 증가하여 채권시장의 규모가 주식시장의 규모보다 커졌다. 채권과 주식을 합한 자본시장 전체 규모도 크게 증가하여 2019년에 3,541조 원에 이르고 있다.

상장된 채권 잔액에서 가장 많은 비중을 차지하는 것은 국채이다. 1990년에 국채는 전체 채권에서 8.9%에 지나지 않고 회사채가 63%로서 커다란 우위를 점하고 있었다. 그러나 국채의 비중은 2000년에는 17.3%를 차지하였고[16] 이후에도 점점 증가하여 현재에는 전체 채권 규모의 3분의 1을 넘기고 있다. 이에 비해 회사채는 지속적으로 줄어들어 전체 상장액의 4분 1정도를 차지하고 있다.

---

16) 한국은행, 『한국의 금융시장』, 2016, p.153.

(다) 주식시장

우리나라의 주식시장은 1956년 3월 은행, 증권회사 및 보험회사의 공동출자로 대한증권거래소가 설립되면서 조직화된 시장의 모습을 갖추어 나갔다. 1962년 1월 증권거래법, 1968년 11월 자본시장육성에 관한 법률, 1972년 12월 기업공개촉진법이 제정되어 주식시장의 법률적 토대가 정비되었다. 1987년에는 장외시장이 개설되었으며 1996년에는 코스닥시장이 설치되었고 1997년 1월에 법적 지위를 획득하였다. 2000년 3월에는 장외호가중개시장(제3시장)이 개설된 후 2005년 7월 프리보드로 명칭 변경, 2014년 8월에는 K－OTC시장으로 변경되었다. 2013년 7월에는 중소기업 전용 KONEX시장(KONEX: Korea New Exchange)이 거래소 내에 개설되었다. KONEX는 부진한 프리보드를 보완하고 발전단계에 접어든 중소기업이 원활하게 자금을 조달할 수 있도록 한다는 취지에서 설립되었다. 한편, 2005년에는 한국증권선물거래소가 출범하였으며 2009년에는 한국거래소로 명칭이 변경되었다.

주식은 만기가 있는 채권과 다르게 상환의무가 없고 기업의 운영실적에 따라 수익금을 배당만 하면 되므로 발행자의 입장에서는 매우 안정적으로 자금을 조달할 수 있는 수단이다. 주식 발행액은 자기자본으로서 기업 운영에 필수적으로 요구되는 가장 기본적인 자산이 된다.

주식의 발행 방법은 직접발행과 간접발행으로 나뉜다. 직접발행은 발행기업이 중개기관을 거치지 않고 투자자에게 직접 주식을 팔아서 자금을 조달하는 방식이다. 유상증자를 통해 기존 주주 또는 제3자에게 주식을 배정하는 경우에 주로 사용된다. 간접발행은 전문성과 판매망을 갖춘 중개기관을 거쳐 주식을 발행하는 방식으로 최초 기업공개(IPO: Initial Public Offering) 시에는 대부분 이 방식을 사용한다.

그림 6-5 KOSPI시가 총액과 회사수
(단위: 조원, 개)

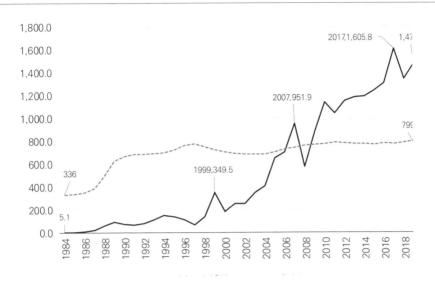

자료: 한국은행경제통계시스템.

<그림 6-5>는 <표 6-7>의 KOSPI의 시가총액과 회사수를 그림으로 나타낸 것이다. 시가총액은 1984년 5조 원에서 2019년에는 1,496조 원으로 약 300배 증가하였다. 상장회사수는 336개에서 799개로 증가하였다. 이에 따라 1회사당 시가 총액도 150억 원에서 1조 8천억 원으로 크게 증가하였다.

표 6-8 KOSPI회사와 KOSDAQ회사의 비교
(단위: 조원, %)

	시가총액			회사수		1개사 시가총액		(C/B)
	전체	KOSPI	KOSDAQ	KOSPI	KOSDAQ	KOSPI	KOSDAQ	
2004	443.7	412.6	31.1	683	890	0.6	0.0	7.0
2005	726.0	655.1	70.9	702	918	0.9	0.1	9.8
2006	776.7	704.6	72.1	731	963	1.0	0.1	9.3
2007	1,051.9	951.9	100	746	1,023	1.3	0.1	9.5
2008	623.1	576.9	46.2	765	1,038	0.8	0.0	7.4
2009	974.0	887.9	86.1	770	1,028	1.2	0.1	8.8
2010	1,239.9	1,141.9	98	777	1,029	1.5	0.1	7.9

	시가총액			회사수		1개사 시가총액		(C/B)
	전체	KOSPI	KOSDAQ	KOSPI	KOSDAQ	KOSPI	KOSDAQ	
2011	1,148.0	1,042.0	106	791	1,031	1.3	0.1	9.2
2012	1,263.4	1,154.3	109.1	784	1,005	1.5	0.1	8.6
2013	1,305.3	1,186.0	119.3	777	1,009	1.5	0.1	9.1
2014	1,335.4	1,192.3	143.1	773	1,061	1.5	0.1	10.7
2015	1,444.4	1,242.8	201.6	770	1,152	1.6	0.2	14.0
2016	1,509.9	1,308.4	201.5	779	1,209	1.7	0.2	13.3
2017	1,888.5	1,605.8	282.7	774	1,267	2.1	0.2	15.0
2018	1,572.2	1,344.0	228.2	788	1,323	1.7	0.2	14.5
2019	1,717.3	1,475.9	241.4	799	1,405	1.8	0.2	14.1

자료: 한국은행경제통계시스템.

<표 6-8>은 KOSPI회사와 KOSDAQ회사를 비교하고 있다. KODSPI의 시가총액은 2004년 444조 원에서 1,717조 원으로 약 4배로 증가한 반면, KOSDAQ 시가총액은 2004년 31조 원에서 2019년 241조 원으로 8배로 커졌다. 이에 따라 둘을 합한 전체 시가총액에서 KOSDAQ이 차지하는 비중은 7.0%에서 14%로 증가하였는데, 이는 KOSDAQ이 주식시장의 활성화에 크게 기여하고 있음을 의미한다. 회사수를 보면, KOSPI는 2019년도에 799개인 데 반해, KOSDAQ은 1,405개사로서 KOSPI회사수보다 훨씬 많다. 그렇지만 KOSPI에 상장된 1개사의 시가총액은 1조 8천억 원이고 KOSDAQ 1개사의 시가총액은 2천억 원에 미치지 못하고 있다.

이제까지 살펴본 통계를 바탕으로 우리나라 전체의 금융시장 규모를 파악해 보자. 아래 <표 6-9>는 우리나라 금융시장의 규모를 추정한 것이다. 간접금융시장에는 은행 외에도 비은행금융기관도 포함시켰다. 후자도 간접금융시장에서 적지 않은 비중을 차지하면서 중요한 역할을 하고 있기 때문이다. 은행 및 비은행금융기관들은 예금 외에도 유가증권투자 등 여러 가지 수입을 재원으로 대출 혹은 여신을 하기 때문에 예금은행의 대출금 및 비은행금융기관의 여신분을 간접금융시장의 규모로 파악하였다.

표 6-9 금융시장의 규모   (단위: 조원, %)

	간접금융시장		직접금융시장		금융시장 전체(a)	GDP	(a/GDP)
	예금은행 대출금	비은행금융 기관여신	단기금융 시장	자본시장			
2011	1,063.2	499.1	136.9	2,349.6	4,048.8	1,388.9	291.5
2012	1,099.8	520.0	167.4	2,554.3	4,341.5	1,440.1	301.5
2013	1,154.8	544.1	195.6	2,701.4	4,595.9	1,500.8	306.2
2014	1,250.1	582.9	212.5	2,793.2	4,838.7	1,562.9	309.6
2015	1,346.8	636.8	218.0	3,003.7	5,205.3	1,658.0	313.9
2016	1,424.1	724.5	249.9	3,108.1	5,506.6	1,740.8	316.3
2017	1,504.3	789.1	277.2	3,547.7	6,118.3	1,835.7	333.3
2018	1,600.3	856.5	302.0	3,293.3	6,052.1	1,898.2	318.8
2019	1,698.6	931.2	354.9	3,540.8	6,525.5	1,919.0	340.0

주: 1) GDP는 2015년 기준.
  2) 비은행금융기관: 종합금융회사, 자산운용회사, 신탁회사, 상호저축은행, 신용협동조합, 상호금융, 새
     마을금고, 생명보험, 기타(수출입은행, 우체국, 한국증권금융).
자료: 한국은행경제통계시스템, 한국은행, 『2015년단기금융시장리뷰』, p.34.
     _____, 『2017년단기금융시장리뷰』, p.48.
     _____, 『2019년단기금융시장리뷰』, p.52.

그 외에도 한국은행이 공표하는 통계에 수출입은행의 통계가 은행부문에 들어가지 않고 비은행금융기관에 포함되는 점, 우체국은 예금은 받지만 대출을 하지 않는 점, 단기금융시장에 소속되는 금융상품의 집계 기준이 달라져 자료에 따라 각 항목의 액수에 차이가 생기는 점 등으로 정확하게 파악하기 어려운 면이 있다. 그렇지만 그 차이가 크지 않기 때문에 우리나라 금융시장 전체의 크기를 파악하는 데에는 무리가 없을 것으로 보인다.

간접금융과 직접금융시장을 모두 합한 금융시장 전체의 규모는 2011년에 4,049조 원에서 2019년에는 6,526조 원으로 무려 약 2,500조 원이 늘어났다. 이것은 2019년 GDP의 3.4배에 달하는 규모이다. 금융시장의 성장을 이끈 것은 자본시장으로서 전체 증가액의 거의 절반에 가까운 약 1,200조 원이 늘어났다. 다음으로 예금은행의 대출금 – 비은행금융기관의 순으로 성장하였다. 간접금융시장과 직접금융시장을 비교하면 직접금융시장이 간접금융시장보다 크다. 간접금융시장은 대체로 약 40% 이하의 수준에서 유지하고 있다.

(라) 외국인의 주식 거래

주식시장의 대외개방은 1992년 1월에 외국인들이 국내주식시장에서 실명으로 주식거래를 할 수 있도록 됨으로써 시작되었다. 개방초기 단계에서는 한국전력과 포항제철 등 법령으로 투자를 제한하는 경우를 제외하고 모든 상장주식을 매입할 수 있으나 국내기업의 경영권보호와 금융·증권·외환시장의 안정을 위해 종목당 10%, 외국인 1인당으로는 3%를 넘지 않도록 하였다.[17] 동년 10월 주식시장 활성화를 위해 국민주에도 외국인 투자가 개방되었다. 1993년 6월 제3단계 금융자율화 및 시장개방계획과 1996년 OECD가입으로 자본자유화계획이 체계적으로 추진되었다. 그러나 국제금융 운영 경험이 일천하고 미숙했기 때문에 1997년 말에 외환위기가 닥치자 우리나라는 IMF로부터 구제금융을 지원받는 조건으로 대대적인 금융의 구조개혁을 단행했으며, 부실 금융기관들의 퇴출, 우량 금융기관들의 흡수합병을 통한 은행의 대형화와 함께 주식시장은 완전히 개방되었다.

외환위기 직후인 1997년 12월에는 1992년의 외국인투자 한도를 55%(1인당으로는 50%)까지 크게 확대되었다. 이어 1998년 5월에는 공공법인을 제외하고는 상장주식 투자한도가 완전히 폐지되었으며 그 해 7월에는 증권거래소 및 코스닥시장에 상장되지 않은 주식에 대해서도 외국인의 투자를 자유화하였다.[18] 그 결과 외국계 금융회사들의 시장점유율은 크게 증가하였다.

다음의 <표 6−10>은 국내 주식시장의 거래상황을 투자자별로 표시한 것이다. 먼저 매도와 매수에서 개인의 액수가 가장 많고 비중도 높다. 다만, 절대액의 증가에도 불구하고 2000년대에 비해 2010년대에는 차지하는 중요도가 약간 하락하여 절반 정도에 약간 미치지 못하는 해가 많다. 기관투자가는 2010년대를 전후하여 비중이 23~24%였지만 최근에는 20%를 조금 넘는 정도이다. 이에 반해 외국인은 국내 증권시장에 대한 투자를 가장 많이 증가시켰다. 외국인은 매도와 매수에서 2000년대에는 20%를 약간 상회하다가, 글로벌 금융위기 후인 2009년과 2010년도에는 거래액이 크게 줄고 비중도 20%에 미치지 못했다. 그러나 2013

---

17) 단, 예외한도제를 도입, 해외증권 발행 기업은 기본한도보다 높은 비율까지, 공익사업이나 산업정책상 필요한 업종에 대해서는 낮은 비율인 8%의 투자한도가 적용되며, 외국인 수익증권분은 전체한도에서 제외된다.

18) 한국은행, 『한국의 금융시장』, 2016, pp.151−152.

표 6-10 투자자별 주식거래   (단위: 조원, %)

| | 매도 | | | | | | |
	총액	기관투자자	%	개인	%	외국인	%
2004	555.8	110.9	20.0	324.5	58.4	119.7	21.5
2005	786.3	139.1	17.7	482.5	61.4	162.7	20.7
2010	1,410.6	335.1	23.8	772.7	54.8	273.8	19.4
2011	1,702.1	409.4	24.1	944.8	55.5	316.1	18.6
2012	1,196.3	292.3	24.4	616.0	51.5	265.9	22.2
2013	986.4	229.7	23.3	461.5	46.8	279.9	28.4
2014	976.0	230.9	23.7	438.8	45.0	289.1	29.6
2015	1,327.2	252.8	19.0	716.0	53.9	340.3	25.6
2016	1,112.7	223.5	20.1	557.1	50.1	315.4	28.3
2017	1,294.2	273.1	21.1	608.7	47.0	395.9	30.6
2018	1,597.9	332.1	20.8	811.0	50.8	435.6	27.3
2019	1,227.5	279.3	22.8	589.2	48.0	347.7	28.3
	매수						
	총액	기관투자자	%	개인	%	외국인	%
2004	555.8	107.2	19.3	317.9	57.2	130.2	23.4
2005	786.3	151.4	19.3	474.4	60.3	159.7	20.3
2010	1410.6	322.6	22.9	767.4	54.4	295.3	20.9
2011	1702.1	421.3	24.8	943.0	55.4	308.1	18.1
2012	1196.3	295.9	24.7	600.5	50.2	283.4	23.7
2013	986.4	234.8	23.8	455.9	46.2	283.3	28.7
2014	976.0	230.3	23.6	435.9	44.7	293.9	30.1
2015	1327.2	252.3	19.0	715.6	53.9	336.7	25.4
2016	1112.7	218.3	19.6	548.5	49.3	326.8	29.4
2017	1294.2	270.7	20.9	599.4	46.3	402.5	31.1
2018	1597.9	329.2	20.6	818.0	51.2	429.8	26.9
2019	1227.5	288.1	23.5	577.4	47.0	348.7	28.4

주: 기타 외국인, 기타 법인은 표시하지 않음.
자료: 한국은행경제통계시스템.

년 이후에 다시 증가하여 최근에는 대체로 30%를 약간 밑도는 정도로 큰 비중을 차지하고 있다. 그 결과 외국인들의 주식보유 비중도 크게 증가하였다.[19]

외국인들의 국내 증권시장 투자액이 GDP에서 차지하는 비중은 1994년에는 350억 달러로서 7.5%에 지나지 않았지만 외환위기인 1998년에는 직전년도 10.6%에서 17.1%로 급상승하였다. 그 후 이 비율은 지속적으로 올라서 2019년도에는 GDP의 무려 45%나 차지하고 있다.

그 결과 국내 증권시장에 대한 외국인들의 영향력이 크게 확대되었을 뿐만 아니라 주식배당이나 기업합병 등 기업의 경영에 대한 외국인들의 간섭과 관여도 크게 증대하였다. 사모펀드를 통해 기업을 인수하거나 합병한 후 고가에 되팔아 상당한 이익을 얻는 등 외국자본이 국내시장에서 거의 제약받지 않고 이익을 추구하는 예에서 보듯이, 금융시장에서 외국인 및 외국자본은 매우 자유롭게 활동하고 있다. 한편, 제4장의 개방경제에서 직접투자 및 증권투자를 통해 내국자본도 해외시장에 활발하게 진출하고 있음을 확인하였다. 이러한 측면에서 금융시장은 우리나라 산업 중에서 완전히 개방된 가장 세계화된 부문이다. 다만, 우리나라는 무역의존도가 매우 높기 때문에 외부적 충격이 금융부문에 미칠 수 있는 부정적 측면들을 효과적으로 관리하기 위한 노력이 더욱 요구된다고 하겠다.

제5절 파생금융상품시장

최근 들어 주가지수 및 금리관련 거래를 중심으로 파생금융상품시장(financial derivatives)이 크게 발전하고 있는데, 이는 1990년대 중반 이후 금리자유화 및 금융자율화 등으로 금융시장에서 가격변동성이 확대됨에 따라 파생금융상품에 대한 수요가 점차 확대되고 이와 관련된 법규 및 제도가 정비된 것에 연유한다. 파생금융상품은 그 가치가 통화, 채권, 주식 등 기초금융자산의 가치변동에 의

---

19) 외국인들이 상장주식에서 보유하는 비중은 1992년 말 4.9%에서 2004년 말에 42.0%에 달했다. 그러나 그 이후 큰 폭으로 하락하여 글로벌 금융위기 이후에는 30%를 소폭 웃도는 수준에서 변동하고 있는데, 2016년 6월에는 33.0%였다(한국은행, 『한국의 금융시장』, 2016, p.270.).

해 결정되는 금융계약을 가리킨다. 그 내용이 복잡하므로 여기에서는 특징을 중심으로 간단히 소개하는데 그친다.[20]

파생금융상품은 계약형태에 따라 선도계약, 선물, 옵션, 스왑 등으로 구분된다. 또한 기초자산의 유형에 따라서는 통화, 금리, 주식, 신용관련 상품 등으로, 거래방법에 따라 장내 및 장외거래로 구분할 수 있다.

계약형태별 파생금융상품의 주요 특징을 요약하면 다음과 같다. 선도계약(forward contracts)은 장래의 일정 시점에 일정량의 특정상품을 미리 정한 가격으로 매매하기로 맺은 계약이다. 선도계약은 주로 자산의 가격변동에 대한 헤지 목적을 위해 생겨났는데 최근에는 투기 목적으로 자주 이용되기도 한다. 특징으로서는 첫째, 매입자와 매도자 상호 간의 합의에 의해 계약조건을 정할 수 있으며 거래장소도 제한이 없는 장외거래이다. 둘째, 선도계약은 원래 만기일에만 결제 가능한 것이었으나 요즈음은 이의 변형된 형태로서 만기일 이전에 언제든지 결제가 가능하도록 되어 있는 것이 많다. 셋째, 선도계약은 매매당사자 간의 직접거래이므로 계약당사자의 신용이 고려되어야 하며, 이에 대한 규제도 주로 시장의 자율적 규제에 맡겨지고 있다고 볼 수 있다.

선물(futures)은 상품이나 금융자산을 미리 결정된 가격으로 미래 일정 시점에 인수·인도할 것을 약속하는 거래이다. 현재시점에서 계약은 하되 물품은 장래에 인수·인도한다는 점에서 계약과 동시에 결제가 이루어지고 물품이 인도되는 현물계약과 대비된다. 선물거래의 가장 중요한 역할은 역시 가격변동 리스크를 줄이는 헤징(hedging)기능이다. 즉, 가격변동에 따른 리스크를 회피하기 위해 선물시장에서 포지션을 취함으로써 미래에 가격이 어떤 방향으로 변하더라도 수익을 일정 수준에서 안정시킬 수 있게 된다. 미래 특정시점에 특정가격으로 사고 팔기로 약정하는 계약이라는 점에서 선도계약과 동일하지만, 장외거래인 선도계약과 달리 선물은 정형화된 거래소를 통해 거래된다는 점에서 차이가 있다.

옵션(options)은 미리 정해진 조건에 따라 일정한 기간 내에 상품이나 유가증권 등의 기초자산을 미래의 특정시점 또는 특정기간 동안 특정 행사가격으로 매입(call)하거나 매각(put)할 수 있는 권리를 사고 파는 계약을 말한다. 옵션거래는 권리를 행사할 수 있는 기간이 미래에 있기 때문에 광의의 선물거래라고 할 수 있다. 단순한 선물거래에 비해 시장상황에 따라 보다 다양한 전략을 구사할

---

20) 한국은행, 『한국의 금융시장』, 2016, pp.290－295을 중심으로 보완·정리한 것임.

수 있고 옵션소유자에게는 위험을 커버하는 이중장치의 역할을 할 뿐만 아니라 때에 따라서는 잠정적인 기회이익도 최대한 향유할 수 있도록 해준다. 옵션에서는 기초자산 가격의 변화에 대해 비대칭적 손익구조(asymmetric payoffs)가 나타난다. 옵션계약은 거래시점에 프리미엄을 지급한다는 점에서 선도계약이나 선물과 차이점이 있다.

스왑(swaps)은 일반적으로 두 개의 금융자산 또는 부채에서 파생되는 미래의 현금흐름을 교환하기로 하는 계약을 가리킨다. 스왑거래는 사전에 정해진 가격, 기간에 둘 이상의 당사자가 보다 유리하게 자금을 조달하기 위해 서로 부채를 교환하여 위험을 피하려는 금융기법이다. 서로 다른 통화표시 채무의 원리금 상환을 교환하기로 약정하는 통화스왑(currency swaps)과 변동금리채무와 고정금리채무 간의 이자지급을 교환하기로 약정하는 금리스왑(interest rate swaps) 등이 있다.

표 6-11 주요 파생상품의 종류

	장내거래	장외거래
통화 관련	통화선물(currency futures) 통화선물옵션(currency futures options)	선물환(forward exchange) 통화스왑(currency swaps) 통화옵션(currency options)
금리 관련	금리선물(interest rate futures) 금리선물옵션(interest rate futures options)	선도금리계약(forward rate agreements) 금리스왑(interest rate swaps) 스왑션(swaptions)
주식 관련	주식옵션(equity options) 주가지수선물(index futures) 주가지수옵션(index options) 주가지수선물옵션(index futures options)	주식옵션(equity options) 주식스왑(equity swaps)
신용 관련	–	신용파산스왑(credit default swaps) 총수익스왑(total return swaps) 신용연계증권(credit linked notes) 합성부채담보부증권(synthetic collateral debt obligation)

자료: 한국은행, 『한국의 금융시장』, 2016, p.291.

파생금융상품은 자금관리의 효율성이나 빠른 시장정보의 전달 등의 장점이 있다. 즉, 파생금융상품은 투자자 입장에서 소액의 증거금 또는 프리미엄만으로 훨씬 큰 금액의 기초자산에 투자한 것과 동일한 효과를 가질 수 있으므로 자금관리의 탄력성을 높일 수 있다. 또한 파생금융상품의 여러 형태를 적절히 조합하면 기초자산만으로는 불가능한 다양한 현금흐름을 구성할 수도 있다. 파생상품시장은 차익거래 등의 시장정보가 현물시장에 빠르게 전달되기 때문에 시장의 효율성을 제고시키는 긍정적인 역할을 수행한다.

반면 파생금융상품 거래는 거래상대방의 채무불이행 위험이 높으며 레버리지효과(leverage effect)21)가 크고 거래구조가 복잡하다. 따라서 파생금융상품 거래에 대한 효과적인 통제가 이루어지지 않을 경우 대형 금융기관이라 하더라도 쉽게 무너질 수 있고, 금융시장간 연계성을 심화시켜 개별 금융기관의 위험이 전체 금융시스템으로 빠르게 확산될 위험성도 있다.

글로벌 파생금융상품시장은 국제자본 이동 증가 및 금융상품의 가격 변동폭 확대 등에 따른 위험 헤지 필요 증가, 정보통신기술을 활용한 금융상품 위험의 평가·분리·이전 기법의 혁신 등에 힘입어 빠르게 발전해 왔다. 파생금융상품의 발전과정을 보면 제2차 세계대전 종료 후 국제자본이동이 늘어나면서 은행간 선물환거래가 활발히 이루어지다가 1970년대 들어 변동환율제 이행에 따른 자산가격 변동성 확대 등으로 통화선물이 등장하면서 본격적으로 발전하기 시작하였다. 1980년대에는 금리관련 파생상품 거래가 급격히 늘어났으며 신종옵션(exotic options), 구조화채권(structured notes) 등 새로운 상품들이 등장하였다. 1990년대 들어서는 신용파산스왑(credit default swap)시장이 활성화되기 시작하고 증권화(securitization)기법을 활용한 신용구조화상품들이 나타나기 시작하였으며, 2000년대에는 이들 파생금융상품의 거래가 일반화되면서 크게 확대되었다.

우리나라에서도 선물환거래는 상대적으로 일찍 도입되어 활성화되었지만 그 외 상품들의 시장 형성은 1990년대 중반까지는 지지부진하였다. 그 이후 금융시장 개방과 자율화가 이루어지면서 크게 확대되고 있다. 특히 장내시장에서 코스피200선물 및 옵션이 활발하게 거래되고 있으며, 장외파생금융상품시장에서는 통화관련 파생상품과 금리관련 파생상품이 활성화되고 있고 통화스왑도 중요한

---

21) 차입금 등 타인 자본을 지렛대로 삼아 자기자본이익률을 높이는 것으로 '지렛대 효과'라고도 한다.

파생금융상품으로 자리잡고 있다.

국내외의 파생금융상품시장이 발전함에 따라 리스크도 크게 증대되었다. 2008년 Bears Stearns, Lehman Brothers, AIG 등 대형 금융기관의 부실과 관련된 전 세계 금융위기는 이러한 파생금융상품시장의 시스템의 붕괴가 몰고 온 위기이다. 때문에 각국은 물론 국제적인 차원에서 파생금융상품시장에 대한 모니터링 강화, 청산·결제시스템 확충, 시장의 투명성과 감독의 효율성 제고 등을 바탕으로 시장의 안정성을 높이기 위한 각종 노력이 강화되고 있다. 우리나라에서도 일반투자자들 중에서 높은 수익을 노리고 파생상품시장에 뛰어드는 사람들이 적지 않다. 그러나 파생금융상품은 고수익을 기대할 수는 있지만 그만큼 리스크가 높다는 점에 유의해야 할 것이다.

마지막으로 우리 금융시장의 과제를 몇 가지만 지적해 두기로 한다. 첫째, 핀테크(FinTech) 등 IT첨단금융기법의 도입을 지속적으로 추진해야 한다. 핀테크는 금융(finance)과 기술(technology)의 합성어로서 말 그대로 금융과 기술이 결합한 첨단금융을 의미한다. 인터넷전문은행, 간편결제, 공동인증서, 액티브X, 스타트업 등은 핀테크를 둘러싸고 나오는 단어들이다. 제4차 산업혁명으로 블록체인, 인공지능, 빅데이터 등 첨단기술이 빠르게 발전하고 있으며, 이러한 기술혁신은 모바일, SNS 등과 결합하여 금융부문의 혁신을 불러일으키고 있다. 예를 들면, 우리사회에서 암호화폐(혹은 가상화폐)의 열풍이 불기 시작하여 이미 일부분에서 비공식적으로 거래되기 시작했고, 또 몇몇 국가에서는 거래를 활성화하기 위한 조치를 취하고 있다. 암호화폐의 도입과 거래소 설치에 관해서 찬반양론이 있지만 선진국 및 국제금융시장의 동향을 주의깊게 살펴볼 필요가 있다. 첨단기술과 금융의 융합은 국내 소비자의 해외 직접구입을 촉진하고 산업의 거래 양상을 변화시키는 등의 변화를 촉발하고 있는데, 이러한 변화는 앞으로도 예상하지 못할 정도로 빠르게 진행될 것이다. 이러한 변화에 적극적으로 대응할 필요가 있다.

둘째, 대외적인 충격에 대해 국내 금융시장을 효과적으로 방어할 수 있도록 선진적 기준의 도입 및 경보시스템의 개발이 필요하다. 우리나라의 금융시장은 그 동안 양적·질적으로 급성장했지만 선진국에 비해 시장규모가 그리 크지 않고 대외적으로 완전히 개방되어 있다. 이러한 상태하에서는 정부 정책은 금융시장 관리에 한계가 있을 수밖에 없으며 특히 외환시장에서는 국가의 개입이 국제적으로도 용인되지 않는다. 기업회계를 포함하여 금융시장의 투명성을 제고하고 글로벌 기준에 맞는 금융질서를 확립하면서도 대내외적인 위험요인을 효율적으로 포착할 수 있는 시스템의 확립이 이루어져야 할 것이다.

셋째, 실질적인 금융의 감시, 감독 기능의 강화이다. 이것은 대외충격의 효과적인 방어에도 필요하지만 금융소비자의 보호에도 필수적이다. 금융 감독 기능의 강화에 대해서는 어제오늘의 일이 아니어서 여러 차례 기구의 통폐합 등 변화가 있어 왔지만, 아직도 사기를 비롯한 대형금융사고가 끊이지 않고 있다. 이러한 사태에는 비전문적 판매채널을 통한 펀드 및 보험의 불완전 판매는 물론이고 금융당국자의 모럴해저드도 깊숙이 개입되어 있는 경우도 있다. 금융시장의 체질 강화를 위해서라도 개인투자자들이 피해를 입지 않도록 제도를 개선하고 감시기능을 강화해야 할 것이다. 다른 한편으로는 금융소비자의 역량 강화도 요구된다 하겠다.

금융감독원과 금융위원회

금융감독원은 〈표 6-1〉에 따르면 금융보조기관에 속한다. 그러나 보조기관이라는 표현을 쓰기에는 그 위상이나 역할이 너무나 중차대하다. 금융감독원은 금융기관을 감시·감독하는 업무를 중심으로 하는 특수기관이다. 국내 금융정책을 총괄하는 금융위원회의 지시를 받아 금융 현장에서 금융기관을 관리, 감독하는 일을 맡고 있다. 구체적으로는 금융기관의 건전성을 확보하고 공정한 시장질서를 확립하며 금융소비자를 보호하기 위하여 각종 금융기관의 업무 및 재산상황에 대하여 검사하고 위반사항이 있는 경우에는 제재를 가한다. 종전의 은행감독원·증권감독원·보험감독원·신용관리기금 등 4개 감독기관을 통합하여 설립되었다.

금융위원회는 금융산업의 선진화와 금융시장의 안정을 꾀하고, 건전한 신용질서와 공정한 금융거래관행을 확립하기 위하여 2008년에 설립된 행정기관이다. 이전에는 1998년에 설립된 금융감독위원회가 그 기능을 담당하고 있었다. 금융감독위원회의 감독정책기능과 재정경제부 금융정책기능을 통합하였으며, 금융위원장과 금감원장의 겸임을 금지하여 정책기능과 집행기능을 분리하고 있다. 금융감독원의 정관변경·예산·결산 및 급여결정 승인 등을 지시·감독하기 때문에 금융감독원의 사실상의 상급기관이라고 할 수 있다.

2011년 부산저축은행사태에서부터 2008년 KIKO 사태, 2013년 동양그룹의 기업어음 및 회사채의 불완전 판매, 2020년 옵티머스자산운용, 라임자산운용의 사기사건에 이르기까지 수천억원에서 조 단위의 대형금융사고가 끊임없이 터지고 있다. 그럴 때마다 수많은 피해자들이 발생하여 금융감독원에 대한 비난이 비등한다. 금융감독기관과 금융기관의 유착 등 모럴해저드는 물론 금융감독검사 및 기능에 대한 불신과 불만이 누적되어 왔다. 금융감독원은 금융위원회의 지시에 따른다는 점, 감독권한의 미비나 부족 등을 들어 책임을 금융위원회로 떠넘기기도 한다. 원인이야 어디에 있든 언제 제대로 된 감독기능을 발휘해서 애꿎은 피해자가 생기지 않도록 할 수 있을까?

튼튼경제의 뿌리
중소기업

제1절 중소기업과 중견기업
제2절 중소기업의 현황
제3절 중소기업의 당면과제
제4절 중소기업과 공정경쟁

중소기업(small and medium-sized enterprise)은 국가경제는 물론 지역경제 발전의 근간으로서 그리고 일자리 창출의 주역으로서 매우 중요한 위치를 차지하고 있다. 그 동안 정부에서 중소기업 육성과 발전을 위해서 노력하지 않은 것은 아니지만 고도성장시대는 물론 최근까지도 대기업에게 상대적으로 유리한 정책을 펼쳐 왔다. 대기업의 완제품 생산능력은 크게 개선되었지만 대기업에 납품하는 중소기업은 여러가지 극복하기 힘든 어려움에 직면해있다. 무엇보다도 중소기업이 독자적으로 생존하고 발전할 수 있도록 정책을 펼치는 것이 중요하다. 그러나 중소기업의 경쟁력 향상과 우량 중소기업의 육성을 위해서는 아직도 개선해야 할 점이 한두 가지가 아니다. 중소기업의 현황과 그 발전 방안에 대해서 생각해 보자.

제1절 중소기업과 중견기업

1.1 중소기업의 정의

현재 적용되고 있는 중소기업의 법적 범위는 2015년에 개편된 것이다. 중소기업기본법(제2조 및 동법 시행령 제3조)에 따라 정해진 중소기업의 범위는 ① 업종에 관계없는 자산총액 기준의 규모 기준 및 업종별로 정해진 3년 평균 매출액 기준과 ② 독립성 기준을 모두 충족하는 기업이다. ①에 관해서 살펴보면, 자산 상한 기준은 업종에 관계없이 자산총액 5천억원으로서, 3년 평균 매출 기준이 제조업은 업종에 따라서 1,500억원~800억원 이하, 서비스업은 업종에 따라서 800억원~400억원 이하이다.[1] ②의 독립성 기준은 상호출자제한기업집단에 속하지 않는 회사 등이어야 한다.

2015년에 중소기업의 범위를 개편한 것은 기존의 기준이 여러 가지 문제점을 안고 있었기 때문이다. 2001년부터 적용된 중소기업의 범위 기준은 업종별로 정해진 상시근로자 수, 자본금 또는 매출액 중에서 한 가지 기준을 충족하면 중소기업으로 인정되었다. 그런데 기업 중에는 법률적으로 규정된 중소기업의 범위를 악용하는 사례가 발생하여 이에 대한 비판이 지속적으로 제기되었다. 예를

---

1) 업종별 3년 평균 매출 기준에 대해서는 중소기업기본법 시행령의 [별표 1]을 참조.

들면, 제조업에 종사하는 기업 중 상시근로자 수가 300인 이하이거나 자본금 80억원 이하인 기업은 중소기업의 범위에 속하지만[2] 중소기업의 지위를 보장받기 위해 자본금 규모나 상시근로자 수를 고의적으로 조절하는 경우가 적지 않았다.

이와 같이 기존의 중소기업기본법은 ① 고용자 수와 매출액이 성장해도 자본금을 상한액 이상으로 증자하지 않거나 추가고용 회피, 비정규직 채용 등 편법을 동원하더라도 중소기업의 지위를 유지할 수 있는 문제점을 드러냈다. 제조업·광업·건설업·운수업 등에서 매출액이 아닌 자본금으로는 실제적으로 중소기업인지 여부를 파악하기 곤란한 점도 있었다. ② 중소기업 졸업 유예제도의 허점을 이용하여 중소기업의 법적 지위를 계속적으로 누릴 수 있도록 하는 문제점을 안고 있었다.[3] 중소기업 졸업유예란 중소기업이 성장하여 중소기업의 졸업유예 사유가 발생하더라도 그 다음 연도부터 3년간 중소기업으로 인정하는 제도였다. 기업 중에는 이 졸업유예제도를 이용하여 중소기업으로의 재편입을 반복하는 경우도 있었다.[4]

피터 팬 신드롬, 되기 싫은 중견기업?

어린이 만화영화 주인공 피터 팬은 네버랜드(Neverland)에서 영원히 늙지 않는 소년이다. 이런 피터 팬처럼 중소기업의 지위에서 누리는 혜택에 안주하여 성장을 기피하는 현상을 피터팬신드롬(Peter Pan Syndrom)이라 한다. 원래 이 용어는 성년이 되어서도 어른들의 사회에 적응하지 못하는 어른아이의 증상을 일컫는 말이다. 기업가라면 모두 자기가 경영하는 기업이 커지기를 바란다. 그런데 중소기업에서 졸업하여 중견기업이 되기를 모든 기업인들이 바랄 것 같지만 꼭 그런 것도 아니다. 어떤 기업들은 내실은 중견기업이지만 법적, 외형적으로 중소기업의 지위를 그냥 유지하고 싶어 한다. 중소기업에서 벗어나 중견기업이 되면 세액공제 및 감면, 정책자금, 인력 공급, 판로 확보, 기술개발지원 등 다방면에서 160여 종의 혜택이 사라지고, 30여 개의 새로운 세금을 납부해야 하기 때문이다(시사상식사전). 『2016년 중견기업 실태조사』결과 발표에 따르면, 중소기업으로 회귀를 검토한 중견기업은 6.9%라고 한다. 회귀 검토의 가장 큰 요인은 조세혜택(50.0%), 금융지원(24.8%), 판로규제(15.0%), R&D지원(5.6%) 등이다(중소기업청, 『2016년 중견기업 실태조사』결과 발표 보도자료, 2016.1.31., p.8.). 세금부담을 줄이고 정부에서 제공하는 여러 가지 편의를 얻기 위해 중견기업 진입을 회피하고 싶겠지만, 이것은 사실 기업의 사회적 책무를 회피하는 것이다.

---

2) 당시의 업종별 근로자수, 자본금, 매출액 기준 중소기업 기준에 대해서는 박충렬, "중소기업 범위 기준 개편의 주요 내용과 과제", 『이슈와 논점』 제758호, 국회입법조사처, p.1.

3) 박충렬, "중소기업 범위 기준 개편의 주요 내용과 과제", 『이슈와 논점』 제758호, 국회입법조사처, pp.1-2.

4) 현행 중소기업기본법 제2조에도 졸업유예가 규정되어 있다.

정부는 이 같은 택일주의가 안고 있는 문제점을 개선하기 위하여 상시근로자 수 1천명, 자산총액 5천억원, 자본총액 1천억원, 3년 평균 매출액 1,500억원 등을 초과하는 경우에는 유예기간 없이 바로 중소기업에서 제외시키는 상한기준 제도를 도입했었다.[5] 그러나 여전히 중소기업의 졸업유예 반복 등의 문제점이 반복되었기 때문에 근본적 해결을 위해 중소기업의 법적 범위를 재정비하게 되었던 것이다.

그렇지만 중소기업의 법적 정의가 복잡하기 때문에 새로이 정비된 기준을 엄밀히 적용한 중소기업 관련 통계조사를 공식통계에서 찾아보기란 쉽지 않다. 주당 법정근로시간 단축의 단계적 적용이나 일자리 안정자금의 지원 대상 사업장에 적용하는 기준 등에서는 300인 미만을 유효한 정책적 기준으로 사용하는 등 실제로는 근로자 수를 기준으로 하고 있는 실정이다.[6]

중소기업은 규모별로 중기업과 소기업으로 나누어지는데, 중소기업의 범위에서 소기업을 제외한 것이 중기업이다. 중소기업기본법(제2조, 4의 ②)은 중소기업을 소기업과 중기업으로 구분하여 그 기준은 대통령령으로 정하도록 되어 있고, 동법 시행령 제8조에는 중소기업 중 해당 기업이 영위하는 주된 업종별 평균매출액 등을 별표에 제시하도록 되어 있다. 소기업의 업종별 평균매출액 등의 규모 기준은 120억원 이하, 80억원 이하, 50억원 이하, 30억원 이하, 10억원 이하로 구분된다.[7]

1.2 중견기업의 정의

대기업은 아니지만 중소기업보다 규모가 크고 우량한 기업을 가리키는 개념으로 중견기업이란 용어가 있다. 중견기업은 대기업(상호출자제한기업)과 중소기업의 중간에 위치하는 기업으로서 ① 3년 평균 (주된 업종의) 매출이 업종에 따라 300억(숙박 및 음식업 등)~1,000억 원(1차금속 제조업 등) 이상이거나, ② 자산 5천억 원 이상인 기업을 말한다.[8] 두 가지 기준 중 하나만 충족하여도 중견기업

---

5) 박충렬, "중소기업 범위 기준 개편의 주요 내용과 과제", 『이슈와 논점』 제758호, 국회입법 조사처, p.2.
6) 김주영, 『중소기업청년고용의 현황과 과제』, 산업연구원, 2018.12, p.97.
7) 자세한 내용은 중소기업기본법 시행령 [별표 3] 참조.

에 해당한다.

중견기업의 정의는 2011년 산업발전법에 최초로 도입되었으며, 중견기업 성장촉진 및 경쟁력 강화에 관한 특별법(이하 중견기업법)[9]에서 법적 근거가 마련되었다. 중견기업의 범위 및 기준은 중견기업법 제2조 및 동법 시행령 제2조에서 상세하게 규정하고 있다. 중소기업 및 대기업과 중견기업의 범위의 차이를 요약하면 <표 7-1>과 같다.

표 7-1 중소·중견·대기업 비교

구분	중소기업	중견기업	대기업
규모기준	• 업종별 평균매출액 등이 규모기준 충족 AND • 자산총액 5천억 원 미만	• 업종별 평균매출액 등이 규모기준 초과 (금융업 및 보험업 제외) OR • 자산총액 5천억 원 이상	
독립성기준	상호출자제한기업집단이 아닐 것	좌동	① 상호출자제한기업집단 소속회사 ② 자산총액 10조 원 이상인 법인의 피출자기업
	자산총액 5천억 원 이상인 법인의 피출자기업이 아닐 것	자산총액 10조 원 이상인 법인의 피출자기업이 아닐 것 (지배기업으로 비영리법인 포함)	
	관계기업의 경우 평균매출액 등이 중소기업규모기준을 충족하는 기업	관계기업의 경우 평균매출액 등이 중소기업 규모기준 초과하는 기업	
소관	중소벤처기업부 (통계분석과)	산업통상자원부 (중견기업정책과)	공정거래위원회

자료: 산업통상자원부, 한국중견기업연합회, 『2019년 중견기업 범위 해설』, 2019.9.

정부에서 기업의 범위 기준을 바꾸어 특별법을 제정하면서까지 중견기업을 육성하려는 것은 우리 경제에서 차지하는 중소기업의 중요성이 갈수록 커졌기 때문이다.[10] 우리나라는 고도성장기에 외자도입에 기반한 수출 증대를 위해서

---

8) 일반적으로 3년 평균 매출액이 업종별로 1,500억~400억 원 이상으로 알려져 있으나, 2018년 3월 27일에 개정된 중견기업법 시행령 [별표 1]에 따르면 300억~1,000억 원 이상이다.

9) 2014년 1월 21일 제정, 2014년 7월 22일 시행.

대기업에게만 집중적으로 지원했던 것이 사실이다. 투자는 생산능력을 제고하여 수출과 고용을 증대했다. 그러나 이제는 저성장시대를 맞이하여 대기업에게만 생산성 제고와 수출 및 고용 증대를 기대할 수 없게 되었다. 첨단과학의 발전으로 대기업의 고동흡수력은 매년 배출되는 대학졸업자를 모두 소화할 수 없는 한계에 이르렀다. 중견기업 육성을 통해서 졸업생들에게 양질의 일자리를 창출하고 이들을 노동시장에서 흡수하는 기능을 확대하지 않으면 안 될 상황에 처한 것이다.

중견기업이 주목을 받게 된 또 다른 이유는 4차 산업혁명 시대에 부품·소재·장비 등의 생산 및 서비스업부문에서도 국가의 경쟁력을 결정하는 존재로 성장한 것과 밀접한 관련이 있다. 예전에는 완성재의 생산에 투입되는 원재료나 부품 등의 중간재의 많은 부분을 해외시장에 의존했다. 그렇지만 한국경제가 더 높은 단계로 진입하려면 부품·소재·장비를 비롯한 생산 기반에 종사하는 우량기업의 육성을 소홀히 할 수 없다. 높은 기술력을 바탕으로 중견기업이 생산하는 각종 재화와 서비스는 수출시장 개척과 대기업 완제품의 질적 수준에 커다란 영향을 미친다. 중견기업은 양질의 고용, 생산 및 서비스제품 생산, 수출 증대 등에서 국민경제의 튼튼한 허리역할을 담당하고 있다. 예를 들어, 중견기업은 2017년 결산 기준으로 4,468개로서 전체 기업의 0.7%에 지나지 않지만 기업 종사자의 13.5%를 고용하고 있다.[11]

한편, 중견기업과 비슷한 개념의 용어들이 사용되고 있다. 그중의 하나가 강소기업이다. 강소기업은 말 그대로 강하고 작은 기업이다. 고용노동부 산하 한국고용정보원의 취업포털인 워크넷에 따르면, 강소기업은 10인 이상의 기업으로서 2년 이내에 임금체불이 없고 고용유지율이 높으며 산재사망 발생이 없는 기업으로서 신용평가 등급이 높고(B⁻이상) 기타 서비스업이 아닐 것 등의 요건을 충족하는 우수한 기업이다.[12]

---

10) 기존에 기업범위의 구분에는 중소기업과 대기업의 두 가지만 있었다. 새로운 정의는 중소기업의 범위를 중소기업과 중견기업으로 나누었다. 이전의 기준에 따르면 중견기업은 중소기업에 소속되는 기업군이었다.

11) 『2019중견기업범위해설』, p.3.

12) 그러나 일반적으로 재계나 학계에서는 꼭 이런 기준을 채택하고 있는 것 같지 않고 경우에 따라 뉘앙스의 차이도 있다. 워크넷에 따르면 2019년 2월 말 기준으로 강소기업은 14,130개이다.

최근에는 한국형 히든 챔피언, 유니콘기업 등의 용어도 사용되고 있다. 한국형 히든 챔피언이란 독일의 경영학자 Herman Simon의 저서 『히든 챔피언』(*Hidden Champions of the 21ˢᵗ Century*, 2007)의 개념을 원용한 것이다. '한국형 히든 챔피언 육성사업'이란 명칭으로 한국수출입은행이 시작하였고 중소기업청과 산업통상자원부도 개별적으로 동명의 사업을 추진하였다. 중소벤처기업부에서는 지역자치단체, 민간 금융기관과 협력하여 한국형 히든챔피언으로 성장할 유망 중소기업을 글로벌 강소기업으로 선정하고 있다.

히든 챔피언(Hidden Champion), 미텔 슈탄트(Mittelstant), 장수기업, 유니콘…

Herman Simon에 따르면 히든 챔피언은
① 매출액이 세계시장에서 1~3위이거나 1개 대륙에서는 1위이고,
② 매출액 40억 달러 이하,
③ 대중에게 인지도가 낮은 기업이다.
그에 따르면, 전 세계 2,700여 개의 히든 챔피언 가운데 1,300여개나 독일 기업이라고 한다. 독일의 히든 챔피언은 수출의 절반 가량을 차지한다.

미텔슈탄트는 독일중소기업연구소가 종업원 500명 미만, 연매출액 5천만 유로 이하를 가리키는 용어이다. 일본에서는 100년 이상된 기업으로서 장수기업이 있고, 미국에서는 유니콘기업이 주목받고 있다. 이처럼 명칭이 다르고 기준에도 차이가 있지만 각국마다 강한 중소기업의 육성에 힘쓰는 것은 글로벌시대에 그만큼 중소기업의 역량이 중요하기 때문이라 하겠다.

유니콘기업 육성의 목소리도 높아지고 있다. 유니콘기업은 미국 실리콘밸리에서 큰 성공을 거둔 스타트 업을 통칭하는 용어로서 기업가치 10억 달러 이상, 설립한지 10년 이하의 스타트 업을 뜻한다.[13] 그 명칭이야 어떠하든 이와 같이 우량기업의 의미를 공유하는 유사한 개념의 등장은 중소기업과 중견기업의 위상과 중요성이 크게 강화되었기 때문이다.

---

13) 2013년 여성 벤처 투자자인 Aileen Lee가 처음 사용했다.

제2절 중소기업의 현황

2.1 사업체수와 종업원수의 변화

그림 7-1 기업규모별 사업체수 및 종사자수의 비중 (단위: %)

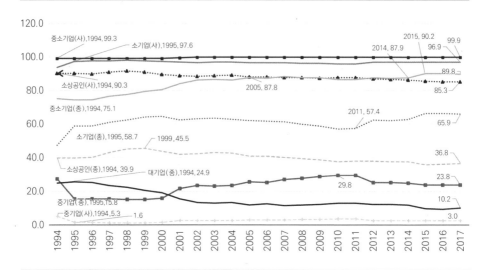

주: 1) 전산업 1인 이상 기준.
　2) (사)=사업체 수, (종)=종업원 수.
　3) 소상공인: 소기업 중 상시근로자가 10인 미만(광업, 제조업, 건설업, 운수업) 또는 5인 미만(기타 업종)인 기업.
자료: 중소벤처기업부, 통계자료.

표 7-2 기업 규모별 사업체 수 및 비중 (단위: 천개, %)

항목	1995	2000	2005	2010	2011	2012	2013	2014	2015	2016	2017
전체	2,622	2,730	2,868	3,125	3,235	3,354	3,419	3,545	3,605	3,676	3,737
중소기업	2,602	2,708	2,864	3,122	3,232	3,351	3,416	3,542	3,601	3,672	3,733
	(99.2)	(99.2)	(99.9)	(99.9)	(99.9)	(99.9)	(99.9)	(99.9)	(99.9)	(99.9)	(99.9)
소기업	2,559	2,661	2,773	3,002	3,106	3,259	3,317	3,441	3,500	3,568	3,622
	(97.6)	(97.5)	(96.7)	(96.1)	(96.0)	(97.1)	(97.0)	(97.0)	(97.1)	(97.0)	(96.9)
소상공인	2,365	2,443	2,527	2,749	2,835	2,919	2,962	3,063	3,084	3,138	3,188
	(90.2)	(89.5)	(88.1)	(87.9)	(87.6)	(87.0)	(86.6)	(86.4)	(85.6)	(85.3)	(85.3)
중기업	42	47	91	120	125	93	99	102	101	104	111
	(1.6)	(1.7)	(3.2)	(3.8)	(3.9)	(2.8)	(2.9)	(2.9)	(2.8)	(2.8)	(3.0)

항목	1995	2000	2005	2010	2011	2012	2013	2014	2015	2016	2017
대기업 (개)	20,506 *(0.8)*	22,152 *(0.8)*	4,166 *(0.1)*	3,125 *(0.1)*	3,053 *(0.1)*	2,916 *(0.1)*	3,130 *(0.1)*	3,123 *(0.1)*	3,891 *(0.1)*	4,172 *(0.1)*	4,468 *(0.1)*

주: 〈그림 7-1〉과 동일.
자료: 중소벤처기업부, 통계자료.

<그림 7-1>은 규모별 사업체수와 종업원수의 비중에 관한 장기추세를 보여주고 있다. 아래 두 번째 선에서부터 여섯 번째 선까지 종사자수 비중이고 나머지는 사업체 비중이다. <표 7-2>는 중소기업 사업체수에 대한 최근의 변화를 자세히 보여주고 있다.

중소기업 사업체수의 비중은 1995년에 99.2%인데 2017년에는 전사업체의 99.9%를 차지하였다. 중소기업 중 소기업은 1995년에 전사업체의 97.6%에서 2017년 96.9%로 약간 줄어든 반면, 중기업은 1.6%에서 3.0%로 증가하였다. 기업의 전사업체 수는 1995년 262만 개였는데 2017년에는 374만 개로 그 동안 무려 112만개 정도가 늘었다. 이것은 1995년 대비 2017년까지 42.5%의 사업체가 증가한 것이다. 중소기업은 1995년 260만 개에서 2017년 373만 개로 이 기간 동안 113만 개가 늘었는데, 이 중 소기업은 106만 개, 중기업은 약 7만 개 정도 증가하였다.

표 7-3 기업 규모별 종사자수 (단위: 천명, %)

항목	1995	2000	2005	2010	2011	2012	2013	2014	2015	2016	2017
전체	11,098	10,769	11,902	14,135	14,534	14,891	15,345	15,963	16,775	17,051	17,294
중소기업	8,264 *(74.5)*	8,681 *(80.6)*	10,449 *(87.8)*	12,263 *(86.8)*	12,627 *(86.9)*	13,059 *(87.7)*	13,422 *(87.5)*	14,028 *(87.9)*	15,127 *(90.2)*	15,392 *(90.3)*	15,528 *(89.8)*
소기업	6,515 *(58.7)*	6,963 *(64.7)*	7,401 *(62.2)*	8,056 *(57.0)*	8,350 *(57.4)*	9,296 *(62.4)*	9,524 *(62.1)*	10,022 *(62.8)*	11,108 *(66.2)*	11,317 *(66.4)*	11,404 *(65.9)*
소상공인	4,442 *(40.0)*	4,727 *(43.9)*	4,883 *(41.0)*	5,334 *(37.7)*	5,549 *(38.2)*	5,677 *(38.1)*	5,778 *(37.7)*	6,046 *(37.9)*	6,066 *(36.2)*	6,202 *(36.4)*	6,365 *(36.8)*
중기업	1,748 *(15.8)*	1,717 *(15.9)*	3,049 *(25.6)*	4,206 *(29.8)*	4,277 *(29.4)*	3,764 *(25.3)*	3,897 *(25.4)*	4,006 *(25.1)*	4,019 *(24.0)*	4,075 *(23.9)*	4,123 *(23.8)*
대기업	2,834 *(25.5)*	2,088 *(19.4)*	1,453 *(12.2)*	1,873 *(13.2)*	1,907 *(13.1)*	1,832 *(12.3)*	1,923 *(12.5)*	1,935 *(12.1)*	1,648 *(9.8)*	1,659 *(9.7)*	1,767 *(10.2)*

주: 〈그림 7-1〉과 동일.
자료: 중소벤처기업부, 통계자료.

기업의 전사업체 종사자는 1995년에 1,100만 명에서 2017년에는 1,729만 명으로 1995년 대비 55.8%에 해당하는 629만 명의 적지 않은 종사자가 늘어났다. 같은 기간 동안 종사자수의 증가율이 사업체수의 증가율 42.5%보다 높은 것이다. 표의 기간을 나누어 보면, IMF구제금융 및 글로벌 금융위기가 불어 닥쳤던 1995~2010년보다 2010~2017년에 종사자수가 더 많이 증가하였다. 이같이 전체 기업의 종사자는 어려운 상황 속에서도 112만 개의 사업체의 증가(<표 7-2>)와 더불어 지속적으로 증가하여 왔다.

중소기업 종사자는 1995년에 826만 명이었지만 2002년에 1천만 명을 넘어섰고 2010년에는 1,226만 명, 2017년 1,553만 명으로 계속 증가해 왔다. 중소기업의 종사자는 1995년에 전사업체 종사자의 74.5%였지만 2017년에는 89.8%로 크게 증가하였다. 소기업 종사자는 1995년 약 652만 명에서 2017년 1,140만 명으로 무려 75.0%가 증가하였고 전체 사업체 종사자수에서 차지하는 비중도 58.7%에서 65.9%로 증가하였다. 중기업의 종사자수도 175만 명에서 412만 명으로 크게 증가하여 비중이 15.8%에서 23.8%가 되었다.

소상공인은 소기업 중에서 상시근로자 10인 미만의 기업을 가리킨다. 소상공인의 사업체수는 1995년에 237만 개(전사업체의 90.2%)에서 2017년 319만 개(85.3%)로 증가하지만 전체에서 차지하는 비중은 감소하고 있다. 이것은 소상공인(소기업)의 창업과 증설보다 소상공인 규모 이상의 기업 증가가 더 많았던 것으로 해석할 수 있다. 전사업체 종업원수에서 소상공인의 종사자수가 정하는 비중도 1995년 40.0%(444만 명)에서 2017년에는 36.8%(637만 명)로 감소하였다.

중소기업의 비중이 증가한 결과로서 대기업의 비중은 크게 감소하였다. 대기업은 1995년 20,506개, 2000년 22,152개로서 2만 개 전후였지만, 2001년 9,169개, 2007년 2,461개로 엄청난 숫자가 감소했다. 대기업은 2007년부터 다시 늘어 2017년에는 4,468개이다. 그렇지만 이 수치는 2000년의 5분의 1 수준에 불과하다. 그 결과 전사업체수에서 대기업수의 비중은 2000년까지만 하더라도 0.7~0.8%였지만 그 이후는 0.1%에 지나지 않는다. 이렇게 대기업수가 줄자 종사자수도 1995년 283만 명에서 2017년 177만 명으로 100만 명 이상 감소하고, 종사자 수의 비중도 1995년 25.5%에서 10.2%로 크게 줄었다.

대기업의 사업체수나 종사자수가 크게 줄어든 것은 최근 급속하게 진행되고 있는 과학기술혁명의 영향도 있겠지만, 근본적으로 대기업의 기준이 크게 상향되어 왔기 때문이다. 기업 기준이 단시일에 터무니없이 바뀌어 규정된 범위의 기업수가 하루아침에 절반 이하로 줄어드는 것은 국가재정을 비롯해 경제전반에 미치는 영향이 적지 않을 것이므로 신중을 기해야 할 것이다.

전체적으로 보아서 1990년대 중반 이후 중소기업의 사업체수와 종업원수의 비중은 증가하였고 대기업의 비중은 감소하였다. 중소기업 사업체 수의 비중은 미증했지만 종업원 수의 비중은 74.5%에서 89.8%로 현저하게 증가했다. 그 결과 사업체 수와 종업원 수의 비중은 2017년도에 99.9%, 89.8%이다. 중소기업의 중요성을 강조하기 위해 흔히 사용하는 9988이라는 표현은 이제 지나간 말이 되었다. 그만큼 우리경제에서 중소기업의 중요성은 더욱 커진 것이다.

대기업 기준의 변화

대기업 집단 기준은 1987년에 도입되었는데 당시에는 자산총액 4천억 원이 하한선이었다 (총액기준). 1993년부터 2001년까지는 자산총액 기준이 아닌 '자산규모 상위 30위' 기업을 규제했다. 그러다가 예측가능성이 떨어진다는 지적에 따라 2002년에는 자산규모 2조 원 이상(대기업집단 지정기준)으로 변경되었다. 이 시기에 대기업의 수는 2000년 2만여 개에서 2002년 약 5천 개로 4분의 1이 안되는 수준으로 감소했다. 2008년에는 자산규모 5조 원 이상으로 지정기준이 상향 조정되었으며, 2016년에는 10조 원 이상으로 완화되었다. 2016년의 변경으로 대기업 집단 수는 65개에서 28개로 크게 감소했다. 이렇게 자산 기준을 급상승시키게 되면, 규모가 적은 대기업과 거대 기업집단 사이에 엄청난 차이가 나더라도 동일한 규제를 받게 되거나 대기업 지정에서 해제되어 중견기업으로 대접받기도 한다. 또한 한전 같은 대형공기업도 대기업 집단에서 제외되기도 한다.

대기업 집단은 30여 개의 법령에 따라 연구개발비 세금감면 혜택 축소, 계열사 간 채무보증 금지 같은 규제를 받고 있다, 대기업 기준이 완화된다는 것은 이러한 규제가 약해진다는 것을 의미한다.

우리는 대기업이라고 하면 하나의 자본 아래 설립된 1개의 기업으로 생각한다. 그러나 법적으로 대기업은 1개의 기업이 아니라 상호출자규제를 받는 기업이다. 그러므로 대기업은 1개일 수도 있고 일정 자산 이하로서 상호출자규제를 받는 기업들일 수도 있다. 이러한 법적 규정 때문에 대기업이라는 의미가 상호출자규제 받는 기업집단이라는 의미로 사용되기도 하는 것 같다. 즉, 대기업과 대기업집단이 상호 혼동되어 사용되고 있는 것이다. 경제신문을 읽어보면 대기업이라는 기사에 실제로는 기업집단을 설명하고 있는 경우가 적지 않다.

2.2 중소기업의 매출 및 수출

그림 7-2 규모별 기업의 수출 추이 (단위: 억달러)

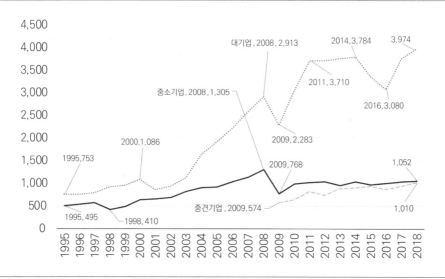

자료: 중소벤처기업부, 통계자료.

　　중소기업의 수출액은 2008년까지 꾸준히 증가하다가 외환위기가 몰아닥친 다음 해인 2009년에 급락한 이후 2018년까지도 2008년의 수준을 회복하지 못한 것으로 나타난다. 물론 외환위기로 인하여 대기업은 물론 중소기업, 중견기업 모두를 합한 총수출액이 급감한 것은 사실이다. 그러나 중소기업의 수출액이 최근까지도 그 때의 수준을 회복하지 못했다는 것은 사실과 다르다. 그것은 통계 작성 기준이 달라짐에 따라서 나타난 변화일 뿐이다. 즉, 2011년에 중견기업의 법적 개념이 도입되었는데, <그림 7-2>는 2009년부터 소급하여 변화를 보여 주고 있다. 그러므로 2009년 이후 중소기업과 중견기업의 합계액은 사실상 그 이전 시기의 중소기업 수출액에 해당한다. 이렇게 보면, 외환위기 여파가 격심했던 2009년에 대기업은 수출이 감소했지만, 중소기업은 오히려 약간 미증한 것으로 나타난다.

표 7-4 규모별 기업의 수출액 및 비중(1995~2018)　　　　　　　　　(단위: 억달러, %)

	중소기업		중견기업		대기업		총수출
1995	495	39.6			753	60.2	1,251
1996	542	41.8			753	58.1	1,297
1997	569	41.8			791	58.1	1,362
1998	410	31.0			911	68.8	1,323
1999	490	34.1			943	65.7	1,437
2000	635	36.9			1,086	63.1	1,723
2001	646	42.9			857	57.0	1,504
2002	683	42.0			941	57.9	1,625
2003	817	42.2			1,120	57.8	1,938
2004	904	35.6			1,632	64.3	2,538
2005	921	32.4			1,921	67.5	2,844
2006	1,037	31.9			2,210	67.9	3,255
2007	1,135	30.6			2,577	69.4	3,715
2008	1,305	30.9			2,913	69.0	4,220
2009	768	21.1	574	15.8	2,283	62.8	3,635
2010	986	21.1	626	13.4	3,035	65.1	4,664
2011	1,016	18.3	819	14.8	3,710	66.8	5,552
2012	1,029	18.8	728	13.3	3,712	67.8	5,479
2013	955	17.1	882	15.8	3,750	67.0	5,596
2014	1,033	18.0	901	15.7	3,784	66.1	5,727
2015	962	18.3	929	17.6	3,367	63.9	5,268
2016	995	20.1	868	17.5	3,080	62.2	4,954
2017	1,032	18.0	937	16.3	3,757	65.5	5,737
2018	1,052	17.4	1,010	16.7	3,974	65.7	6,049

주: 2009년부터 기타 항목이 있으나 표시하지 않음.
자료: 중소벤처기업부, 통계자료.

<표 7-4>에서 기업의 규모별 수출액의 동향을 살펴볼 수 있다. 2008년 이전의 통계는 중소기업과 대기업으로만 구분된다. 먼저 전체 수출에서 대기업이 차지하는 비중은 대체로 60%에서 65%를 약간 넘는 수준이다. 전체 수출에서 중소기업이 점하는 비중은 2009년에 20% 이하로 급감하고 있는데, 이것은 그 이전의 중소기업 수출을 중소기업과 중견기업으로 나누어 가졌기 때문이다. 대기업을 제외한 수출은 대체로 2013년 이후에 중소기업과 중견기업이 반분하고 있다. 즉, 중소기업과 중견기업을 합친 수출은 전체 수출의 35% 전후를 차지하고 있는 것이다. 그만큼 우리나라 수출은 대기업에 대한 의존도가 높은 편이다.

그러나 중소기업(및 중견기업)의 수출 기여도는 실제로는 이것보다 훨씬 높다고 할 수 있다. 왜냐하면, 중소기업이 생산하여 대기업에 납품한 부품·소재 및 장비 등이 대기업의 수출로 통계에 잡히기 때문이다. 그러므로 대기업이 최종적으로 수출하는 액수의 상당 부분은 실제로는 중소기업의 수출이라고 할 수 있다.

다음으로 중소기업 중에서 수출에 참여하고 있는 기업의 특성에 대해서 살펴보자. 아래 <표 7-5>는 제조업 이외에도 정보통신업, 기술서비스업에 종사하는 기업 6만여 군데를 실태조사한 것이다.

표 7-5 중소제조기업의 거래처별 매출 및 수출비중(2018년)   (단위: 개, %)

		기업체수(개)	대기업	중견기업	중소기업	일반소비자	공공기관	수출
중소기업 전체		62,092	13.5	16.4	53.3	3.6	9.2	4.0
(소기업)		51,524	10.9	15.9	57.1	3.6	9.5	3.1
(중기업)		10,568	26.1	19.0	34.6	3.8	8.1	8.2
제조업		53,628	13.6	16.8	55.4	3.5	6.3	4.4
규모별	소기업	44,720	10.9	16.2	59.1	3.5	6.9	3.4
	중기업	8,908	27.3	19.8	36.5	3.5	3.6	9.2
공업구조	경공업	13,125	13.5	10.7	60.0	7.1	5.1	3.6
	중화학공업	40,503	13.7	18.8	53.9	2.4	6.7	4.7
기술수준	첨단기술업종	6,809	15.6	19.9	46.1	1.5	7.3	9.6
	고기술업종	19,930	15.8	19.4	50.3	2.2	7.7	4.6
	중기술업종	17,279	12.5	16.6	60.5	2.7	5.0	2.7
	저기술업종	9,610	9.8	9.6	63.2	9.0	5.0	3.4

		기업체수(개)	대기업	중견 기업	중소 기업	일반 소비자	공공 기관	수출
기술 기업군	고기술기업	3,886	22.8	20.7	37.5	2.6	7.2	9.2
	중간기술기업	23,869	15.4	16.8	52.3	2.7	7.8	5.0
	범용기술기업	25,873	10.6	16.2	60.9	4.4	4.8	3.2
정보통신업		5,047	10.7	14.9	42.1	5.2	25.7	1.2
전문, 과학 및 기술서비스업		3,417	15.0	13.1	36.6	3.3	30.8	1.2

주: 공공기관은 정부, 지자체 등의 기관.
자료: 중소벤처기업부, 통계자료.

조사대상 전체 중소기업의 거래처는 중소기업이 절반을 약간 상회하고 수출 기업은 4.0%에 지나지 않는다. 원자료에 따르면 2010년도 이후 대체로 5% 전후를 차지한다. 소기업보다 규모가 큰 중기업이 대기업과 거래에서 2배 이상이고 수출에도 2배 이상 참여하고 있다. 제조기업의 수출 참가율에 비해 정보통신업, 전문·과학 및 기술 등 서비스업 기업은 1.2%로서 매우 낮다.

중소제조기업에서도 중기업의 9.2%가 수출하고 소기업은 이보다 훨씬 낮은 3.4%이다. 첨단기술업종에 종사하는 기업 및 고기술기업의 수출 참여도는 9% 이상으로서 중소제조기업 평균 4.4%의 두 배 이상에 이르고 있다. 즉, 기업규모가 클수록, 고기술 업종 또는 기업일수록 대기업과의 거래가 많거나 해외시장 참여율이 높다.

표 7-6 기업규모별 경영지표 비교 (단위: %)

		2009	2010	2011	2012	2013	2014	2015	2016	2017	2018
자기자본 비율	대	43.28	44.54	43.12	43.83	44.93	47.20	48.10	49.98	51.15	52.05
	중소	30.61	31.42	32.56	33.56	34.78	34.06	34.76	35.55	38.00	38.54
부채 비율	대	131.05	124.53	131.92	128.17	122.55	111.89	107.90	100.09	95.52	92.11
	중소	226.73	218.30	207.08	197.95	187.54	193.56	187.70	181.27	163.18	159.49
차입금 평균 이자율	대	4.34	4.31	4.12	4.09	3.80	3.66	3.38	3.24	3.13	3.33
	중소	5.87	5.87	5.87	5.68	4.95	4.28	3.80	3.51	3.50	3.61

		2009	2010	2011	2012	2013	2014	2015	2016	2017	2018
자기자본 순이익률	대	7.40	10.45	6.96	6.10	3.80	4.72	6.30	6.50	9.08	7.17
	중소	4.41	5.79	5.49	5.58	5.93	6.63	7.58	7.96	7.96	6.08
매출액순 이익률	대	4.22	5.44	3.48	3.11	2.08	2.78	4.02	4.45	6.13	4.99
	중소	1.31	1.56	1.51	1.61	1.80	2.02	2.34	2.61	2.75	2.30

주: 1) 전산업 대상.
   2) 대=대기업, 중소=중소기업
자료: 한국은행경제통계시스템.

<표 7-6>은 대기업과 중소기업의 대표적인 경영지표를 정리한 것이다. 자기자본비율과 부채비율은 안정성지표이고, 자기자본순이익률과 매출순이익률은 수익성지표이다. 대기업과 중소기업 모두 자기자본비율과 부채비율(안정성 지표)이 개선되고 있다. 차입금평균이자율도 10년간 대기업은 1% 정도 낮아졌고 중소기업은 약 2.3% 정도 하락하여 금융비용 부담을 덜어주고 있다. 다만, 차입금이자율 하락은 전체 기업의 경영 개선에 힘입었다기보다 국제금융시장 특히 미국 금융시장의 금리하락의 영향을 크게 받았기 때문이다. 예를 들면, 한국은행의 기준금리는 2000년 5.25%에서 2018년 1.75%, 2019년에는 1.25%로 크게 하락했다.[14]

수익성을 나타내는 지표는 대기업은 대체로 정체상태이고 중소기업은 약간 개선되고 있다. 자기자본순이익률은 대기업은 2013년을 저점으로 앞 시기의 수준을 회복하는 정도이지만 중소기업은 약간 개선되는 추세이다. 매출액순이익률에서도 대기업은 정체이지만 중소기업은 조금씩 나아지고 있다.

경영지표 설명

- 자기자본비율=자기자본÷총자산(자본+부채)×100
  - 자기자본: 금융비용을 부담하지 않고 기업이 운용할 수 있는 자본
- 부채비율=부채총액÷자기자본×100
- 자기자본순이익률=당기순이익÷평균자기자본×100

---

14) 한국은행의 기준금리는 2000년 5.25%, 2005년 3.75%, 2010년 2.50%, 2015년 1.50%, 2016년 1.25%, 2017년 1.50%로 빠르게 하락했다.

한편, 각 항목의 추세를 대기업과 중소기업으로 나누어 비교해 보면, 먼저 안정성 지표에서 대기업과 중소기업 자기자본 비율이 올라가고 부채비율이 하락하여 안정성 지표가 개선되었지만, 안정성 측면에서 대기업이 높다. 특히 대기업의 부채비율은 2017년부터 95% 이하로 하락하여서 150%가 넘는 중소기업과 매우 큰 차이를 보인다. 차입금이자율 역시 대기업이 낮게 나타난다. 수익성지표에서 대기업은 대체로 정체이고 중소기업은 약간 개선되고 있는데, 특히 매출액순이익률에서 중소기업은 대기업의 절반 수준에도 미치지 못하고 있다.

이상의 내용을 요약하면, 안성정이나 수익성을 보여주는 기업의 경영지표들이 개선되어 왔지만, 전반적으로 중소기업과 대기업 간에는 적지 않은 차이가 나는 것으로 볼 수 있다.

제3절 중소기업의 당면과제

변화하는 환경 속에서 중소기업이 생존하고 발전하기 위한 요소로서는 자금조달 경로의 다양화 등 재무구조개선, 인력 부족의 해소, 기술경쟁력 강화, 판로개척, 대기업과의 관계 개선, 경영 투명성 제고 및 경영 역량의 강화 등 여러 가지를 지적할 수 있다. 그 중에서도 인력난, 자금난, 기술난의 문제가 일차적으로 해결되어야 할 과제인 것으로 보인다. 이 세 가지 과제의 해결을 통해 중소기업의 내부적 역량이 혁신되지 않으면 국내외 시장의 변화에 제대로 대응하지 못할 것이기 때문이다.

3.1 인력난

먼저, 생산 현장에서 중소기업이 가장 심각하게 겪고 있는 인력 부족에 대해서 살펴보자. 중소기업의 경영을 압박하는 주요한 원인 중의 하나는 만성적인 인력 부족이다. <표 7-7>은 제조업에 종사하는 중소기업을 대상으로 부족 인원을 실태조사한 것이다. 중소기업에서 가장 부족한 인력은 생산직이 가장 많고 다음이 기술·연구직으로 나타나고 있다. 기업의 크기 면에서는 소기업의 인원 부족률이 중기업보다 전반적으로 높다. 특히 기술·연구직에서 중기업과 소기업의 격차가 상대적으로 커서 소기업이 연구개발에 어려움을 겪고 있음을 알수 있다. 다만, 판매·마케팅직이나 기타 종사자에서는 소기업의 부족률이 높다.

표 7-7 제조업 중소기업의 부족인원, 인력 부족률 (단위: 명, %)

		제조업(합계)			사무·관리직	기술·연구직	생산직	판매·마케팅직	기타 종사자
		현재인원	부족인원	부족률	부족률	부족률	부족률	부족률	부족률
2016	소계	2,198,734	69,402	3.06	1.36	2.48	3.97	2.06	1.36
	소기업	1,501,865	50,004	3.22	1.41	2.8	4.11	2.32	1.57
	중기업	696,869	19,398	2.71	1.26	1.85	3.65	1.61	1.11
2017	소계	2,331,536	57,073	2.39	1.04	2.38	2.98	2.02	1.66
	소기업	1,629,781	42,604	2.55	1.11	2.75	3.10	2.46	1.87
	중기업	701,755	14,469	2.02	0.89	1.46	2.68	1.47	1.18
2018	소계	2,315,755	50,996	2.15	0.89	2.26	2.72	1.61	0.96
	소기업	1,626,188	38,231	2.30	1.01	2.62	2.83	1.81	0.82
	중기업	689,567	12,766	1.82	0.60	1.41	2.45	1.29	1.17

주: 1) 부족률=부족인원/(현원+부족인원)×100
　　2) 연구직=전문가, 기술직=기술직 및 준전문가
자료: 중소벤처기업부·중소기업중앙회, 중소기업실태조사.

그런데 실태조사에서 나타난 인력 부족률은 3% 이하로서 인력부족 문제가 생각보다 그리 심각하지 않은 것으로 생각할 수도 있다. 그러나 실제로 산업현장에서는 생산직에서 노동자의 결근이나 퇴사 등에 의해 회사 경영에 어려움을 겪는 예가 적지 않다.

주목되는 것은 우리나라 기업들은 저임금의 외국인을 고용함으로써 인력 부족의 상당 부분을 해결하고 있다는 점이다. 즉, 외국 인력의 고용은 인력 부족률을 일정 수준에서 머물도록 하는 주요한 요인으로 보인다. 좀 오래되었지만, 2009~2011년의 중소기업실태조사에 따르면, 중소기업은 인력 부족문제를 주로 생산설비의 자동화(29.7~38.7%), 임금인상 및 복지여건 개선(24.3~40.8%) 외에도 외국인 고용(19.7~25.5%) 등으로 해결하고 있는 것으로 나타났다.

부족인력 확보 애로요인을 묻는 실태조사에서는 답변 항목 중에서 아예 '취업지원자가 없음'이 조사대상 기업 중 절반 이상으로서 1위이고, '직무능력 부족'이나 '근무여건 열악' 등이 그 다음이다. 이와 같이 잠재적 피고용자가 아예 취업지원을 하지 않거나 근무여건 열악을 이유로 취업을 꺼리는 가장 큰 이유는 임금이 낮기 때문이라고 할 수 있다.

중소기업의 낮은 임금은 잦은 이직으로 연결되어 인력의 안정적 수급을 어렵게 하는 요인으로 작용한다. 2009년부터 2014년까지 이직 원인을 조사한 바에 의하면, 대체로 임금수준 불만족이 가장 높게 나타나고 있으며, 다음으로 타업종 근무선호, 작업환경 불만족의 순이었다(중소벤처기업부, 통계자료). 통계청이 발표한 『2018년 임금근로일자리 소득(보수) 결과』에 따르면, 대기업은 월평균소득 501만 원인 데 비하여 중소기업은 그 절반에도 미치지 못하는 231만 원이었다. 중소기업 노동자 중에서 가장 소득이 높은 40대는 월평균 271만 원인데, 이것은 대기업 20대의 278만 원보다 적었다. 대기업에서 가장 소득이 높은 세대는 50대인데, 중소기업에 종사하는 50대는 대기업보다 411만 원이나 적었다(통계청, 보도자료, 2020.1.22.).

임금 격차는 대기업 노동자와 중소기업 노동자 간에 근속연수의 차이를 초래하고, 근속연수의 차이는 다시 임금 격차를 초래하는 요인으로 지적되고 있다. 통계청이 발표한 바에 따르면, 2018년에 대기업의 평균근속기간은 7.9년인데 반해 중소기업은 3.1년에 지나지 않았다. 이것은 한 직장에서 일하는 중소기업 노동자의 퇴사가 빈번하기 때문에 대기업에 비해 낮은 임금소득조차 더 높아지기 어렵다는 것을 의미한다(통계청, 보도자료, 2020.1.22, p.5.).

다음의 <표 7-8>은 제조업 부문의 이직률을 단적으로 보여준다. 2015년 이후 이직률은 무려 10.8~13.5%나 되고 있으며, 기타종사자를 제외하고 소기업보다는 중기업의 이직률이 좀 더 높은 것으로 나타나고 있다. 이것은 중기업 노동자의 임금 등 노동에 대한 보상요구가 소기업보다 높다는 것을 뜻한다. 이직률이 가장 높은 직종은 생산직으로서 2018년에 무려 17.3%이고, 기타종사자-판매·마케팅직의 순이며 사무관리직의 이직률이 가장 낮다.

표 7-8 제조업 중소기업의 직종별 이직인원 및 이직률 　(단위: 명, %)

		제조업(합계)			사무 관리직	기술· 연구직	생산직	판매· 마케팅직	기타 종사자
		현재인원	이직인원	이직률	이직률	이직률	이직률	이직률	이직률
2015	소계	2,425,813	274,896	11.3	5.4	5.5	15.5	7.9	10.2
	소	1,658,644	186,336	11.2	5.2	5.3	16.0	7.3	14.2
	중	767,169	88,560	11.5	5.9	6.0	14.5	9.3	2.8
2016	소계	2,205,611	291,850	13.2	6.4	8.0	17.5	7.4	6.6
	소	1,502,733	189,449	12.6	5.8	8.2	16.7	6.3	12.2
	중	702,878	102,401	14.6	7.4	7.7	19.6	9.4	3.8
2017	소계	2,347,470	254,128	10.8	5.9	5.4	14.1	6.9	7.3
	소	1,638,536	172,934	10.6	5.4	4.5	13.9	5.2	7.5
	중	708,933	81,193	11.5	7.0	7.3	14.5	8.9	6.8
2018	소계	2,325,378	313,933	13.5	7.2	8.1	17.3	9.2	9.8
	소	1,631,191	213,711	13.1	5.4	7.9	17.0	8.6	8.7
	중	694,188	100,223	14.4	7.0	8.4	17.9	10.4	11.4

주: 현재인원은 전년도 12월 말.
자료: 중소벤처기업부, 통계자료.

　　기업은 노동자의 이직 방지대책으로서 임금인상과 근로복지 향상을 가장 선호하는 것으로 조사되었다. 예전에는 임금인상 다음으로 합숙 및 단합대회가 선호되었지만 최근에는 이에 대신하여 근로복지 향상이 보다 강조되고 있다. 근로복지 향상도 궁극적으로 임금보상적 성격을 가진다는 점에서 산업현장에서 노동자들의 불만을 가장 잘 파악하고 있는 기업의 대응책은 역시 임금에 집중되어 있다고 하겠다(중소기업부, 통계자료, 중소기업실태조사).15)

　　이와 같이 중소기업과 대기업의 임금 격차는 우수인재의 유치에 걸림돌이 될 뿐만 아니라 중소기업의 혁신을 방해하고 매출을 정체시킨다. 그리고 이것은 다시 임금지급 여력을 하락시켜 취업기피로 이어지는 악순환을 초래하고 있다. 즉, 중소기업 실태조사에서 아예 '취업지원 없음'에서 나타나듯이 처음부터 중소

---

15) 이 외에도 합숙 및 단합대회, 사내 동호회 활성화, 연수·교육제공, 멘토링프로그램, 경력개발 경로제시, 교육기회 제공 등이 있다.

기업 취업을 기피하거나 짧은 근속연수 혹은 높은 이직률 등은 중소기업의 인력난을 초래하고 기업 경영의 안정성에 악영향을 미치는 주요 요인이라고 하겠다.

3.2 자금난

중소기업의 자금조달은 대기업에 비해서 매우 어려운 상황에 처해 있다. 중소기업은 대기업에 비해 수익률도 낮고 자본금도 적기 때문에 상대적으로 부채비율이 높다. 그러므로 신용도가 낮고 회사채 발행이 힘들어서 자금조달을 은행을 비롯한 금융 기관의 차입에 의존하는 하는 정도가 높다. 중소기업은 자금조달 경로가 이처럼 단순할 뿐 아니라 기업간 거래에서도 외상이나 어음결제 때문에 불이익을 겪고 있는 경우가 많다. 「중소기업실태조사」를 중심으로 중소기업의 자금조달 상황에 대해 살펴보자(2014~2017년, 중소벤처기업부, 통계자료).

중소기업은 조사대상 업체 중에서 60% 전후가 외부차입금에 의존하고 있는데, 제조업분야는 중소기업 전체 평균보다 10% 더 높으며, 기업규모별로는 소기업체(5~49인)보다는 중기업체(50~299인, 중기업체의 65% 이상)가 더 많이 외부차입금에 의존하고 있다.

신규로 자금을 확보하는 방법으로서는 은행으로부터의 대출(차입)이 금액기준으로 60~75%를 차지하는데 중기업의 은행 차입 비중이 소기업보다 높다. 다음으로 정책자금이 약 20%를 차지하고, 비은행금융기관 – 사채의 순이며 주식발행이나 회사채는 대체로 1% 미만으로 나타난다. 주목되는 것은 중소기업은 신용도가 낮기 때문에 주식 및 회사채 발행이 거의 없고 사채의존 기업이 4.8~7.5%에 이른다는 점이다.

중소기업은 제도금융권에서 차입하지 못하면 고금리의 사채를 이용하는 것으로 나타나고 있다. 조사대상기업 중 83.2~93.1%가 친구·지인·친인척 등으로부터 사채를 끌어 쓰고 있으며, 평균 6.8% 정도는 대부업체를 이용하고 있고, 나머지는 거래업체 혹은 사채업자로부터 자금을 빌린다. 평균금리는 5% 이하를 빌리는 업체는 조사대상의 21.9~49.5%인데 2016년 이후에는 20%대로 떨어지고 있다. 그렇지만 20%를 넘는 기업은 10~15%의 이자를 지불하고 있고, 10~15%, 20~30%의 이자지불 업체도 적지 않은 비율을 차지하고 있다. 평균차입금리는 2014~2015년에 8.2 → 6.6%였지만, 2016년 10.1%에서 2017년에는

13.29%로 오히려 높아져 사채이용업체들은 상당한 고금리에 노출되어 있다. 중소상공인의 금리부담 문제가 등장하는 배경이라고 하겠다.

어음거래는 중소기업의 자금난을 가중하는 주원인의 하나로 지목되는 해묵은 과제다. 중소기업은 판매대금을 어떤 수단을 통해서 받을까? 2017년까지의 표본조사에 따르면, 현금이 60% 전후로서 가장 많고, 신용카드(27% 전후) — 약속어음 혹은 외상의 순이다. 대부분은 현금이나 현금보다 약간 불리한 신용카드로 수수하지만 여전히 약속어음이 8% 정도를 차지하고 있고 전근대적인 외상도 약속어음과 비슷한 비율을 차지하고 있다. 동시에 중소기업들은 판매대금보다는 적은 비율이지만 구매상품에 대해서도 약속어음과 외상을 지불수단으로 이용하고 있다.

표 7-9 받은 약속어음의 평균지급기간 (단위: %)

	구분	30일 이내	31~60일 이내	61~90일 이내	91~120일 이내	121일 초과
2014	전체	5.1	31.9	41.1	17.6	4.3
	제조업	4.5	31.5	41.4	18.2	4.4
	소	5.0	30.7	41.7	18.1	4.4
	중	5.3	47.5	33.6	11.4	2.2
2015	전체	4.9	34.9	37.4	19.2	3.6
	제조업	4.7	31.6	41.0	19.6	3.1
	소	4.5	34.1	37.9	19.9	3.7
	중	10.1	44.6	31.7	10.5	3.0
2016	전체	8.8	28.5	43.2	15.2	4.3
	제조업	7.5	27.6	44.1	16.6	4.2
	소계	8.8	48.5	33.0	7.8	1.7
	소	–	–	–	–	–
	중	12.4	22.8	41.9	14.9	7.9
2017	전체	10.7	33.5	36.4	14.5	5.0
	제조업	7.9	37.1	33.4	16.5	5.1
	소	10.7	32.9	36.1	15.0	5.3
	중	9.4	41.6	40.5	7.5	1.0

주: 1) 소기업=5~49인, 중기업=50~299인
    2) 외상매출채권 포함(2016~2017년)
    3) 2016년의 중기업에는 거절/무응답=0.1%
자료: 중소벤처기업부, 통계자료.

　　중소기업들이 약속어음을 받았을 때 어음을 현금으로 다시 돌려받는 기간은 얼마나 걸릴까? 중소벤처기업부의 발표에 따르면, 조사대상 모집단 기업 중에서 석 달이 가장 많고 2위는 두 달 걸리는 경우이다. 넉 달이 걸리는 기업은 15% 이상이며, 넉 달을 초과하여 지급받는 기업도 3.6~5%나 된다. 그리고 받은 약속어음에 대해 부도를 경험한 중소기업은 2014~2017년에 약 20%에 이르고 있다.

　　이와 같이 약속어음은 중소기업의 자금을 압박하는 고질적인 병폐라고 할 수 있다. 중소벤처기업부의 발표에 따르면, 중소기업은 판매대금을 약속어음으로 받는 경우가 8%정도였다. 그러나 현실은 이것보다 훨씬 많은 것으로 보인다. 중소기업중앙회의 「금융애로실태조사」에 따르면, 2016년도에 5곳 중의 1곳(21.8%)이 여전히 납품 후 어음으로 결제를 받았고 현금화에 평균 넉 달(114.8일)이 소요되었다. 만기일까지 기다리지 못하고 어음을 할인한 기업은 10곳 중 3곳(31.2%)이나 되고 중소기업의 34.6%는 어음할인료가 과다하다고 하소연하고 있다.[16] 때문에 중소기업중앙회는 오래 전부터 어음거래의 문제점을 지적하고 어음 결제의 폐지를 주장하고 있지만 낡은 관행의 폐지가 쉽지 않은 것으로 보인다. 정부는 2018년 초에 2022년까지 어음을 완전히 폐지한다고 약속한 바가 있다.

---

16) 한국일보, 2016.6.26.

어음은 조선시대에도 상업거래에 사용되었다. 일제 강점기에 제도화되어 일반적인 거래에 사용되었는데, 일제는 우리 국토를 강점하는 1910년부터 금융 중에서도 어음거래에 관한 통계를 정확하게 수록하였다. 일제에서 해방된 후 작성된 금융통계 중 예금이나 대출은 공표기관이나 작성기준에 따라서 들쭉날쭉하지만 어음통계는 전국은 물론 지역별로도 가장 일관성있게 제일 긴 시계열을 작성할 수 있다. 그만큼 상업 거래에서 중요하게 취급된 것이다. 우리나라의 어음부도율은 1937년부터 파악이 가능한데, 1937~1944년에 금액기준으로 연평균 0.05%이었지만, 1950년대에는 0.60으로 10배 이상 높아졌다. 1960년대 0.42%, 1970년대 0.22%, 1980년대 0.10%, 1990년대 0.19%, 2000년대 0.08%였다. 부끄럽게도 2000년 이전에는 1988~1991년에 단 한차례 겨우 일제 말의 부도율 수준으로 떨어졌는데, 그 이후에는 도로 올라갔다. 2010년대가 되어서야 결제결제분을 포함해서 일제하보다 낮은 수준인 0.016%로 떨어졌다(1990년대부터 전자결제분 포함).

어음은 현금을 대신하여 신용을 창출하거나 거래를 원활하게 하는 측면이 있지만 사실상의 고율의 이자부담(할인을 말함)과 고의 부도 등의 폐해가 적지 않았다. 김대중정부 시절에 이 문제가 본격적으로 제기되어 폐지로 가닥을 잡았지만 흐지부지 그냥 넘어가고 말았다. 그 후 어음교환고는 1999년에 9,677조원에서 2019년 2,182조원으로 줄었다. 하지만 어음거래는 여전히 개인사업자 및 중소기업의 자금 융통을 어렵게 하는 요인으로 지적되고 있다.

예전(아마 1979년대 말 혹은 80년대 초까지)에는 흔히 동네가게에서 물건을 사고 외상장부에 달아놓는 일이 많았다. 어떤 면에서 어음발행은 이와 같은 외상거래나 다를 바 없다. 그러므로 사기나 고의부도가 꼬여들 여지가 그만큼 크고 사회적으로도 커다란 파장을 일으키기도 한다. 대표적 사건으로 1982년에 터진 이철희·장영자 어음부도 사건이 있다. 이 사건은 권력의 비호를 앞세워 부실한 건설업체에 자금을 제공하는 대신 담보조로 제공액의 2~9배에 달하는 액수의 어음을 받아서 사채시장에서 할인하거나 주식 투자 등의 수법으로 1981년 2월부터 1982년 4월까지 6,404억원에 달하는 사기행각을 벌인 사건이다. 이 사기사건은 건국 후 최대규모의 금융 사기사건, 단군이래 최대의 어음사기사건으로 불렸다.

3.3 기술난

3.3.1 낮은 기술수준

낮은 기술수준은 중소기업이 겪는 어려움 중에서 가장 극복하기 힘들지만, 경쟁력 강화를 위해서 반드시 극복해야 할 과제이다. 중소기업이 이 문제를 해결하기 어려운 것은 기술개발에는 유효한 기술에 대한 정보는 물론이고 연구개발 인력의 부족, 기술금융 등 자금적 어려움도 동시에 해결해야 하기 때문이다.

특히 4차산업혁명시대를 맞이하여 중소기업의 기술력 향상은 해당 기업의 경쟁력은 물론 국가경제의 앞날을 좌우하는 핵심적인 요소라고 할 수 있다. 2019년 일본이 갑작스럽게 한국을 화이트리스트에서 제외하는 조치를 취한 것은 자국 내 기술적 기반없이 제품생산에 필수적인 소재나 부품을 단순히 가격이 싼 글로벌 네트워크에 의존하는 것이 얼마나 위험한 일인가를 단적으로 보여준다. 아래에서는 중소벤처기업부가 공표한 실태조사 중에서 기술적 과제와 관련된 부분을 정리한 것이다.

일본의 화이트리스트 사건의 본질은?

화이트리스트(백색국가)는 '안전보장우호국'이라고 하는데, 자국의 안전보장에 위협이 될 수 있는 첨단기술과 부품 등을 수출할 때, 수출허가 절차에서 우대를 해주는 국가를 말한다. 일본 경제산업성은 사전협의 및 구체적 사유를 밝히지 않고 반도체·디스플레인 관련 핵심 소재 3종에 대한 수출규제를 강화하겠다는 계획을 밝히고 실행했으며, 2020년 8월 28일부터는 한국을 화이트리스트국가에서 제외했다. 이에 우리나라 정부도 일본을 화이트리스트에서 제외하고, 소재·부품·장비산업의 '탈(脫)일본'을 선언했다.

그 동안 우리나라의 소재·부품·장비산업은 외적인 면에서는 상당히 성장했지만, 기술력이나 해외 점유율 등에서는 여전히 일본보다 뒤처지고 있는 상황이다. 일본이 우리나라에 대헤 화이트리스트 제외를 단행한 배경에는 우리나라의 동 부문에 대한 경쟁력이 자국보다 약하다는 자신감이 깔려있다. 수출이나 1인당 소득수준에서도 일본과 격차가 상당히 줄어들고 있는 데에 대한 경계심도 작용했을 것이다. 한마디로 한국경제에 타격을 주고 본때를 보이고 싶었을 것이다.

모든 제품을 국내에서만 생산할 수 없는 것이 오늘날의 세계경제이다. 그러나 글로벌 공급망에 지나치게 의존한 채 기술개발에 소홀하거나, 제품을 개발해도 가격만을 따져 국내기업의 제품 사용을 꺼리는 구조를 바꾸지 않은 대가가 어떤 어려움을 초래하는지 잘 보여주는 예라 하겠다. 물론 일본의 이러한 경제적 공격 정도에 한국경제가 무너질 정도로 형편없지 않기 때문에 재빨리 일본의 수출금지에 적응했다. 위기를 기회로 바꿈으로써 오히려 한국의 산업경쟁력을 제고해 줄 계기로 작용할 것이다. 정부와 경제계가 본격적으로 대책을 마련하도록 했다는 점에서 일본의 아베신조(安倍晋三)수상에게 도로 감사해야 할지도 모를 일이다.

표 7-10 지식재산권 보유 및 출원 중 업체비율(2018년) (단위:%)

	지식재산권 전체		산업재산권								신지식재산권		출원중인 재산권	
	국내	해외	특허권		실용신안권		디자인권		상표권		국내	해외	국내	해외
	소계	소계	국내	해외	국내	해외	국내	해외	국내	해외	소계	소계	소계	소계
전체	48.0	1.8	45.3	1.5	10.9	0.0	5.1	0.2	5.0	0.2	0.5	0.0	14.0	0.5
소	45.5	1.5	42.9	1.2	9.9	0.0	4.8	0.2	4.1	0.2	0.4	0.0	12.9	0.4
중	60.4	3.4	56.9	3.0	15.5	0.1	6.7	0.3	9.5	0.4	1.3	0.0	19.8	1.2
제조업	47.8	1.9	44.8	1.6	11.5	0.1	5.6	0.2	5.2	0.2	0.3	0.0	13.5	0.5
소	45.3	1.6	42.3	1.3	10.6	0.1	5.2	0.2	4.3	0.2	0.2	0.0	12.4	0.3
중	60.8	3.8	57.3	3.4	16.3	0.1	7.5	0.3	9.7	0.4	0.8	0.0	19.2	1.4
정보통신업	47.4	0.9	46.0	0.9	6.8	0.0	2.1	0.0	3.0	0.0	3.1	0.1	19.6	0.5
소	47.8	0.8	47.4	0.8	5.4	0.0	1.5	0.0	2.0	0.0	2.6	0.1	20.4	0.7
중	45.5	1.3	40.2	1.3	12.8	0.0	4.4	0.0	7.1	0.0	5.3	0.0	16.6	0.0
전문,과학	52.4	1.0	51.6	1.0	7.0	0.0	2.4	0.0	4.9	0.0	0.4	0.0	13.5	0.2
소	46.1	0.9	45.5	0.9	6.4	0.0	3.0	0.0	3.7	0.0	0.2	0.0	8.7	0.2
중	78.0	1.1	76.6	1.1	9.6	0.0	0.0	0.0	10.0	0.0	1.1	0.0	33.0	0.0

주: 전문, 과학=전문, 과학 및 기술서비스업.
자료: 중소벤처기업부, 통계자료.

겉으로 드러나는 지식재산권의 보유량 혹은 보유비율만으로 어떤 기업이나 산업, 혹은 그 나라의 기술수준의 전모를 판단할 수 없지만 일반적으로 많이 이용하는 대표적인 지표라 할 수 있다. 2018년 말 중소기업이 보유하거나 출원 중인 지식재산권을 보유 중인 업체의 비율은 국내시장에서는 48.0%로서 소기업은 45.5%이고 중기업은 60.4%이다. 예상대로 제조업, 정보통신업, 전문과학 모든 분야에 걸쳐서 대체로 규모가 큰 중기업이 소기업보다 지식재산권 취득 비율이 높다. 그러나 해외에서 취득비율은 중소기업 전체적으로 1.8%에 지나지 않으며 중기업도 3.4%에 지나지 않는다.

산업재산권 중에서 국내에 특허권을 소유한 업체는 45.3%이지만 해외에는 1.2%에 불과하다. 실용신안권, 디자인권, 상표권은 국내외 모두 매우 낮으며 해외에서 취득한 것은 0%이다. 신지식재산권 및 출원 중인 재산권도 해외는 비중이 매우 낮은데, 특히 신지식재산권은 정보통신업의 0.1%를 제외하고 전부문에 걸쳐서 0이다. 즉, 조사대상 중소기업의 약 절반 정도가 특허권을 중심으로 국내의 지식재산권을 확보하고 있지만 해외시장에서는 거의 없다 해도 과언이 아니다.

표 7-11 기술분야별 세계 최고 대비 기술수준(2018년 중소기업)　　(단위: %)

	기업체수 (개)	50 미만	50~60 미만	60~70 미만	70~80 미만	80~90 미만	90~100 미만	100	평균
전체	62,092	1.3	3.7	10.9	30.7	37.3	15.7	0.3	76.4
기계·소재	26,362	1.7	4.7	13.4	31.5	34.3	14.2	0.2	75.4
전기·전자	9,597	2.2	1.6	6.9	27.4	43.2	17.8	0.8	77.8
정보통신	5,067	0.6	2.8	9.0	32.4	33.2	21.6	0.3	77.6
화학	8,683	0.3	3.0	11.9	34.3	34.2	16.2	0.1	76.2
바이오·의료	3,037	–	2.4	6.8	32.4	35.7	21.5	1.2	78.2
에너지·자원	1,161	–	–	12.1	15.4	51.7	19.9	0.9	79.0
지식서비스	5,745	1.0	4.2	10.5	28.7	44.1	11.5	–	76.4
세라믹	2,439	1.6	6.9	6.7	28.9	44.6	11.1	0.2	76.0

자료: 중소벤처기업부, 통계자료,

우리나라 중소기업의 세계 최고 대비 기술수준 2018년도에 평균 76.4%이며, 이전에 조사된 기술수준도 2013년 75.4%(2013년) → 2015. 75.5%(2015년) → 77.6%(2017년)으로서 전체적으로 기술수준이 정체하고 있는 것으로 보인다. 중소기업 중 세계최고 대비 80~90%에 달하는 기업이 37.3%로 가장 많고 70~80%에 달하는 기업이 다음으로 30.7%를 차지하고 있으며, 70% 미만의 기업도 15.9%나 된다. 최고 대비 90% 이상의 기업은 전체 기업의 16%에 지나지 않고 있다. 각 기술분야도 전부 80%에 미치지 못하고 있어서 핵심기술면에서 상당한 질적 차이가 있음을 짐작케 한다.

<그림 7-3>은 <표 7-11>의 기업 중에서 가장 많이 조사된 기계·소재, 전기·전자산업에 속하는 분야를 보다 자세하게 나타낸 것이다. 기계·소재에서 세계최고 대비 기술수준이 가장 높은 분야는 소성가공/분말과 나노·마이크로기계시스템이고 가장 낮은 것은 금속재료이다. 여기에서 가장 눈에 띄는 것은 조

선/해양시스템이 71.2%로서 14개 분야 중에서 13위라는 점이다. 우리나라의 조선산업은 세계적 생산기지로서 널리 알려져 있지만, 기술수준은 유럽 등의 선진국에 비해 매우 낮게 나타나고 있다.

그림 7-3 기계·소재 및 전기·전자 세계 최고 대비 기술수준(2018년 중소기업)　　(단위: %)

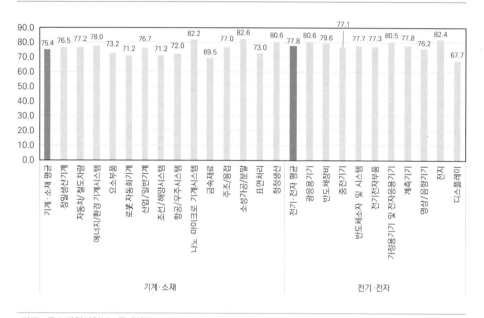

자료: 중소벤처기업부, 통계자료.

전기·전자에서는 10개 분야 중 광응용기기, 반도체장비, 가정용기기 등, 전지 등이 전기·전자의 평균보다 높고, 나머지 5개는 낮은데 우리에게 친숙한 디스플레이는 67.7%에 지나지 않을 정도로 기술수준이 낙후된 것으로 나타나고 있는 것이다.

이같이 우리나라 중소기업의 세계최고 대비 기술력은 세계적 경쟁력을 갖춘 것으로 알려진 부문도 기술면에서는 상당히 낮다는 것을 알 수 있다. 하지만 이것은 중소기업에게는 그만큼 기술개발의 여지가 있다는 것을 의미한다고도 하겠다.

표 7-12 주요국 대비 기술분야별 기술격차(중소기업)(2018년)　　　　　　　　(단위: 년)

	미국	일본	독일	중국
전체	-2.0	-1.7	-1.9	2.7
기계·소재	-2.3	-1.9	-2.3	2.7
전기·전자	-1.7	-1.7	-1.6	2.2
정보통신	-2.0	-1.5	-1.7	3.6
화학	-1.8	-1.4	-1.3	2.7
바이오·의료	-1.5	-1.6	-1.6	2.6
에너지·자원	-0.6	-0.6	-0.8	2.9
지식서비스	-2.1	-1.9	-1.7	3.1
세라믹	-1.2	-1.0	-1.2	2.5

주: -는 기술격차를 줄이는데 시간이 걸림을 의미.
자료: 중소벤처기업부, 통계자료.

주요국 대비 기술격차의 기간을 살펴보면, 전체적으로 중국을 제외하고는 뒤처져 있다. 특히 중소제조업 중에서 가장 많은 기업이 생존하고 있는 기계·소재 분야에서 기술격차가 가장 심하고, 다음이 정보통신이다.

표 7-13 세계 최고 대비 기술요소별 능력 수준(2018년)　　　　　　　　(단위: %)

	제품(상품) 기획 능력①	신기술 (신제품)개발 능력②	제품설계 능력③	부품 및 공정 설계 능력④	개발기술 사업화 능력⑤	10가지 평균 기술능력
전체	74.6	75.2	75.7	75.7	74.9	75.4
소기업	73.9	74.7	75.3	75.4	74.5	75.0
중기업	77.8	77.5	77.6	77.1	76.7	77.5
제조업	74.4	75.0	75.6	75.6	74.8	75.3
소기업	73.7	74.5	75.2	75.4	74.4	74.9
중기업	77.5	77.4	77.4	76.9	76.4	77.3
정보통신업	76.1	76.8	76.0	76.2	75.5	76.3
소기업	75.5	76.7	75.7	75.7	74.8	75.9
중기업	78.4	77.1	77.2	77.9	78.7	78.2
전문,과학	76.7	76.8	77.2	76.5	75.8	76.5

	제품(상품) 기획 능력①	신기술 (신제품)개발 능력②	제품설계 능력③	부품 및 공정 설계 능력④	개발기술 사업화 능력⑤	10가지 평균 기술능력
소기업	75.6	75.9	76.2	75.4	75.1	75.8
중기업	80.9	80.3	81.2	80.7	78.4	79.7

주: 10가지 중 표에서 제외된 기술요소; 디자인,시험·검사, 제조(가공), 생산관리, 유지·보수.
자료: 중소벤처기업부, 통계자료.

기술개발에 필요한 기술능력을 기술요소별로 나누어 보면, 상품의 기획단계, 디자인, 신기술개발, 제품설계 등 10개로 나누어 볼 수 있는데, 이 각 분야를 종합적으로 평가해보면 세계 최고 수준의 75.4%로서 4분의 3 수준에 지나지 않는다.

기술개발 애로요인을 정리해 보자. 기술개발에는 ① 기업 자체 연구소의 개발도 있지만, ② 필요에 따라서 외부와 공동으로 개발하거나 위탁하는 것, ③ 국내외의 기술을 돈을 주고 도입하는 것 등이 있다. 중소벤처기업부의 2018년 조사에 따르면 ①의 자체개발을 가로막는 요인은 개발인력의 확보 곤란이나 기술정보 부족보다는 개발자금의 부족(34.5%)이 가장 컸다. ② 기업 자체적 개발이 가장 바람직하겠지만, 어려울 경우 국가연구기관을 이용하거나 산학연의 공동개발 혹은 위탁을 하는 등 외부에 위탁하거나 공동개발하게 된다.[17] 이 때에는 자체개발 대비 높은 개발 비용이 가장 큰 애로사항으로 지적되었고, 다음으로 개발에 지나치게 긴 기간이 걸리는 것이었다. ③의 기술도입에는 과도한 기술도입비, 기술도입 정보부족이 지적되었다(정보통신부, 통계자료, 기술실태).

중소기업의 기술개발 성공률은 2018년에 추진 건수의 절반에 미치지 못하는 42.8%에 지나지 않는다(<그림 7-4>). 기술개발이 실패한 요인으로서는 역시 기술개발자금 부족이 32.2%로서 가장 크고, 다음으로 기술개발관련 설비부족 및 장비부족(18.2%) - 기술개발인력 부족 및 이직(14.6%) - 여건변화로 기술개발 필요성 저하(14.1%) 등의 순인데, 맨 마지막을 제외한 앞의 세 가지 요인은 사실상 중소기업의 취약한 자금난과 관련된 것이다. 결국 기술개발을 가로막는 가장 큰 요인은 자금상의 어려움이며, 때문에 효율적으로 정책금융을 공급하기 위한 지속적 지원체계의 개선이 요구된다고 하겠다.

---

17) 우리나라에는 국가과학기술연구외 소관 25개 정부출연연구기관이 있는데, 이 중에서 한국생산기술연구원은 1989년에 중소기업의 생산기술 및 기술지원을 위해 설립되었다. 이 외에도 대학연구소나 민간연구소 등을 통한 기술개발도 많이 이루어지고 있다.

그림 7-4 중소기업의 기술개발 및 사업화 성공률 비교(2018년)　　　　　　(단위: %)

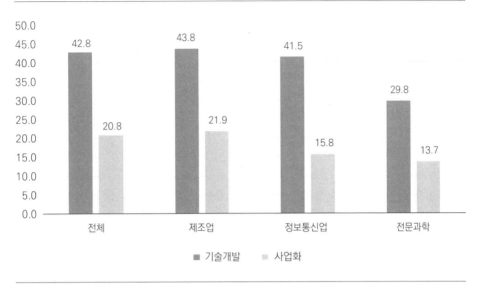

주: 1) 전문, 과학=전문, 과학 및 기술서비스업.
　　2) 기술개발 성공률은 전체 추진건(진행중+실패+성공) 대비 성공건 비율.
　　3) 사업화성공률은 기술개발 성공건 대비 사업화 성공건의 비율임. 여기에서의 사업화성공률은 원래
　　　 시도건수에서 사업화에 성공한 비율임. 즉, 기술개발성공률×사업화성공률
　　4) 기술개발로 인해 매출, 수출, 수입대체, 비용절감 등이 발생한 경우 사업화 성공이며, 지식재산권에
　　　 는 신지식재산권도 포함.
자료: 중소벤처기업부, 통계자료.

3.3.2 저조한 기술사업화

앞의 <그림 7-4>를 보면, 제품개발의 단계에서 후순위인 사업화 성공률
은 기술개발 성공률보다 더 낮다. 기술개발 성공률은 최초 시도 건수의 42.8%인
데 비해 최종적으로 사업화에 성공한 건수가 차지하는 비율은 20.8%에 지나지
않아 기술을 개발하더라도 그 절반의 이하만 사업화에 성공하는 것으로 나타나
고 있다. 즉, 최초 기술개발시도의 5분의 1만이 사업화에 성공하여 기술개발 목
표가 달성되고 있는 것이다.

R&D투자를 통한 기술력 향상은 <표 7-13>에서 보듯이, R&D기획-기술
개발-사업화의 3단계를 거친다. 즉, ①은 기획, ②~④는 기술개발 과정, ⑤는
개발기술 사업화에 해당한다. ⑤의 기술사업화가 중요한 이유는 아무리 좋은 기
술을 개발해도 사업화에 성공하지 못하면 기업에게는 무용지물이기 때문이다.

기술을 이용하여 제품의 개발·생산 및 판매를 하거나 그 과정의 관련 기술을 향상시키는 것을 말한다(『기술의 이전 및 사업화 촉진에 관한 법률』 제2조). 기술사업화의 유형으로는 양도, 실시권 허락, 기술지도, 공동연구, 기술창업, 합작투자(joint venture) 또는 인수·합병, 특허풀 등이 있다. 단계별로는 사전조사 및 기획, 기술획득, 기술활용, 기술이전 단계 등으로 구성된다. 기술사업화에는 많은 비용과 장시간이 소요되고, 불확실성이 매우 큰 특징이 있다. 특히 신제품 시장에서의 잠재적 수요 및 가능성 평가, 시장테스트, 제품 디자인 완성 등이 어려운 것으로 조사되고 있다(산업연구원, "중소기업의 기술사업화 추진실태와 과제, 『산업경제분석』, 2016.12.).

그런데 기술사업화는 요소별 기술개발 중에서 연구개발 관련 분야는 물론이고 제조능력이나 생산관리능력 등에 비해서도 낮은 것으로 나타나고 있다. 국제적인 비교에서도 뒤진다. 2006년도에 기술개발에 성공한 후 사업화에 성공한 비율은 일본 54%이며, 미국과 영국은 70% 정도였다.[18] 이에 비해 우리나라는 2018년에 50%에 미만으로 보고되고 있다(<그림 7-4> 참조).

표 7-14 중소기업의 개발기술 사업화에 따른 애로사항(2018년)   (단위: %)

	사업화 자금부족	원료·설비 등 확보 어려움	개발제품의 높은 가격	제품의 완성도 미흡	유사제품(대체품) 출현	판매시장 부족(관련 수요부족)	사업화를 위한 전문인력 부족	각종행정 규제	마케팅 역부족
전체	37.7	7.5	13.6	11.3	12.9	7.6	7.3	2.0	0.1
소기업	39.4	7.0	13.4	11.1	12.6	7.2	7.2	2.0	0.1
중기업	30.3	9.7	14.3	12.2	13.9	9.3	7.9	2.4	–
제조업	38.7	7.8	12.8	11.8	13.0	7.4	6.8	1.7	0.1
소기업	40.6	7.2	12.5	11.8	12.4	7.0	6.6	1.8	0.1
중기업	29.6	10.5	14.3	11.4	15.3	9.5	7.9	1.5	–
정보통신	30.1	5.2	21.4	7.6	13.5	6.7	12.1	3.4	–
소기업	28.8	4.7	22.6	4.6	15.8	7.3	13.1	3.0	–
중기업	34.2	6.9	17.4	17.7	5.8	4.9	8.5	4.6	–
전문과학	33.0	7.6	12.9	9.7	9.4	13.8	7.3	6.4	–
소기업	33.1	8.8	14.7	8.2	9.4	13.6	7.8	4.5	–
중기업	32.7	4.8	8.5	13.2	9.4	14.3	6.0	10.9	–

자료: 중소벤처기업부, 통계자료.

18) 산업연구원, 『I-KIET산업경제이슈』, 제4호, 2017.1.23., p.3.

기술사업화의 애로사항으로서는 역시 자금부족이 가장 크고 개발제품의 높은 가격, 유사제품의 출현 등의 순인데, 특히 제조업 부문에서 소기업들이 자금부족을 많이 호소하고 있다.

표 7-15 가장 필요한 개발기술 사업화 지원제도(2018년)　　　　(단위: %)

		기술평가에 기반한 사업화 자금지원	신기술 제품의 우선구매 지원	시장분석, 사업성 조사 등 컨설팅 지원	생산·양산에 필요한 전문인력 지원	마케팅 전문인력 양성 지원	상설전시 및 해외시장 개척 지원	국내외 표준규격, 기술 인증 지원
전체		37.6	14.4	14.1	18.7	6.9	2.5	5.7
	소	38.7	13.8	13.8	18.7	6.9	2.2	5.9
	중	32.3	17.3	15.2	18.9	6.9	4.3	5.1
제조업		37.8	14.4	13.9	19.3	6.4	2.6	5.6
	소	39.1	13.6	13.6	19.2	6.4	2.2	5.8
	중	31.5	18.1	15.4	19.6	6.2	4.5	4.6
정보통신업		36.5	13.5	15.4	14.9	9.6	2.6	7.5
	소	35.5	13.9	15.6	15.2	9.3	2.6	7.8
	중	40.4	11.5	14.4	13.7	10.6	2.9	6.4
전문과학		36.6	16.1	14.2	15.9	10.4	1.4	5.3
	소	38.0	16.6	14.5	15.6	10.5	0.8	4.0
	중	30.6	14.2	12.8	17.2	10.1	4.2	11.0

자료: 중소벤처기업부, 통계자료.

　　개발기술의 사업화에 가장 필요한 지원으로서는 기술평가에 기반한 자금지원이 1위이고, 2위는 생산·양산에 필요한 전문인력 지원, 3위는 판매시장의 확보를 위한 신기술제품의 우선구매 지원으로 나타나고 있다. 이에 비해 정부의 체계적인 지원은 아직 미흡한 실정이다. 예를 들면, 정부의 R&D자금이 개발단계에 과도하게 집중되어 기술사업화의 현장 수요를 제대로 뒷받침하지 못하고 있다.[19] 개발기술의 사장을 방지하기 위해서는 기술개발, 자금, 인력, 판로, 글로벌화 등을 부문별 정책이 상호 유기적으로 연계될 수 있도록 종합대책을 강화

---

19) 산업연구원, 『I-KIET산업경제이슈』, 제4호, 2017.1.23., p.4.

하는 것이 필요하다. 또한 기술은 개발했으나 제품을 생산하지 못하고 투자자금만 날리는 결과를 방지하기 위해서는 추진동기, 단계별 애로요인, 성공요인, 정책수요 등 사업화 주체인 민간기업의 수요를 정확하게 파악하여 정책에 반영하는 것이 무엇보다 요구된다 하겠다.

이상에서 살펴 본 바와 같이 중소기업 육성은 부품·소재·장비 등 경제적 기반의 강화, 좋은 일자리 창출, 대외경쟁력 강화 및 수출 증대 등을 위해서 반드시 달성해야 할 과제이다. 인력부족, 자금 부족, 낮은 기술수준 등 우리 중소기업이 겪고 있는 어려움은 단기간에 쉽게 해결할 수 있는 과제가 아니다. 그렇지만 이 세 가지 과제 중에서 해결해야 할 가장 핵심적인 문제는 기술개발이라고 할 수 있다. 기술개발을 통한 경쟁력 향상이 전제되어야 궁극적으로는 인력부족이나 자금부족 문제도 해결할 수 있기 때문이다. 다만, 기술개발 실태조사 결과에 따르면, 자금부족이 가장 큰 애로사항이고 기타 요인도 궁극적으로 자금부족에 연관된 것으로 해석될 수 있는 요소가 많다. 즉, 세 가지 과제는 상호간 밀접하게 연결되어 있는 것이다. 그러므로 시장경제의 주체인 민간에 대한 수요조사를 바탕으로 단계별로 실효성있는 종합대책을 꾸준히 개선해 나가는 일이 필요하다고 하겠다.

제4절 중소기업과 공정경쟁

중소기업의 육성과 발전을 위해서 반드시 해결되어야 할 문제 중의 하나가 대기업과의 관계 개선이다. 대기업의 우월적 지위는 중소기업의 경영을 상당히 압박하는 요인으로 작용하고 있다. 우리나라는 경제개발계획을 추진하는 과정에서 대기업을 중심으로 부족한 투자재원을 배분하고 수출 증대를 도모했다. 그리고 이러한 대기업 중심의 정책으로 시장에서는 중소기업에게 불리한 제도와 관행이 굳어졌다. 독일과 같은 선진국에서는 대기업과 중소기업의 관계가 거의 대등하여 대기업이 중소기업에게 일방적인 거래조건을 강요하거나 기술탈취를 하지 못하도록 강제함으로써 중소기업 영역을 보호하고 있다. 여기서는 중소기업이 겪는 불공정거래의 유형을 살펴본다.

표 7-16 중소기업-대기업 간 불공정거래 유형

업종	유형
제조업	원가계산서와 부품원가 요구, 지적재산권 공유요구, 경쟁사 부당 육성, 선가격 입찰 후 성능평가, 비문서 발주, 설계변경, 기업 내부 감사, 타기업 거래제한, 사람 빼가기
건설업	초저가 하도급 강요, 산업재해 밀어내기, 대금지급 지연
소프트웨어	부당단가 조정, 불공정 서비스계약, 사업아이디어 보호 미비, 사람 빼가기
문화산업	극장요금 할인액 전가, 극장이 자의로 상영·종영, 투자자·제작사 간 불공정 수익배분, 문화콘텐츠 수직계열화, 사업자 지위 남용
유통	납품단가 인하, 세금계산서 발부 지연, 하자처리(납품)문제, 판촉활동비용 전가

자료: 경향신문, 2010.8.1., "대기업 탐욕" 목청 높이지만.

위의 표에 나와 있는 불공정거래 유형은 10년 전 언론기관에서 취재한 자료이지만, 현재의 대기업－중소기업의 관계에 적용해도 전혀 무리가 없을 정도로 아직도 현실을 반영하고 있다.

첫째, 중소기업이 대기업과의 거래에서 겪는 가정 어려움 중의 하나가 납품단가의 인하이다. 이 문제는 업종을 가리지 않고 나타나고 있으며, 중소기업이 대기업과 관계를 맺은 후 가장 힘들어하는 문제이기도 하다. 대기업이 일방적으로 납품단가 인하를 요구해도 약자인 중소기업은 거부하기가 쉽지 않다. 원가계산서와 부품원가를 요구하기도 한다. 심지어 계약서 없이 구두로 발주한 후에 납품을 취소하는 경우도 있다. 유통부문에서는 판촉활동비용을 전가하기도 하는데, 이것은 사실상 납품단가 인하와 다를 바 없다. 이러한 문제에 대해서 중소기업들은 오래 전부터 당국에 대책을 요구해 왔다. 하지만 관계부처에서는 기업 간 자율적 거래라는 것을 핑계로 모른 척하거나 오히려 대기업에게 유리하게 정책을 결정하는 경우가 많았다. 사회적 여론이 악화될 때 마지못해 관심을 기울이는 척하지만 근본대책 수립과는 거리가 멀었다. 무엇보다 실질적인 효과가 있는 납품단가 현실화 정책의 수립과 실시가 요구된다 하겠다.

둘째, 하도급에서 중소기업에게 불리한 조건이 강요되는 문제이다. 하도급에서도 하도급업체에 계약서 없이 발주한 뒤 일방적으로 취소하거나 단가를 인하하는 예가 적지 않았다. 산업재해가 일어날 경우, 원청회사가 책임을 지지 않고 하청기업에 떠넘기는 소위 '위험의 외주화'와 같은 일이 최근에도 일어나 커다란 사회적 물의를 일으키고 있다. 하청기업에게 대금지급을 연기하여 제때에 자금을 받지 못한 경험을 한 기업들도 다수다. 물론 공정거래위원회에 의하면, 하도급거래에서 불공정 행위가 줄고 있는 것은 사실이지만 아직도 이러한 관행이 완전히 사라지지 않고 있다. 이러한 문제가 재발하지 않도록 표준하도급계약서의 개선 및 체결 확대를 촉진하는 등의 제도를 개선하고 관리 및 감독을 강화해야 한다.

셋째, 기술을 탈취하거나 기술을 대가없이 복제하여 이익을 취하는 것이다. 기술은 당해 기업이 고심하여 성취한 기업경영의 핵심적 요소이다. 기업의 미래를 좌우하는 기술을 대기업 혹은 우월적 지위의 기업이 마음대로 약탈하는 것은 수많은 중소기업의 기술개발에 대한 의지를 꺾는 행위이다. 우리나라에도 우월적 지위의 기업이 대가 없이 타기업의 기술을 탈취할 수 없도록 하는 규제가 있기는 하다. 문제는 대기업이 중소기업의 기술을 복사하거나 탈취해도 고발이 어렵다는 점이다. 대기업이 중소기업 제품의 화학성분을 분석하여 동일한 제품을 만들어 낸 케이스를 예를 들어 보자. 그 제품을 생산하는 기업은 의료제품을 납품받는 대기업이 어느 날 똑같은 상품을 생산하는 것을 알게 되었지만 회사 사장은 항의하거나 관계기관에 고발할 수 없었다. 나중에 눈치를 보다가 용기를 내어 대기업 제품의 화학성분이 완전히 동일하다고 관계기관에 호소를 했다. 하지만 관계기관은 별다른 답변 없이 시간을 끌었다. 이같이 대기업이 기술을 베껴도 납품기업은 대기업에 대가를 요구하거나 관계기관에 고발조차 하지 못하는 경우가 허다하다. 하나의 기업에 여러 제품을 납품할 때는 다른 제품의 납품중단 등 후환이 두려워 문제를 제기하지 못하기도 한다. 설사 특허소송에서 승소한다고 하더라도 대기업은 대법원까지 끌고 가기 때문에 자금이 취약한 중소기업은 이기기 매우 힘들다. 기술탈취의 또 다른 유형은 엄포를 놓아 기술자료를 받아낸 뒤 다른 기업에게 넘겨주어 납품단가를 인하하거나 경쟁사를 육성하는 것이다. 이러한 예를 신문이나 방송에서 얼마든지 찾을 수 있다. 우월한 기업은 지적재산권의 공유를 요구하기도 하고 다른 기업과의 거래를 제한하기도 하며, 연구인력을 빼내어 가기도 한다.

넷째, 대기업들의 친인척 일감몰아주기 관행이다. 대기업의 생산에 들어가는 부품이나 소재, 장비 등을 친인척 관계의 기업에게 몰아주게 되면 기존 중소기업은 도산하거나 경영상의 압박을 받게 된다. 이러한 사례는 대기업집단에서 흔히 드러나는 사례로서 제조업뿐만 아니라 백화점과 같은 유통업에서의 식당가 운영, 실내장식 운영 등에서도 찾아볼 수 있다.[20]

다섯째, 전형적인 중소기업 혹은 중소상공업자의 업종으로 진출하는 것이다. 그동안 재벌이나 대기업은 경쟁이 심한 주력 업종을 피해 대표적인 서민업종인 도매 및 소매업종으로 진출하여 급속히 시장을 잠식해 왔다. 최근에 몇몇 대기업들이 커피프랜차이즈 사업에 진출한 것은 중소상인의 동네상권을 침범한 대표적인 예이다. 대부분의 서민업종은 제조업이나 첨단 서비스업에 비한다면 기술이 전혀 필요없기 때문에 거대 자본이 진출하지 않아도 얼마든지 중소상인들이 감당할 수 있는 분야이다. 그럼에도 대기업은 오로지 자본력을 앞세워 산업역량을 강화해야 하는 제조업이나 지식산업이 아닌 중소상인들의 분야에서 계열사를 늘여 왔다. 대기업과 중소기업 간 상생협력을 위해 계열사의 부당지원과 중소기업의 생존위협에 대한 엄정한 제재와 사회적 관습의 정착이 요구된다 하겠다.

이상에서 요약한 바와 같이, 대기업과 중소기업의 문제들은 오랜 기간에 걸쳐 형성된 것이지만, 한국경제의 도약을 위해서 반드시 해결되어야 할 문제들이다. 대기업과 중소기업의 비대칭적인 관계를 개선하고 나아가 상생협력을 위해서는 법이나 제도의 개선과 함께 동등한 관계를 사회적 규범으로서 정착시키려는 노력이 필요하다고 하겠다.

---

20) 한국일보, 2016.6.17.

선진사회로
가는 길 복지

제1절 소득분배의 불평등

제2절 사회보장과 복지지출의 내역

제3절 사회보장제도

제4절 복지정책의 의의

소득수준과 복지문제는 인간에게 행복 그 자체를 바로 가져다주는 것은 아니지만 행복하기 위한 최소한의 조건이다. 경제적인 측면에서 인간적인 삶을 꾸릴 수 있는 소득수준과 이를 보완해주는 사회보장이나 복지대책은 선진사회가 되기 위한 필요조건이다. 우리나라에서도 정부예산에서 공공사회복지지출이 점하는 비중이 꾸준히 증가되어 왔다. 하지만 OECD국가들과 비교하면 우리나라의 사회보장 및 복지지출은 세계최하위 수준으로서 복지사회로 가기에는 아직 요원하다.

서구사회에서는 빈곤이 단순히 개인적 능력의 문제가 아닌 사회구조적으로 해결해야 할 과제로 자리잡은 지 오래이다. 나아가 복지정책은 가난의 구제뿐만 아니라 중산층 육성이라는 현실적인 경제적 목표와 맞물려 있는 국가의 기본 책무이다. 우리나라에서도 복지정책은 빈곤문제의 해결뿐만 아니라 내수시장 기반을 강화하여 성장률을 제고하고 일자리 창출 환경을 조성한다는 의미를 내포하고 있다. 우리나라 사회보장과 복지의 실태 및 경제적 의의를 파악해보자.

제1절 소득분배의 불평등

1.1 소득분배의 불평등

소득분배의 불평등 문제는 사회보장 및 복지정책이 실시되어야 하는 현대사회의 기본적 과제와 직접 연관되어 있는 문제이다. 소득분배의 측정은 기능적 분배와 개인적 분배로 양분된다. 기능적 분배는 생산요소(노동, 토지, 자본)의 생산에 대한 기여도에 따른 분배를 의미한다. 이것은 기본적으로 생산요소의 생산성에 의해 결정되는 요소가격을 중심으로 분배를 분석하는 것이다. 어떤 특정 생산요소의 소득이 총소득에서 차지하는 비율로 표시하는 것이 일반적인데, 예를 들어 노동의 분배율은 총소득에서 차지하는 노동소득의 분배분이다. 기능적 분배는 각 생산요소의 한계생산력을 정확하게 계산하기 어렵고, 동일한 생산요소 중에도 소득격차가 있기 때문에 분배의 불평등을 파악하기 어려운 단점이 있다.

이에 비해 개인적 분배는 각자가 소유하고 있는 여러 생산요소의 크기와 생산요소의 단위당 보수율의 두 요인에 의해서 결정되기 때문에 상대적으로 파악이 용이하다. 즉, 개인적 분배를 소득수준에 따른 계층별 분배로 구분하면 그 사회의 불평등도나 소득 양극화의 실태를 살펴보기 쉬워진다.

계층별 소득의 불평등도를 파악하는 방법에는 지니계수, 5분위배율, 10분위배율, 상대적 빈곤율 등 여러 가지가 있다. 이들에 대해서는 제1장에서 살펴보았으므로 여기에서는 그 외 한 두 지표를 통해 우리 사회의 불평등도를 확인해보자.

그림 8-1 균등화 10분위 소득 경계값 및 비율 비교 (단위: 천원, %)

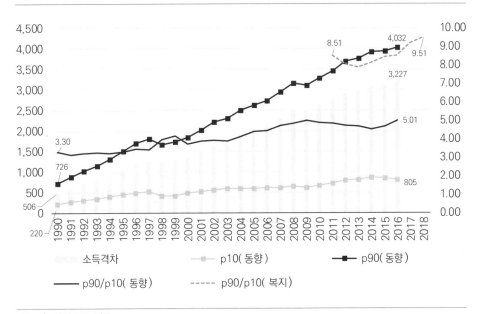

주: 1) 시장소득 기준.
2) 동향=가계동향조사(1990~2016년), 복지=가계금융복지조사(2011~2018년)
3) 2011~2018년의 p90/p10(복지)은 가계금융복지조사 결과임.
자료: 국가통계포털.

<그림 8-1>은 균등화10분위소득경계값을 시장소득 기준으로 비교한 것이다. 가계동향조사의 균등화10분위소득경계값(도시 2인 가구 이상)이 2016년까지만 나오기 때문에 그 이후의 추세를 살피기 위해서 가계금융복지조사(전가구)의 경계값비율(2011~2018년)을 같이 그려두었다. 기준이 다르지만 추세 파악에는 도움이 된다.

균등화소득은 가구원수가 다른 가구간의 후생(복지) 수준을 비교 가능하도록 가구소득을 가구원수의 제곱근으로 나눈 소득(OECD방법)이다. 소득 10분위 중 소득이 가장 낮은 1분위의 경계값 p10(동향)과 소득이 가장 높은 쪽인 9분의 경계값 p90의 차이는 2016년까지 갈수록 벌어지고 있다. 이에 따라 소득 10분위 중 9분위 소득의 경계값을 1분위 소득 경계값으로 나눈 값인 p90/p10(동향)도 상승경향이다. 이 균등화소득 경계값의 비교결과는 제1장에서 설명한 지니계수의 추세와 거의 일치한다. 즉, 균등화10분위소득경계값 비율은 외환위기 전에는 일정한 수준을 유지하다가 외환위기 이후에 급상승한 후 약간 하강했다. 하지만 2014년의 저점 이후 다시 상승 경향이고 가계금융복지조사의 경계값비율[p90/p10(복지)]도 올라가고 있다.

1.2 중산층 감소와 빈곤층 증가

소득분배의 계층적 변화는 중산층(中産層)의 구성에 영향을 미친다. 중산층의 사전적 의미는 경제적 수준이나 사회문화적 수준이 중간 정도되면서 스스로 중산층 의식이 있는 사회집단이며, 경제적 요소뿐만 아니라 생활 및 교육수준, 직업상의 지위 등 비경제적 요소를 포함하는 계층 범주이다. 중산층의 개념 정의 및 실태 파악에서는 여러 가지 기준이 적용되고 있고 견해도 다양하다. 그러나 경제적 측면에서는 중간계층으로서 일정 수준의 소득과 생활용품을 소유한 집단으로 대체로 중간계급(경영관리직, 전문직 및 기술직 종사자)과 소득이 높은 자영업자(도시 자영상인과 농촌 자영농가)를 포함한다.

중산층에 관한 세계적인 기준은 없지만, OECD는 중위소득의 50~150%인 가구를 중산층, 50% 미만은 빈곤층, 150% 이상은 상류층으로 분류하고 있다. 물론 이 기준은 통계조사 방법 및 기준의 설정, 최저생계비에 미치지 못하는 계층을 포함할 가능성, 국가별 소득수준의 차이에 따른 비교상의 난점, 넓게 설정된 소득구간이 소득양극화를 은폐할 가능성 등의 문제점을 안고 있다. 그렇지만 여기서는 소득양극화가 중간소득 계층에 미치는 영향을 파악하기 위해서 OECD 기준을 준용하기로 한다.

<그림 8-2>는 중위소득을 기준으로 한 우리나라 중산층과 빈곤계층의 인구적 동향을 보여준다. 가계동향조사에 따른 중산층의 인구비율은 1990년의

73.7%에서 2016년에 64.8%로 감소하였다. 중위소득 50% 이하의 빈곤층이 전체
인구에서 점하는 비율(상대적 빈곤율)은 1990년 7.8%에서 2016년 15.4%로 상승
하였다. 즉, 전체적으로 중산층의 인구비율은 1990년대 이래로 8.9%가 감소한
반면, 중위소득 50% 이하 빈곤층은 7.8%가 증가하였다. 이것은 소득이 감소한
중산계층들의 대부분이 빈곤계층으로 이동하였음을 뜻한다. 1장에서 지니계수
가 높아져 소득양극화가 나타나게 된 배경을 설명하고 있다고 하겠다.

그림 8-2 중산층 및 빈곤층의 가구 비율 (단위: %)

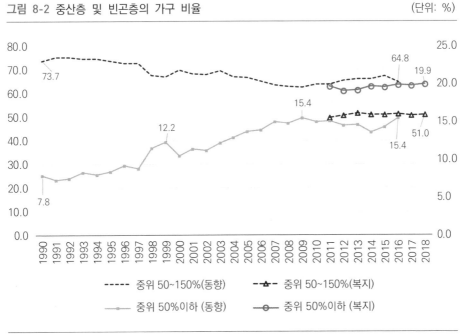

주: 1) 시장소득 기준.
    2) 중위=중위소득.
    3) 동향=가계동향조사(1990~2016년), 복지=가계금융복지조사(2011~2018년).
자료: 국가통계포털.

    가계금융복지조사의 결과(2011~2018년)는 더 심각하다. 이에 따르면, 중산층
비율은 50%를 겨우 상회하고 중위소득 50% 이하 빈곤층은 20%에 가까워서 가
계금융복지조사의 결과가 가계동향조사 결과보다 상당히 나쁘다. 최근의 가계금
융복지조사가 현실을 더 잘 반영한다는 점에서 중산층 감소, 빈곤층의 상대적
증가가 매우 심각함을 보여주고 있는 것이다. 한편, 중위소득 50% 이하 빈곤계

층의 비율은 가처분소득 기준으로 한국은 OECD 국가 중 2015년 2위, 2016, 2017년에 3위로서 국제적으로 매우 높은 편이다(국가통계포털). 이처럼 우리나라는 경제적 불평등이 지속적으로 확대되어 국제적으로도 매우 심각한 상황이다.

중산층 감소와 빈곤층의 증대는 다음과 같은 심각한 정치경제적 문제를 유발할 수 있다. 첫째, 중간소득 계층의 감소는 사회를 안정적으로 지탱하는 기둥이 약해진다는 것을 의미한다. 어떤 사회든 중산층이 튼튼해야 사회정치적으로 안정되고 경제적으로 풍요를 누릴 수 있다. 그러나 고용시장 불안으로 자신을 중산층이라고 여기는 계층이 감소일로에 있으며, 이것은 단지 심리적 요인이 아니라 실제로 통계를 통해서 검증되고 있다. 중산층이라고 하지만 언제 하류층으로 떨어질지 모른다는 불안감과 박탈감이 증폭하면서 소비심리도 위축되고 있다.

둘째, 중산층의 감소는 국내 소비지출을 감소시켜 성장률을 하락시킨다. 최근의 소비위축은 저소득층보다 고소득층과 중산층에서 두드러진다고 한다. 미래에 대한 불안감의 증대와 자신감 상실이 소비위축으로 연결되는 것이다.

빈곤층의 증가는 더 심각한 문제이다. 빈곤층 증가는 그 자체로 인간적인 삶을 누려야 하는 인권문제이기도 하지만, 사회적 통합을 저해하고 정치사회적 불안정성을 증폭시킨다. 생활안정에 위협을 받기 때문에 노사간 마찰 등 사회적 갈등을 야기하고 사회적 결속력을 와해시켜 장기적으로 성장기반을 침식할 수 있다. 반면에, 빈곤층은 한계소비성향이 상대적으로 높기 때문에 이 부문에 대한 경제적 지원은 성장률을 높이고 사회경제적 안정성을 강화하는 기본적인 정책이 될 수 있다. IMF, IBRD를 비롯한 국제기구들은 빈곤계층에 대한 지원이 성장률 제고에 중요한 역할을 한다는 점을 지적하고 우리에게 적극적인 정책으로 전환할 것을 권유하고 있다.

제2절 사회보장과 복지지출의 내역

2.1 복지지출

먼저, 보건복지부의 일반회계 예산을 살펴보자.

그림 8-3 보건복지부 일반회계 예산 및 전년대비 증가율 (단위: 조원, %)

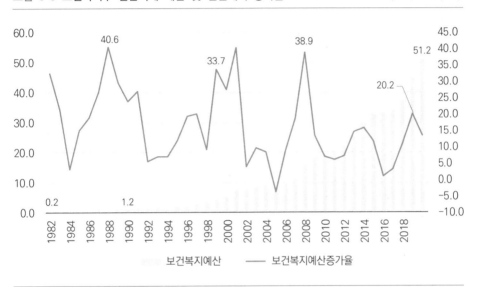

자료: e-나라지표(보건복지부).

보건복지부의 일반회계 예산은 1982년 2천억 원에서 2020년 51조 2천억 원으로 250배 이상 증가하였다. 보건복지부의 예산은 1980년대 3저호황기, 1990년 말 외환위기, 2008년 글로벌 금융위기를 전후한 시기 등 세 번에 걸쳐 크게 증가하였다. 3저호황기는 1987년 6월 대항쟁으로 인한 민주화요구와 맞물려 있고, 나머지 두 시기는 경제위기와 관련한 자금수요 때문인 것으로 보인다.

2000년 이후에는 국민기초생활보장제도의 도입(2000년 10월), 기초노령연금지원(2008년), 18세 이상 저소득 중증장애인대상 장애인연금지원(2010년 7월), 탈빈곤을 위한 재정지원 일자리 확대 및 저출산 극복을 위한 보육료 지원 강화(2011년), 영유아보육료지원(0~2세 보육료지원 확대, 5세아 누리과정 도입) 등(2012년), 영유아 보육료(0~2세 보육료) 및 가정양육수당 전 계층으로 지원범위 확대 등(2013년), 노인빈곤 완화 및 노후 소득보장 사각지대 해소를 위한 기초연금 지급 등(2014년), 취약계층에 대한 맞춤형 복지 및 의료지원 확대 등(2015년), 생계급여 보장수준인상, 읍면동 복지허브화 확대 등 취약계층 보호 및 맞춤형복지 강화(2017년), 아동수당도입, 기초연금 급여인상 등에 따른 증액(2018년), 생계,의료급여 단가인상, 부양의무자 기준 완화 등을 통한 기초생활보장 강화(2019년) 등이 예산 증가의 주요한 원인이었다.(e-나라지표-보건복지부). 그러므로 우리나라에서는 2000년 이후에 복지제도가 본격적으로 도입되기 시작한 것으로 보인다. 그렇지만 복지수요를 충족하기에는 예산규모가 아직도 매우 부족한 것이 현실이다.

그림 8-4 사회복지지출액 및 GDP 대비 비율의 변화 (단위: 조원, %)

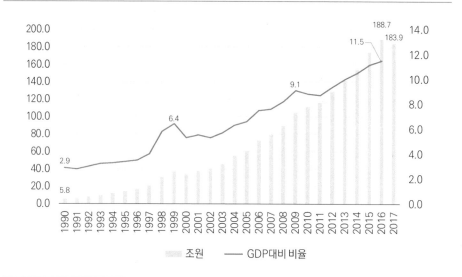

주: 1) 사회복지지출액=공공사회복지지출액+법정민간사회복지지출액.
   2) 2017년은 공공사회복지지출액.
   3) OECD기준액.
자료: e-나라지표(보건복지부).

<그림 8-4>는 공공부문과 법정민간의 사회복지지출액을 합한 사회복지지출액의 변화를 보여주고 있다. 이 예산 규모는 앞의 보건복지부 예산보다 훨씬 많은데, 다른 부처의 예산 중 복지관련예산을 OECD기준으로 합산하여 평가했기 때문이다. 사회복지지출은 공공사회복지지출과 법정민간복지지출로 나누어

지는데, 전자가 99% 이상을 차지한다. 사회복지지출총액은 1990년 약 6조원에서 2017년도에 190조원 전후로 증가했을 것으로 보이며, GDP 대비 사회복지지출액의 비중은 1990년 2.9%에서 2016년도에 11.5%로 크게 증가했다. 그러나 이것은 OECD 회원국들과 비교할 때 최저 수준에 해당한다(제1장 <그림 1-18> 및 <그림 1-19> 참조).

2.2 빈곤층의 실태

우리사회의 빈곤층 중에서 대표적인 한부모가족과 노인빈곤계층에 대해서 살펴보면 다음과 같다. 먼저 한부모가족이란 18세 미만의 자녀를 둔 가정에서 부모의 한쪽 또는 양쪽이 사망·이혼·별거·유기·미혼모 등의 이유로 혼자서 자녀를 키우며 부모 역할을 하는 부모와 자녀로 구성된 가족을 가리킨다. 주로 모자가족이 많으며 어머니는 대체로 저임금 노동과 양육의 이중고에 시달리게 되면서 생계를 위협받는 경우가 많다. 여성가족부의 「한부모가족실태조사」(2018년)에 따르면, 일하면서 느끼는 어려움은 일하는 시간 대비 낮은 임금(22.8%)이 가장 컸고, 다음이 일가정 병행으로 육체적 피로(19.0%)-자녀양육시간부족(18.9%)-불투명한 직업 전망(13.6%)-장시간 근로(8.1%) 등의 순으로 나타났다(국가통계포털-복지-한부모가족실태조사). 어려움은 여러 가지 양태이지만 자세히 보면 이 모두는 하나가 근본원인이다. 저임금이니까 장시간 노동을 하게 되어 자녀양육시간이 부족하고 육체적 피로가 누적되며 그 결과 자신 능력 향상을 위한 시간을 가질 수 없으므로 자연히 직업전망이 불투명하게 되는 것이다.

소비지출의 어려움에 대해서는 식료품비가 지출항목 중 가장 부담이 된다는 가족 비율이 59.4%였으며, 그 다음 자녀교육비(22.2%)-주거관리비(11.3%) 등의 비율로 지출부담이 1순위라고 답변하였다. 2순위 지출부담에서는 자녀교육비(27.4%)-주거관리비(26.3%)-교통통신비(13.0%) 등으로 가족비율이 높았다. 빚을 지게 된 이유로서는 주거비 마련(47.6%), 생활비 마련(39.4%)이 대부분을 차지했다. 이 조사는 한부모가족이 기본적인 생계유지에 필요한 생활자료조차 부족하다는 것을 보여준다. 한부모여성가족이 저임금으로 인한 절대적 빈곤으로부터 벗어나도록 양육, 주거조건 개선을 위한 지원대책의 개선이 절실하다 하겠다.

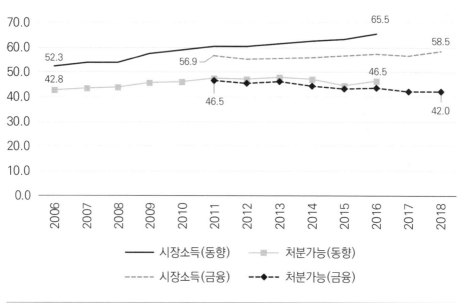

주: 동향=가계동향조사, 금융=가계금융복지조사
자료: 국가통계포털.

둘째, 노인빈곤율에 대해서 살펴보자. 65세 이상의 노인빈곤층의 비율(중위소득 기준 50% 이하의 노인층)은 전연령 평균 빈곤율의 3배를 넘는다. 시장소득기준의 노인빈곤율은 시간이 지날수록 커져 왔다. 특히 가계동향조사의 노인빈곤율은 2006년 52.3%에서 2016년 65.5%로 급증하였고, 가계금융복지조사의 노인빈곤율도 상향추세이다. 이것은 이들이 고도성장기에 일을 했지만 핵가족화하면서 은퇴 이후에 대한 대비책을 제대로 마련하지 못한 것과 관련이 있다. 실제로 노인가구의 절반 이상은 공적연금을 받지 못하고 있다.[1] 정부가 빈곤계층을 지원한 처분가능소득이 시장소득 기준의 노인빈곤율보다 낮은 것은 당연하다. 그렇지만 OECD 한국경제보고서에 따르면, 우리나라의 노인빈곤율은 2018년에 45.7%로 OECD 평균인 12.9%를 훨씬 웃돈다. 대부분의 OECD 회원국들에서는 노동연령층의 빈곤율과 퇴직연령층의 빈곤율 간 차이가 크지 않고, 상당수 국가는 오히려 노인빈곤율이 청장년 빈곤율에 비해 낮은 수준인 데 비해, 한국은 양

---

1) 한국보건사회연구원, 『한국의 노인빈곤과 노후소득보장』, 2019.

자 간의 상대비율이 반대로 5.4배에 이르고 있다. 또한 우리나라의 GDP 대비 노인에 대한 공적지출은 2017년 2.8%로서 2013년의 OECD 평균 7.7%보다 크게 낮다. 우리나라는 특히 여성 노인의 빈곤율이 높은데, OECD 국가 중 최하위의 노동참가율 및 경력단절 등이 원인으로 지적되고 있다.[2] 이 때문에 우리나라의 노인자살률은 10만 명당 58.6명으로서 OECD 평균의 3배를 넘는다.[3] 노인실태조사에 따르면, 2017년에 65세 이상 노인 중 일을 하고 있는 사람이 30.9%에 이르고, 이들의 73.0%가 생계비 마련을 위해 일하고 있으며, 66.4%가 일을 하고 싶지 않다고 밝히고 있다.

제3절 사회보장제도

3.1 사회보장의 개념

사회보장제도(Social Security)란 빈곤 및 실업·질병·노령·산업재해 등의 사유로 활동능력의 상실과 소득 감소가 발생하여 생활에 위협을 받고 있는 사람 및 계층에게 보장되는 모든 제도를 말한다. 사회보장이란 말은 1935년 미국의 뉴딜정책의 일환으로 사회보장법(Social Security Act)이 채택되면서 사용되기 시작하였다. 현재에는 흔히 사회안전망(Social Safety Net) 또는 사회복지제도와 동의어로 사용된다.

사회보장에는 사회보험, 공공부조, 사회복지서비스 및 관련 복지제도가 있다. 첫째, 사회보험은 실업·질병·노령·산업재해 등에 따른 사회적 불안에 대처하기 위한 것으로서 그 비용을 보험에 가입한 개인 및 고용주, 국가가 분담한다. 연금보험, 건강보험, 고용보험, 산업재해보상보험이 있으며, 이들은 강제가입이 원칙으로서 능력별로 부담하며 비영리보험으로서 상호부조적 성격이 강하다. 사회보험은 독일 Bismarc 수상에 의한 질병보험(1883년)으로 시작되었다.

---

2) 독거노인 중 여성의 비율은 81.3%이며, 노인단독가구의 빈곤율은 76.2%에 이른다. 이상의 내용은 여유진, "한국의 노인빈곤과 노후소득보장", 『ISSUE & FOCUS』, 제364호, 2019.7.1., 한국보건사회연구원.
3) 보건복지부, 『2019 자살예방백서』.

우리나라 4대 사회보험의 관리 주체는 다음과 같다. 고용보험과 산업재해보상보험은 고용노동부 장관으로부터 위탁받은 근로복지공단이 담당하고, 국민건강보험은 국민건강보험공단, 연금보험은 국민연금공단이 각각 관련 보험 사업을 담당하고 있다. 국민건강보험공단은 2011년 1월 1일부터 4대 사회보험의 보험료 징수 및 납부 등에 관한 자료를 각 공단으로부터 받아 통합관리하고 있다.

둘째, 공공부조(public assistance)는 생계를 꾸릴 능력이 없거나 생활이 어려운 사람 및 계층에게 최저생활을 보장하고 자립을 지원하는 제도이다. 공공부조란 국민의 건강을 보호하고 내셔널 미니멈(national minimum: 한 나라 전체 국민의 생활복지상 불가결한 최저수준을 보여주는 지표, 국민적 표준), 즉 문화적인 최저생활의 보장을 목적으로 하는 사회보장제도의 일환이며, 이를 위한 가장 직접적이며 최종적인 경제적 보호제도라고 할 수 있다. 사회보험이 일정한 기여금을 부담하고 혜택을 누리는 것과 달리 정부는 경제력이 없는 빈곤층에게 생계급여, 의료급여, 교육급여, 주택급여, 해산급여, 장제급여, 자활급여 등을 전액 무상으로 제공한다. 국민기초생활보장제는 지급 기준을 다양하게 세분화하여 연령과 관계없이 가구의 소득이나 재산 등을 기준으로 지원 여부를 결정한다. 이 제도는 1891년 덴마크에서 가장 먼저 등장하였다.

셋째, 사회복지서비스(Social Welfare Service)는 노약자를 비롯한 사회적 취약자에게 상담·재활·직업소개 및 지도, 사회복지시설 이용 등을 제공함으로써 이들이 정상적인 사회생활이 가능하도록 지원하는 제도이다. 불우한 처지에 있거나 사회적으로 열악한 위치에 처한 사람들을 대상으로 전문적인 지식과 방법을 동원하여 어려운 상황을 해결하여 정상인으로서 생활하도록 하는 것이 기본 목표이다. 사회보험 부담능력이 없는 사람을 대상으로 하거나 물질적 급여 외에 전문 사회사업서비스를 제공한다는 점에서 공적 부조와 공통된다. 그렇지만 전문사회사업가의 전문서비스에 의해서만 소기의 성과를 거둘 수 있다는 점에서 공공부조와 성격이 다르다. 사회복지서비스는 그 실행주체가 공공기관(공공단체 포함) 외에도 민간단체도 포함하며 서비스 제공 대상자의 범위도 공공부조보다 광범위하다. 노인복지, 장애인복지, 아동복지, 여성복지, 가족복지 등이 있다.

표 8-1 사회보장 프로그램

사회적 위험	사회보장프로그램	비고
저임금	최저임금제도	
빈곤	생계급여(국민기초생활보장), 의료급여, 교육급여, 주택급여	공공부조
사회적 문제예방	노인복지, 장애인복지, 아동복지, 여성복지 등	사회복지서비스
노령·산재·사망	연금보험, 산재보험	사회보험
질병·사고	건강보험, 산재보험	
실업	고용보험	

사회보장이란 용어가 처음 사용된 것은 미국이었지만 세계에서 최초로 완비된 사회보장제도를 확립한 국가는 뉴질랜드이다. 뉴질랜드는 1938년에 완전한 사회보장법을 제정하여 영국, 호주 등에 영향을 주게 되었다. 영국은 1942년 베버리지 보고서를 기초로 하여 1945년에 각종 사회보장법을 제정하였으며, 1948년부터 자본주의 사회에서 가장 완비된 사회보장제도를 갖추게 되었다.

우리나라는 1960년 제4차 개정헌법에서 처음으로 국가의 사회보장에 관한 노력을 규정하였고, 1963년 11월 법률 제1437호로 전문 7개 조의 사회보장에 관한 법률(현 사회보장기본법)을 제정하였다. 그 후 1980년 10월 개정된 헌법에서 '사회보장'이라는 용어를 최초로 사용하였다. 그동안 우리나라에서는 공무원연금(1960), 퇴직금(1961), 산업재해보상보험(1963), 교원연금(1973), 국민연금(1973), 직장의료보험(1976), 지역의료보험(1988), 고용보험(1995) 등의 사회보험, 생활보호법에 따른 생계보호(1961) 등의 공공부조, 아동복지사업(1961), 노인복지사업(1981), 모자복지(1990) 등의 사회복지서비스 등을 순차적 실시하였고, 국민연금 농어촌지역 확대적용(1995) 및 도시지역 주민 확대적용(1999) 등 사회보장제도가 제공하는 보호의 범위나 혜택도 확대되어 왔다. 그러나 사회보장 및 복지에 대한 국민의 인식이나 보장의 범위는 아직도 선진국에 비해 상당히 낮은 수준에 있다.

3.2 사회보험

3.2.1 국민연금[4]

국민연금(National Pension)은 정부가 직접 운영하는 정부가 직접 운영하는 공적연금제도이다. 국민 개개인이 납부한 보험료를 재원으로 하여 일정 연령 이상이 되거나 예기치 못한 사고 및 질병으로 사망 또는 장애를 입어 소득활동이 중단된 경우, 납부자 본인 혹은 유족에게 연금을 지급함으로써 기본 생활을 유지할 수 있도록 하는 제도이다.[5] 국민연금은 노령연금, 유족연금, 장애연금 등을 지급함으로써 국민의 생활안전과 복지증진을 도모한다. 국민연금은 가입이 법적으로 의무화되어 있기 때문에 사(私)보험에 비해 관리운영비가 적게 소요되며, 관리운영비의 상당 부분이 국고에서 지원되므로 어떤 사보험보다 수익률이 높다.

국민연금제도는 1973년 국민복지연금법이 제정된 후 시행이 보류되다가 1986년 전면 개정으로 1988년 1월 1일부터 시행되었다. 적용대상은 단계적으로 확대되었는데, 1988년 1월에는 상시근로자 10인 이상을 고용하는 사업장부터 처음 시행되었고, 1992년 1월에는 5인 이상 사업장, 1995년 7월 농어민 및 농어촌 거주 주민, 그리고 1999년 4월에 도시지역 주민까지 포함되어 전국민연금시대가 개막되었다. 국민연금 가입연령은 만 18세 이상 60세 이하 국민이면 누구나 해당되지만, 공무원연금법, 군인연금법, 사립학교교원연금법의 적용을 받는 사람과 기타 대통령이 정하는 자는 제외된다.

표 8-2 **국민연금의 재정 현황** (단위: 조원)

	조성	*(연금 보험료)*	*(운용수익)*	지출	*(연금 급여지급)*	기금증가분	기금운용	*(금융부문)*
1988	0.5	*0.5*	*0.0*	0.00	*0.00*	0.5	0.5	*0.2*
1990	1.0	*0.8*	*0.2*	0.04	*0.04*	1.0	2.2	*1.2*

---

4) 연금에는 국민연금, 기초연금, 공무원연금, 사학연금, 군인연금, 퇴직연금, 국회의원연금 등이 있다.

5) 노령으로 인한 근로소득 상실을 보전하기 위한 노령연금, 주소득자의 사망에 따른 소득상실을 보전하기 위한 유족연금, 질병 또는 사고로 인한 장기근로능력 상실에 따른 소득상실을 보전하기 위한 장애연금 등으로 구성된다.

	조성	(연금 보험료)	(운용수익)	지출	(연금 급여지급)	기금증가 분	기금운용	(금융부문)
1995	5.5	*4.0*	*1.6*	0.8	*0.8*	4.8	16.1	*4.9*
2000	13.6	*10.4*	*3.2*	1.7	*1.6*	11.9	61.6	*25.8*
2005	26.9	*18.5*	*8.2*	4.0	*3.6*	22.9	163.9	*163.4*
2010	55.4	*25.3*	*30.1*	9.1	*8.6*	46.3	324.0	*323.6*
2011	35.2	*27.4*	*7.7*	10.3	*9.8*	24.9	348.9	*348.5*
2012	55.2	*30.1*	*25.0*	12.1	*11.6*	43.1	392.0	*391.6*
2013	48.6	*31.9*	*16.7*	13.6	*13.1*	35.0	427.0	*426.4*
2014	57.2	*34.1*	*23.0*	14.3	*13.8*	42.9	469.8	*469.3*
2015	58.3	*36.4*	*21.7*	15.8	*15.2*	42.5	512.3	*511.7*
2016	63.6	*39.0*	*24.5*	17.7	*17.1*	46.0	558.3	*557.7*
2017	83.1	*41.8*	*41.2*	19.7	*19.1*	63.3	621.6	*621.0*
2018	38.5	*44.4*	*-5.9*	21.4	*20.8*	17.1	638.8	*638.2*
2019	121.3	*47.8*	*73.4*	23.4	*22.8*	97.9	736.7	*736.1*
누적액	945.1	*576.4*	*367.4*	208.4	*199.8*	736.6		

주: 1) 조성 중 국고보조금, 지출 중 관리운영비 등, 기금운용 중 공공부문, 복지부문, 기타는 비중이 매우
　　　적어서 표시하지 않음.
　　2) 누적액은 1988~2019년분.
자료: e-나라지표(보건복지부).

<표 8-2>는 국민연금이 시행된 1988년 이후의 상황을 보여준다. 매년도 조성되는 액수는 매년 수납하는 연금보험료와 운용수익, 국고보조금으로 결정되는데, 국고보조금은 극히 일부에 지나지 않으므로 국민연금은 납부자의 개인적 부담과 기업의 부담으로 조성된다고 보아도 무방하다. 지출액은 수급대상자가 늘어나면서 최근에 20조 원을 넘기고 있다. 조성액과 지출액을 비교하면, 2018년을 제외하고 매년도마다 거액의 흑자를 누적하고 있다. 매년도 조성액과 지출액의 차액이 기금증가분인데 이 액수의 매년도 누적분이 기금운용으로 표시되고 있다. 국민연금은 이 자금의 대부분을 금융부문에 투자하여 수익을 얻고 있다. 2019년에 기금운용액은 736.7조 원이고 이것을 금융부문에 투자한 액수는 736.1조 원이다.

기금운용은 국민연금이 보유하고 있는 연금의 총잔액으로서 국민연금이 보

유하고 있는 기금규모를 의미한다. <그림 8-6>은 그것을 보여주고 있다.

그림 8-6 국민연금의 기금 규모 (잔액기준)   (단위: 조원)

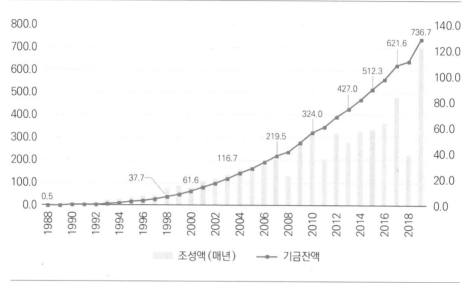

자료: e-나라지표(보건복지부).

실시된 첫 해인 1988년도에 5천억 원에 지나지 않던 기금총액은 2019년도에는 736.7조 원으로서 세계4대 기금으로 성장하였다.[6]

그런데 국민연금의 기금조성 및 지출과 관련되는 중요한 이슈로서 소득대체율을 어느 수준에서 설정할 것인가가 문제가 되고 있다. 소득대체율은 은퇴 후 생애평균 월봉 대비 연금액의 비율이다. 보고에 의하면, 현행 명목 소득대체율은 45% 전후이지만 실질소득대체율은 20%를 약간 넘는 정도에 지나지 않는다. 이것은 월 평균소득 200만원인 사람이 연금이 개시되면 40만 원 정도를 받는 것을 의미한다. 이 때문에 2028년까지 소득대체율 목표치를 40%를 50%로 올리자는 논의가 있었지만 실현되지 못하였다. 안정적인 노후생활 보장과 장애연금 등을 제공하기 위해서는 소득대체율 상향조정과 더불어 보험료율의 인상이 불가피하게 요구된다고 하겠다.

---

6) 1위는 일본의 공적연금, 2위 노르웨이 글로벌연금펀드, 3위 네덜란드 공적연금이다.

소득대체율은 일반적으로 개인의 생애평균소득 대비 연금지급액 비율을 말한다. 구체적으로는 생애월평균소득 대비 매월 받는 연금액의 비율을 의미한다. 일반적으로 노후를 보장해 주는 소득대체율은 65~70%로 알려져 있다. 국민연금이 도입된 1988년 당시 국민연금의 소득대체율은 70%였으나 현재는 소득의 9%를 납부(국민연금 보험료율)하고 명목소득대체율을 2020년 44%에서 매년 0.5%씩 낮춰 2028년까지 소득대체율을 40%가 되도록 하고 있다. 이는 국제기구의 소득대체율 권고 수준인 70~80%에 미치지 못하는 낮은 수준이다. 올리지는 못할망정 떨어뜨린 것이다. 더욱이 여기에는 흔히 언급에서 빼먹는 요소가 하나 있다. 그것은 연금 가입기간이 40년이 되어야 정해진 소득대체율만큼 수령할 수 있다는 점이다. 우리나라에서 40년 동안 연금에 가입하거나 직장생활을 유지하는 사람은 거의 없으므로 실제로는 소득대체율이 40%보다 훨씬 낮아지게 된다. 보고에 따르면 현행 소득대체율의 명목수준은 45% 전후이지만 제반 여건을 고려한 실질소득대체율은 20%를 약간 넘는 수준에 지나지 않는다.

우리나라는 고령화가 급속하게 진행되고 있다. 고령화로 연금부담자는 줄고 수혜자는 늘어날 것이며 연금의 고갈시기가 앞당겨질 것이라는 우려가 잇따르고 있다. 이대로 가면 2057년에 기금이 고갈될 것이라고도 하고 저출산을 감안하면 2054년으로 더 앞당겨질 것이라고도 한다. 이 때문에 2018년도 말에 소득대체율을 2028년까지 50%로 상향조정하자는 제안이 나왔지만, 소모적인 논쟁 끝에 흐지부지 없던 일이 되고 말았다. 그러자 이번에는 은퇴연령을 올리거나 연금지금 개시연령을 늦추자는 제안이 나오고 있다. 기대수명이 늘어나고 있는 점도 명분으로 작용하고 있다. 과연 이것이 근본대책이 될 수 있을까? 노인실태조사에서 보았듯이, 65세 이상의 노령층의 대부분은 일하기 싫고 쉬고 싶어 한다. 언제까지 일해야 하나… 탁상공론이야 얼마든지 할 수 있다(연금개혁 쟁점에 대해서는 원시연, "국민연금 개혁 논의의 쟁점과 의미", 『이슈와 논점』, 제1369호, 국회입법조사처, 2019.12.24.). 그렇다면 방법은 하나다. 수혜자가 좀 더 부담하고 좀 더 혜택을 받는 것이다. 이것도 하지 않고 더 받고 싶어 한다면, 그건 그야말로 젊은이들에게 부담을 떠넘기는 것이 아닐까? 세상에 공짜란 없는 법이다. 한국의 노인빈곤율은 OECD 회원국 중 가장 높은 것에 비해 연금의 소득대체율은 최하위 수준에 머물렀다.

3.2.2 건강보험

건강보험(Health Insurance, Medical Insurance)은 자기의 노동력에 의하여 생계를 유지하는 자가 질병·상해·임신·출산·사망 등의 사고로 인하여 불이익이 있거나 수입 감소가 있을 때를 대비하여, 치료비용 및 수입 감소액을 보상할 목적으로 그 치료비의 일부, 기타의 수당을 공동부담하는 공제제도(共濟制度)이다. 정부가 보험자 역할을 하는 공적 건강보험과 민영보험에 의한 민영건강보험으로 나누어진다.

우리나라에서 건강보험은 1963년 의료보험법이 제정됨으로써 시작되었다. 1977년 500인 이상 사업장에 직장의료보험제도가 처음 실시되었으며, 1979년에는 공무원, 사립학교 교직원, 300인 이상 사업장의 근로자에게 적용되었다. 1988년 농어촌지역, 1989년 도시 자영업자를 대상으로 의료보험이 시행되면서 특별법의 보호를 받는 사람을 제외하고 모든 국민이 의료보험의 적용을 받게 되었다. 1998년 10월에는 지역의료보험조합과 공무원·교원 의료보험공단을 국민의료보험관리공단으로 통합하였고, 2000년 7월부터 국민의료보험관리공단과 139개 직장의료보험조합이 단일조직으로 통합되어 의료보험은 건강보험으로, 국민의료보험관리공단은 국민건강보험공단으로 명칭이 변경되었다. 2003년 7월에는 직장재정과 지역재정이 통합되면서 실질적인 건강보험 통합이 이루어졌다. 건강보험 적용대상은 직장가입자와 지역가입자로 구분된다.

한편, 질병 등으로 인한 과중한 부담을 덜어주기 위해서 의료비가 일정 기준을 넘으면 그 차액을 환급하는 본인부담상한액제도가 도입되어 2004년 7월 1일부터 시행 중이다. 취약계층에 대한 지원도 강화되어 소득하위계층이 내는 본인부담상한액이 인하되었고 재난적 의료비 지원사업도 강화되었다.

표 8-3 **건강보험 재정 현황** (단위: 조원, %)

	수입	보험료 수입등	정부 지원	지출	보험 급여비	관리 운영비 등	당기수지	누적수지	수지율 (지출/ 수입)
1997	7.3	6.3	1.0	7.7	5.8	1.9	-0.4	3.8	105.2
1998	7.9	6.8	1.1	8.7	6.8	1.9	-0.9	3.0	111.0
1999	8.7	7.5	1.2	9.6	7.8	1.7	-0.9	2.2	110.0
2000	9.1	7.5	1.6	10.1	9.0	1.1	-1.0	0.9	110.9
2001	11.6	9.0	2.6	14.1	13.2	0.8	-2.4	-1.8	120.7
2002	13.9	10.9	3.0	14.7	13.9	0.8	-0.8	-2.6	105.5
2003	16.8	13.4	3.4	15.7	14.9	0.8	1.1	-1.5	93.6
2004	18.6	15.1	3.5	17.0	16.1	0.9	1.6	0.1	91.6
2005	20.3	16.6	3.7	19.2	18.3	0.9	1.2	1.3	94.2
2006	22.4	18.6	3.8	22.5	21.5	1.0	-0.1	1.2	100.3

	수입	보험료 수입등	정부 지원	지출	보험 급여비	관리 운영비 등	당기수지	누적수지	수지율 (지출/ 수입)
2007	25.3	*21.6*	*3.7*	25.6	*24.6*	*1.0*	-0.3	0.9	101.1
2008	28.9	*24.9*	*4.0*	27.5	*26.5*	*1.0*	1.4	2.3	95.3
2009	31.2	*26.5*	*4.7*	31.2	*30.1*	*1.0*	0.0	2.3	100.0
2010	33.6	*28.7*	*4.9*	34.9	*33.7*	*1.2*	-1.3	1.0	104.0
2011	38.0	*32.9*	*5.0*	37.4	*36.2*	*1.2*	0.6	1.6	98.0
2012	41.8	*36.5*	*5.4*	38.8	*37.6*	*1.2*	3.0	4.6	92.8
2013	45.2	*39.4*	*5.8*	41.5	*40.3*	*1.3*	3.6	8.2	91.9
2014	48.5	*42.2*	*6.3*	43.9	*42.5*	*1.4*	4.6	12.8	87.6
2015	52.4	*45.3*	*7.1*	48.2	*46.5*	*1.7*	4.2	17.0	92.0
2016	55.7	*48.6*	*7.1*	52.6	*51.1*	*1.6*	3.1	20.1	94.4
2017	58.0	*51.2*	*6.8*	57.3	*55.5*	*1.8*	0.7	20.8	98.8
2018	62.1	*55.0*	*7.1*	62.3	*60.6*	*1.7*	-0.2	20.6	100.3

주: 정부지원=국고+국민증진기금
자료: e-나라지표(보건복지부).

건강보험보장률이란 비급여를 포함한 총진료비 중 건강보험 부담비율을 가리킨다.[7] 이 보장률은 65% 이하 수준을 유지하고 있다. 급여는 주로 연금제도에 의해 금품을 지급하는 것을 뜻하는데, 의료급여는 의료수급권자의 질병·부상·출산 등에 대한 진찰·검사, 약제·치료재료의 지급, 처치·수술 등 의료목적의 달성을 위한 조치를 내용으로 하는 것으로 의료시설 혹은 기관 이용시 총진료비에서 국가가 그 비용을 부담하는 부분이다. 저소득층은 경제적 부담으로 의료서비스를 받지 못할 위험성이 높다. 건강보험은 특히 저소득층의 의료접근성을 제고하여 질병을 치료하고 경제적 부담을 경감한다는 면에서 소득재분배 기능을 가지고 있다.

---

7) 비슷한 개념으로서 건강보험급여율이 있는데, 이것은 비급여를 제외한 총 진료비 중 건강보험에서 부담하는 부담비율이다. 건강보험이 적용되는 진료비 중 건강보험 부담비율을 의미한다(e-나라지표).

그림 8-7 건강보험 보장률 (단위: %)

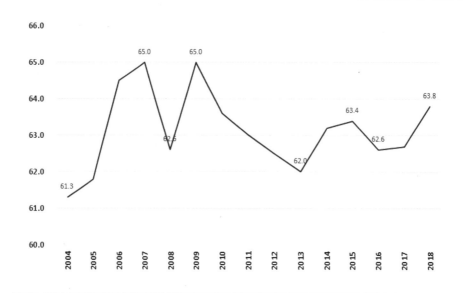

자료: e-나라지표(보건복지부).

우리나라의 의료체계는 그 동안 전국민 대상 건강보험시대가 개막되어 나름 대로 공평하고 효율적인 의료체계를 갖춘 것으로 평가된다. 그러나 일반적으로 의료진을 비교적 쉽게 접할 수 있다는 점에서 장점이 있는 것으로 언급되고 있 지만, 공공의료비 지출 비율을 보면 선진국수준과 비교하여 격차가 있다. 우리 나라의 의료비 지출대비 공공의료비 지출 비율은 선진국들은 물론 OECD 평균 에 비해서도 상당히 낮다(<표 8-4>). 향후 우리나라의 보장성 강화를 위한 정 책이 지속적으로 추진될 필요가 있음을 보여준다.

표 8-4 국민의료비 지출 중 공공의료비 지출 비율(2018년) (단위: %)

국가	프랑스	독일	영국	일본	미국	한국	OECD평균
%	83.0	85.0	78.4	84.2	81.8	58.2	73.5

주: 미국은 2016년 수치.
자료: e-나라지표(보건복지부).

그림 8-8 의료급여 수급 현황 (단위: 천명, %)

주: 수급률: 총인구 대비 의료급여 수급자수.
자료: e-나라지표(보건복지부).

의료수급자수는 1997년 116만 명에서 2007년 185만 명으로 늘었다가 2019
년에는 약 149만 명으로 줄었다. 수급률은 3% 전후에서 증감하다가 2014년 이
후에는 2.9%를 유지하고 있다. 의료급여수급자수의 증감에 따라 수급율도 동일
하게 움직이고 있다. 보건복지부에서는 향후 의료급여 사각지대 해소 및 보장성
강화를 위한 종합계획 수립, 의료급여 비용관리의 비효율성과 낭비요인을 줄이
고 의료급여 수급 내용을 효율적으로 관리할 수 있는 체계의 확립 등을 과제로
삼고 있다.

3.2.3 산업재해보상보험

산업재해보상보험(이하 산재보험, Industrial Accident Compensation Insurance)은
산업재해 근로자를 보호하기 위하여 국가가 사업주로부터 보험료를 징수하여
그 기금을 재원으로 사업주를 대신하여 산재근로자에게 보상해주는 강제적인
사회보험이다. 사업주는 반드시 가입해야 하며 원칙적으로 근로자를 사용하는
모든 사업 또는 사업장에 적용된다. 근로자가 업무상 재해를 입어 근로복지공단
에 산재보상 신청을 하면 공단의 심사를 거쳐 산재보험급여가 지급된다. 산재보

험은 노동자의 입장에서 산업재해로 인한 신체적 손상과 소득 감소에 대비하기 위한 수단이지만, 사업주 측에서도 위험부담을 분산·경감해 주어 안정된 기업 운영을 할 수 있도록 도움을 준다. 산재보험에 의한 보상을 받을 때 보험가입자는 그 한도 내에서 근로기준법상의 보상책임이 면제된다.

산재보험은 1884년 독일의 재해보험법이 효시이다. 우리나라에서는 1963년 산업재해보상보험법이 제정되어 근로기준법의 적용을 받는 사업 또는 사업장의 업무상 재해에 대해 1964년 7월부터 시행되기 시작하였다. 이것은 1953년 제정된 근로기준법상의 '산업재해의 개별사용주 책임제도'를 강제보험화한 것이다. 이것은 1953년 근로기준법에 재해보상규정이 있었지만 개별적인 사용자의 책임에 한정되어 있어서 산재로 인한 큰 손실이나 도산 등이 발생할 경우 노동자가 보호받지 못하던 것을 근본적으로 개선하기 위한 것이었다. 1995년부터 노동부 장관의 위탁을 받아서 근로복지공단이 보험을 관리하고 있다.

산재보험은 시행 초기에는 근로기준법상의 보상 수준을 그대로 대행하는 책임보험의 영역에서 벗어나지 못하였으나, 여러 차례의 법 개정을 통하여 보험급여의 수준을 향상시키고 산재 노동자를 위한 여러 복지시설을 설치·운영하는 등 점차 사회보장제도로서 면모를 갖추었다.

피해노동자의 업무상 재해 여부는 업무수행성·업무기인성 등을 고려하여 판단하는데, 1983년부터 시행된 노동부예규 업무상 재해인정기준이 준용되고 있다. 이에 따른 보험급여는 근로기준법상의 보상의 종류 및 내용과 거의 같으나, 일시보상 대신 상병보상연금이 규정되어 있는 점과 민사상의 손해배상문제를 간편하게 해결하는 장해특별급여·유족특별급여 등의 특별급여제도가 규정되어 있는 점 등이 다르다. 이후 산재보험의 적용 범위가 더욱 확대되었는데, 1986년에는 보험사업 목적에 재해예방사업과 기타 복지증진을 위한 사업을 할 수 있도록 산재보험 사업 범위를 확대하였으며, 1999년에는 산재근로자의 재활 및 사회복귀 촉진을 추가함으로써 재해근로자가 급속하게 증가하였다(e-나라지표). 2000년 7월에는 산업재해보상보험법 시행령에 따라 근로자 수 1명 이상의 모든 사업장에 산재보험이 확대 적용되었다. 그러나 농업·임업(벌목업 제외)·어업·수렵업의 경우에는 상시근로자 5인 이상의 사업장이 산재보험 가입대상이기 때문에, 5인 미만인 농장이나 목장 등의 개인사업장은 산업재해 시 보상을 받지 못했다(단, 5인 미만의 법인사업장은 허용). 2018년 7월 1일부터는 '소규모 건설공사'와 '상시 1인 미만 사업장'에도 산재보험이 적용되었다. 산재보험의 보험료는 사업장의 재해 발생 위험도에 따라 차등부담을 원칙으로 하며, 사용자가 전액을 부담하고 정부는 운영사업비의 일부를 부담한다. 산재보험에는 요양급여, 휴업급여, 장해급여, 간병급여, 유족급여, 상병보상연금, 장의비, 직업재활급여가 있다.

산재보험 급여의 종류와 내용은?

① 요양급여: 업무상 부상 또는 질병에 걸렸을 때 의료기관에서 상병의 치료에 소요되는 비용을 치유 시까지 지급하는 현물급여이다. 부득이 위의 지정 의료기관(약국 포함) 등을 이용할 수 없는 경우에는 요양비가 지급된다.

② 휴업급여: 요양기간 중 1일 당 평균임금의 70%가 지급된다.

③ 장해급여: 업무상 재해의 치유 후 당해 재해와 인과관계가 있는 장해가 남게 되는 경우 그 장해의 정도에 따라 지급한다. 연금과 일시금이 있다. 장해보상연금은 수급권자가 신청하면 그 연금의 최초 1년분 또는 2년분의 2분의 1에 상당하는 금액을 미리 지급할 수 있다.

④ 간병급여: 요양급여를 받은 자 중 치유 후 의학적으로 상시 또는 수시로 간병이 필요할 경우 실제 간병을 받는 사람에게 지급한다.

⑤ 유족급여: 유족보상연금 또는 유족보상일시금으로 지급된다. 유족보상연금을 받을 수 있는 자격은 근로자와 생계를 같이 하고 있는 배우자, 부모 또는 조부모로서 60세 이상인 자, 자녀 또는 손자로서 18세 미만인 자, 형제 자매로서 18세 미만이거나 60세 이상인 자이다.

⑥ 상병보상연금: 요양급여를 받은 노동자가 요양을 시작한 지 2년이 지났을 때, 폐질등급 1~3급 해당자인 경우 휴업급여 대신 지급한다.

⑦ 장의비: 근로자가 업무상의 사유로 사망한 경우 평균임금의 120일분에 상당하는 금액을 장제(葬祭)를 지낸 유족에게 지급한다.

⑧ 직업재활급여: 장해 1~12급 장해급여자 또는 요양 중으로서 장해 1~12급이 명백한 자로서 취업을 위하여 직업훈련이 필요한 자 및 장해급여자를 업무상 재해가 발생한 당시 사업에 복귀시켜 고용을 유지하거나 직장적응훈련 또는 재활운동을 실시한 사업주에게 지급하는 급여이다. 직장복귀지원금, 직장적응훈련비, 재활운동비 등이 있다.

출처: e-나라지표; 여성가족부, 한국건강가정진흥원, 『한국생활가이드북』 등.

그림 8-9 산업재해 현황 (단위: 명, %)

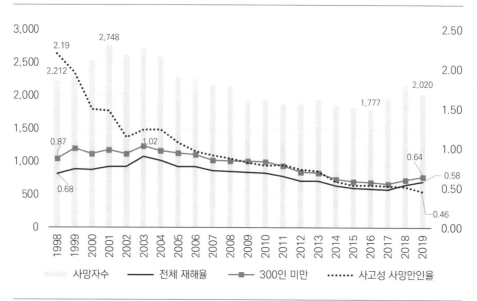

주: 1) 300인 미만=300인 미만 사업자 재해율.
  2) 사망만인율: 사망자수의 1만 배를 전체 노동자수로 나눈 값.
  3) 좌측 축 단위는 명, 우측 축 단위는 명, %
  4) 전체재해율, 300인 미만, 사고성사망만인율은 우측축을 읽음.
자료: e-나라지표(고용노동부).

　　<그림 8-9>는 산재현황을 정리한 것이다. 연도별 사망자수, 사망만인율, 사고 사망만인율은 2011년 이후 산출기준이 달라져 이전과 직접적인 비교가 불가하다고 하지만 전체적인 추세는 파악할 수는 있다.

　　먼저 산업재해에 대해서 살펴보자. 산업재해로 인한 사망자는 2001년 2,348명에서 감소했지만 최근에는 다시 늘어 매년 2,000명에 이르고 있다. 사고성 사망만인율은 1990년대 2.19명에서 2019년도에 0.46명으로 크게 감소하고 있다. 그러나 전체 재해율은 1990년대 말 이후 감소추세이긴 해도 2010년대 후반부터 오히려 약간 상승하고 있고, 특히 300인 미만의 사업장에서 재해율은 전체 수준보다 높게 나타난다. 외환위기 이후 2004년까지 재해율 등 전반적인 재해관련 지표가 올라갔는데, 이것은 경기회복세로 인한 제조업 가동률과 건설 수주액 증가, 안전보건규제 완화, 사업장내 안전보건관리조직의 약화, 2003년부터 5인 미만 사업장 산업안전보건법 적용 확대, 고용환경 변화에 따른 비정규직, 외국인,

고령근로자 등 산재 취약계층의 증가가 원인이다(e‐나라지표‐고용노동부).

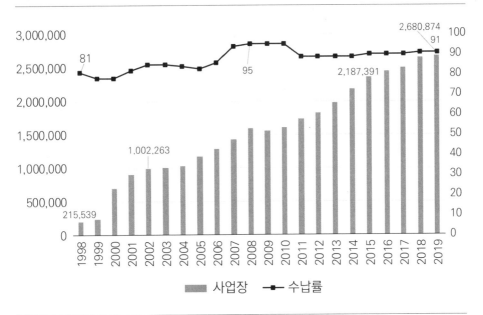

주: 수납률: 징수결정책 대비 수납액의 비율.
자료: e-나라지표(고용노동부).

한편, 자료에 따르면, 업무상 질병자수는 1998년 1,838명에서 2001년에 5,653명, 2006년 10,235명, 2019년에 15,195명으로 크게 늘었는데, 이것은 재해 포함 범위가 확대되어 온 것과 관계가 깊다.[8] 그러나 산업재해를 방지하기 위한 제도 정비에도 불구하고 산업재해 사망자는 매년 2000명 선에 이르고 재해율도 획기적으로 감소하지 않고 있다. 물론 산업재해로 인한 피해자가 줄지 않는 것은 노동자수가 크게 증가한 것과도 관계가 없지 않다.[9]

흔히 산업재해의 원인을 노동현장에서의 안전불감증 때문이라고 하는 것은 그 책임을 노동자에게 전가하는 것이다. 끊이지 않는 산업재해의 근본원인은 안

---

[8] 산업안전보건법 적용의 확대, 2001년부터 실시한 50인 미만 제조사업장에 대한 클린사업 등 재정·기술지원사업, 2004년에는 사망재해예방대책 등이 시행되었다.
[9] 가령, 산재적용 대상 노동자수는 2010년 1,400만 명에서 2018년 1,900만 명으로 증가하였고, 사망자는 2,200에서 2,415명, 부상자는 89,459명에서 89,588명으로 늘었다.

전불감증이 아니라 재해 발생을 근원적으로 제거하지 못하는 법률적·제도적 미비함 때문이다. 각국마다 통계의 산출기준이 달라서 단순비교는 곤란하지만, 사고성사망만인율 비교에서 2015년 독일 0.15, 2016년 미국 0.37, 일본 0.16, 영국 0.04에 비해 한국은 2019년에 0.46인 것이 이를 증명한다고 하겠다(e-나라지표 -고용노동부).

한편, 산재보험적용 사업장은 적용범위가 확대됨으로써 크게 증가하였다. 산재보험은 적용대상은 1998년 약 22만 군데에서 2019년에는 268만 곳으로 10배 이상으로 증가하였다. 적용대상 사업장의 확대와 더불어 수납률도 개선되어 1998년 81%에서 2019년에는 91%로 증가하였다.

표 8-5 산재보험 수납액 및 보험급여 지급 현황 (단위: 백억원)

	수납액	보험급여 계	요양	휴업	장해	유족	상병보상	장의비	간병	직업재활
1998	171.9	145.1	38.0	40.0	43.6	16.9	5.2	1.5	-	-
1999	161.2	127.4	35.9	33.7	34.4	15.8	6.2	1.5	-	-
2000	195.6	145.6	42.5	42.3	36.1	15.9	7.2	1.7	0.0	-
2005	324.8	302.6	76.9	93.8	92.2	22.1	14.0	2.1	1.4	-
2010	459.9	352.4	76.7	75.3	139.8	35.2	18.3	2.3	4.4	0.5
2011	476.7	362.5	76.2	72.0	150.9	37.6	17.3	2.2	4.8	1.5
2012	515.5	385.1	71.8	72.4	171.3	40.8	19.5	2.3	5.2	1.9
2013	510.5	379.5	72.3	73.1	162.9	44.2	16.9	2.5	5.5	2.0
2014	544.1	392.7	74.1	77.9	166.7	47.7	16.7	2.5	5.5	1.7
2015	568.0	407.9	78.3	81.7	171.1	50.9	16.3	2.4	5.7	1.5
2016	591.9	428.0	83.8	87.7	177.3	53.9	15.9	2.5	5.6	1.4
2017	604.9	443.6	84.4	92.1	183.3	58.9	15.3	2.8	5.5	1.4
2018	695.7	503.4	101.5	110.7	199.9	65.6	15.4	3.2	5.5	1.5
2019	707.9	552.9	108.5	131.9	215.8	71.0	14.9	3.2	5.4	2.3

자료: e-나라지표(고용노동부).

1998년 이후 수납액은 1조 7천억 원에서 7조 원 이상으로 증가하였다. 적용 대상 사업장 및 보상 범위가 확대됨으로써 보험급여 지급액도 약 1조 5천억 원에서 5조 5천억 원을 상회한다. 보험급여에서 부상, 질병 등으로 치유 후에 장해가 남는 피해자에게 지급되는 장해급여가 가장 많이 차지하고 있고, 요양으로 취업하지 못한 기간 중의 임금을 보상하는 휴업급여, 요양급여 등이 그 다음으로 액수가 많다.

3.2.4 고용보험

고용보험은 노동자가 일자리를 잃을 경우에 일정기간 동안 급여를 지급하는 실업급여사업을 기본으로 구직자에 대한 직업능력개발·향상 및 적극적인 취업 알선을 통한 재취업의 촉진, 그리고 실업예방을 위한 고용안정사업 등의 실시를 목적으로 하는 사회보험이다. 고용보험은 전통적인 실업보험사업에 머무르지 않고 다양한 실업예방사업 및 구직촉진사업을 병행하는 적극적인 인력정책 추진 장치이다.

고용보험법은 고용안정 및 직업능력개발사업을 통해 1차적으로 취업 중인 근로자의 고용안정을 촉진하고, 부득이 실업이 되더라도 2차적으로 실업급여를 지급하고 재취업을 촉진함으로써 근로자의 실업으로 인한 사회·경제적인 어려움을 해소하는 것을 주된 내용으로 하고 있다. 또한 여성근로자들의 고용기회 확보를 위해 직장과 가정생활의 양립을 지원하는 육아휴직급여 및 산전후휴가 급여를 실시한다.

고용보험의 내용에는…

- 고용안정 및 직업능력개발사업: 피보험자 및 피보험자였던 자, 그밖에 취업할 의사를 가진 자에 대한 실업의 예방, 취업의 촉진, 고용기회의 확대, 직업능력개발·향상의 기회 제공 및 지원, 기타 고용안정과 사업주에 대한 인력확보를 지원하기 위하여 실시하는 사업이다.
- 실업급여: 실직근로자의 생활안정을 도모하고 재취업을 촉진하기 위해 지급하는 보험급여로서, 구직급여 및 취업촉진수당으로 구성된다. 실업급여는 적극적인 재취업 활동을 위한 활동 지원금으로서 퇴직 다음날로부터 12개월이 경과하면 지급받을 수 없다. 전직 등 자발적을 퇴직한 경우에는 구직급여를 받지 못한다.
- 모성보호급여: 육아휴직과 산전후휴가급여로 나누어진다. 임신·출산 등과 관련된 여성의 취업활동을 보장하기 위하여, 육아 또는 출산을 목적으로 휴직하는 근로자가 일정 요건을 갖춘 경우에 육아휴직급여·산전후휴가급여를 지급하는 것을 그 내용으로 한다.

출처: 한국민족문화대백과 등.

고용보험법은 1993년 12월에 제정되었고 1995년 7월 1일부터 시행되고 있다. 그 후 여러 차례 개정되어 적용범위가 확대되었는데, 현재는 국내 파견 외국인 노동자에 대해서도 보험이 적용될 정도로 범위가 확대되고 있다.

그림 8-11 고용보험 적용 사업장 및 수납현황

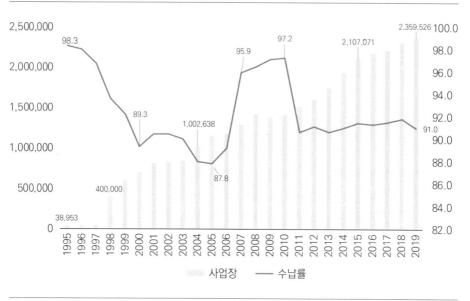

자료: e-나라지표(고용노동부).

<그림 8-11>은 고용보험이 실시된 1995년 이후의 상황이다. 고용보험 가입사업장은 처음에는 4만 군데 정도였지만, 1998년에 40만 군데로 10배 정도로 늘어난 이후 2004년도에는 100만 곳, 2019년 약 236만 군데에 이르고 있다.

이렇게 가입 사업장이 늘어난 것은 정책적으로 고용보험의 적용대상을 확대해 왔기 때문이다. 1995년에 고용보험을 시작할 때는 적용범위를 실업급여와 고용안정사업·직업능력개발사업으로 이원화하여 전자의 실업급여를 상시근로자 30인 이상의 사업 또는 사업장에 적용하였다. 1998년은 사업장 확대의 기점이라고 할 수 있다. 1998년 1월 1일부터 실업급여는 상시근로자 30인에서 10인 이상으로, 고용안정사업 및 직업능력개발사업은 상시근로자 70인에서 50인 이상 사업장으로 확대, 동년 3월1일에는 실업급여 대상이 상시근로사 10인에서 5인 이상으로 변경, 동년 7월 1일에는 고용안정사업 및 직업능력개발사업의 범위를 상

시근로자 50인에서 5인으로 확대, 동년 10월 1일에는 1인 이상 전사업장까지 적용을 확대하였다. 2003년 1월 1일에는 5인 미만 농·림·어업 및 수렵업 중 법인, 2004년 1월 1일에는 일용근로자, 주 15시간 이상 시간제근로자 등 비정규직 근로자에게까지 적용이 확대되고, 건설공사의 경우 총 공사금액이 2천만 원 이상인 경우에도 고용보험이 적용되었다. 또한 60세 이후에 신규로 고용되는 자, 국가·지방자치단체가 직접 시행하는 공공근로 종사자 및 선원, 국내 파견 외국인 노동자에 대해서도 보험이 적용되었다. 2013년 6월 4일부터는 65세 이후에 고용된 자를 제외하고 65세 이상도 실업급여의 적용을 받고 있다.

한편, 수납률은 초기에는 우량 기업 중심이었기 때문에 98.3%에 이를 정도로 매우 높았지만, 범위가 확대되면서 외환위기를 거쳐 2005년까지 크게 하락했다. 이후 95% 전후로 다시 올랐다가 최근에는 91% 수준을 유지하고 있다.

표 8-6 **고용보험 수납액 및 지출 현황**   (단위: 백억원)

	수납액	지출액	실업급여	고용안정·직업능력개발사업
1996	78.0	3.6	1.4	2.2
2000	205.8	113.5	50.0	63.5
2005	320.7	293.2	190.5	102.7
2010	418.8	600.1	415.9	184.3
2011	500.3	593.4	418.8	174.6
2012	587.9	598.8	438.7	160.1
2013	652.9	648.1	460.8	187.3
2014	748.2	700.3	496.8	203.4
2015	799.5	812.5	550.2	262.3
2016	846.4	886.7	586.0	300.8
2017	886.5	946.1	629.0	317.1
2018	1,036.1	1,157.8	792.0	365.8
2019	1,140.5	1,395.2	986.0	409.1

주: 2006년부터는 고용안정사업과 직업능력개발사업이 통합 관리됨.
자료: e-나라지표(고용노동부) .

고용보험 지출에서 실업급여가 대부분을 차지하고 있다. 실업급여는 우리 경제가 위기에 처했을 때 취약노동계층에게 적지 않게 도움을 주었다. 고용보험사업 중 실업급여 지급 현황을 보면 시행초기인 1997년에는 48,677명에게 지급되었으나, 외환위기를 맞이한 1998년에는 412,600명으로 급증하였으며, 2009년에는 1,301,132명으로 증가하였다. 2020년 4월에는 신종 코로나바이러스 감염증(코로나19) 사태가 촉발한 '고용 충격'으로 인해 신규 구직급여 신청자 12만 9000명, 구직급여액이 9,933억 원에 달했다(한국민족문화대백과). 이와 같이 고용보험제도는 평상시뿐만 아니라 위기상황의 대처에도 도움이 된다고 하겠다. 다만, 2015년 이후 수납액보다 지출액이 많아서 적자가 나고 있으므로 부정수급의 근절을 비롯한 운용과 관리에 보다 철저를 기해야 할 것이다.

3.3 공공부조

공공부조는 정부가 경제적 능력이 없는 빈곤층에게 무상으로 제공하는 지원이다. 공공부조 중에서 가장 대표적인 국민기초생활보장 수급에 대해서 살펴보자.

사회복지정책 중 가장 중요한 것은 빈곤층에 대한 지원인데, 빈곤층에 대한 주요 지원 중의 하나가 국민기초생활보장을 위한 지원이다. 국민기초생활보장제도는 지난 40년간 시행되었던 시혜적 단순보호차원의 생활보호제도로부터 저소득층에 대한 국가책임을 강화하는 복지시책으로 국가의 보호를 필요로 하는 절대빈곤층의 기초생활을 보장하되, 종합적 자립, 자활서비스 제공으로 생산적 복지를 구현하기 위한 것이다.

국민기초생활보장법에 의한 수급대상자는 가구의 소득평균가액과 재산의 소득환산액을 합산한 소득인정액이 최저생계비 이하이고 부양의무자가 없거나 부양의무자가 있어도 부양능력이 없거나 부양을 받을 수 없는 경우 등이다. 1961년부터 시행된 생활보호제도(생활보호법)를 대신하는 복지정책으로 국민기초생활보장법에 의거하여 2000년 10월부터 시행되고 있다.

다음의 국민기초생활보장 수급은 국민기초생활보장제도에 의해 기초생활보장대상자(수급자)에게 현금으로 지급되는 생계급여를 말한다.

그림 8-12 국민기초생활보장 수급 현황   (단위: 천명, %)

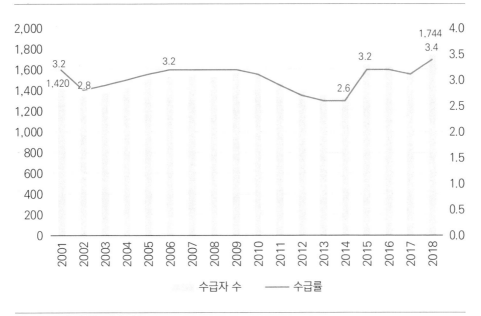

주: 수급률은 총인구대비 비율.
자료: e-나라지표(보건복지부).

국민기초생활보장 수급자는 제도가 시작된 2001년 142만 명에서 2018년 174만 명으로 늘어났는데, 최근에는 수급률도 증가하고 있다.[10] 기초생활보장 수급자는 가구의 소득인정액이 최저생계비 이하인 계층으로서 생계급여, 주거급여, 교육급여, 해산급여, 장제급여 등의 기초생활보장 급여를 받는 사람이다. 가구(세대) 단위로 급여하는 것을 원칙으로 한다. 기초생활보장 수급자는 생계곤란으로 인해 국가의 보호를 받고 있는 대상을 의미하지만, 저소득층 보호를 위한 수급자 선정기준 완화, 최저생계비 기준 인상 등에 따라 수급자수가 확대될 수 있으므로 수급자 증가가 반드시 빈곤층이 늘어나는 것을 의미하는 것은 아니다. 이 제도는 복지 사각지대의 완화 및 해소, 보장수준의 강화, 기초생활계보장 종합계획 수립 등을 통해 점차적으로 개선되어 왔다(e-나라지표-보건복지부).

---

10) 국민기초생활보장법은 생활보호법을 대체한 법률로 1999년 9월 7일 제정되어 2000년 10월 1일부터 시행되고 있다.

- 생계급여: 수급자에게 의복, 음식물 및 연료비와 기타 일상생활에 기본적으로 필요한 금품을 지급하여 그 생계를 유지하게 하는 것이다.
- 주거급여: 수급자에게 주거안정에 필요한 임차료, 유지수선비 기타 대통령령이 정하는 수급품을 지급하는 것이다.
- 교육급여: 수급자에게 입학금, 수업료, 학용품비 기타 수급품을 지원하는 것으로 교육급여는 금전 또는 물품을 수급자 또는 수급자의 친권자나 후견인에게 지급함으로써 행한다. 다만, 보장기관이 필요하다고 인정하는 경우에는 수급자가 재학하는 학교의 장에게 수급품을 지급할 수 있다.
- 해산급여: 조산, 분만 전과 분만 후의 필요한 조치와 보호를 의미하며, 해산급여는 보건복지부령이 정하는 바에 따라 보장기관이 지정하는 의료기관에 위탁하여 행할 수 있다. 해산급여에 필요한 수급품은 보건복지부령이 정하는 바에 따라 수급자나 그 세대주 또는 세대주에 준하는 자에게 지급한다.

출처: e-나라지표.

3.4 사회복지서비스

사회복지서비스는 노인복지, 장애인복지, 아동복지, 여성복지, 가족복지 등으로 구성되는데, 이 중에서 노인복지에 대해서 간단히 살펴보기로 한다. 사회복지서비스가 노약자를 비롯한 사회적 약자에게 상담 및 재활 등의 방법을 통해 사회생활이 가능하도록 지원하는 제도라는 점에서 노인일자리 제공은 매우 적절한 예이기 때문이다.

표 8-7 노인일자리의 유형별 제공 건수   (단위: 천개)

	전체	공익활동	사회 서비스형	재능나눔	민간형				
					시장형 사업단	취업 알선형	시니어 인턴십	고령자 친화기업	기업 연계형
2011	224.7	194.5	–	0.0	15.0	10.4	3.6	1.2	–
2012	248.3	217.7	–	0.0	16.1	9.3	3.6	1.5	–
2013	261.6	227.4	–	0.0	17.7	10.4	4.5	1.6	–
2014	336.4	269.2	–	30.6	19.8	10.5	5.1	1.2	–
2015	386.0	305.1	–	40.8	22.9	9.7	6.2	1.2	–

	전체	공익활동	사회서비스형	재능나눔	민간형				
					시장형 사업단	취업 알선형	시니어 인턴십	고령자 친화기업	기업 연계형
2016	429.7	290.6	-	40.2	77.7	21.6	6.7	1.9	-
2017	496.2	359.9	-	44.7	64.6	17.0	5.3	1.3	3.3
2018	543.9	405.1	-	52.2	54.6	20.1	5.7	1.7	4.6
2019	684.2	504.2	23.5	47.4	67.0	27.7	7.3	1.3	5.7

주: 재능나눔은 2014년부터 조사 시작되어 이전 데이터 없음.
자료: e-나라지표(보건복지부).

노인일자리 제공이란 65세 이상 노인을 대상으로 노인의 특성에 적합한 일자리를 정부에서 보수 등을 지원하여 창출·제공하는 것을 말한다. 노인일자리 제공은 2011년에 대비 2019년에 3배 이상으로 증가하였다. 2019년도까지 공익활동형 일자리가 약 74%를 차지하여 압도적이고, 다음이 민간형의 시장형사업단이다. 공익활동형이란 노인이 자기만족과 성취감 향상 및 지역사회 공익증진을 위해 자발적으로 참여하는 봉사활동을 가리킨다. 시장형사업단은 노인에게 적합한 업종 중 소규모 매장 및 전문 직종 사업단 등을 공동으로 운영하여 일자리를 창출하는 사업으로, 일정 기간 사업비 또는 참여자 인건비를 일부 보충지원하고 추가 사업소득으로 연중 운영하는 노인일자리이다. 노인의 소득증대에 실질적으로 도움을 주는 것은 민간형 일자리이지만, 2019년에 전체적으로 16% 정도이고, 특히 시니어인턴십, 고령자친화기업, 기업연계형 등은 매우 적은 비중을 차지하고 있다.[11]

향후 노후생활을 위한 믿을 수 있는 보장체계의 구축과 소득의 실질적 향상을 위한 고용지원 확대가 필요하고 노후 준비가 덜 되어 있는 계층을 대상으로 국가의 공적 노후 소득보장제도의 도입이 더욱 강화될 필요가 있다고 하겠다.[12]

---

11) 시니어인턴십은 기업 내 사업현장에 인턴으로 참여할 수 있는 기회를 제공하는 것이고, 고령친화기업은 고령자 적합직종을 개발하여 기업설립을 지원함으로써 시장경쟁력과 지속성을 갖춘 일자리 창출형이다. 기업연계형은 기업이 적합한 노인일자리를 창출하고 유지하는 데 필요한 직무모델 개발, 설비구입 및 설치, 4대 보험료 등 간접비용을 지원하여 노인 고용 확대를 도모하는 사업이다.
12) 2008년부터 노후소득보장의 사각지대 해소 및 생활안정 도모를 위해 기초노령연금제도가 시행 중이다.

제4절 복지정책의 의의

　　선진국 혹은 선진사회란 경제적으로는 1인당 소득수준이나 공업화의 진전도 등이 높은 지역이라고 할 수 있다. 그러나 선진국 여부를 단순히 소득수준이나 과학기술, 산업화의 정도만으로 판단하기에는 무리가 있다. 가령, 중동의 산유국이 아무리 1인당 소득이 높아도 선진국이라고 할 수 없다. 반면, 서유럽이나 북유럽의 국가들은 소득수준도 높지만 사회적인 평등도도 높고 시민들도 매우 자유스러운 문화적 환경과 평등한 인간관계 속에서 생활을 이어나가고 있다. 선진국이란 단순히 경제적인 면뿐만 아니라 자유와 평등, 인권보장을 위한 다양한 정치사회적 제도 및 기타 문화적인 측면도 동시에 보장되어 사람이 행복하고 편안하게 살 수 있는 조건이 갖추어진 사회이다.

　　현대 산업사회에서는 과학기술의 발달에 힘입어 경제가 성장함에 따라 빈곤이 사라지고 평등에 도달할 수 있다는 믿음이 지배했다. 산업화에 먼저 도달한 서구사회에서는 1950~1960년대에 고도성장 실현과 대중소비사회의 등장으로 무한한 사회 진보가 가능할 것처럼 보였다. 그러나 산업화가 현대인들에게 물질적 풍요를 가져다주었지만 동시에 새로운 위험을 몰고 왔다. 산업화로 인한 전지구적 생태환경의 파괴, 1986년 체르노빌원전폭발 및 인류가 경험하지 못했던 전염병의 유행으로 인한 대량 감염 및 사망 등 대형사고가 초래되고 있는 것이다. 산업화로 인한 사고는 대형참사에만 한정되지 않았다. 계층간 소득격차로 인한 계급갈등, 외국인 이주로 인한 인종 갈등, 세대간 갈등, 가족 위기, 젊은 계층과 여성의 빈곤, 빈곤층 교육의 결핍 등이 그것이다. 여기에 대한 반성으로 서구사회에서는 사회경제적 위험을 근원적으로 해소하기 위해 각 방면의 제도를 정비하고 복지사회구현을 위한 정책을 추진하였다. 완벽하지는 않지만, 서구사회는 산업사회가 초래하는 각종 위험을 제거하는 일에 최우선의 가치를 두고 정책을 체계화했다.

　　우리나라에서도 1960년대 이후 고도성장의 길을 걷게 되면서 성장제일주의가 가져올 미래에 대한 신뢰가 배어 있었다. 한국사회는 그동안 성공적인 산업화를 통해 고도성장을 달성하고 선진국들이 누리던 물질적 풍요를 어느 정도 누리고 있다. 그럼에도 다른 한편에서는 아파트건설현장의 인명사고, 삼풍백화점 및 성수대교의 붕괴, 대구 지하철 공사장의 폭발, 부산 구포지역에서의 철로 붕괴, 요양병원의 대형화재 등 후진국형 대형참사가 우리가 다 기억하지도 못할 정도로 끊임없이 발생하고 있다. 문제는 대형사고만이 시민들의 삶을 위협한다는 점이 아니다. 산업현장에서의 재해는 아직도 획기적으로 줄어들지 않았고, 노동시장의 압박이 가져오는 가정과 직장의 긴장관계, 한부모가족 및 다문화가족의 증가, 빈부격차로 인한 질병과 빈곤 등은 여전히 미해결의 과제로 남아있다.

1962년 경제개발계획 실시 이후 투자자본의 확보 및 수출 증대, 고도성장이란 양적 목표는 달성했지만 사회 각 부문의 질적 성장에 소홀했던 점을 부인할 수 없다. 물론 그 동안 노동 및 복지정책에 대한 시민사회의 요구가 분출함으로써 사회보장정책이 강화되어 왔다. 그렇지만 우리나라의 경제규모나 물적 인프라에 비해서 정부지출에서 복지부문이 차지하는 비중은 크게 낮으며, 국제적으로도 OECD 회원국의 평균 수준에 크게 미달하고 있다.

우리나라에서 소득분배구조가 결정적으로 악화된 것은 외환위기를 기점으로 한다. 이 환란으로 인한 실업률의 급증과 실질임금의 하락으로 확대된 계층간 소득격차는 시간이 갈수록 벌어지고 있다. 사회경제의 튼튼한 기둥이 되어야 할 중산층은 생활상의 위협을 느끼고 있으며 계층 소속감도 크게 줄어들었다. 이것은 단순히 주관적 심리현상이 아니라 지니계수, 중간소득계층의 감소 등 각종 분배지수에서 통계적으로도 증명되고 있다. 그리고 중산층의 감소는 상대적 빈곤계층의 증가와 맞물려 있다. 이러한 현상이 더 이상 장기적 추세로 굳어지기 전에 재정과 조세, 교육 등의 제분야에서 근본적이고 종합적인 대책을 수립하여 강력하게 추진해야 할 것이다.

국민기본생활보장 및 빈곤위험계층의 예방·탈출을 지원하기 위한 사회복지 분야에 대한 지출 확대로 복지와 경제가 함께 성장하는 선순환 구조 형성이 시급한 것이다. 미래사회 변화에 대응한 사회투자적 서비스 확대, 저출산고령사회에 대한 선제적 대응, 장애인 및 아동, 노인 등 취약계층에 대한 지원 강화, 국민건강증진을 위한 예방적 보건서비스 강화 추진은 악화된 소득분배구조를 시정하고 일자리를 창출하며 현저히 하락한 성장률 제고한다는 점에서 그 자체로 경제정책이다. 복지정책만으로 우리 사회가 안고 있는 모든 문제의 해결이 가능한 것은 아니지만 상존하는 사회불안을 치유하고 선진복지사회로 가는 유효한 방안의 하나가 될 수 있을 것이다.

세계 최고 속도
고령화

제1절 초고령사회의 도래

제2절 고령화와 인구감소의 원인

제3절 고령화의 문제점

제4절 고령화 대처방안

우리 사회는 세계에서 가장 빨리 늙어가고 있다. 1955년 2,150만 명 정도이던 인구는 2019년 말에는 5천만 명 이상으로 증가하였다.[13] 인구는 두 배로 크게 증가하였지만, 주민등록인구는 2019년 12월 말 이후 감소추세로 돌아섰다. 장래 인구의 중위 추계에 따르면 외국인을 포함하여 우리나라에 상주하는 인구는 2028년부터 감소하는데 2067년에는 4천만 명 이하가 될 것이다. 현재 증가하고 있는 상주인구 통계의 이면에서는 신생아수의 감소와 결혼 건수의 감소, 만혼 등으로 고령화가 매우 급속하게 진행되고 있다. 유소년층(0~14세) 대비 고령층(65세 이상)의 비율인 노령화지수는 37개 OECD 국가 중 35위로서 하위에 속했지만 2020년에는 12위가 될 것으로 보인다. 즉, 우리나라는 OECD 국가와 비교해도 늙은 축에 들어가게 된 것이다. 지나치게 빠른 고령화는 사회의 활력을 떨어뜨릴 뿐만 아니라 재정수지의 악화와 잠재성장률의 하락 등 경제적인 측면에서 부정적인 결과를 초래할 수 있다. 인구변동과 함께 고령화의 현상과 원인 및 이에 대한 대응 방안에 대해서 생각해 보자.

제1절 초고령사회의 도래

1.1 인구동향

먼저 우리나라 인구의 변화에 대해서 살펴보자. 우리나라 상주인구는 1960년 2,500만 명에서 1967년 3천만 명, 1984년 4천만 명, 2012년 5천만 명을 넘어서 2019년 5,170만 명으로 그 동안 배 이상 증가하였다. 그러나 추계에 따르면, 상주인구는 2028년 51,942만 명까지 늘어난 후 점차 감소하여 2,067년에는 3,900만 명 수준으로 떨어진다. 우리나라에서 태어나 한국국적을 가진 주민등록인구는 이미 2019년 12월 말 5,185만 명을 정점으로 약간씩 감소하고 있다.

---

13) 1955년은 인구총조사, 2019년은 주민등록인구.

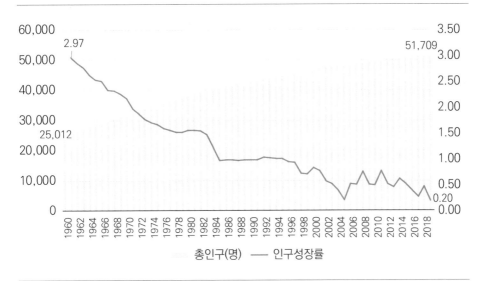

주: 1) 상주인구(외국인 포함).
   2) 시점: 매년 7월 1일 기준.
자료: 국가통계포털.

그 동안 인구증가율은 지속적으로 하락하여 왔다. 1961년에는 2.97%였지만, 1971년에는 1.97%로 하락하였고, 1985년 0.98%, 2019년 0.20%에 지나지 않는다. 2010~2019년의 지난 10년간 연평균 인구증가율은 0.48%에 머물고 있는데, 2020년 이후에 더욱 빠르게 감소하여 2030년부터는 인구증가율이 마이너스로 하락하고 2053년부터는 인구감소율이 매년 1%를 넘을 것으로 예상되고 있다.

우리나라는 개발도상국 중에서 인구증가를 성공적으로 통제한 나라에 속한다. 인구증가율의 감소는 농업사회로부터 산업사회로의 변화, 소득수준의 증가, 이에 따른 취미 여가생활의 확산, 각종 육아 및 교육비용의 증가 등이 원인이지만 정부의 장기간에 걸친 인구억제정책도 크게 기여했다. 예를 들어, 정부는 1961년 대학가족계획협회를 만들어 출산억제를 위한 가족계획을 수립하고 1980년대까지 강력한 인구억제책을 실시하였다. 캠페인도 전개하여 1960년대에는 세 자녀 낳기 운동, 1970년대 두 자녀 낳기 운동, 1980년대에는 한 자녀 낳기 운동을 벌였다. 그러나 1990년대에 이르러 인구증가속도가 감소하면서 출산억제정책이 약화되었고[1] 2000년대에는 인구감소에 대한 우려가 커지면서 출산장려정책이 실시되고 있다.

고도성장기에 인구증가가 생산 자원의 낭비 및 경제발전 저해의 주요한 요인이라는 우려가 팽배했던 것에 비해 이제는 오히려 인구감소가 성장잠재력 하락과 재정부담의 증가 등 각종 사회경제적 문제의 근원이 될 것이라는 우려가 나오는 것은 격세지감이라고 아니 할 수 없다.

1.2 고령화 속도

그림 9-2 연령대별 인구 수(1960~2067년)　　　　　　　　　　　　(단위: 천명)

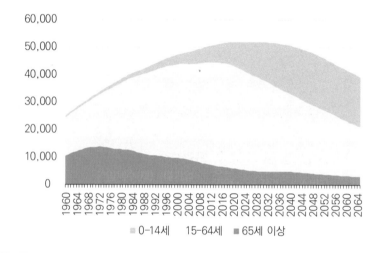

주: 1) 1960~2017년까지는 확정인구.
　　2) 2018년 이후: 인구변동요인(출생, 기대수명, 국제이동)의 중위 가정을 조합한 중위추계임.
자료: 국가통계포털.

<그림 9-2>는 인구는 현재 증가하고 있지만 내부에 포함되어 있는 인구구성이 급격하게 변화하고 있음을 보여준다. 유소년층(0~14세)은 1972년 1,386만 명의 정점에서 1999년 997만 명, 2015년 703만 명, 2020년 630만 명으로, 2020년에는 1972년 대비 절반 이하로 줄어들었다. 사실상의 생산가능인구인

---

1) 예비군훈련 등 공공장소에서 피임 등 인구억제의 필요성을 강조하는 강연이 열리거나 피임수술 자원 남성들에게 약간의 편의가 제공되기도 했다.

15~64세는 2018년 3,765만 명까지 증가한 후 하락세로 돌아섰다. 눈에 가장 띄는 것은 노년층(65세 이상)의 빠른 증가세이다. 노년층은 1950년에 73만 명에도 미치지 못하였다. 그렇지만 1972년 105만 명에서 2020년에는 813만 명으로 크게 늘고 증가속도도 빨라지고 있다.

그림 9-3 연령별 인구 비율(1960~2067년)   (단위: %)

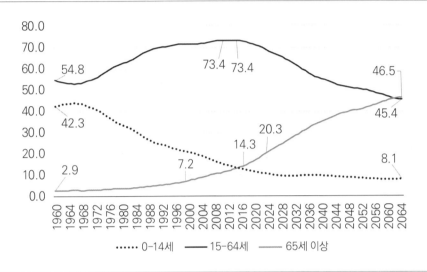

자료: 국가통계포털.

<그림 9-3>은 이러한 연령대별 인구가 전체 인구에서 차지하는 비율이다. 유소년층은 전체 인구에 1960년 42.3%에서 2020년 12.2%, 2067년에는 8.1%로 급감할 것으로 예측된다. 생산가능인구는 1960년 54.8%에서 점차 증가하여 2011~2016년에 최고 수준인 73.4%를 기록한 후 2067년에는 45.4%로 크게 하락할 것으로 보인다. 반면, 노년층은 1960년 2.9%에서 올라가기 시작하여 2067년에는 46.5%로서 전체 인구의 거의 절반이 65세 이상을 차지할 것으로 예측된다.

UN은 65세 이상의 인구를 고령인구로 정의하고, 총인구 중에서 고령인구가 7%를 넘으면 고령화사회(aging society), 고령인구의 비중이 14% 이상이면 고령사회(aged society), 20%를 넘으면 초고령사회(super-aged society)라고 한다. 이에 따르면, 우리나라는 2000년에는 7.2%로 고령화사회, 2018년에는 14.3%로 고

령사회로 진입하였으며, 2025년에는 20.3%로 초고령사회가 될 것이다.

고령화현상은 우리만 겪고 있는 것이 아니다. 서구사회 및 일본은 우리보다 훨씬 일찍 고령화사회 혹은 고령사회에 도달했으며, 중국, 싱가포르, 태국, 말레이시아 등의 아시아 국가도 고령화의 진행과 함께 2000년대 이후 생산가능인구 증가율의 감소현상을 겪고 있다.[2] 문제는 우리가 겪고 있는 고령화속도가 너무 빠르다는 점이다.

표 9-1 주요국 고령화 속도 (단위: 년)

	도달연도			소요 기간	
	고령화사회 (7% 이상)	고령사회 (14% 이상)	초고령사회 (20% 이상)	고령사회도달	초고령사회도달
한국	2000	2018	2025	18	7
일본	1971	1995	2006	24	11
독일	1932	1972	2008	40	36
이탈리아	1927	1988	2009	61	21
프랑스	1864	1990	2018	126	28
미국	1942	2014	2029	72	15
중국	2002	2025	2035	23	10

자료: 대외경제정책연구원, 『개방경제에서 인구구조 변화가 경상수지 및 대외자산 축적에 미치는 영향분석 및 정책적 시사점』, 2019, p.29 등.

고령화사회에서 초고령사회의 진입에 프랑스는 154년, 독일 76년, 이탈리아 82년이 걸렸으며, 미국은 87년이 소요될 것으로 예상되고 있다. 일본은 35년이 걸렸는데, 한국은 일본보다 10년이 짧은 25년에 지나지 않는다. 한마디로 우리나라의 고령화속도는 세계 최고이다.

---

2) 국회예산정책처, 『경제동향&이슈』, 통권 제43호, 2016.5, p.25. IMF는 아시아국가들의 1인당 소득이 과거 선진국들보다 훨씬 낮은 수준임에도 매우 빠르게 고령화가 진행되고 있으며, 이것이 투자 위축, 성장률 하락 등의 문제점을 초래할 수 있음을 경고하고 고령화에 특화된 정책 등 적극적인 대책 수립을 강조하고 있다(한겨레, 2017.5.9.).

제2절 고령화와 인구감소의 원인

2.1 출산율의 하락

　주민등록인구 감소의 배경에는 고령화가 작용하고 있다. 고령화와 인구변동은 약간의 시차가 있지만 서로 밀접한 관련을 맺고 있다. 인구감소를 불러오는 고령화의 원인을 정리하면 다음과 같다.

　인구감소와 고령화를 초래하는 가장 큰 원인은 출산율의 급격한 하락이다. 경제가 성장하여 소득수준이 증가하면 출산율은 일반적으로 하락한다. 우리보다 앞서 발전한 모든 선진국은 공통적으로 이러한 현상을 겪었다. 우리나라에서 신생아는 1970년 100만 명이었지만, 1990년 약 65만 명, 2000년 64만 명, 2010년 47만 명, 2019년 30만 명 수준으로 급속하게 감소하였다. 이에 따라 조출생률(crude birth rate: 총 출생아수를 당해년도의 총인구로 나눈 수치를 1,000분비로 나타낸 것)은 2000년 13.5명에서 2019년에는 5.9명으로 절반 이하 수준으로 급감하였다 (<그림 9-4>).

　출산율의 하락은 첫째, 혼인건수의 감소와 관계가 깊다. 조혼인율(crude marriage rate)은 혼인에 관한 가장 대표적인 지표로서 1천 명당 혼인건수를 의미한다. 혼인건수는 1980년대부터 1990년대까지 40만 건 전후에서 36만 건까지 유지했지만, 그 이후 감소하여 2019년에는 그 절반을 조금 넘는 수준인 약 24만 건으로 크게 감소하였다. 이에 따라 조혼인율도 2000년 7.0명에서 2019년에는 4.7명으로 줄어들었다.

　혼인건수와 조혼인율은 왜 감소할까? 기본적으로 미혼 남녀가 결혼을 할 수 없거나 결혼시기를 미루기 때문이다. 한국보건사회연구원의 조사에 따르면, 미혼 남성이 혼인하지 않는 이유는 주거불안정(35.0%)이 1위이고, 불안정한 일자리(28.8%)가 2위, 3위는 독신의 여유와 편안함(22.7%)이다. 그렇지만 주거불안정도 궁극적으로 경제력에 관한 항목이므로 1, 2위를 합해서 63.8%에 달하는 경제적 사유가 미혼의 가장 큰 원인이라 할 수 있다.

그림 9-4 출생아 수 및 조출생률(1980~2019)

(단위: 명)

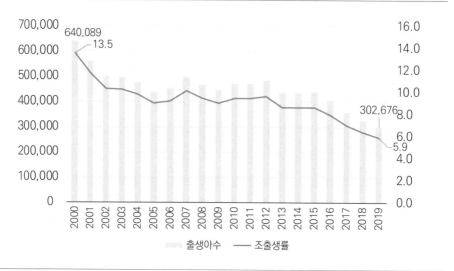

주: 조혼인율: (연간 혼인건수)/(당해연도의 연앙인구)×1,000
자료: 국가통계포털.

표 9-2 미혼 남녀가 혼인하지 않는 이유

(단위: %)

	불안정한 일자리	바쁜 업무	주거불안정	적절한 결혼상대 부재	독신의 여유, 편안함	기타	계
전체	27.6	4.9	31.0	8.1	26.2	2.2	100.0
여성	25.9	6.3	25.5	9.6	31.0	1.8	100.0
남성	28.8	3.8	35.0	7.1	22.7	2.5	100.0
19-29세	28.0	5.7	31.1	6.3	26.1	2.7	100.0
30-39세	24.2	3.3	32.7	12.3	26.6	0.9	100.0
40-49세	31.5	3.4	27.5	10.2	25.8	1.6	100.0

자료: 한국보건사회연구원, 『저출산·고령사회 대응 국민인식 및 욕구 심층조사 체계 운영』, 2019, p.84.

이에 비해 여성의 미혼 사유는 언뜻 보면 남성과 상당히 달라 보인다. 여성은 독신의 여유 및 편안함이 1위(31.0%)이고, 다음으로 불안정한 일자리(25.9%), 주거불안정(25.5%)이다. 그러나 2, 3위를 합치면 51.4%로서 역시 경제적 요인이 가장 큰 미혼사유이다. 다시 말해, 남녀의 미혼 이유에서 약간의 차이가 있을 뿐

경제적 요인이 혼인하지 못하는 가장 큰 원인이다. 이것은 혼인율을 제고하기 위한 정책의 중점이 어디에 두어져야 하는지를 보여주는 매우 중요한 조사결과 이다.

그림 9-5 남녀 초혼연령의 변화 (단위: 세)

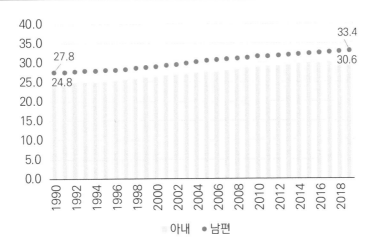

자료: 국가통계포털.

이 같은 경제적 요인은 초혼연령의 상승요인으로 작용한다. 한국의 초혼연령 은 OECD와 비슷한 수준이다. 2016년에 한국 여성의 초혼연령은 30.1세로서 OECD 평균 30세와 거의 같은 수준이고 한국 남성의 초혼연령도 32.8세로서 OECD 평균 32.3세와 비슷하다.[3] 그렇지만 한국 남녀의 초혼연령은 지속적으로 상향되어 왔다. 1990년에 남녀 각각 27.8세, 24.8세였던 초혼연령은 2018년에 33.4세, 30.6세로 올랐다.

---

3) 박선권, "저출산 관련 지표의 현황과 시사점", 『NARS 현안분석』, Vol.58, 국회입법조사처, p.6.

표 9-3 여성의 연령별 출산율 　　　　　　　　　　　　　　　　　　　　(단위: 명)

	합계출산율	15-19세	20-24세	25-29세	30-34세	35-39세	40-44세	45-49세
1993	1.65	4.4	71.9	176.5	63.2	13.5	2.0	0.2
1995	1.63	3.7	62.4	175.3	68.6	15.0	2.4	0.2
2000	1.48	2.6	39.2	150.3	84.1	17.6	2.7	0.2
2005	1.09	2.2	18.0	92.1	82.1	19.0	2.5	0.2
2010	1.23	1.8	16.5	79.7	112.4	32.6	4.1	0.2
2011	1.24	1.8	16.4	78.4	114.4	35.4	4.6	0.2
2012	1.30	1.8	16.0	77.4	121.9	39.0	4.9	0.2
2013	1.19	1.7	14.0	65.9	111.4	39.5	4.8	0.1
2014	1.21	1.6	13.1	63.4	113.8	43.2	5.2	0.1
2015	1.24	1.4	12.5	63.1	116.7	48.3	5.6	0.2
2016	1.17	1.3	11.5	56.4	110.1	48.7	5.9	0.2
2017	1.05	1.0	9.6	47.9	97.7	47.2	6.0	0.2
2018	0.98	0.9	8.2	41.0	91.4	46.1	6.4	0.2
2019	0.92	0.8	7.1	35.7	86.2	45.0	7.0	0.2

주: 모의 연령별 출산율: 해당 연령 여자인구 1천명당 출산아수(명).
자료: 국가통계포털.

만혼도 낮은 출산율의 원인으로 작용하고 있다. 만혼에 따른 출산은 가임 기간의 한계와 부모 은퇴 시기의 교육부담 때문에 낮은 출산율로 이어진다.4) OECD에 따르면, 2016년 한국 여성의 출산 평균연령은 31.9세로 OECD 평균 30.4세보다 높고, 초산 평균연령은 31.4세로서 OECD 평균 28.9세보다 2.5세나 높다.5)

<표 9-3>은 합계출산율의 하락과 여성의 출산연령대의 후퇴가 대체로 비례하고 있음을 보여주고 있다. 여성 1천 명당 출산율은 2000년까지는 25~29세가 가장 높았다. 이 연령대의 출산율은 1993년 177명에서 2000년까지 150명 선을 유지했으나, 2010년에는 80명 이하, 2019년에는 40명 이하로 떨어지고 말았

---

4) 한국보건사회연구원과 여성정책연구원의 공동연구팀은 여성의 결혼이 1년 늦어지면 초산연령이 0.5년 늦어지고 자녀를 한 명이라도 낳을 확률은 8~9% 낮아지며, 또한 합계출산율도 0.1명 줄어드는 것으로 분석했다(조선일보, 2018.3.26.).

5) 박선권, "저출산 관련 지표의 현황과 시사점", 『NARS 현안분석』, Vol.58, pp.7−9.

다. 20~24세의 출산율도 1993년 71.9명에서 2019년 7.1명으로 줄었다. 반면에 30~34세의 출산율은 2006년에 연령대 중 가장 높아졌는데 2007~2016년에는 100명 이상의 출산율을 기록하였다. 더욱이 가장 높은 이 연령대의 출산율도 지속적으로 하락하고 있다. 35~39세 여성의 출산율도 꾸준히 높아지면서 25~29세의 출산율을 상회하고 있으며, 40~44세의 출산율도 증가하고 있다. 노산(老産)은 합계출산율을 떨어뜨리는 요인이다.

2.2 평균수명의 증가

고령화의 두 번째 원인은 평균수명의 증가이다. 평균수명의 증가는 사망률 감소와 기대수명 증가의 결과라 할 수 있다.

그림 9-6 **사망자 및 조사망률의 추이**　　　　　　　　　　　　　　　　(단위: 명, %)

주: 조사망률 = (1년간 사망자수/ 당해 연도의 연앙인구) × 1000
자료: 국가통계포털.

먼저, 사망률의 변화에 대해서 살펴보자. 소득수준의 향상으로 식생활이 개선되어 영양상태가 좋아졌을 뿐만 아니라 의료기술이 발달함으로써 조사망률은 감소추세를 지속하였다. 인구 1천 명당 사망자는 1970년 8.0명에서 2006~2009

년에 5.0명까지 하락하였다. 그 이후 2019년까지 5.7명까지 다시 상승하였지만, 전반적인 사망률 저하가 현재까지의 총인구 증가 및 고령화를 진행시키는 주요 원인의 하나이다.

그림 9-7 기대수명의 증가 추이(1970~2067년)   (단위: 세)

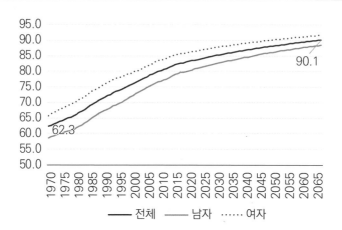

자료: 국가통계포털.

그림 9-8 기대수명의 국제비교   (단위: 세)

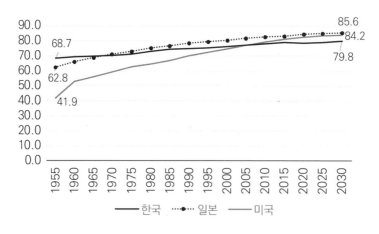

주: 1955: 1950~1955년을 의미함.
자료: 국가통계포털.

둘째, 우리나라의 평균기대수명은 매우 빠르게 늘어났다. 이 역시 소득증가와 의료기술의 발달에 힘입은 것이다. 1970년에 62세에 지나지 않았던 기대수명은 2020년 83세, 2065년 90세가 될 것으로 예측된다. 우리나라의 평균수명 연장은 선진국의 기대수명에 필적할 정도로 국제적으로 매우 빠르게 개선되었다. 가령, 1955년 일본의 기대수명이 63세, 미국이 69세일 때 한국은 42세에 지나지 않았지만, 2000~2005년경에는 일본, 미국은 물론 프랑스, 독일, 영국과 비슷한 수준으로 올라섰으며, 2010년경에는 미국보다 기대수명이 길어졌다.

제3절 고령화의 문제점

3.1 노동공급의 감소

인구의 고령화를 순수하게 경제적 측면에서 본다면 산업화와 경제성장으로 인한 소득증가의 산물이라고 할 수 있다. 고도성장의 결과 우리나라 사회도 선진국과 마찬가지로 소산소사(小産小死)의 단계로 진입했기 때문이다. 그러나 선진국보다 훨씬 빠른 속도의 고령화 및 인구감소는 앞으로 우리 경제에 적지 않은 부담을 줄 것이다. 고령화가 초래할 문제점을 정리하면 다음과 같다.

고령화는 노동공급을 감소시킴으로써 성장잠재력을 약화시키는 요인으로 작용할 것이다. 우리나라 주민등록인구는 2020년 하강추세로 바뀌었고, 상주인구도 2029년 이후 감소추세에 들어갈 것이다. 인구의 자연증가분(출생아수에서 사망자수를 뺀 것)은 1983년 이후 감소하고 있으며, 이에 따라 자연증가율도 2000년 8.2%에서 2019년 0.1%로 하락하였다. 전체 인구증가율도 지속적으로 감소하여 2030년부터는 마이너스로 바뀔 것으로 보인다. 아직도 상주인구가 증가 중이므로 15세 이상의 생산활동가능인구, 경제활동인구, 취업자 등은 미증하고 있지만 조만간 이 추세는 역전될 것이다.

그림 9-9 생산가능인구 구성의 변화(1960~2067년)　　　　　　　　(단위: %)

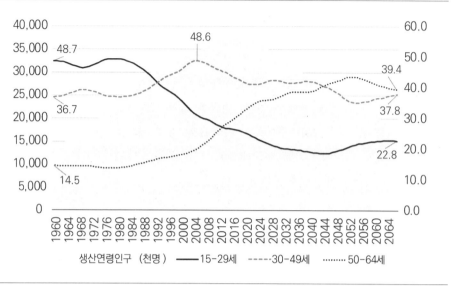

생산연령인구 (천명)　　━━━15-29세　　----30-49세　　·······50-64세

주: 15~64세의 인구 내에서 각 연령대가 차지하는 비중임.
자료: 국가통계포털.

　고령화는 생산가능인구(15~64세) 내부에서도 진행되고 있다. <그림 9-9>는 전체 생산연령인구를 모수로 한 각 연령대의 비중을 그려놓은 것이다. 15~29세로 분리한 것은 이 연령대가 직업탐색 기간의 성격이 강하고 실업률이 상대적으로 높은 청년층이기 때문이다. 먼저 생산연령인구는 2018년 약 3,760만 명을 정점으로 감소하고 있는데, 10년 후인 2038년에는 3천만 명 이하, 2062년에는 2천만 명으로 감소한다.

　청년층(15~29세)이 생산연령에서 점하는 비중은 1960년 절반에 가까운 48.7%에서 2020년 25% 정도, 2067년에는 22.8%로 감소한다. 생산활동이 가장 왕성한 30~49세는 1960년 36.7%에서 2004~2005년 48.6%까지 올라갔지만 2067년에는 37.8%로 하락한다. 반면에 50~64세는 1960년 14.5%에 지나지 않았지만 끊임없이 상승하여 2067년에는 39.4%를 차지할 것으로 보인다. 즉, 생산연령 내에서 청년층 감소비율만큼 50세 이상의 고령층 비율이 올라가게 된다. 생산활동 인구의 고령화는 지식정보사회에서 필요로 하는 신지식 및 기술혁신을 저해하여 생산성의 하락요인으로 작용할 가능성이 크다.

3.2 재정수지의 악화

정부 재정수지의 악화요인으로 작용할 것이다. 고령화가 진행되어 생산활동가능인구, 경제활동인구, 그리고 취업자가 줄어들어 노동생산성이 획기적으로 향상되지 않으면 성장률은 떨어지고 재정수입이 악화될 수 있다.

그림 9-10 평균연령 및 중위연령(1960~2067년)　　　　　　　　　　　(단위: 세)

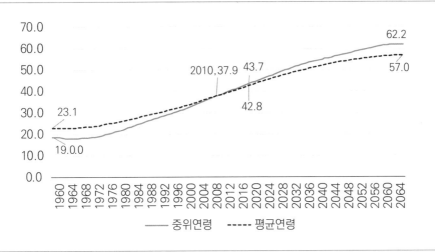

자료: 국가통계포털.

중위연령은 전체인구를 연령순으로 나열할 때 한중간에 있는 나이이다. 평균연령은 전체인구의 연령을 산술평균한 값이다. 그러므로 중위연령이 평균연령보다 낮으면 그만큼 젊은 사람이 많고 그 반대는 고령화의 진행으로 연장자가 많다는 것을 의미한다. 우리나라의 평균연령은 1991년까지 20대, 중위연령은 1996년까지 20대를 유지하였다. 그러다가 2010년에는 평균연령과 중위연령이 동일한 37.9세를 기록한 후 중위연령이 평균연령보다 높아졌다. 2067년에는 인구전체의 한중간에 있는 사람의 나이가 무려 62.2세, 평균연령도 57세가 될 것으로 예측되었다.

그림 9-11 인구부양비율(1960~2067년) (단위: %)

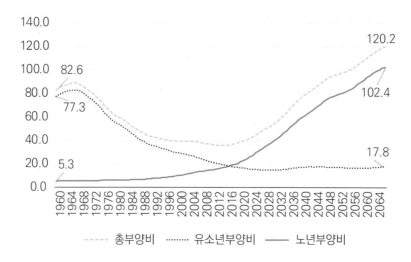

주: 유소년부양비율=유소년인구/생산가능인구×100
　　노년부양비율=고령인구/생산가능인구×100
　　총부양비율=유소년부양비율+노년부양비율
자료: 국가통계포털.

<그림 9-11>은 생산가능인구가 부양해야 할 생산 비참여 연령대별 인구의 비중을 나타내고 있다. 유소년부양비율은 1960년 77.3%에서 2020년 16.9%로 급감하였는데 2067년에도 17.8%에 지나지 않을 것이다. 반면, 노년부양비율은 1960년 5.4%에서 2067년에는 102.4%로 급증한다. 이것은 생산가능인구가 자체 인구보다 많은 고령인구를 부양해야 한다는 것을 뜻한다. 생산가능인구는 2067년에 유소년과 고령층을 합하여 생산가능인구의 1.2배에 달하는 유소년과 고령층을 부양해야 하는 것으로 예측되고 있다.

<표 9-4>는 전세계가 늙어가고 있음을 단적으로 보여준다. 그중에서도 한국은 고령화가 가장 빨리 진행되어 2050년이면 일본 다음으로 노년부양비가 높아질 것으로 UN은 보고하고 있다.

표 9-4 노년부양비 상위 10개국

순위	1980		2015		2050	
	국가	노년부양비	국가	노년부양비	국가	노년부양비
1	스웨덴	25.5	일본	42.7	일본	74.3
2	독일	23.8	이탈리아	34.1	한국	73.2
3	오스트리아	23.6	독일	32.4	스페인	72.2
4	노르웨이	23.3	그리스	32.2	그리스	69.5
5	영국	23.3	핀란드	32.0	이탈리아	68.8
6	채널 제도	22.5	포르투갈	31.9	포르투갈	65.6
7	덴마크	22.3	스웨덴	31.1	대만	65.0
8	벨기에	22.1	불가리아	30.5	홍콩	64.7
9	프랑스	21.9	프랑스	30.1	마르티나크	61.2
10	체코	21.5	라트비아	29.9	슬로베니아	59.6

자료: 대외경제정책연구원, 『개방경제에서 인구구조 변화가 경상수지 및 대외자산 축적에 미치는 영향분석 및 정책적 시사점』, 2019, p.98.

그림 9-12 노령화지수   (단위: %)

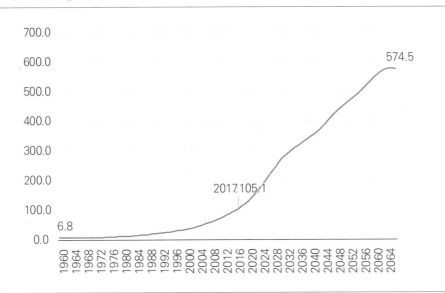

주: 노령화지수=(65세 이상 인구)/(0~14세인구)×100
자료: 국가통계포털.

보다 심각한 문제는 유소년층 대비 고령층의 증가가 매우 빠르게 진행되고 있다는 점이다. 1960년에 고령층은 유소년층의 6.9%에 지나지 않았지만, 2017년 105%로 유소년층보다 많아졌고, 2067년에는 575%까지 치솟는다. 이것은 생산가능인구가 장래에 생산에 참여할 유소년층의 부양보다는 유소년의 5.7배에 이르는 고령층의 부양에 자원을 쏟아 넣어야 함을 의미한다.

이와 같이 고령화가 지속되면 인구 및 취업자 감소함으로써 재정수지에 악영향을 미치게 된다. 이 재정을 감당하기 위한 생산가능계층, 특히 고령층을 부양하는 미래의 젊은 계층의 부담이 늘어나게 될 것이다.

3.3 소비시장의 축소

그림 9-13 한국의 생애주기적자(1인 규모, 2015년 기준)   (단위: 천원)

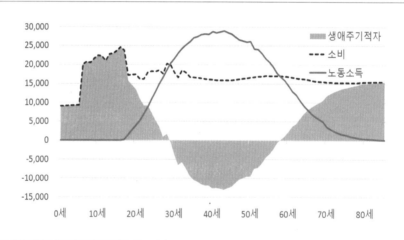

자료: 〈표 9-4〉와 동일, p.33.

고령화는 저축률의 하락과 소비시장의 축소를 초래할 가능성이 높다. Modigliani의 생애주기가설(Life-Cycle Hyphothesis)에 의하면 사람들의 저축률은 연령대별로 다르다. 유소년층에서는 소득이 미미하므로 저축률이 낮고, 장년층에서는 소득이 늘어나 저축이 증가하며 노년기에는 장년기의 저축을 소비하여 일생 동안 소비를 평활화(smoothing)한다고 한다. 유소년층은 부모나 사회의 이전소득으로

소비하고 노년층은 저축, 연금, 가족부양, 공공부양 및 사회적 서비스 등으로 소비생활을 영위한다.

그림 9-14 가계 저축률의 변화   (단위: %)

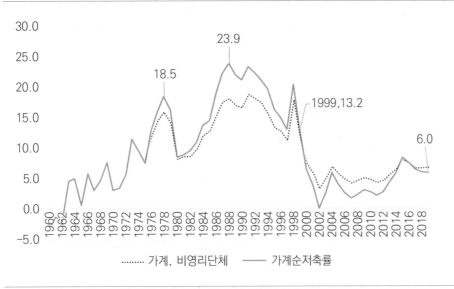

자료: 한국은행경제통계시스템.

우리보다 고령화단계를 먼저 거친 선진국들은 대부분 저축률 하락을 경험하였다. <그림 9-14>는 우리도 예외가 아님을 보여주고 있다. 우리나라 가계의 순저축률은 대체로 1970년대 후반부터 10% 이상이고 1987~1993년에 20%를 상회하였다. 그러나 2000년 이후에는 10% 이하로서 최근에는 6% 수준에 머물고 있다. 한때 20%를 넘던 저축률이 크게 하락한 것은 경기변동으로 인한 실업 증가, 부동산가격의 폭등 등도 원인이지만 생산가능인구의 고령화 및 고령인구 증가와도 무관하지 않다.

한편, 저축률의 급격한 하락이 가계소비를 증대시킴으로써 국내소비시장을 활성화 한 것도 아니다. 제1장에서 보았듯이, GDP 대비 민간소비율은 외환위기 후 약 56%까지 올랐지만 최근에는 48%에 머물러 있는데, 이 수준은 선진국에서 60% 내외인 것에 비하면 매우 낮은 수준이다. 이것은 경기변동은 물론 부동산 투기 및 원리금 상환, 소득양극화와 고령화가 빚어낸 결과라 볼 수 있다. 고령층과 같은 차입연령의 증가는 가뜩이나 선진국 수준에 미치지 못하는 내수시장의 기반을 위축시킬 것이다.

제4절 고령화 대처방안

4.1 출산율하락 대책

　합계출산율의 급락과 세계 최고 속도의 고령화에 대해 인구절벽이라는 용어가 등장하고 있다. 고령화 대처에는 두 가지 방향에서 생각해 볼 수 있다. 첫째는 고령화 속도를 최대한 늦추는 것이다. 둘째는 고령사회의 운영에 관한 것이다. 첫 번째가 경제적인 측면에서 노동공급기반을 강화하는 것이라면, 둘째는 도래한 고령사회에서 사회구성원들이 잘 살 수 있도록 대책을 수립하는 것이다. 먼저 첫 번째에 대해서 살펴보자.

　고령화를 막는 가장 중요한 방법은 떨어진 출산율을 최대한 회복하는 것이다. 이를 위해서는 출산율의 하락에 대해 보다 세밀하고 종합적인 대책을 마련하여 추진할 필요가 있다. 저출산에 대한 종합대책은 이미 수립되어 있다. 2004년에는 저출산·고령화문제를 국가적 어젠다로 설정하였고, 2005년에는 저출산·고령사회기본법을 제정하고 대통령직속 저출산·고령사회위원회가 출범하였다. 2006년에는 범정부 차원에서 종합대책이 추진되어 제1차 저출산고령사회기본계획(2006~2010)으로부터 제3차 저출산고령사회기본계획(2016~2020)이 추진되고 있다. 그렇지만 체감할 정도로 출산율 하락에 대비한 정책은 추진되고 있지 않다.

　첫째, 결혼의 사회적 비용을 감소시킬 수 있도록 제도적 정비와 각종 지원이 적극적으로 추진되어야 한다. 출산율이 하락하는 가장 큰 이유는 결혼적령기의 미혼 남녀가 결혼을 하지 않기 때문이다. 우리나라는 세계 주요국 중에서 초산 연령이 가장 높고 평균 출산연령 역시 가장 늦다. 혼인율이 감소하는 이유는 남성과 여성이 달라서 남성의 경우, 주거불안, 불안정한 일자리 등의 경제적 이유가 가장 컸고, 여성은 독신의 여유 및 편안함이 1위, 그 다음이 경제적인 이유로 나타났으나 2, 3위의 경제적 사유를 합하면 1위를 압도할 정도로 20%가 높았다.

　그런데 여성의 독신의 여유와 편안함은 다른 조사에서는 "의무와 역할의 부담" 등으로 제시된 예시가 적지 않은 비율을 차지한다. 의무와 역할은 달리 표현하면 독박육아, 남녀불평등, 경력단절, 이에 따른 승진누락과 저임금 등으로 재해석할 수 있다. 이 문제는 기업의 비용부담, 국가의 재정과 밀접하게 관련되는 경제문제이다. 그러므로 이를 해소하기 위한 법적, 제도적 수립과 강력한 추진이 필요하다. 유년시절부터 양성평등을 강조하는 교육, 양육비 지급, 영유아 보육시설의 확장 등 유소년 성장에 대해 국가가 전반적으로 부담하는 실효성있는 대책이 시급하다. 가령, 출산 후 남녀가 육아휴직을 의무적으로 동등하게 이용할 수 있도록 하는 정책의 실행 등이 그 예가 될 것이다.

표 9-5 출산 및 육아휴직 현황
(단위: 천명, 십억원)

	출산전후 휴가자 수	(출산전후 휴가 지원금액)	육아 휴직자 수			(육아휴직 지원금액)
			계	여성근로자	남성근로자	계
2001	2	(2백만원)	25	23	2	(5백만원)
2003	32,133	34	6,816	6,712	104	11
2005	41,104	46	10,700	10,492	208	28
2007	58,368	132	21,185	20,875	310	61
2009	70,560	178	35,400	34,898	502	140
2011	90,290	233	58,137	56,735	1,402	276
2013	90,507	235	69,618	67,325	2,293	420
2015	94,590	258	87,339	82,467	4,872	620
2016	89,834	247	89,795	82,179	7,616	625
2017	81,093	243	90,122	78,080	12,042	680
2018	76,414	248	99,199	81,537	17,662	839
2019	73,306	260	105,165	82,868	22,297	1,067

주: 1) 출산전후휴가자 수는 출산전후휴가급여 수급자 수로 '01.11월부터 지급되기 시작.
　　2) 육아휴직자 수는 육아휴직급여 수급자 수를 의미.
자료: e-나라지표.

우리나라는 OECD 국가 중에서도 여성의 사회적 진출이 낮은 편이다. 양성평등의 확립, 보육시설의 확충 등을 통해 출산 및 육아의 기회비용을 감소시킴으로써 여성의 사회적 진출을 돕는 것은 남녀 평등사회의 건설은 물론 출산율

하락으로 인한 노동공급의 감소를 해결할 수 있는 유효한 대책이 될 것이다.

둘째, 실질적인 효과가 있는 주택공급 정책을 수립하여 추진할 필요가 있다. 좋은 일자리의 창출이나 고용문제는 단기간에 해결될 수 있는 것이 아니다. 이 문제는 미혼 남녀가 안심하고 취업할 수 있는 중견기업의 육성정책과 밀접하게 관련되는 장기적 과제이다. 그러므로 청년층의 경제적 부담 경감에 용이한 시급한 과제부터 해결할 필요가 있다. 그중의 하나가 청년층이 가장 불안해하는 주거문제이다. 주거문제는 남녀가 모두 결혼을 미루는 중요한 사유로 조사되었다. 주거문제를 해결해 줄 수 있는 방안을 모색하되 양적, 질적으로 만족할 수 있는 공공주택 공급을 늘려야 할 것이다.

셋째, 다양한 가족형태에 대한 이해와 포용이 가능하도록 인식을 확장하고 법적으로 지원할 필요가 있다. 2020년 여성가족부 발표에 의하면, 젊은 층에서는 성인남여 10명 중 6명이 가족의 범위를 사실혼, 비혼, 동거까지 확장해야 한다는 데에 찬성하고 있다. 더 이상 법률혼에서 출산으로 이어지는 전통적 형식의 가족구성만을 기대하기 어려운 현실이 전개되고 있다. 다양한 가족을 제도적으로 보호하기 위해 법률상의 가족에 관한 정의를 개정함으로써 혼인과 혈연으로 구성된 가족이 아니라는 이유로 제도권 밖에서 외면당하고 각종 불이익을 받는 현실을 개선할 필요가 있다. 프랑스에서는 이러한 제도의 개선으로 합계출산율이 1.8% 수준으로 OECD 국가 중에서도 비교적 높은 편이며, 비혼출산율은 60.4%를 차지하고 있다.[6] 다양한 형태의 가족을 인정하는 것은 인구 증가를 위해 받아들이는 단순히 경제적인 문제가 아니라 사회적 포용력의 문제이기도 하다.

이 외에도 외국인력을 보다 적극적으로 수용하는 등 보다 전향적인 자세로의 전환이 필요하다. 국내 취업 외국인을 단순히 일자리를 차지하는 존재로 여기는 사고방식을 바꾸어야 한다. 실제로 한계산업에서는 무시할 수 없을 정도로 많은 외국인력이 국내에 들어와서 농촌 및 중소기업에 취업함으로써 산업생산과 기업 경영에 보탬을 주고 있다.

법무부에 따르면, 전체인구 대비 체류 외국인 비율은 2014년 3.5%, 180만 명

---

6) 박보람, "다양한 가족형태에 대한 이해와 포용이 필요한 시대", 저출산고령사회위원회(https://www.betterfuture.go.kr). 2016년 한국의 비혼출산비율은 1.9%로 자료가 확인된 국가들 중에서 가장 낮다. 다른 국가들은 20~70% 사이에서 다양하게 나타나는데, OECD 평균은 40.3%이다(박선권, 앞의 글, p.9).

에서 2019년 4.9%, 252만 명으로 증가하였고, 2019년에는 체류외국인 중 173만 명이 장기체류자이다. 또한 2019년 말 기준 취업자격 체류외국인은 57만 명으로 전문인력은 5만 명, 단순기능인력은 52만 명이며, 결혼이민자는 약 17만 명, 영주자격자 15만 명에 이르고 있고, 불법체류자도 29만여 명이다.[7] 이같이 외국인력이 우리나라 노동력에서 차지하는 비중은 증가추세에 있으며 사실상 경제에 적지 않은 기여를 하고 있다. 전문인력에 대한 문호를 개방하는 등 외국인 노동력을 보다 적극적으로 수용하는 정책으로의 전환이 이루어져야 할 필요가 있겠다.

4.2 고령사회 운영방향

첫째, 고령화가 더 심화되기 전에 빈곤층 노인이 늘어나는 것을 막을 수 있는 경제 및 복지정책을 적극적으로 펼쳐야 한다. 노년층의 증대에 따른 사회경제적 부담을 줄이기 위해서는 종합적인 노후소득보장체계의 구축이 필수적이다. 이를 위해서는 국민연금과 같은 공적 연금의 재정 강화, 공공복지 및 사회적 서비스의 확대, 복지사각지대의 해소 등이 이루어져야 한다.

둘째, 고령층에게 실질적인 도움이 될 수 있도록 연금체계의 개편을 추진해야 할 것이다. 노년층의 증가로 인해 재정수지가 악화되고 국민연금 등 연기금의 수지도 악화될 것이란 보고서가 잇따르고 있다. 고령화로 인해 각종 연금재정이 급격히 악화되지 않도록 연금제도의 개편을 추진해야 한다. 예를 들어, 국민연금의 소득대체율을 2028년까지 40%로 하향하도록 것을 다시 검토하여 실질적으로 생활에 보탬이 되도록 상향조정을 검토하여 추진할 필요가 있다. 그 외에도 건강보험 재정의 강화를 위한 대책 등을 마련하여야 할 것이다.

또한 보편적 의료서비스 및 노인 돌봄 서비스 등 공공부조 및 사회복지서비스에 대한 지원을 강화하여 노인의 빈곤계층을 보호하고 이들의 지출이 시장에 환류될 수 있는 선순환구조를 구축해야 한다. 재정건전성, 재정수지의 악화를 우려하여 지출을 지나치게 억제하는 소극적인 정책만을 고집할 것이 아니라 국민연금의 소득대체율 상향조정, 빈곤계층에 대한 공공부조, 사회복지서비스 강

---

7) https://www.moj.go.kr

화를 통해 내수기반을 강화함으로써 역으로 성장률을 제고할 수 있는 방안도 함께 고려할 필요가 있을 것으로 생각된다.

셋째, 고령화시대에 맞는 산업을 육성할 필요가 있다. 특히 노년층에 적합한 상품과 서비스를 제공하는 이른바 실버산업(silver industry)의 육성과 발전이 필요하다. 실버산업은 노령층에 필요한 재화와 서비스를 제공한다는 점에서 공익적인 측면과 영리적인 측면을 공유하고 있다. 실버산업은 노년층의 증가와 더불어 향후 급성장할 것으로 예상된다. 특히 가정간호사, 노인복지사 등 노동집약적 성격도 있기 때문에 고용창출효과도 클 것으로 기대된다. 세부 분야별로 전문인력을 양성하고 서비스의 질적 서비스를 높이기 위한 정부의 행정적, 제도적 정비가 지속적으로 이루어져야 할 것이다.

OECD를 비롯하여 많은 국가들에서 출산율이 크게 하락하고 있다. 아시아도 마찬가지다. 비유럽계 대륙에서 최초의 산업대국으로 성장했던 일본은 이미 2006년에 초고령사회에 접어들었다. 우리나라는 2018년에 고령사회에 도달했고 2025년경에 초고령사회에 진입할 것으로 예상된다. 최대의 인구 대국인 중국도 마찬가지다. 중국은 2025년에는 고령사회, 그 10년 후인 2035년에 초고령사회에 도달할 것으로 예상된다. 아시아 전체가 유럽보다 훨씬 빠른 속도로 고령화사회로 접어들고 있는 것이다. IMF는 아시아가 당면한 가장 큰 경제적 리스크로 고령화를 꼽으면서, 아시아의 일부 국가들은 부유해지기 전에 고령화의 늪에 빠질 것이며 아시아의 인구증가율은 2050년에 0%로 떨어질 것이라고 경고했다.[8] 그러나 가장 격심한 고령화를 겪고 있는 나라는 한국이다. 인구감소와 고령화문제는 IMF와 같은 국제기구는 물론이고 국내 학계 및 언론에서도 자주 언급되는 중요한 관심사이다. 막연하게 걱정만 하고 있을 일이 아니다. 보다 적극적인 대처방안을 수립하여 과감하게 실천해야 할 것이다.

---

8) 이데일리, 2017.5.9.

함께 잘사는
균형발전

제1절 균형발전의 필요성

제2절 수도권 집중과 불균형지표

제3절 균형발전정책의 주요 내용과 특징

제4절 균형정책의 성과와 보완

갈수록 수도권과 비수도권의 격차가 벌어지고 있다. 수도권 발전과 비수도권의 저발전은 동전의 양면이다. 사회간접자본뿐만 아니라 정치, 경제, 사회, 문화, 모든 것을 장악한 수도권은 블랙홀처럼 물적 자원뿐만 아니라 미래 사회를 이끌어 갈 청년 노동력까지 빨아들이고 있다. 수도권이 비대해진다고 해서 수도권에 문제가 없는 것은 아니다. 미세먼지를 비롯한 환경오염, 천정부지로 뛰는 아파트가격은 사람들의 경제생활의 기본과 건강을 위협한다. 비수도권은 더 심각하다. 지역경제를 이끌어 나갈 우량 중소기업은 태부족이고 어느 정도 성장하면 수도권으로 이전한다. 좋은 일자리의 부족으로 청장년이 빠져 나간 자리에서는 인구감소가 아니라 지방소멸이 운위된다. 우리나라는 세계에서도 보기 드문 수도권 일극 중심체제이다. 이 문제를 극복하지 않으면 각 지역 시민들은 안정적이고 선진적인 문화생활을 향유할 수 없다. 이것이 수도권과 비수도권, 그리고 광역권 사이에 균형발전을 반드시 달성해야 하는 이유이다. 국가 불균형의 현황과 그 원인을 정리하고 각 지역이 골고루 균형있게 발전할 수 있는 정책의 방향에 대해서 생각해 보기로 하자.

제1절 균형발전의 필요성

1.1 균형발전정책의 등장

균형이라 함은 어느 한쪽으로 기울어지거나 치우치지 않고 평형을 이룬 상태를 말한다. 경제학에서 균형은 일정한 조건이 충족되면 대비되는 두 개 혹은 그 이상의 경제량이 더 이상 변화하지 않는 안정적인 상태이다. 그러나 국가균형은 정치, 사회, 문화 등 여러 부문을 포괄한다는 점에서 경제학의 균형보다 범위가 훨씬 넓다. 첫째, 국가균형에서 국가는 국토라는 공간적·지역적 의미를 내포하고 있다. 즉, 국가균형은 국토 각 지역 간의 균형을 의미한다. 둘째, 정치, 경제, 사회, 문화, 예술과 같은 제 부문이 양적, 질적 수준에 차이가 크지 않고 어느 정도 비슷한 수준에 있음을 뜻한다. 국가균형은 한 나라 내의 각 지역의 시민들의 삶의 수준이 다른 지역과 비교해서 비슷한 수준의 생활을 누리는 상태를 의미한다. 그러므로 국가균형발전이란 지역 간 발전의 기회균등을 촉진하고 지역의 자립적 발전역량을 증진함으로써 삶의 질을 향상하고 지속가능한 발전을 도모하여 전국이 개성있게 골고루 잘사는 사회를 구현하는 것을 말한다.[1)]

이와 같이 국가균형은 경제 이외의 국가의 여러 부문의 균형과 지역발전을 지향하는 개념이지만, 각 지역 주민들이 어느 정도 평준화된 삶을 누릴 수 있는 가를 결정하는 가장 중요한 요소는 물적 토대인 경제부문이다. 요컨대, 국가균형발전정책은 각 지역이 특성에 맞는 산업발전을 통해 지역경쟁력을 높이고, 지역 간의 연계 및 협력을 통해 주민들이 대체로 균질적인 생활수준을 누릴 수 있도록 하는 것을 목표로 하는 정책이라고 할 수 있다.

우리나라에서 국가균형발전정책은 양적 성장 중심의 경제정책이 가져온 지역간 불균형에 대한 반성에서 비롯되었다. 1962년부터 실시된 경제개발계획은 불균형성장이론에 기초하여 수도권과 동남해안지역을 성장거점으로 삼고 한정된 자원을 전략부문에 집중적으로 투입하였다. 당시 정부는 불균형성장전략을 통해 선도부문을 집중적으로 육성함으로써 전후방연관효과를 통해 경제발전을 달성하고자 하였다.

그러나 이러한 정책으로 높은 GDP성장률, 산업구조의 고도화, 수출증대 등 거시적 성과는 나타났지만 성장거점지역의 성과가 타지역으로 확산하는 공간적 파급효과는 매우 제한적이었다. 오히려 정부의 중앙집권적 통제는 행정을 비롯하여 경제, 교육, 문화 등에서 중추기능의 극심한 서울집중현상을 초래했다. 특히 제조업 발전과 이에 따른 인구의 수도권집중은 주택·교통문제를 비롯하여 생활환경의 악화와 공해문제 등을 일으킨 반면, 비수도권은 비수도권대로 모든 면에서 상대적 침체를 면치 못하였다.

이에 대하여 정부에서는 제3차 경제개발5개년계획(1972~1976년)에서 성장의 과실이 농어민과 저소득층 등에게도 파급되도록 지역개발을 처음으로 계획목표에 넣고 사회기초시설의 균형발전과 지역개발 촉진을 중점과제로 설정하였다. 제5차 계획(1982~1986년)과 제7차(1992~1996년)의 경제사회발전계획에서도 계층·지역간 혹은 지역사회의 균형발전을 계획목표 내지 중점과제로 채택하였다. 정부는 이에 맞추어 지방대도시의 중추관리기능 강화, 지방의 사회기반시설 확충, 농가소득 상승 및 생활환경개선, 균형발전을 위한 제도개선 등을 추진하였다. 그러나 그 효과는 극히 미미하였다. 정책은 여전히 투지재원조달, 수출증대,

---

1) 국가균평발전특별법(법률 제17191호) 제2조.

국제수지개선, 고용증대, 산업구조 고도화, 사회간접자본 충족, 국토개발 등 양적 성장에 중점이 두어졌다. 반면, 지역경제발전 혹은 균형발전은 정책목표에서 후순위로 밀렸고 그나마 수립된 정책도 종합적이지 않았으며 구체적인 정책수단도 부족했다.

균형발전정책이 체계적으로 추진되기 시작한 것은 노무현대통령의 참여정부 시절부터이다. 참여정부는 균형발전정책의 추진을 위해 2003년 4월 국가균형발전위원회를 대통령 자문기관으로 출범시켰으며, 이 위원회는 지역혁신체제 구축, 지역 전략산업 진흥, 특별법 제정 추진, 지방선진화전략 수립 등을 수행하였다. 위원회는 2009년 4월에 지역발전위원회로 개칭되고 기능도 축소되었다가 2018년 3월에 다시 원래의 명칭으로 환원되었다.

국가균형발전위원회는 국가균형발전특별법 제22조 제1항에 근거하여 대통령 직속으로 설치하도록 되어 있다. 설치목적은 지역 간의 불균형을 해소하고 지역 특성에 맞는 자립적 발전체제를 구축하며 국민생활의 균등한 향상과 국가균형발전의 효율적 추진을 위한 주요 정책에 대하여 대통령에게 자문하는 것이다. 주요 기능은 국가균형발전의 기본방향과 관련 정책의 조정, 국가균형발전계획, 국가균형발전시책 및 사업의 조사·분석·평가·조정, 국가균형발전지표의 개발·관리 등에 관한 사항을 심의·의결하는 것이다.

국가균형발전특별법 제4조는 정부는 5년을 단위로 하는 국가균형발전5개년계획을 수립하도록 규정하고 있다. 이 계획에는 국가균형발전의 목표, 지역혁신체계의 구축 및 활성화, 주민 생활기반 확충과 지역발전역량, 지역경제활성화, 국가균형발전 거점육성, 지역금융활성화, 도농간 격차완화, 공공기관 등의 지방이전 및 혁신도시 활성화, 국가혁신융복합단지의 지정·육성 등에 관한 사항이 종합적으로 포함되어야 한다. 이를 위해 중앙행정기관의 장은 광역자치단체장 (시·도지사)과 협의하여 5년 단위의 부문별 발전계획안을 수립해야 하며, 시·도지사도 5년 단위의 시·도발전계획을 수립하도록 되어 있다.

국가균형발전위원회가 하는 일과 조직

국가균형발전위원회는 다음 각 호의 사항을 심의·의결한다.(국가균형발전특별법 제22조)
 1. 국가균형발전의 기본방향과 관련 정책의 조정에 관한 사항
 2. 국가균형발전계획에 관한 사항

3. 부문별 발전계획안 및 부문별 시행계획에 관한 사항
4. 시 · 도 계획, 시 · 도 시행계획에 관한 사항
5. 국가균형발전시책 및 사업의 조사 · 분석 · 평가 · 조정에 관한 사항
6. 지역발전투자협약의 체결 및 운영에 관한 사항
7. 국가균형발전특별회계의 운용에 관한 사항
8. 공공기관 등의 지방이전 및 혁신도시 활성화에 관한 사항
9. 국가혁신융복합단지의 지정 · 육성에 관한 사항
10. 지방과 수도권의 상생 발전에 관한 사항
11. 국가균형발전에 대한 지표의 개발 · 관리에 관한 사항
12. 인구감소지역에 대한 시책추진 및 지원에 관한 사항
13. 그 밖에 국가균형발전과 관련하여 필요한 사항으로서 위원장이 회의에 부치는 사항

국가균형발전위원회는 위원장 1명을 포함한 34명 이내의 위원으로 구성되며 위원은 당연직 의원과 위촉위원으로 구성한다. 당연직위원은 15명으로서 기획재정부장관, 과학기술정보통신부장관을 비롯한 13개부처 장관, 대통령령으로 정하는 중앙행정기관의 장으로 한다. 위촉위원 18명은 위원장을 포함하여 민간전문가로 구성된다(국가균형발전특별법제23조). 한편, 위원회에는 국가각분야별 전문위원회, 특별위원회, 자문위원회가 있으며, 시도 및 시군구에는 지역혁신협의회를 두고 있다.

제2절 수도권 집중과 불균형지표

균형발전 정책을 추진해야 하는 이유를 경제적 측면에서 몇 가지 통계를 통해서 이해해 보자. 그런데 균형발전이란 이 공간적인 개념은 각 지역 간의 균형이란 뜻을 내포하지만 기본적으로 비수도권과 서울을 중심으로 하는 수도권과의 불균형을 염두에 두고 있다. 그것은 두 지역의 극단적인 불균형이 경제 및 국민 전체의 삶의 질을 위협하기 때문이다.

경기도, 인천, 서울을 포함하는 수도권은 전체 국토 면적의 11.8%를 차지한다. 하지만 수도권인구는 1999년 2,183만 명에서 2019년 2,593만 명으로 410만 명이 증가하였다. 같은 기간에 우리나라 전체의 상주인구가 약 510만 명 증가했으므로 증가인구의 대부분이 수도권에 몰린 것이다. 그 결과 전체 인구에서 수도권이 차지하는 비중은 1999년 45.9%에서 2019년도에 50%로 증가했다(<그림 10-1>). 인구밀도도 전국 평균은 현재 500여 명에 지나지 않지만, 수도권은

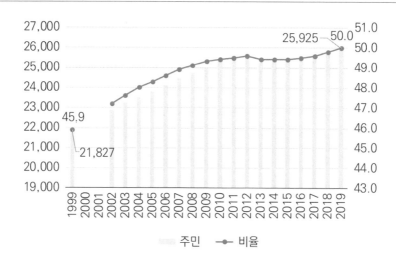

자료: e-나라지표.

1999년 1,831명에서 2019년 2,179명, 특히 경기도는 877명에서 1,299명으로 늘어났다.

광역별 인구 비중의 변화를 나타내는 <그림 10-2>는 수도권으로 인구유입이 지난 50년간 매우 심각하게 진행되었음을 보여준다. 수도권의 인구 비중은 1970년에 28.3%에서 2019년에 절반 수준으로 증가했다. 반면, 나머지 지역은 모두 감소추세이다. 가장 눈에 띄게 비중이 감소한 지역은 호남권이다. 상주인구의 지속적 증가에 힘입어 수도권은 물론 동남권, 대구경북권, 충청권은 주민의 절대수가 증가한 시기가 있지만, 호남권만은 예외적으로 지속적으로 감소했다. 전체 인구 대비 호남권의 비중은 1970년 20.4%에서 2019년 9.8%로 뚝 떨어졌다. 2010년부터는 충청권보다 적어지고 그 차이도 조금씩 더 벌어진다. 최근에 새만금종합개발사업 등 호남지역 경제개발을 위한 정책이 추진 중이지만, 그동안 호남이 지역발전에서 소외되었음을 보여주는 지표라고 할 수 있다.

그림 10-2 광역별 인구의 비중 (단위: %)

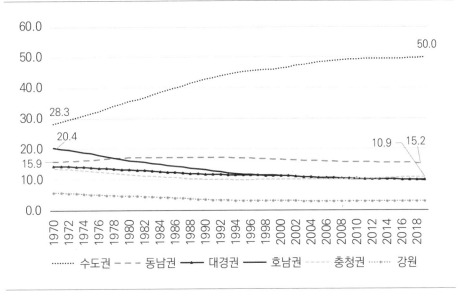

주: 제주도는 표시하지 않음.
자료: e-나라지표.

　충청권도 1970년대 이후 전체 인구 대비 주민비중이 감소하였는데, 1990년
대 이후에는 인구도 증가하고 감소했던 비중도 약간씩 도로 올라가고 있다. 수
도권 경제의 확산과 수도권과의 지리적 이점, 세종특별시 건설 등의 효과가 작
용했을 것으로 보인다. 반면, 대구경북권은 1970년 14.5%에서 2019년 9.9%로
떨어졌다. 수도권을 제외하고 가장 많은 인구를 포섭하던 동남권은 1997년 17.0%
까지 증가했지만 2019년 15.2%로 줄었고, 절대인구도 2003년 이후 감소하고 있
다. 특히 부산의 감소세가 심해서 1997년 380만 명에 이르던 인구는 2018년
340만 명 이하로 줄어들었다. 일제 강점기부터 형성된 경부성장축이 고도성장기
에 강화되었으나 수도권집중이 심화되면서 동남권마저도 쇠퇴기에 접어든 것으
로 보인다. 수도권의 인구 비중을 국가별로 비교하면, 일본 34.5%, 영국 36.4%,
프랑스는 18.3%로서 한국과는 매우 대조적이다.[2]

---

[2] 부산연구원 등, 『동남권발전계획수립 공동연구(안)』(지역균형뉴딜부울경포럼 발표자료), 202
0.10, p.5.

그림 10-3 수도권 및 비수도권의 연령별·시기별 비교   (단위: 명)

(2020년)

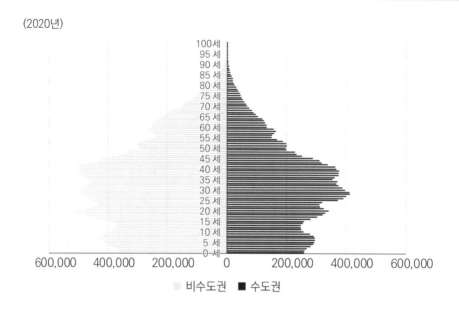

(2047년)

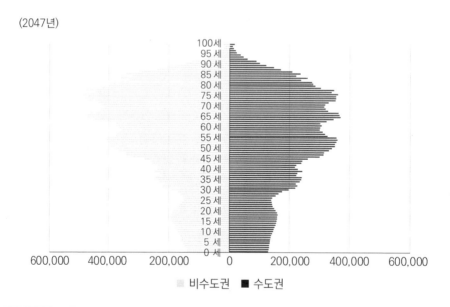

주: 100세 = 100세 이상
자료: 국가통계포털.

수도권과 비수도권의 연령별 인구를 시기별로 비교하면 <그림 10-3>과 같다. 2020년에 수도권과 비수도권은 둘 다 항아리 모양으로 비슷한 인구구조를 지니고 있는데, 그러나 40대 전반의 인구는 비수도권이 많다. 그러나 2047년이 되면 두 지역 모두 고령층이 증가하여 역삼각형 모양을 하고 있다. 더욱이 비수도권은 50대 이상이 크게 늘어 수도권보다 훨씬 늙은 사회가 될 것임을 예고하고 있다. 이는 생산연령의 고령화가 수도권보다 비수도권이 상대적으로 심각하며 노령층에 대한 지방자치단체나 정부의 재정부담이 수도권보다 높아질 것임을 시사한다.

그림 10-4 GDP 대비 수도권 지역총생산(GRDP) 비중   (단위: %)

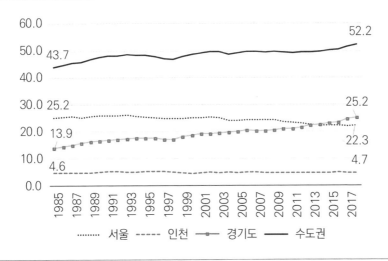

자료: 국가통계포털.

GDP 대비 지역총생산(GRDP)의 비중에서도 수도권은 꾸준히 증가하여 1985년 43.7%에서 2018년 52.2%로 절반을 넘었다. 특히 경기도는 같은 기간 동안 13.9%에서 25.2%로 급성장하였다. 수도권을 제외한 권역에서는 충청권의 비중이 약간 증가한 것 외에 다른 지역은 모두 감소하였다. 이러한 추세의 지속은 비수도권의 GDRP의 비중과 지역민의 소득수준을 더욱 떨어뜨릴 것이다(<그림 10-4>).

기업 및 금융과 관련되는 지표도 수도권의 과도한 집중을 보여준다. 예를 들어, 50대 기업본사의 92%, 1천대 기업 본사의 73.6%가 수도권에 소재하고 있으며, 신용카드 사용액의 81%, 1000대 기업 매출의 86.3%가 수도권에 집중되어 있다.[3] 이외에도 청년층이 선호하는 좋은 일자리나 문화적 여유를 누릴 수 있는 각종 시설 및 프로그램들도 수도권에 몰려 있어서 비수도권지역의 물적, 인적 자원을 빨아들이는 강한 흡인력으로 작용하고 있다.

그림 10-5 **권역별지역총생산 비중** (단위: %) 그림 10-6 **권역별 사업체수 비중** (단위: %)

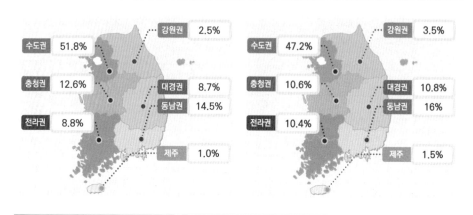

주: 2018년 기준.
자료: 국가균형발전위원회, 『국가균형발전정책』(발표자료), p.6.

<그림 10-5> 및 <그림 10-6>은 GRDP와 사업체수 면에서 수도권과 각 권역의 격차를 잘 보여주고 있다.

경제력의 수도권 집중화로 인해 지방에서는 단순히 인구감소가 아니라 지방소멸이란 용어가 나오고 있다. 반대로 지방소멸을 걱정해야 할 정도로 수도권은 강한 역류효과를 발휘하고 있다. <그림 10-7>은 2015년부터 2019년이란 단기간임에도 불구하고 어두운 색깔의 지역이 매우 많이 증가하고 있어서 실제로 인구소멸 위험지역이 적지 않음을 보여준다. 자료에 따르면, 소멸위험 지자체(시·군·구)는 2013년 75군데에서 2019년에는 97군데로 늘었으며 전체 시군구 중 40%를 넘는 곳이 소멸위협을 받고 있다.

---

3) 부산연구원 등, 『동남권발전계획수립 공동연구(안)』, p.5, 국가균형발전위원회, 『국가균형발전정책』(발표자료), p.4.

그림 10-7 소멸위험지수와 소멸위기 지역

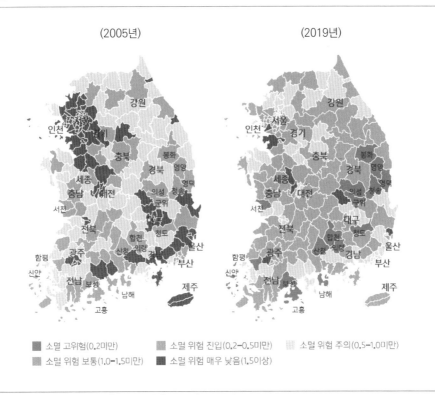

(2005년) (2019년)

■ 소멸 고위험(0.2미만)　　■ 소멸 위험 진입(0.2-0.5미만)　　■ 소멸 위험 주의(0.5-1.0미만)

■ 소멸 위험 보통(1.0-1.5미만)　　■ 소멸 위험 매우 낮음(1.5이상)

자료: 국가균형발전위원회, 『지역, 相生을 꿈꾸다』, 2020, p.44.

제3절　균형발전정책의 주요 내용과 특징

3.1　제1차 국가균형발전5개년계획

수도권으로의 경제력집중이 문제가 된 것은 어제오늘의 일이 아니다. 이미 1970년대부터 지역의 예금을 비롯한 자금 및 인력의 유출, 기업본사의 이전 등의 문제가 끊임없이 지적되어 왔다. 이 문제를 시정하기 위해서 제3차 경제개발계획에서는 지역개발정책이 도입되었지만, 그 이후 지역정책은 일관성이나 구체성이 크게 부족했다. 균형발전정책의 내용과 전개과정에서 나타난 특징을 비교하여 살펴보자.

제1차 국가균형발전계획은 공식적으로 국가균형발전이란 용어를 도입하였다. 제1차 계획은 국가균형발전을 통한 "제2의 국가도약"을 비전으로 채택하였는데, 가장 눈에 띄는 점은 지역혁신체제(RIS: Regional Innovation System)를 통해 지역발전을 도모했다는 점이다. 지역혁신체제란 대학·연구기관·기업·지자체 등 혁신주체가 상호 네트워킹을 통해 공동학습·공동연구개발 등을 실시하고 그 결과를 활용하여 지역발전을 도모하는 지역수준의 협력체계를 말한다. 다시 말해, 이것은 지방정부, 대학, 기업, 시민단체, 연구소, 금융기관, 언론 등 지역 내 다양한 혁신주체들이 연구개발, 신제품 생산, 제도개혁, 기업지원, 문화활동 등 다양한 영역에서 역동적으로 협력하고 학습함으로써 혁신을 창출하고 이를 통해 지역 발전을 도모하는 체계이다. 즉, 경제개발5개년계획의 요소투입형 성장 모델의 한계에서 탈피하여 지역경제를 담당하는 혁신주체들 간의 소프트웨어적 인프라를 강화함으로써 지역주도의 성장을 달성하려는 시도가 최초로 이루어진 것이다.

제1차 계획은 전략으로서 지역혁신체제에 기반한 혁신주도형 발전기반 및 네트워크형 국토구조의 형성, 낙후지역의 자립기반을 조성, 수도권의 질적 발전을 채택하였다. 제1차 계획은 혁신기반(지역혁신체제구축, 혁신클러스터 육성, 미래형 혁신도시 건설)을 구축하게 되면 제2차 계획에서 혁신성과를 극대화하고, 제3차 계획에서는 혁신의 질적 고도화를 달성하여 초일류 원천기술의 개발 및 글로벌 경쟁력 확보, 세계적 일류 클러스터와 경쟁하는 것을 목표로 삼았다. 구체적으로는 지역경제활성화와 관련하여 지역별 특화사업에 걸림돌이 되는 관련규제를 철폐하고 지역별로 차별화되는 향토자원의 개발 및 관광, 이벤트 사업의 기획·개발, 특성화된 지역문화육성에 지역에 밀착된 산업의 발전을 목표로 세우고 지원하고자 했다.

제1차 계획에서 시행된 정책으로서 가장 주목되는 것은 지역별로 혁신클러스터를 육성하고 서울에 집중되어 있는 수도권의 기능을 지방으로 분산한 것이다. 그 주요한 내용은 신행정수도의 건설, 권역별 특성을 감안한 미래형 혁신도시 개발, 수도권 지연성(地緣性)과 민간기관 성격이 없는 모든 공공기관의 비수도권 이전, 수도권소재 기업의 지방이전 지원 등이다. 이 중에서 특히 신행정수도의 건설, 공공기관 이전 등에 대해서는 반발이 적지 않았다. 그렇지만 현재까지 행정부의 많은 기관은 세종특별시로 이전한 상태이고, 이전 대상 공공기관 또한 각 지역으로 이전함으로써 지역인재의 채용과 지역경제의 활성화에 크

표 10-1 균형발전정책의 비교

	제1차 국가균형발전5개년계획 (2004~2008)	지역발전5개년계획 (2009~2013)	지역발전계획 (2014~2018)	제4차 국가균형발전5개년계획 (2018~2022)
비전	균형발전을 통한 "제2의 국가도약"	• 지역경제 글로벌 경쟁력 확보 • 삶의 질이 보장되는 지역공동체 창조	"국민에게 행복을, 지역에 희망을!"	지역이 강한 나라, 균형잡힌 대한민국
목표	지역혁신체계(RIS)에 기반한 역동적 지역발전		• 주민이 실생활에서 행복과 희망을 체감 • 행복한 삶의 기회를 고르게 보장 • 자율적 참여와 협업이 동반자관계 • 어느 곳에서나, 정책 사각지대 해소	지역주도 자립적 성장기반 구축 균형발전지원체계
전략	• 혁신주도형 발전기반 구축 • 낙후지역 자립기반 조성 • 수도권의 질적 발전 추구 • 네트워크형 국토구조 형성	• "5+2" 광역경제권 → 성장잠재력확충 • 163개 시·군 기초생활권 ⇒ 쾌적한 생활환경조성 • 4+α 초광역개발권 ⇒ 개방·협력의 촉진 • 지방분권·규제 합리화 ⇒ 지역주도·상생발전	• 지역행복생활권구현 • 맞춤형·패키지지원 • 지역주도 및 협력강화	〈3대 전략〉 • 사람(안정되고 품격있는 삶) • 공간(방방곡곡 생기도는 공간) • 산업(일자리가 생겨나는 혁신)
과제	• 지식·기술의 창출·확산·활용 • 지역별 혁신클러스터의 육성 • 지역간 격차시정 • 도·농간의 상생발전 • 수도권규제의 합리적 개선 • 수도권의 경쟁력 증진 • 동서 활동의 새로운 대응책 형성 • 국내외 지역간 교류·협력 확대	〈중앙부처 계획〉 • "5+2" 광역경제권 구축: 선도산업, 인재양성, 선도프로젝트 등등 집중 지원, 광역경제권 연계·협력사업 지원 • 163개 시·군 기초생활권 형성: 도시형, 도농연계형, 농산어촌 유형별, 정주촉진지역 지역 등 특성에 맞는 개발지원 • 4+α 초광역개발권 개발전략: 동·서·남해안, 남북 접경지역 및 내륙 벨트 등 기본구상, 벨트별 발전계획 수립 • 지방재정 확충-비정상소비제 도입 등, 기업투자 장애가 되는 핵심규제에 대한 맞춤형 규제개선	• 지역행복생활권 활성화〈중점추진분야〉 • 일자리 창출을 통한 지역경제력 제고 • 교육여건 개선 및 창의적 인재양성 • 지역문화 융성, 생태복원 • 사각 없는 지역 복지·의료	• 지역인재-일자리 선순환 교육체계 • 지역자산을 활용한 특색 있는 문화·관광 • 기본적 삶의 질 보장을 위한 보건·복지체계 • 매력있게 되살아나는 농산어촌 • 도시재생 뉴딜 및 중소도시 재도약 • 인구감소지역을 거주강소지역으로 • 혁신도시 시즌2 • 지역산업 혁신 • 지역 유휴자산의 경제적 자산화

자료: 국가균형발전위원회·산업통상자원부, 『제1차 국가균형발전5개년계획』, p.6.
지역발전위원회·지식경제부, 『지역발전5개년계획(안)』, 2009, p.5.
지역발전위원회·산업통상자원부, 『지역발전5개년계획(2014~2018)』, 2014, p.2, p.7.
국가균형발전위원회·산업통상자원부, 『제4차 국가균형발전 5개년계획(2018~2022)』, p.5.

게 기여하고 있다. 혁신클러스터, 혁신도시의 건설 등이 진행되고 있고, 공공기관 2차 이전이 추진될 가능성이 높다는 점에서 현재 실시되고 있는 제4차 국가균형발전계획의 기본틀은 이미 제1차 계획 때 완성되었다고 할 수 있다.

3.2 지역발전5개년계획(2009~2013)

제1차 국가균형발전5개년계획은 2009년에 지역발전5개년계획으로 명칭이 바뀌었다. 사실상 제2차 계획인데, 1차 계획의 기본노선이 근본적으로 바뀌고 정책 내용도 상당히 달라졌다. 국가균형발전위원회도 지역발전위원회로 바뀌었다.

지역발전5개년계획은 중앙정부, 광역경제권 발전위원회 및 지자체 간의 협력을 바탕으로 산·학·연 전문가, 민간기관의 광범위한 참여를 통해 수립되었다. 4대 부문별 전략과 "5+2" 광역경제권별 발전계획을 바탕으로 지역발전5개년계획을 작성하였다. 제2차 계획의 가장 큰 특징은 광역경제권을 단위로 경제를 활성화한다는 것이다. 제2차 계획은 4대 발전전략으로서 "5+2" 광역경제권 구축, 163개 시군 기초생활권 형성, 4+α 초광역개발권구상, 지방분권·규제합리화의 추진이 수립되었다. 4대 부문별 전략 중에서 가장 중요한 핵심은 "5+2"광역경제권 구축이다. "5+2" 광역경제권은 충청권, 호남권, 대경권, 동남권, 수도권의 5대 광역경제권과 강원권, 제주권의 2대 특별경제권을 가리킨다. 광역경제권 발전을 위하여 광역경제권별로 특성 및 성장잠재력을 반영한 비전을 설정하고, 광역권 자원의 공동이용 활성화 및 글로벌 경쟁력 확보를 위한 세부 과제를 추진하도록 하였다.

둘째, 수도권의 기능분산이 정책에서 제외되고, 지역에 내재한 인적, 물적 자원에 기반하여 발전계획을 수립·추진한 것이 특징이다. 제1차 계획이 수도권과 비수도권 간의 발전 격차를 줄이기 위하여 지역균형을 추구한 반면, 제2차 계획은 광역단위로 글로벌 경쟁력을 확보함으로써 지역발전을 추구한다는 것이다. 제2차 계획은 앞의 지역발전정책이 행정구역 단위의 소규모 분산투자, 산술적 균형에 집착한 나눠주기식 사업으로 유사·중복 지원 등 비효율성 초래, 중앙부처가 제시한 국고사업의 예산확보·단순집행에 치중하는 등 지역잠재력과 특성을 살린 창조적 지역발전을 제약했다고 비판적으로 평가한다. 제2차 계획은 구체적으로 광역화를 통한 글로벌 경쟁력 확보, 특성화된 지역발전, 분권과 자율,

협력과 상생을 통한 동반발전 등을 강조하였다. 따라서 제2차 계획에서는 지역혁신체계, 수도권의 기능조정과 지방분산이 정책의 전면에서 완전히 사라지고 시장기능을 중시하는 경쟁력 강화로 정책의 중점이 이동하였다.

3.3 지역발전5개년계획(2014~2018)

지역발전5개년계획(2014~2018)은 지역발전위원회와 기획재정부 등 18개 정부 부·청 및 17개 시도가 협력하여 중앙부처의 부문별 발전계획안 중 지역발전정책과 광역지자체 시도의 시도발전계획을 기초로 수립되었다. 이 3차 계획은 과거의 지역발전정책들이 중앙정부 주도의 하향식, 부처별·산발적 정책이어서 실제 지역과 주민이 안고 있는 문제를 해결하지 못했다고 평가하고, 지역행복생활권을 정책단위로 주민과 지자체가 주도하는 지역주도의 맞춤형·패키지정책으로 지원하는 방식을 채택하였다.

표 10-2 지역발전5개년계획(2014~2018)의 5대 분야 실천과제 및 주요 생활권사업

분야	실천과제	생활권사업
지역생활권 활성화	• 지역주도 협력사업 확충 • 주민 체감 생활인프라 구축 • 지역 중심지 활력 증진 • 지역 교통·물류망 개선	도심낙후지역정비/농어촌 상하수도보급/버스정보제공/석면슬레이트지붕철거/지방도로구조개선 등
일자리 창출을 통한 지역경제 활력 제고	• 일자리 창출 중심의 지역대표산업 육성 • 지역투자 촉진 기반 확대 • 산업단지 고도화로 창조경제 구현 • 지역기반 연구 활성화로 창조경제 지역확산 • 지역성장 거점도시 조성 • 농산어업 경쟁력 강화	도시유휴인력과 농어촌연계/귀농·귀촌활성화서비스/노후산단구조고도화/산업혁신지원센터 구축 등
교육여건 개선 및 창의적 인재양성	• 지방 초·중교 교육환경 개선 • 창의적 인재를 키우는 지방대학 육성 • 일과 학습 병행을 통한 지역인재 양성 • 100세 시대 지역 평생학습체제 구축	농어촌 거점별 우수학교 선정/읍면동 행복학습센터 운영/지방기업 맞춤형 R&D 인력양성 등

분야	실천과제	생활권사업
지역문화 융성, 생태 복원	• 지역 문화역량 강화 및 특성화 지원 • 맞춤형 문화서비스를 통한 문화격차 해소 • 지역 관광산업 육성 • 생태 · 자연환경 보전 · 활용	작은도서관 · 생활문화센터 운영/문화특화지역조성/위생적인 폐기물시설 설치/지방하천 생태복원 등
사각 없는 지역 복지 · 의료	• 주민밀착형 복지전달체계 구축 • 수혜자 특성을 반영한 맞춤형 복지시책 추진 • 취약지역 응급의료체계 구축 및 응급의료 인프라 확충	복지전달체계 강화/복지담당 공무원 6천명 확충/ 응급의료네트워크 강화 등

자료: 지역발전위원회 · 산업통상자원부, 『지역발전5개년계획(2014~2018)』, p.5, p.26.

그리고 중앙정부는 지역이 발굴한 생활권 및 특화발전 프로젝트를 지원하기 위해 규제완화 및 제도개선(규제합리화, 지역도시재생 추진, 귀농귀촌활성화), 인센티브 강화(지역사업 재정지원 및 세제지원 강화 등), 거점개발촉진(혁신도시 활성화, 기업도시 개발촉진)을 추진하도록 했다.

주민의 삶의 질 개선과 지역경쟁력 강화를 위해서는 주민생활기반 확충과 지역 발전역량 강화, 지역산업 육성 및 일자리 창출 등 지역경제 활성화, 지역의 교육여건 개선과 인재양성 및 과학기술 진흥, 지역발전 거점 육성과 교통 · 물류망 확충, 문화 · 관광 육성 및 환경 보전, 지역의 복지 및 보건의료 확충, 1차 계획에서 추진된 공공기관 등의 지방이전, 성장촉진지역 및 농산어촌 등의 개발촉진 등이 추진되었다.

이와 같이 제3차 계획은 지역행복생활권을 단위로 지역경제 활성화, 교육여건 개선 및 창의적 인재양성, 사각없는 지역 복지 · 의료의 추진 등을 추진하여 지역경쟁력을 강화하고자 했다. 특히 제2기의 정책이 "5＋2"의 광역경제권 중심의 정책이었던 것에 비해서 56개의 지역행복생활권을 기반으로 그 지역에 맞는 개발을 지원하고자 했다는 점이 특징이다. 그렇지만 지역행복생활권 내의 경제 활성화 및 지역경쟁력 강화를 규제완화 등의 제도개선을 통해 달성하려 한 것은 제2차 계획과 상당히 유사한 점이라 하겠다.

3.4 제4차 국가균형발전5개년계획

지역발전위원회는 2018년 3월에 국가균형발전위원회로 환원되고 지역발전5개년계획도 원래의 명칭을 되찾았다. 국가균형발전위원회와 산업통상자원부는 2019년 1월에 종전의 지역발전계획 대신에 제4차 국가균형발전5개년계획을 발표했다. 이 계획의 수립에는 20개 관계부처, 17개 시도가 참여하였으며, 2018년부터 2022년까지 5년간 총 175조 원(국비 113조 원, 지방비 42조 원, 민자 등 20조 원)의 투자를 계획하고 있다.

제4차 계획은 계획 수립의 배경으로서 지역 간 불균형의 지속과 중앙정부 주도 문제해결 방식의 한계를 지적하고 있다. 전자와 관련해서는 ① 다양한 지역정책의 추진에도 불구하고 인구·경제력, 생활서비스 접근성 측면에서 지역 간 불균형이 지속되고, ② 주력산업의 침체로 지역경제 여건이 악화되는 가운데 일부 지역은 혁신역량 미흡으로 자립적 성장의 기반 마련에 한계가 드러난다고 지적한다. 후자에 대해서는 ① 중앙정부 주도 방식으로는 저성장, 양극화, 저출산, 지방소멸 등 당면한 국가적 과제 해결에 한계가 있으므로, ② 지방자치 경험 및 자산이 축적되고, 국민의 참여욕구가 증대된 만큼 지역실정에 밝은 지방정부 주도의 문제해결이 필요하다고 본다.

제4차 계획은 "지역주도 자립적 성장기반 마련"을 목표로 설정하고 이를 실현하기 위한 가치를 분권, 포용, 혁신에 두고 ① 자치분권에 맞춰 지역이 주도하고 중앙부처는 지원하는 분권형 균형발전을 추진하고(분권), ② 균형발전 지원체계를 재정립하고 어디서든 안정되고 품격있는 삶을 누릴 수 있도록 국가균형발전체계를 발전적으로 복원하며(포용), ③ 지역주도 혁신성장으로 지역의 자립적 성장기반을 마련할 수 있도록 세부 목표를 설정하였다.

균형발전을 달성하기 위한 체계로서는 ① 국가균형발전 프로젝트 추진, ② 균형발전총괄지표 개발 및 지역차등지원, ③ 생활밀착형 SOC사업 확대, ④ 지역발전투자협약(계획협약) 본격 추진, ⑤ 국가균형발전특별회계 개편, ⑥ 지역혁신체계 구축이 있다.

표 10-3 제4차 국가균형발전계획의 구성

구분		[핵심과제]	[관계기관]
균형발전 지원체계		1. 국가균형발전 프로젝트 추진	기재부, 국토부, 산업부 등
		2. 균형발전총괄지표 개발 및 지역차등지원	균형위, 기재부 등
		3. 생활밀착형 SOC사업 확대	국조실, 국토부, 문체부 등
		4. 지역발전투자협약(계획협약) 본격 추진	균형위, 국토부 등
		5. 국가균형발전특별회계 개편	균형위, 기재부 등
		6. 지역혁신체계 구축	균형위, 행안부, 산업부 등
3대 전략			
	(사람) 안정되고 품격 있는 삶	1. 지역인재-일자리 선순환 교육체계	교육부 등
		2. 지역자산을 활용한 특색 있는 문화·관광	문체부 등
		3. 기본적 삶의 질 보장을 위한 보건·복지 체계 구축	복지부, 여가부, 국토부 등
	(공간) 방방곡곡 생기도는 공간	4. 매력있게 되살아나는 농산어촌	농식품부, 해수부, 산업부 등
		5. 도시재생 뉴딜 및 중소도시 재도약	국토부 등
		6. 인구감소지역을 거주강소지역으로	행안부, 농식품부 등
	(산업) 일자리가 생겨 나는 지역혁신	7. 혁신도시 시즌2	국토부 등
		8. 지역산업 혁신	산업부, 중기부, 과기부 등
		9. 지역 유휴자산의 경제적 자산화	기재부, 산림청, 해수부 등

자료: 국가균형발전위원회·산업통상자원부, 『제4차 국가균형발전 5개년계획(2018~2022)』, p.5.

균형발전 지원체계에서 ① 국가균형발전 프로젝트는 지역경제 활성화를 위해 경제적 파급효과가 큰 공공투자 사업을 추진하고 선정된 사업에 대해 예비타당성 조사 면제, 사업 착수비용 지원 등을 통해 조기에 사업을 착수하도록 지원하는 것이다. 여기에는 광역권 교통과 물류망 조성, 물류·관광 인프라 조성, 일자리창출 기반인 지역 전략산업 R&D 투자지원, 지역 내 교통여건의 개선·의료 및 환경시설 확충을 통한 주민 삶의 개선 등이 포함된다. ③ 생활밀착형 SOC사업 확대는 보육, 의료, 복지, 교통, 문화, 체육시설, 공원 등 일상에서 국민이 편익을 증진시키는 모든 시설을 지역이 주도하고 중앙정부가 지원하는 것을 말한다. ⑤ 국가균형발전 특별회계 개편은 지방이 주도적으로 사업을 할 수 있도록 실질적 재정분권을 추진하는 것이다. ⑥ 지역혁신체계의 구축은 지역혁신협의회를 중심으로 혁신주체들의 활동을 결집하여 지역주도의 발전전략을 수립하고 사업을 발굴하는 것을 말한다. 지역 특화 및 전략산업 육성계획이나 지역 주도형 사업 기획, 부처 공모사업의 우선순위 조정 등에 대해 지역혁신협의회의 컨트롤 타워 역할을 강화함으로써 중앙부처 중심의 지역혁신 사업을 지역 중심으로 개편하는 것을 목표로 하고 있다.

이와 같이 제4차 국가균형발전5개년계획은 그 앞의 계획보다 지역주도와 지역혁신체계의 중요성을 강조하면서 균형발전을 지향하고 있다. 2, 3차 계획이 지역특화발전을 통한 지역경쟁력의 향상에 중점을 두었다면 4차 계획은 이를 포함하면서도 지역간 균형발전과 자립적 성장기반 마련을 포괄하고 있다는 점이 특색이라고 하겠다.

제4절 균형정책의 성과와 보완

4.1 의의와 성과

균형발전은 두 가지 내용을 포함한다. 하나는 수도권과 비수도권의 불균형 시정이고 다른 하나는 비수도권 지역 간의 균형적 발전이다. 국가균형발전정책은 이 두 가지를 지향한다는 점에서 우리나라 경제정책사에서 그 의의가 적지 않다. 먼저 균형정책의 의의와 대표적인 성과를 평가해 보자.

첫째, 국가균형발전정책은 법률에 의거하는 정책으로서 공식적으로 도입되었다는 점이 매우 획기적이다. 경제개발5개년계획은 행정계획이었던 반면, 국가균형발전정책은 법정계획이다. 행정계획은 행정주체가 일정한 행정활동을 위한 목표를 설정하고 서로 관련성 있는 행정수단의 조정과 종합화의 과정을 통하여 목표를 설정한다. 이에 비해 국가균형발전정책은 국가균형발전특별법에 의해 실행이 정해진 정책이므로 법률이 폐기되지 않는 한 지속되어야 하며, 균형발전 및 지역발전 전용 계획이라는 점에서 경제개발5개년계획에서 제시된 지역개발정책보다 훨씬 장기적·지속적 종합정책이다.

둘째, 국가균형발전계획은 추진과정에서 정책의 중점이 변화했지만, 지역균형 혹은 지역발전을 위한 정책의 상당 부분은 그대로 지속되었다. 균형정책은 제1차 계획 이후 지역발전5개년계획으로 변경되면서 정책의 중점이 균형발전에서 지역특화개발을 바탕으로 하는 경쟁력강화로 이동하였다. 그러나 1차 계획에서 제시된 기본 노선과 목적은 법정계획의 성격에 힘입어 완전히 사라지지 않고 명맥을 유지한 것이 적지 않다. 즉, 제2차 및 3차 계획은 시장친화형 규제개혁을 통해 경쟁력을 강화하려 했다는 점에서 제1차 계획과 근본적으로 달랐으나 많은 정책은 완전히 폐기되지 않고 그대로 지속되었다. 무엇보다 지역주도에 의한 발전이라는 사고가 정책마다 강조되었고, 지역산업육성, 지역인재양성 및 지방대학육성, 지역간 협력과 상생, 종횡축 및 순환도로망 개설, 혁신도시 건설, 산학연네트워크 구축, 공공기관 분산이전, 지역문화관광육성 등의 용어는 표현만 약간씩 다를 뿐 각 계획에서 대체로 유지되었다. 이중에서 지역대표산업 육성, 혁신도시건설 및 혁신클러스터 구축, 지역인재의 채용과 지방대학의 육성, 공공기관의 지방분산, 도로교통망의 건설, 마을단위의 재생사업, 원도심 재생 등은 지역경제의 활성화에 나름대로 기여하고 있다. 이와 같이 제1차 국가균형발전계획은 종합적인 발전정책의 기본틀을 제시했다는 점에서 매우 혁신적이었다.

균형정책의 여러 가지의 성과 중에서 중요한 두 가지를 종합하여 정리하면 다음과 같다. 먼저, 혁신도시 및 혁신클러스트의 구축이다. 혁신도시는 이전공공기관을 수용하여 기업·대학·연구소·공공기관 등이 상호 긴밀하게 협력할 수 있는 혁신여건과 수준높은 주거·교육·문화 등의 정주환경을 갖추도록 한 미래형도시이다. 혁신도시는 각종 기관과 지역 내 산·학·연·관의 네트워킹을 통해 혁신을 창출하고 지역발전을 견인하는 지역거점으로서 건설되고 있다. 혁신클러스터(Innovative Cluster)는 산업, 기업 관련 기관 및 협회 등과 대학 및 연구소 등의 지식생산조직이 집적되어 있어 네트워킹을 통한 경쟁우위를 확보한 지역을 말한다. 즉, 혁신클러스터는 전·후방 연계관계에 있는 산업, 관련 대학 및 연구소 등 지식생산조직 및 기업관련 협회 등과 연계, 벤처캐피털이나 컨설팅기관과 같은 지원기관의 집적과 이들 간의 네트워킹 및 정보와 지식의 공유를 통해 지속적으로 혁신이 일어나고 경쟁우위를 확보한 지역을 의미한다.

그림 10-8 국가혁신클러스터 지정현황

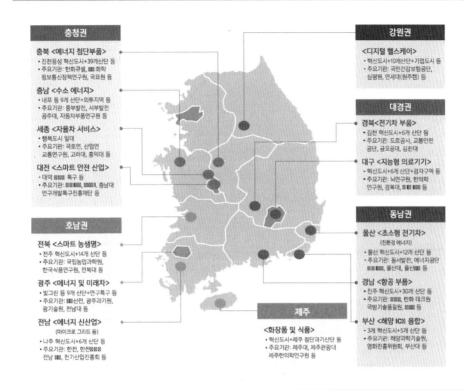

충청권

충북 <에너지 첨단부품>
• 진천음성 혁신도시+39개산단 등
• 주요기관: 한화큐셀, ▩▩ 화학
 정보통신정책연구원, 국표원 등

충남 <수소 에너지>
• 내포 등 9개 산단+외투지역 등
• 주요기관: 중부발전, 서부발전
 공주대, 자동차부품연구원 등

세종 <자율차 서비스>
• 행복도시 일대
• 주요기관: 국토연, 산업연
 교통연구원, 고려대, 홍익대 등

대전 <스마트 안전 산업>
• 대덕▩▩ 특구 등
• 주요기관: ▩▩▩▩, 충남대
 연구개발특구진흥재단 등

호남권

전북 <스마트 농생명>
• 전주 혁신도시+14개 산단 등
• 주요기관: 국립농업과학원,
 한국식품연구원, 전북대 등

광주 <에너지 및 미래차>
• 빛그린 등 9개 산단+연구특구 등
• 주요기관: ▩▩산전, 광주과기원,
 광기술원, 전남대 등

전남 <에너지 신산업>
 (마이크로 그리드 등)
• 나주 혁신도시+6개 산단 등
• 주요기관: 한전, 한전▩▩▩
 전남 ▩▩, 전기산업진흥회 등

강원권

<디지털 헬스케어>
• 혁신도시+10개산단+기업도시 등
• 주요기관: 국민건강보험공단,
 심평원, 연세대(원주캠) 등

대경권

경북 <전기차 부품>
• 김천 혁신도시+6개 산단 등
• 주요기관: 도로공사, 교통안전
 공단, 금오공대, 김천대

대구 <지능형 의료기기>
• 혁신도시+6개 산단+경자구역 등
• 주요기관: 뇌연구원, 한의학
 연구원, 경북대, ▩▩ ▩▩▩ 등

동남권

울산 <초소형 전기차>
 (친환경 에너지)
• 울산 혁신도시+12개 산단 등
• 주요기관: 동서발전, 에너지공단
 ▩▩울산대, 울산대 등

경남 <항공 부품>
• 진주 혁신도시+30개 산단 등
• 주요기관: ▩▩산전, 한화 대우조선
 국방기술품질원, ▩▩▩ 등

부산 <해양 ICS 융합>
• 3개 혁신도시+5개 산단 등
• 주요기관: 해양과학기술원,
 영화진흥위원회, 부산대 등

제주

<화장품 및 식품>
• 혁신도시+제주 첨단과기산단 등
• 주요기관: 제주대, 제주관광대
 제주한의학연구원 등

자료: 송우경, "지역산업클러스터에서 국가혁신클러스터까지", 국회심포지움발표자료, 2019.7.5., p.21.

클러스터내의 산·학·연 혁신주체들은 상호협력을 통해서 새로운 성장동력을 제공할 수 있는 유망 대표산업을 선정하여 클러스터를 육성한다. 정부는 지역주도의 클러스터육성을 위해 평가를 통해 우수 거점에 집중지원하는 방식을 동원한다. 이와 같이 혁신도시는 공공기관 혹은 금융기관 등을 단순히 집중하는데 그치지 않고 지역산업을 대표하는 미래신산업과 혁신클러스터, 지역인재 육성, 혁신주체들의 네트워킹 등이 매우 밀접한 관계를 맺고 있는 미래성장거점으로 기대되고 있다. 국가혁신클러스터의 지정현황은 <그림 10-8>과 같다.

둘째, 제1차 계획에서 추진된 대표적인 성과 중의 하나가 공공기관의 지방이전이다. 이를 정리하면 다음과 같다.

표 10-4 공공기관 이전현황(2020년 6월 기준)

지역	계	소속기관	지방이전 공공기관 (109개)		
			공기업	준정부기관	기타공공기관
전체	153	44	18	47	44
혁신도시	112	32	15	39	26
부산	13	해양수산, 금융산업, 영화진흥 등			
대구	10	산업진흥, 교육·학술진흥, 가스산업 등			
광주전남	16	전력산업, 정보통신, 농업기반, 문화예술 등			
울산	9	에너지산업, 근로복지, 산업안전 등			
강원	12	광업진흥, 건강생명, 관광 등			
충북	11	정보통신, 인력개발, 과학기술 등			
전북	12	국토개발관리, 농업생명, 식품연구 등			
경북	12	도로교통, 농업기술혁신, 전력기술 등			
경남	11	주택건설, 중소기업진흥 등			
제주	6	국제교류, 교육연수, 국세관리 등			
개별이전	22	오송(5), 아산(4), 기타(13)			
세종	19	–			

자료: 국토교통부(https://innocity.molit.go.kr/v2/submain.jsp?sidx=6)

제1차 계획 당시에 국가균형발전특별법상 중앙행정기관을 포함한 공공기관
은 전국적으로 409개로서 이 중 약 85%인 345개가 수도권에 소재하고 있었다.[4)]
국가균형발전위원회는 심의를 거쳐 수도권 소재 345개 공공기관 중 175개 기관
을 이전대상기관으로 선정하였는데, 공기업 선진화 방안 등으로 통폐합 및 부설
기관 독립에 따른 신규 지정으로 153개(혁신도시 115개＋개별이전 19개＋세종시 19
개)로 조정되었다. 2020년 6월까지 혁신도시 112개를 포함하여 153개의 공공기

---

4) 국가균형발전특별법 제18조 및 같은 법 시행령 제16조 규정에 따라 중앙행정기관(세종 특별
   자치시 이전), 수도권을 관할구역으로 하는 기관, 수도권 안의 낙후지역과 폐기물 매립지에
   소재한 기관, 공연·전시·도서·지역문화복지·의료시설 등 수도권 주민의 문화·복리 증진에
   기여하는 시설을 관리하는 기관, 수도권 안에 소재한 문화유적지, 묘지, 매립지, 남북출입장
   소, 철도역, 공항 등을 관리하는 기관, 구성원 상호간의 상호부조, 권익향상 등을 목적으로 설
   립된 기관, 그밖에 수도권 안에 소재하는 것이 불가피하다고 인정되는 기관은 혁신도시 이전
   대상에서 제외되었다.

관이 이전을 완료한 상태이다. 특히 공공기관의 이전은 해당 지역의 대졸자를 중심으로 각 기관 정원의 30%를 목표로 지역인재를 채용함으로써 지역대학의 발전과 지역경제에 크게 기여하고 있다. 지자체에서는 현재 공공기관의 2차 이전을 추가적으로 요청하고 있다.

4.2 균형발전정책의 보완

균형발전정책은 부침을 겪으면서도 나름대로 지역경제의 활성화에 기여해 왔다. 그러나 균형정책이 목적한 바대로 소기의 성과를 충분히 거두었는가에 대해서는 생각해볼 여지가 있다. 다시 말해, 균형발전정책의 시행에도 불구하고 수도권 집중 현상을 역전시킬 정도로 아직은 충분한 성과를 거두었다고 보기 어려운 것이다. 제2절에서 본 바와 같이 수도권 집중과 불균형 지표가 매우 빠르게 진행되고 있음이 이를 증명한다.

그림 10-9 100억 원 이상 투자받은 스타트업 수

자료: 국가균형발전위원회 등, 『지역균형뉴딜 부울경포럼』(자료집), 2020.10.20., p.12.

2019년에 100억 이상 투자받은 스타트업(stsrt－up)[5] 161개 중 92.5%에 해당하는 149개가 수도권에 소재하고 있으며, 연구개발투자비의 68.6%, 특허등록의 61.1%가 수도권이 차지하고 있다. 이처럼 4차 산업혁명 관련 기업의 창업도 수

---

5) 신생 창업기업을 뜻한다. 미국 실리콘밸리에서 처음 사용된 용어로, 보통 혁신적인 기술과 아이디어를 보유하고 있는 신생기업은 자금력은 부족하지만 기술과 인터넷기반의 회사로 고위험·고수익·고성장 가능성을 가진 경우가 많다. 현재의 가치보다는 미래의 가치로 평가받을 수 있는 큰 잠재력과 성장가능성을 갖춘 기술 중심의 회사를 뜻한다.

도권이 주도하고 있는 반면, 비수도권의 혁신도시 및 혁신클러스터 구축의 효과는 아직 미미한 수준이다.

최근 추진 중인 균형발전정책이 제대로 된 성과를 내기 위해서는 균형발전전략에 대한 좀 더 정밀하고 종합적인 보완이 필요할 것이다. 이에 대한 보완사항 몇 가지를 정리해 보면 다음과 같다. 첫째, 국가균형발전정책의 예산규모를 적극적, 실질적으로 확대할 필요가 있는 것으로 보인다. 충분한 재원을 투입하고 있는지를 검토해 보자.

표 10-5 **균형발전예산과 통합재정 증가액 비교**   (단위: 조원)

	1차계획('04)	2차계획('09)	3차 계획('14)	4차 계획('19)
균형발전예산	132	161	165	175+α
통합재정5년간 증가액	70.6	65.3	97.5	83.7(2년간)

주: 중앙정부 통합재정은 2017년까지 결산기준, 2018년 이후는 예산기준.
자료: e-나라지표.

<표 10-5>는 매 계획마다의 예산액을 표시하고 있다. 3차 계획까지 균형예산과 당해 계획연도의 통합재정 5년간 증가액을 비교하면 국가의 통합재정증가액은 균형발전예산액의 51%에 지나지 않는다. 더욱이 통합재정증가액에는 특정 목적을 위해 지출하는 기금이 포함되어 있다. 예를 들면, 2차 계획 기간 중인 2011~2013년에 기금은 22.2조 원, 3차 계획기간에는 29.8조 원이 늘었다. 3차 계획 기간 동안에는 통합재정증가액에는 기금지출 증가분이 30%를 차지한다. 이것을 빼면 통합재정의 실질증가는 67.7조원에 지나지 않는다. 산술적으로 3차 계획기간 동안에도 매년 재정 증가액은 13.5조 원 증가한 것에 그친다. 4차 계획에서 2019~2020년 2년간 재정규모가 83.7조 원 늘어 산술적으로 2년간 균형발전예산 2년간 증가액 70조 원보다 많지만 이것 역시 통합재정증가분에 포함된 동기간의 기금지출증가분 30.5조 원을 빼면 크게 줄어든다.[6]

이것을 어떻게 해석해야 할까? 첫째, 공식적으로 발표되는 각 계획에 제시된 균형발전예산의 총투입규모는 균형발전을 위해 새로이 편성된 예산의 순수증가분이 아닐 가능성이 크다. 즉, 균형발전예산에 비해 이를 감당하는 재정의 증가

---

6) 기금지출 증가분은 2019년까지는 결산, 2020년은 예산으로 계산함.

분은 상당히 적다. 더욱이 국가재정은 물가상승, 임금상승, 사업확장, 신규사업을 고려한 각종 지출증가가 있기 때문에 기금을 제외한 재정증가분에서 균형발전정책에 실제로 투입되는 자금은 훨씬 더 줄어들 것이다. 둘째, 그러면 어떻게 균형발전예산 규모를 맞출 수 있었을까? 정부의 각 부처에서 기존에 지출하던 예산을 계획서에 나와 있는 균형발전예산에 편입하여 작성했을 것이다. 예산의 우선순위를 조정하거나 예산을 절감하여 균형발전예산에 넣는다 하더라도 그것은 극히 일부분에 지나지 않는다. 각 계획마다 방대한 규모의 예산을 상정하고 있지만, 실제로 균형발전을 위해 순증된 예산은 이에 크게 못미친다. 즉, 예산투입 규모가 과장되어 있는 것이다. 예산을 실질적으로 확대하고 적극적으로 투입할 수 있도록 재원을 확보할 필요가 있다.

둘째, 균형발전 지원체계의 문제로서 정책 실행 주체의 다양성에서 빚어질 수 있는 비효율의 예방이 중요하다. 목표 달성을 위해 기획재정부, 국토교통부, 산업통상자원부, 교육부, 문화관광체육부, 보건복지부 등 각 부처는 계획을 나눠서 담당부분을 실행에 옮긴다. 예를 들면, 국가균형발전 프로젝트는 기획재정부, 국토교통부, 산업통상부가 협력하고, 생활밀착형SOC사업은 국무조정실, 국토교통부, 문화관광체육부 등이, 지역인재는 교육부 등이 맡는 식이다(<표 10-3> 참조). 국가균형발전위원회와 정부의 각 부서는 계획이 중복되거나 실행력이 떨어지는 등 효율성이 훼손되지 않도록 협조체제를 잘 유지해야 할 것이다.

또한 지방자치단체와 정부의 각 부처는 협력하되 지자체가 주도적으로 지역정책을 펼칠 수 있도록 체계를 잘 확립할 필요가 있다. 지방자치단체는 중앙정부로부터 각종 명목으로 자금 등을 지원받는다. 이 경우 자칫하면 중앙정부의 영향력이 너무 커져 정책의 효율성이 떨어질 수 있다. 지방자치단체는 여러 부처에서 지원을 받지만 혁신도시나 여러 형태의 클러스터를 혁신주체들과 자율적으로 관리하는 등 주도적으로 정책을 추진할 수 있어야 한다. 지역사정을 가장 잘 아는 것은 지역의 정부이기 때문이다.

셋째, 지역에 중소기업을 유치하고 발전시킬 수 있는 보다 정밀한 지원정책이 필요하다. 균형발전에서 가장 중요한 요소는 각 지역경제의 발전이고 이 지역 경제의 활성화를 담보하는 것은 우량 중소기업이다. 물론 생활밀착형 SOC사업이나 도시재생사업, 보건·복지체계의 구축도 중요하다. 그러나 지방소멸의 우려가 나오는 것은 노동연령층의 좋은 일자리가 사라지기 때문이다.

그림 10-10 존속기간별 생존기업 분포

• 존속기간 5년 이하

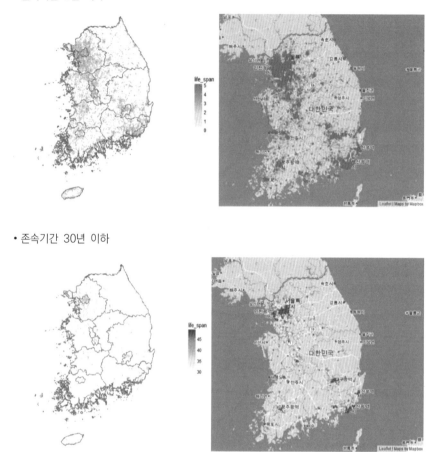

• 존속기간 30년 이하

자료: 국가균형발전위원회, 『지역, 相生을 꿈꾸다』, 2020, p.59.

<그림 10-10>은 창업 이후 기업의 생존유지가 수도권과 극히 몇몇 광역시를 제외하면 어려우며, 특히 30년을 넘기기가 극히 힘들다는 것을 보여주고 있다. 그리고 이것을 앞의 <그림 10-7>의 소멸위기 지역도와 비교해 보면, 인구소멸 위험도가 낮은 지역과 생존기업의 밀도가 높은 지역이 거의 일치한다. 기업의 존재와 지역산업의 혁신이 나머지 요인을 결정하는 요인임을 이해할 수 있다.

혁신도시의 건설이 기존의 단순한 공단조성의 수준을 벗어나지 않으면 안된

다. 공공기관의 유치는 지역 인력의 일부분을 고용하기 때문에 지역경제의 발전 역량 구축에 제한적이다. 재화와 용역을 공급하고 사람을 고용하는 민간기업의 유치와 육성이 균형발전의 핵심 동력이다. 중소기업의 창업·유치 및 육성을 위한 구체적인 지역맞춤형 프로그램이 필요하다고 하겠다. 지방자치단체의 정책에는 이러한 측면에서 아직도 보완해야 할 점이 적지 않다. 세제혜택을 비롯한 중앙정부의 각종 지원과 더불어 산·학·연네트워킹을 통한 연구개발, 기술 및 금융적 지원 등 실질적으로 기업 경영에 필요한 종합적 대책이 지역차원에서 보다 정밀하게 실시되어야 할 것이다.

넷째, 창업기업은 물론 창업 후 어느 정도 성장한 기업을 지원하는 금융지원 체계의 확립이 시급하다. 비수도권에서는 창업활성화를 위한 벤처투자인프라가 절대적으로 부족하다. 현재 창업투자회사의 지역 소재 비중은 8.7%(지역 13개/전국 149개)로서 수도권 소재 비율이 압도적이다.[7] 한편, 지역에서 창업하거나 오랫동안 생산활동을 한 중소기업이 어느 정도 성장한 후 수도권으로 이전해 가는 경우가 적지 않다. 창업기업이 초기투자 유치 이후 탄생지역에서 후속자금의 확보가 쉽지 않은 것이 가장 큰 이유이다. 자금이 풍부한 수도권으로의 기업이전은 지역인재의 유출을 가속화하고 지역경쟁력을 약화시키는 원인으로 작용하고 있다. 따라서 지역에 기반을 둔 투자펀드의 조성이 시급한 과제이다. 기업지원금융을 탈중앙화하고 지역의 전략산업 및 기업성장단계를 고려하여 지원하는 지역맞춤형 펀드의 조성과 운영이 필요하다고 하겠다.

마지막으로, 지역 소재 기업들이 광역경제권간의 연계강화를 통해 시장에서 규모의 경제를 누릴 수 있도록 정책을 전환할 필요가 있다. 예를 들면, 이를 위한 인프라로써 전국적 연계 교통망, 특히 광역경제권 간의 연계를 강화할 필요가 있다. 인구와 지역총생산의 50% 이상이 집중한 수도권은 금융, 창업기업, 기업육성기금 등에서도 압도적 비중을 차지하고 있다. 이것은 지역경제활성화나 균형발전이 광역권의 경제적, 행정적 통합 정도로 과연 목표를 달성할 수 있을 것인가에 대해서 의문을 제기한다. 균형정책 자체를 수도권과 비수도권으로 이분하여 균형발전을 추구하는 보다 거시적 측면에서의 정책이 필요한 것으로 보인다.

현재 광역경제권을 형성을 위한 노력이 경주되고 있다. 인접지역 시도 간의

---

7) 부산테크노파크, 『지역균형 뉴딜펀드 설립 및 운영』, 2020, p.4.

갈등을 극복하고 협력체제를 확립한다면 지역경제 활성화에 적지 않게 도움이 될 것이다. 그러나 남한 면적의 8분의 1도 안되는 수도권의 인구가 2,600만 명인 데 비하여, 동남권 780만 명, 대경권 500만 명, 호남권(전라남북도) 500만 명, 충청권 570만 명, 강원 150만 명이며, 동남권조차 수도권 대비 30%에 불과하다. 더욱이 광역권 간의 교통연계망이 매우 부실하다. 이것만으로도 수도권 기업이 유리할 수밖에 없는 조건이며, 우량기업이 지역에 있지 않고 수도권으로 가버리는 충분한 이유가 된다. 따라서 지역의 기업들이 보다 넓은 시장을 대상으로 경제활동을 펼칠 수 있는 환경을 만드는 일이 시급하다. 광역권 단위가 아니라 비수도권 전체를 단위로 하는 정책의 개발을 검토해 볼 필요가 있을 것이다. 광역권간을 연결하는 철도교통인프라의 구축은 이러한 정책의 하나가 될 수 있다.

전국 교통, 물류망의 건설에 대해서는 이미 제1차 국가균형발전5개년계획에서 「ㅁ자형·방사형 고속교통망」 조기구축, 동서 횡축 국가간선도로망 완성이 계획되었고,[8] 그 이후 제4차 계획에 이르기까지 주요 정책으로 등장하고 있다. 그러나 그것은 광역권 내 복선전철 혹은 광역(도시)철도이거나 고속도로 건설을 대상으로 하고 있고, 광역권과 광역권을 잇는 철도망 건설은 배제되어 있다. 철도망 건설은 대량운송 및 관광인프라의 구축이라는 점에서 광역권 시장을 확대하는 데 매우 중요한 수단이 될 수 있다.

우리나라의 철도노선은 일제강점기의 노선에서 크게 벗어나지 않고 있다. 수도권에서는 전국 각지로 철도가 연결되고 있으나 비수도권에서는 광역권간의 연결이 매우 부실하다. 가령, 고속열차를 이용하는 부산~광주노선은 없으며 굳이 환승한다면 부산~오송~광주의 노선이용이 가능할 뿐이다. 재래식 열차로 부산~순천 이후에는 환승해야 하며 이 구간 이동에 3시간 30분 정도 소요된다. 또한 부산~강릉은 고속열차를 서울에서 환승해야 하고 재래식 열차로는 태백산맥 서쪽노선을 타야하는데 매우 많은 시간이 걸린다. 반면, 서울과 강릉 간에는 관광용 고속열차로 왕복이 가능하다. 한마디로 서울 지배적 물류유통체계라 하지 않을 수 없다. 현재의 전국철도노선은 광역권 간의 인적물적 교류를 가로막고 있다. 재래식열차라도 광주~부산 노선의 복선화, 동해안의 노선의 완성은 협소한 권역별 시장의 확대뿐만 아니라 남해안 및 동해안 관광산업의 발전에 크게 기여할 것이다. 최근에는 광역권내 철도망 건설을 추진하고 있으나 광역권을 뛰

---

8) 국가균형발전위원회, 산업자원부, 『제1차국가균형발전5개년계획(2004~2008)』, pp.23,

그림 10-11 철도노선도

어넘어 이들을 원활하게 연결하는 철도망의 건설도 추진할 필요가 있다. 중앙정부가 지역의 입장에서 철도망 구성을 다시 한번 검토해야 하는 이유이다.

지방에 대한 투자를 비능률과 낭비를 초래하는 비용이라는 시각이 존재하는한 균형발전은 그만큼 달성되기 어려운 목표가 될 것이다. 균형발전을 이루겠다는 지방자치단체와 지역주민의 관심과 노력이 가장 중요하다. 균형발전을 위한각 지방자치단체의 협력과 연대가 전제조건이며, 지역주민 또한 상호간 관용하고 포용하는 자세를 가질 필요가 있다 하겠다.

또 하나의
성장동력
남북경제협력

제1절 남북 경제협력의 필요성

제2절 북한경제의 전개와 현황

제3절 남북 경제협력

제4절 남북 경제교류의 방향

통일은 우리 사회가 반드시 완수해야 할 역사적 과업이다. 남북 경제협력은 서로 간 공통의 이해관계를 형성한다는 점에서 평화통일의 기반이다. 그러므로 남북 경제협력은 단순히 물질적으로만 계산할 수 없는 과제이다. 하지만 경제적 측면에서 볼 때 경제협력은 남북한이 서로 윈윈할 수 있는 성장동력이라는 점을 부정할 수 없다. 한국전쟁으로 인해 한반도는 엄청난 인적, 물적 피해를 입었다. 인적 피해만 하더라도 사망, 부상, 실종, 포로 등을 합하여 양측은 공식통계로 약 330만 명이고, 이산가족도 수백만 명이다.[1] 막대한 피해에도 불구하고 휴전 이후 남북한은 나름대로 성장을 거듭하였다. 그러나 북한 경제는 1970년대 초부터 남한에 크게 뒤지기 시작했다. 북한 경제의 어려움은 갈수록 심해져서 1990년대에는 고난의 행군(1995~1999년)을 겪기도 했다. 현재 북한은 식량부족과 에너지난, 외화난으로 경제적으로 심각한 어려움에 빠져 있다. 한편, 남한도 4차 산업혁명시대를 맞이하여 급격한 산업구조의 조정과 성장률 하락을 경험하고 있다. 남한과 북한이 현재의 남북교류 전면 중단 사태를 극복하고 경제교류 및 협력을 다시 추진할 수 있다면 상호간에 커다란 도움이 될 것이다.

북한의 천연자원과 우수한 인적 자원이라는 경제적 잠재력과 남한의 자본과 기술력이 결합한다면 상호간에 윈윈할 수 있는 계기가 될 것이 분명하다. 북한과의 통일비용은 우리나라의 국가재정으로서는 단독으로 감당하기 힘들 정도로 막대한 자금이 소요될 것으로 예측되고 있다. 따라서 통일에 대비하기 위해서라도 북한경제의 연착륙은 반드시 달성되어야 한다. 그러한 의미에서 남북한 경제의 교류 및 협력은 평화통일의 출발점이라고 할 수 있다.

---

1) 공식 추계로는 사망, 부상, 실종, 포로 등 인적 피해는 양측을 합하여 330여 만 명인데, 민간인 99만명, 국군 약 16만 명, 경찰 약 2만 명, UN군 약 55만 명, 북한군 64만 명(혹은 약 61만 명, 80만 명), 중공군 97만 명이지만, 북한군, 중공군, 소련군측은 구체적인 피해 자료를 제시하지 않고 있다(북한군, 중공군, 소련군의 부상자는 제외). 남한 측 사망자는 UN군 약 6만 명을 포함하여 44만 여명이고, 북한군은 52만 명(혹은 약 51만 명), 중공군은 약 15만 명이다. 참전국은 자국의 피해를 축소하고 과장하는 것이 통상적이어서 피해규모를 정확하게 집계하기가 곤란하다(국방군사연구소, 『한국전쟁피해통계집』, 1996, p.33, p.67, p.81, p.85, p.110, pp.142−145.).

제1절 남북 경제협력의 필요성

　남북한 경제협력의 필요성에 대한 경제적 측면의 고려는 정치적인 측면과 따로 분리해서 생각할 수 없다. 경제교류협력 자체가 정치적 행위이고, 정치적 합의와 결단은 경제협력의 토대이기 때문이다. 그렇지만 남북 경제협력이 가지는 중요성을 경제적인 측면을 중심으로 정리해 보면 다음과 같다.

　먼저, 남북 경제협력은 한반도의 정치군사적 대립의 완화 및 평화적 분위기의 조성에 도움이 될 것이다. 한반도는 세계에서도 보기 드물게 대규모 군사력이 밀집한 지역이다. 각종 대량살상무기나 첨단무기는 물론이고 비무장지대를 경계선으로 북한군 130만 명, 국군 60만 명의 정규군이 대치하고 있으며, 남북한을 합한 예비병력은 1천만여 명에 이른다. 남북한간 경제교류와 협력은 상호간 경제적 이익을 추구하게 함으로써 공통의 이해관계를 형성하여 군사적 충돌 가능성을 낮출 수 있는 중요한 수단이 될 수 있다. 남북한은 비무장지대내 감시 초소를 철수시켰지만 군사적 대치를 종식시키기 위해서는 보다 근본적인 조치의 실행이 요구된다. 그중의 하나가 경제교류협력을 통한 상호 이익추구 시스템의 구축이다. 이것은 군사적 긴장 완화뿐만 아니라 남북한의 신뢰구축, 국가신인도의 향상, 외국자본의 유치 등을 위해 보다 유리한 국면을 이끌어 낼 수 있다. 또한 동북아시아 전체가 군사력이 증강되고 있는 것이 현실이다. 남북한과 주변 4대 강국의 군사력을 합치면 엄청난 파괴력이 한반도를 포위하고 있다. 경제협력을 통해 상호간의 군사충돌 가능성을 제거하고 평화체제를 구축하는 일은 동북아시아지역은 물론 인류 전체의 평화와 번영에도 기여하는 길이다.

　둘째, 남북 경제협력은 한반도 전체의 통일비용을 절감할 것이다. 통일비용에 대해서는 정의, 연구방법, 통일시점을 어떻게 잡느냐에 따라 견해가 달라지기 때문에 정확한 수치를 제시하기가 쉽지 않다. 2004년의 어떤 보고서는 통일비용을 최소액인 500억 달러 정도라고 하는가 하면 최대 5조 달러로 추정하는 견해도 있다. 2014년 말에 나온 국회예산정책처의 보고서는 통일비용의 부담을 2016년을 시작점으로 하여 2060년까지 가정한 45년간의 부담규모를 1경 428조 원, 실질가치로 환산된 총통일비용을 약 4,700조 원 정도로 추산하고 있다.[2] 2020년 남한의 재정규모가 520조 원 정도이고 북한의 재정규모는 이보다 훨씬

---

2) 국회예산정책처, 『한반도 통일의 경제적 효과』, 2014.12, p.요약1, p.130.

적을 것이므로 도저히 남북한 정부의 재정만으로는 감당할 수 없다. 남북 상호 간의 협력을 통해서 통일비용을 줄일 수 있도록 기반을 구축해 둘 필요가 있다.

셋째, 한반도 전체가 새로운 성장동력으로서 부상할 수 있다. 북한의 지하자원 및 우수한 노동력과 남한의 자본 및 기술의 결합은 해방 이후 남한과 북한의 고속성장 경험을 다시 한번 되살릴 수 있는 기회가 될 것이다. 세계적 투자가인 Jim Rogers(로저스홀딩스회장, 1969년 퀀텀펀드 창업자)는 북한이 향후 10~20년간 투자자들에게 가장 주목받는 지역이 될 것이라고 한반도 통일의 경제적 가치에 대해서 강조하고 있다.3)

경제교류와 협력이 남북한에게는 구체적으로 각각 어떤 이점이 있을까? 남한의 이익이 북한의 경제적 이익일 수도 있으므로 양자가 얻는 혜택을 명확하게 구분하기란 쉽지 않지만 대체적으로 나누어 살펴보자.

먼저, 남북 경협이 북한경제 미칠 수 있는 긍정적인 효과에 대해서 살펴보자.

첫째, 북한의 입장에서는 정치적 부담을 줄이면서 경제적 난관을 극복할 수 있는 방안이 될 수 있고, 경제적 지원이나 원조액도 대폭 증가할 가능성이 있어 경제개발에 따른 재정적 부담을 줄일 수 있는 측면이 있다. 북한이 현재 겪고 있는 가장 큰 어려움을 식량부족, 에너지부족, 외화의 부족으로 요약할 수 있다. 북한은 특히 1990년대 고난의 행군시기에 극심한 식량부족으로 고통을 겪은 후 현재는 나아졌지만 여전히 모자라는 것으로 알려지고 있다. 또한 에너지 및 원자재의 부족도 심각하여 공업생산에 차질이 빚어지고 있다. 에너지난을 해결하기 위해서는 국내의 탄광개발을 비롯하여 원유의 도입도 이루어져야 하나 외화부족이 이를 제약하는 악순환의 고리를 이루고 있다. 외부적으로는 북미간의 갈등으로 인한 대외봉쇄가 원인으로 작용하고 있지만, 근본적으로는 70여 년 간 지속된 폐쇄적인 계획경제가 초래한 결과라고 할 수 있다. 남북 경협은 기본적으로 북한이 직면한 이 세 가지 난관을 짧은 시간 안에 해소할 수 있도록 할 것이다.

둘째, 빠른 시일 내에 낙후한 산업구조를 개선하고 산업경쟁력을 제고할 수 있을 것이다. 북한의 산업구조는 농업 비중이 매우 높고, 공업도 중공업 비중이 높으나 기술수준이나 생산물의 품질이 낮아서 전체적으로 산업경쟁력을 갖추지

---

3) Rogers는 Warren Buffett, George Soros와 함께 세계 3대 투자가로 손꼽히는 인물로서 북한을 매력적인 투자처로 꼽아왔다(한국경제, 2020.4.17., 연합뉴스, 2019.2.12.).

못하고 있다. 경제협력은 경쟁력을 제고하고 경제를 활성화하여 자본형성에 크게 기여할 것이다.

셋째, 북한의 풍부한 광물자원을 보유하고 있으나 자본부족으로 제대로 개발하지 못하고 있다. 국회예산정책처의 2014년 보고서에 의하더라도 그 잠재가치는 57,503억 달러, 6,586조 원에 달한다.[4] 첨단소재 산업의 필수 자원인 희토류도 수천만 톤 매장되어 있는 것으로 알려져 있는데, 남한에서 연간 필요로 하는 수요는 3,200톤이다.[5] 이와 같은 자산을 한국과 주변국에 수출함으로써 외화를 가득하고 국제수지를 개선할 수 있을 것이다.

표 11-1 북한의 주요 광물 매장량(2020년)

금속									
금 (톤)	은 (톤)	동 (천톤)	연 (천톤)	아연 (천톤)	철 (억톤)	중석 (천톤)	몰리브덴 (천톤)	망간 (천톤)	니켈 (천톤)
2,000	5,000	2,900	10,600	21,100	50	246	54	300	36
비금속							석탄		
인상흑연 (천톤)	석회석 (억톤)	고령토 (천톤)	활석 (천톤)	형석 (천톤)	중정석 (천톤)	인회석 (억톤)	마그네사이트 (억톤)	무연탄 (억톤)	갈탄 (억톤)
2,000	1,000	2,000	700	500	2,100	1.5	60	45	160

자료: 국가통계포털.

넷째, 잘 정비된 교육제도와 같은 언어를 사용하고 있기 때문에 산업현장을 보다 효율적으로 운영할 수 있고 노동력의 질적 향상이 용이하여 산업생산성의 제고로 이어질 것이다.

다섯째, 남한 기업의 진출을 적절히 허용함으로써 기업경영의 노하우를 학습하고 생산방식의 개선 등을 이룩할 수 있다. 초기에는 남한에서 진출하는 기업

---

4) 국회예산정책처, 『한반도 통일의 경제적 효과』, 2014, p.126. 물론 이 수치는 확실한 것은 아니다. 자료에 따라서 북한 광물의 잠재가치를 3,200조원(조선일보, 2017.10.1.), 3200조~6,500조 원(『월간중앙』, 201806호, 2018.5.)으로 보는 등 여러 가지이다. 다만 품위가 낮은 광물도 있어서 과장되어 있다는 지적도 있으나, 전체적으로 광물자원의 잠재력이 풍부한 것은 사실이다. 남한은 고령토와 활석을 제외하면 북한의 각종 매장량과 비교할 만한 것이 없다.

5) 북한 희토류가 매장되어 있는 광산은 철산, 룡포, 선암, 몽금포, 압동, 김화, 덕달광산인 것으로 알려지도 있다(경향신문, 2018.5.3.).

의 업종이 노동집약적 산업이 다수이겠지만, 시간이 지나 신뢰가 굳어지면 고기술의 업종들도 진출하게 되어 첨단산업을 구축할 수도 있겠다.

여섯째, 북한의 수려한 경치, 자연자원, 문화유산 등을 관광자원으로 활용할 수 있다. 이것은 이미 개성 및 금강산관광에서 증명되었고, 평양, 원산 등 유서 깊은 도시는 물론이고 백두산, 묘향산, 개마고원 등 손에 꼽을 수 없을 정도로 관광 자원이 풍부하여 산업으로 발전시킬 수 있는 잠재력이 크다.

일곱째, 성장률을 높임으로써 일자리를 창출하는 등 경제적 잠재력을 극대화할 수 있다.

한편, 남한 경제에도 적지 않은 이익을 가져다 줄 것이다. 첫째, 남한 역시 군사적 대립 및 긴장 완화를 통해서 경제적 불확실성을 제거하여 정치사회적 대립을 완화하고 사회를 안정시킬 수 있다.

둘째, 산업구조의 개선에 도움을 줄 것이다. 예를 들어, 개성공단 입주 기업들은 대부분 의류, 봉제 등을 비롯한 노동집약적 산업에 종사하는 기업이었다. 2012년도에 개성공단 노동자 1인당 월평균 임금은 약 130달러로서 15만원 정도였다.[6] 개성공단 입주기업들에게 개성공단은 동남아시아지역으로의 이전보다 지리적으로 상당히 유리한 측면이 있었다. 경제교류가 이루어진다면, 남한의 한계산업이 북한에 진출함으로써 산업구조를 보다 용이하게 조정할 수 있을 것이다.

셋째, 북한의 노동력은 저임금이면서도 질적으로 매우 우수하다. 더욱이 언어적 장벽이 없으므로 의사소통이 자유로워서 생산현장을 보다 효율적으로 관리할 수 있다.

<그림 11-1>을 보면, 북한 전체의 경제활동참가율은 남한 전체보다 약 20% 정도 높으며, 북한 여성의 경제활동참가율 역시 남한 여성보다 20% 정도 높고, 북한 남성은 남한 남성의 경제활동참가율보다 10% 정도 높다. 그런데 북한은 산업구조상 농림어업부문이 전산업에서 20% 이상(남한은 2% 이하) 차지하고 있으므로 향후 경제협력을 통한 산업발전이 가속화되면 이 부문 종사자의 노동력을 상당 부분 고용할 수 있을 것이다. 또한 군사적 긴장 완화에 따라 현재 130만 명에 이르는 군인 숫자의 감소로 인한 노동력 공급효과를 기대할 수 있을 것이다.

---

6) 조선일보, 2012.10.8.

그림 11-1 남북한의 경제활동참가율(1990~2019) (단위: %)

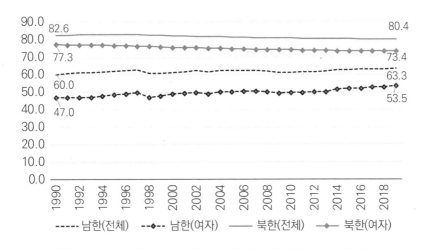

주: 남한: 1999년까지는 구직 1주 기준, 2000년 이후는 구직 4주 기준.
자료: 국가통계포털.

넷째, 남북한 인구를 합하면 7,500만 명에 달하기 때문에 시장의 확대에 따른 규모의 경제를 누릴 수 있다.

다섯째, 북한의 낙후한 인프라를 개선하기 위한 대규모의 SOC투자 확대, 고속철도망 및 고속도로망 건설, 노후항만 개선, 관광인프라 조성 등에 참여할 수 있다.

여섯째, 풍부한 광물자원을 보다 용이하게 확보하고 이용할 수 있다. 앞에서 보았던 북한의 주요 광물 및 생산원료의 도입에 운송비를 대폭적으로 절감할 수 있을 것이다.

일곱째, 아시아 대륙과 직접 연결되는 통로의 확보가 가능하다. 남한은 북쪽이 비무장지대로서 절벽처럼 가로막고 삼면이 바다인 섬과 같은 존재이다. 대륙과의 통로 확보는 시베리아 지역의 천연가스, 석유 등 에너지자원 도입, 중앙아시아지역의 시장개척, 유럽시장과의 물류비용 절감 등 여러 가지 면에서 커다란 이익을 가져다 줄 것이다.

제2절 북한경제의 전개와 현황

2.1 북한의 경제정책

북한은 해방 이후 사회주의적 소유를 바탕으로 계획경제체제를 구축하고자 했다. 북한은 1946년 8월에 기업 및 공장, 광산, 발전소, 철도, 운수, 은행 등 중요 시설을 국유화하였으며, 1946년 3월 토지개혁을 실시한 후 다시 농업집단화를 추진하여 생산수단에 대한 사회주의적 개조를 1958년에 완료하였다.7) 북한은 이같은 국유화를 바탕으로 사회주의적 경제발전정책을 강력하게 실시하였다.

표 11-2 북한의 산업별 국유화 (1949~1958.8) (단위: %)

	1949	1953	1956	1957	1958.8
공업	90.7	96.1	98.0	98.7	100
상업	1.9	5.2	68.8	85.7	100
농업	56.5	67.5	87.3	87.9	100

자료: 허문영, 전강수, 남기업, 『통일대비 북한토지제도 개편방향 연구』, 통일연구원, 2009, p.50.

북한의 산업정책은 기본적으로 중공업우선정책, 자립적 민족경제 건설, 농공병진정책을 중심으로 추진되어 왔다. 북한은 이를 위해 일찍부터 경제개발계획에 착수하였다.

북한은 해방이 되자 경제계획을 작성하여 1950년까지 3차에 걸친 계획을 수행함으로써 사회주의적 경제구조를 정착시키고자 했다. 휴전된 다음 해인 1954년에는 전후복구 3개년계획에 착수하였으며, 1957년에는 5개년계획을 시작하여 중공업 우선의 사회주의적 공업화를 추진하였다, 그리고 1962년부터 제1차 7개년계획(1961~1970)을 실시하였는데 이 기간에 경제성장률은 12.8%로서 이전보다는 둔화되었지만 상당히 높은 성장률을 달성하였다. 북한은 1960년대 중반

---

7) 1946년 3월 5일에 「북조선토지개혁에 대한 법령」을 공포하고 무상몰수·무상분배 원칙의 토지개혁을 단행하였다. 몰수토지는 소작농, 고용농, 소토지소유농민에게 분배되었다. 1946년 8월 10일에는 「산업, 교통운수, 체신, 은행 등의 국유화에 대한 법령」을 채택하고, 중요 산업시설의 국유화를 단행하였다(홍순직·이석기 외, 『통일 후 남북한 산업구조 재편 및 북한 성장산업 육성방안』, 대외경제정책연구원, 2017, p.29).

표 11-3 북한의 국가건설 초기 주요 경제정책 (단위: %)

시기	과업	계획목표
1차 1개년계획 (1947)	• 기업소 복구 • 국영상공업 확대 • 생산의 급속한 증대와 생활 개선	• 공업총생산: 1946년 대비 약 2배 • 곡물수확고: 1946년 대비 30만 톤 증산
2차 1개년계획 (1948)	• 공업의 편파성 극복 • 생산품의 품질 제고 및 원가 절하	• 공업총생산: 1947년 대비 41% 증가 • 곡물수확고: 1947년 대비 13.5% 증가
2개년계획 (1949~50)	• 낙후된 산업과 농업의 발전 • 전 지역의 경제복구 토대 조성	• 국영산업총생산: 1948년 대비 194% • 곡물총생산: 1946년 대비 158%
전후복구 3개년 계획 (1954~56)	• 한국전쟁 이전 수준 도달	• 국민소득: 1953년 대비 75% 증대 • 공업총생산: 2.6배 • 곡물수확고: 1949년 대비119%

자료: 홍순직·이석기 등, 『통일 후 남북한 산업구조 재편 및 북한 성장산업 육성방안』, 대외경제정책연구원, 2017, p.31.

까지 일정한 성과를 거두었는데, 당시에 사회주의 국가들의 경제적 지원, 계획경제 초기에 동원된 생산수단은 성장률을 끌어올리는 역할을 했다. 그러나 북한은 1960년대 후반에 들어서자 공업생산에서 정체된 모습을 보이기 시작했다.

1971년에는 6개년계획(1971~1976년)을 실시하였으며, 1978년에는 제2차 7개년계획(1978~1984년)을 실시하였다.[8] 그리고 1987년에는 제3차 7개년계획(1987~1993년)을 실시하였지만 목표치를 채우지 못하고 실패하였다.[9] 3차 계획이 실패로 귀결되자 완충기 경제계획(1994~1996년)을 수립하고 3대 제일주의를 강조한다. 3대 제일주의란 농업제일주의, 경공업제일주의, 무역제일주의로 특히 1990년대 중반에 극대화된 경제위기 상황에서 식량난과 인민소비품에 대한 국가공급의 한계, 그리고 대외무역을 통해 경제위기를 극복하고자 한 것이다.[10] 북한이 1990년대 중반에 커다란 경제위기에 봉착한 것은 기본적으로 사회주의 계획경제체제의 비효율성, 자립경제 노선의 폐쇄성이 산업발전을 가로막는 요인으로 작용하였고, 1990년대 초 사회주의체제의 몰락으로 체제위기가 가중되었

---

8) 양문수, "북한의 경제발전전략 70년의 회고와 향후 전망", 『통일정책연구』, 제24권 제2호, 2015, p.36.

9) 홍순직 외, 『통일 후 남북한 산업구조 재편 및 북한 성장산업 육성방안』, 2017, p.35.

10) 3대 제일주의에 대한 자세한 내용은 홍순직 외, 위의 책, pp.35-36.

으며, 1990년대 중반의 자연재해로 극심한 식량난이 초래되고 배급제가 붕괴되었기 때문이다. 이리하여 북한에서는 1970년대 중반 이후 급격하게 떨어진 성장률이 1980년대에 더욱 하락하고, 1990년에 들어서자 마이너스를 기록하기 시작하였다. 1994년에 완충기 계획이 나온 것도 제3차 계획이 의도한 바의 성과를 거두지 못했기 때문이었으며, 완충기에 3대 제일주의를 내세운 것도 북한 경제가 위기에 봉착했기 때문이다.

2000년대 들어서 극단적인 경제위기에서 약간씩 벗어나자 북한은 산업의 정상화를 위해 에너지 부족, 공장 및 기업소 가동률의 둔화, 시장의 확장 등을 해소하고자 했으나 미국을 중심으로 국제사회의 경제제재가 강화되어 어려움이 가중되고 있다.

2011년 김정일 국방위원장 사망 이후 북한은 2013년 경제건설 및 핵무력건설 병진노선을 채택하였고, 2016년에는 인민경제발전5개년 전략을 제시하여 농수산업의 과학화를 통한 생산증대, 철도망의 정비, 건재분야 발전 등을 제시하여 산업체제의 근간을 정비할 것을 강조하고 있다. 동시에 대외경제관계의 확대·발전, 신용존중, 특정국에 대한 편향성 지양, 무역구조 개선, 경제개발구사업과 관광사업의 중요성을 제시하여 여전히 대외관계 개선을 통한 경제발전 전략을 포기하지 않고 있다.

2.2 북한경제의 개황

2.2.1 경제성장률과 산업구조

(가) 경제성장률

휴전이 성립된 1953년에 남한 인구 2,150만여 명, 북한 인구는 약 1,000만 명으로서 남한 인구가 북한의 약 2.2배였다. 인구 비율은 2000년까지 2.1~2.3배이다가 2001년부터 2배를 유지하고 있다.

표 11-4 남북한의 인구 및 GNI(1990~2019)　　　　　　　(단위: 천명, 조원, 만원, 배)

	인구(천명)		명목GNI(조원)			1인당GNI(만원)		
	남한	북한	남한	북한	남/북(배)	남한	북한	남/북(배)
1990	42,869	20,221	200	16	12.2	467	81	5.8
1995	45,093	21,716	435	17	25,4	966	79	12.2
2000	47,008	22,702	647	19	34.1	1,377	84	16.5
2005	48,185	23,561	951	25	38.3	1,973	105	18.8
2010	49,554	24,187	1,325	30	44.1	2,673	124	21.5
2011	49,937	24,308	1,398	32	43.1	2,799	133	21.0
2012	50,200	24,427	1,455	33	43.5	2,899	137	21.1
2013	50,429	24,545	1,510	34	44.6	2,995	138	21.7
2014	50,747	24,663	1,570	34	45.9	3,095	139	22.3
2015	51,015	24,779	1,663	35	48.2	3,260	139	23.4
2016	51,218	24,897	1,747	36	48.0	3,411	146	23.3
2017	51,362	25,014	1,843	37	50.3	3,589	146	24.5
2018	51,607	25,132	1,906	36	53.1	3,693	143	25.9
2019	51,709	25,250	1,936	36	54.4	3,744	141	26.6

자료: 한국은행경제통계시스템.

　　인구의 상대적 비율에 변화가 없는 데에 비하면 경제 부문에서의 차이는 크게 벌어지고 있다. 1990년에 남한의 GNI규모는 북한의 14.4배였는데, 2000년에는 34.1배, 2010년 34.1배, 2019년에는 54.4배이다. 달러 베이스로 계산한 공식통계(국가통계포털)에 따르면, 1970년대 초까지 북한의 1인당 GNI는 남한보다 높았다. 그러나 <표 11-4>에서 보듯이, 남한의 1인당 GNI는 1990년 북한의 5.8배, 2000년 16.5배, 2010년 21.5배, 2019년 26.6배로 차이가 벌어지고 있다. 특히 1990년 이후에 차이가 많이 벌어졌는데, 이것은 북한경제가 1990년대에 매우 어려운 상황에 처해 있었음을 나타낸다.[11] 1990~2019년에 남한의 1인당 GNI는 7배 증가한 반면에 북한은 0.7배가 증가한 것에 지나지 않는다.[12]

---

[11] 북한 통계 입수 및 평가의 어려움 때문에 북한 경제에 대한 정확한 통계 작성은 사실상 불가능하다. 하지만 국제기구가 제시하는 기준 등을 원용함으로써 대체적인 경향은 파악할 수 있다(김영찬 외, 『통일 후 남북한경제 한시분리운영방안』, 대외경제정책연구원, p.69.).

그림 11-2 남북한의 경제성장률 비교   (단위: %)

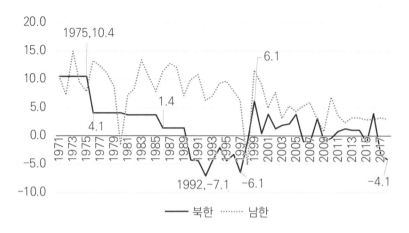

자료: 국가통계포털.

1971~1975년에 10.4%를 지속하던 북한의 경제성장률은 1976년에 4.1%로 급락한 후 성장률을 전혀 회복하지 못하고 있다. 성장률은 1986년에 1.4%로 더 떨어진 후 1990부터 1998년의 장기에 걸쳐 마이너스 성장률을 기록하고 있다. 이 시기에 북한은 '고난의 행군'이란 혹독한 경제위기를 겪어야 했는데, <그림 11−2>에서 보듯이, 남한과의 성장률도 가장 크게 벌어지고 있다.

북한은 2000년대 들어서 성장률을 약간 회복하고 있지만, 성장률 자체도 낮고 마이너스 성장률인 해가 잦다. 북한의 성장률이 낮은 것은 기본적으로 사회주의 계획경제체제가 가지고 있는 비효율성이란 내부적인 요인에 기인하고 있지만, 핵문제를 둘러싼 미국의 경제제재가 주요 원인이라고 할 수 있다. 한편, 남한도 2000년대에 들어서 눈에 띄게 성장률이 하강하여 북한과의 성장률 차이가 줄어들었다. 상호간 성장률 제고를 위한 근본대책이 필요함을 보여준다고 하겠다.

---

12) 국가통계포털의 달러 기준 1인당 GNI를 비교하면, 1975년까지 북한이 높게 나타난다. 이것은 1970년대 초까지 북한의 1인당 소득수준이 남한보다 높았다는 것을 의미한다. 다만, 이 자료는 2010년대 말까지 <표 11−5>의 북한 대비 남한의 GNI 배수보다 상당히 높게 나타난다.

(나) 산업구조

북한은 중공업 우선정책을 취했기 때문에 광공업부문이 지속적으로 확대된 반면, 농림어업과 서비스업에 속하는 상품유통 분야는 감소추세가 이어졌다. 전체 생산에서 공업이 차지하는 비중은 1946년 23.2%에서 1953년 30.7%, 1960년 57.1%, 1970년 65.0%로 확대되었다. 이에 따라 공업구조에서도 변화가 동반되었는데, 공업생산액에서 중공업(생산수단 생산)의 비중은 1955년 51.7%에서 1980년 63.9%로 크게 증가하였다.[13] 그러나 군수공업을 상당 부분 포함하고 있었기 때문에 산업생산의 증대에 그다지 기여하지 못했던 것으로 보인다. 농업은 1946년 59.1%에서 1953년 41.6%, 1960년 23.6%, 1970년 20.0%로 축소되었다.

표 11-5 북한의 산업구조 (단위: %)

| | 농림어업 | 광공업 | | | | | 서비스업 | 건설업 | 전기·가스·수도업 |
| | | 합계 | 광업 | 제조업 | | | | | |
				소계	(경공업)	(중화학)			
1990	27.4	40.8	9.0	31.8	6.2	25.6	18.0	8.6	5.1
1995	27.6	30.5	8.0	22.5	6.8	15.7	30.3	6.7	4.8
2000	30.4	25.4	7.7	17.7	6.5	11.2	32.5	6.9	4.8
2005	25.0	28.9	9.9	19.0	6.7	12.4	32.2	9.6	4.3
2010	20.8	36.3	14.4	21.9	6.6	15.3	31.0	8.0	3.9
2011	23.1	36.5	14.6	21.9	6.5	15.4	29.4	7.9	3.1
2012	23.4	35.9	14.0	21.9	6.7	15.2	29.4	7.8	3.5
2013	22.4	35.7	13.6	22.1	6.8	15.4	30.0	7.8	4.1
2014	21.8	34.5	13.1	21.3	6.9	14.4	31.3	8.2	4.3
2015	21.6	32.7	12.2	20.4	7.0	13.4	32.2	9.0	4.5
2016	21.7	33.2	12.6	20.6	6.9	13.7	31.1	8.8	5.2
2017	22.8	31.8	11.7	20.1	6.8	13.3	31.7	8.6	5.0
2018	23.3	29.4	10.6	18.8	6.8	12.0	33.0	8.9	5.4
2019	21.2	29.6	11.0	18.7	7.0	11.7	34.1	9.7	5.4

자료: 국가통계포털.

---

13) 홍순직 외, 『통일 후 남북한 산업구조 재편 및 북한 성장산업 육성방안』, 2017, pp.32-33.

1990년 이후의 산업구조를 살펴보면 다음과 같다. 북한은 제3차 7개년계획 (1987~1993년)이 실패로 끝난 후 완충기 경제계획 시기(1994~1996년)에 농업증산, 경공업우선, 무역확대를 통해 위기를 극복하고자 했다. 1990년대 위기상황에서 북한은 식량난의 타개에 최선의 노력을 기울인 것으로 보인다. 1990년 농림어업은 전산업의 27.4%에서 2019년에는 21.2%로 감소하였는데, 2000년에 30.4%로 다시 증가한 것은 이러한 위기를 극복하기 위해서 보인 노력의 결과라 할 수 있다.

광공업의 비중 역시 1990년 40.8%에서 2019년 29.6%로 크게 줄었는데, 광업은 증가한 반면, 제조업(공업)은 1970년 65%에서 1990년 31.8%, 2019년 18.7%로 크게 감소하였다.[14] 제조업의 감소는 중화학공업이 축소했기 때문이다. 특히 1990년대에 중화학공업의 비중이 크게 줄어들고 있는데, 외화 부족과 에너지난 및 원자재난으로 인해 산업가동률이 급격하게 하락한 것과 관계가 깊다. 그럼에도 불구하고 공업에서 중화학은 1990~2019년에 여전히 평균 68.4%로서 대부분을 차지한다.

서비스업은 1990년 18.0%에서 2019년 34.1%로 크게 성장하였다. 서비스업은 정부와 기타로 나누어지는데, 정부부문은 1990년 11.0%에서 2019년 25.2%로 증가하여 서비스부문의 확대를 이끌었다. 서비스업에서 정부의 확대는 암시장의 확대와 배급제도의 붕괴 속에서 인민생활 안정을 위한 국가적 지원이 증대된 결과라 할 수 있다.[15]

한편, 남북한의 산업구조를 2019년을 기준으로 비교하면, 첫째, 남한의 농림어업 비중은 2% 미만이나 북한은 20% 이상으로서 매우 높다. 둘째, 북한은 서비스업이 증가하고 있지만 남한의 62.4%에 비해 절반을 약간 상회하는 34.1%에 지나지 않는다. 더욱이 서비스업에서 정부가 차지하는 비중(전산업에서 25.2%)은 압도적이지만 그 내역은 매우 단순한 것으로 보인다. 현재 지식정보산업의 발전과 함께 4차 산업혁명 관련 서비스산업이 발전하고 있는 남한과는 내용상 근본적으로 다른 것으로 보인다. 셋째, 광업의 비중이 높고 제조업의 비중은 남한보다 오히려 낮다는 점이다. 남한의 광업은 0.1% 지나지 않고 북한은 11.0%이지

---

14) 1970년 수치와 그 이후의 것은 자료가 달라서 단순연결은 곤란하지만 공업비중이 크게 감소한 것은 사실이다.
15) 홍순직 외, 위의 책, p.37.

만, 제조업 비중에서는 남한 27.7%에 비하여 북한은 18.7%에 지나지 않는다. 남한의 광업 비중이 거의 의미를 가지지 못할 정도로 낮은 것은 기본적으로 지형적 요인 때문이다. 그러나 북한이 중화학공업 중심의 정책을 펼쳤음에도 그 비중이 1990년대 초에 남한 보다 낮아진 것은 앞에서 지적한 바대로 오늘날의 북한이 어떠한 어려움에 처해 있는지를 짐작하게 해 준다.

표 11-6 남북한 1차 에너지 공급량 및 1인당 공급량 비교　　(단위: 천TOE, TOE, 배)

	북한		남한		남한/북한 (배)	
	총공급량 (천TOE)	1인당공급량 (TOE)	총공급량 (천TOE)	1인당공급량 (TOE)	총공급량	1인당공급량
1985	24,940	1.3	56,296	1.38	2.3	1.1
1990	23,963	1.2	92,931	2.17	3.9	1.8
1995	17,280	0.8	149,841	3.32	8.7	4.2
2000	15,687	0.7	193,240	4.11	12.3	6.0
2005	17,127	0.7	229,301	4.76	13.4	6.5
2010	15,662	0.7	264,053	5.33	16.9	8.2
2011	12,598	0.5	276,997	5.55	22.0	10.7
2012	12,284	0.5	278,325	5.54	22.7	11.1
2013	10,630	0.4	279,623	5.54	26.3	12.9
2014	11,050	0.5	282,423	5.57	25.6	12.4
2015	8,700	0.4	286,932	5.62	33.0	15.6
2016	9,910	0.4	293,778	5.74	29.6	14.4
2017	11,240	0.5	302,066	5.88	26.9	13.1
2018	13,850	0.6	307,501	5.96	22.2	10.8
2019	13,770	0.6	303,610	5.87	22.0	10.7

주: TOE(Ton of Oil Equivalent): 석유로 환산한 단위(석유 1톤을 연소할 때 발생하는 에너지).
자료: 국가통계포털.

북한 산업의 발전과 가동을 제약하는 에너지 공급에 대해서 살펴보자. 북한의 에너지 총공급량은 1985년 약 2,500만 TOE였지만 1993년에 2,000만 TOE로 떨어지면서 최근에는 1985년 대비 절반 수준으로 감소하였고, 1인당 공급량도 마찬가지 추세이다. 이에 따라 최근에 총공급량은 남한 대비 5% 이하, 1인당 공급량은 10분의 1 수준에 머물고 있다.

표 11-7 남북한 총전력량 비교　　　　　　　　　　　　　　　　(단위: 억kwh, %, 배)

	북한				남한											남/북 (배)
	총전력량	수력	화력		합계	수력		화력		원자력		신재생			(총전력량)
			전력량	%	총전력량	전력량	%	전력량	%	전력량	%	전력량	%		
1980	212	106	106	50.0	372	20	5.4	318	85.5	35	9.4	–	–		1.8
1985	251	123	128	51.0	580	37	6.4	376	64.8	167	28.8	–	–		2.3
1990	277	156	121	43.7	1,077	64	5.9	484	44.9	529	49.1	–	–		3.9
1995	230	142	88	38.3	1,847	55	3.0	1,122	60.7	670	36.3	–	–		8.0
2000	194	102	92	47.4	2,664	56	2.1	1,518	57	1,090	40.9	–	–		13.7
2005	215	131	84	39.1	3,646	52	1.4	2,127	58.3	1,468	40.3	–	–		17.0
2010	237	134	103	43.0	4,747	65	1.4	3,196	67.3	1,486	31.3	–	–		20.0
2011	211	132	79	37.0	4,969	78	1.6	3,343	67.3	1,547	31.1	–	–		23.5
2012	215	135	80	37.2	5,096	77	1.5	3,430	67.3	1,503	29.5	86	1.7		23.7
2013	221	139	82	37.1	5,171	84	1.6	3,581	69.3	1,388	26.8	118	2.3		23.4
2014	216	130	86	39.8	5,220	78	1.5	3,427	65.6	1,564	30.0	151	2.9		24.2
2015	190	100	90	47.4	5,281	58	1.1	3,402	64.4	1,648	31.2	173	3.3		27.8
2016	239	128	111	46.4	5,404	66	1.2	3,522	65.2	1,620	30.0	196	3.6		22.6
2017	235	119	116	49.4	5,535	70	1.3	3,738	67.5	1,484	26.8	243	4.4		23.6
2018	249	128	121	48.6	5,706	73	1.3	4,018	70.4	1,335	23.4	281	4.9		22.9
2019	238	110	128	53.8	5,630	62	1.1	3,796	67.4	1,459	25.9	313	5.6		23.7

자료: 국가통계포털.

　　북한의 전력생산은 수력과 화력의 두 가지로 나누어지고 남한에 비해 풍부한 수량과 지하자원을 보유하고 있어서 이 둘은 최근에 대체로 비슷한 비율을 유지하고 있다. 이에 비해 남한의 수력은 최근 1%에 지나지 않는다. 남한은 최근 신재생전력의 비중이 점차 커지고 있다. 북한은 1980년에 212억 KWH였는데 전력부족을 해결하기 위한 노력에도 불구하고 2019년에도 238억 KWH로서 전력생산 증대가 정체 상태에 가깝다. 반면, 남한은 1980년 대비 2019년까지 14배가 증가하였다. 이에 따라 북한 대비 남한의 총전력량은 1980년 1.8배에서 2019년 에는 약 24배로 격차가 벌어졌다.

2.2.2 대외무역

표 11-8 남북한의 무역 추이(1990~2019)　　　　　　　　　　　　(단위: 억달러, 배)

	북한				남한		남/북(배)
	무역총액	수출	수입	무역수지	무역총액	무역수지	(무역총액)
1990	42	17	24	-7	1,349	-48	32
1995	21	7	13	-6	2,602	-101	127
2000	20	6	14	-9	3,327	118	169
2005	30	10	20	-10	5,457	232	182
2010	42	15	27	-11	8,916	412	214
2011	64	28	36	-8	10,796	308	170
2012	68	29	39	-11	10,675	283	157
2013	73	32	41	-9	10,752	440	146
2014	76	32	44	-13	10,982	472	144
2015	63	27	36	-9	9,633	903	154
2016	65	28	37	-9	9,016	892	138
2017	55	18	38	-20	10,522	952	190
2018	28	2	26	-24	11,401	697	401
2019	32	3	30	-27	10,456	389	322

자료: 국가통계포털.

그림 11-3 북한의 수출입(1990~2019)　　　　　　　　　　　　　(단위: 억달러)

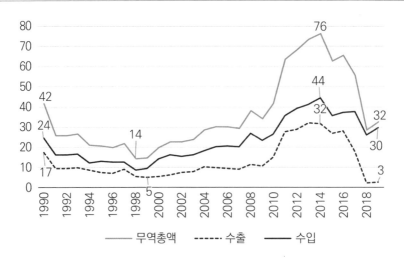

자료: 국가통계포털.

　　남한과 북한의 무역을 비교하면, 1990년 남한의 무역액은 북한의 32배였지만 2019년에는 무려 322배에 이르고 있다. 특히 2017년의 190배에서 2018~2019년에 삼, 사백 배로 늘어난 것은 남한의 무역이 증가했기 때문이 아니라 미국의 대북제재로 인하여 북한의 무역액이 18억 달러에서 2~3억 달러로 급감했기 때문이다. 북한의 무역은 1990년 42억 달러에서 고난의 행군기를 거치면서 1998년에 최저 18억 달러까지 줄었고 수출도 5억 달러까지 감소하였다. 이후 무역액이 증가하면서 2014년에는 최대 76억 달러, 수출 32억 달러, 수입 44억 달러까지 증가하였다. 그런데 북한은 수입이 수출액을 크게 능가하여 항상적 무역적자 상태에 빠져있고 그 폭도 증가추세에 있다. 2016년까지 대체로 13억 달러 이하의 적자이므로 절대액 면에서는 그리 크지 않은 것으로 여길 수도 있지만, 폐쇄경제인 북한의 경제규모에 비하면 적지 않은 부담일 것으로 보인다. 특히 2017년 미국의 트럼프 대통령이 취임한 이후에는 무역적자액이 20억 달러 이상으로 확대되고 있다. 2018~2019년도에 수출액이 겨우 2, 3억 달러에 지나지 않고 적자 폭이 24, 27억 달러로 급증한 것은 북한이 달러 부족과 이로 인한 산업생산 저하로 겪고 있는 고통의 단면을 보여준다.

표 11-9 북한의 10대 무역국의 무역 비중(2019년 기준)　　　　　　　　　(단위: 억달러, %)

	무역총액	중국	러시아	베트남	인도	브라질	방글라데시	스위스	파키스탄	남아공	나이지리아
2000	20	24.78	2.35	–	8.55	–	2.04	0.38	0.10	0.14	0.09
2001	23	32.48	3.01	0.03	6.95	–	1.72	0.36	0.05	0.10	0.00
2002	23	32.65	3.57	–	8.46	–	1.45	0.62	0.05	0.39	0.18
2003	24	42.78	4.95	–	6.67	–	0.78	0.28	0.03	0.28	0.15
2004	29	48.48	7.47	–	4.73	–	0.41	0.21	0.13	0.07	0.62
2005	30	52.65	7.74	–	1.21	–	0.64	0.16	0.71	0.29	0.68
2006	30	56.73	7.03	–	3.89	0.00	0.64	0.14	0.42	0.00	0.00
2007	29	67.12	5.43	–	4.30	2.30	0.00	0.11	0.54	0.43	0.00
2008	38	73.05	2.90	–	3.15	2.12	0.57	0.11	0.36	0.59	0.04
2009	34	78.53	1.81	–	1.77	1.54	1.05	0.11	0.14	0.17	0.00
2010	42	83.02	2.65	–	1.40	0.57	0.88	0.08	0.12	0.06	0.00
2011	64	88.55	1.77	0.12	0.80	0.54	0.70	0.02	0.39	0.06	–
2012	68	88.27	1.11	–	1.11	0.33	0.32	0.05	0.31	0.15	–
2013	73	89.13	1.42	0.05	1.33	0.37	0.36	0.12	0.33	0.06	–
2014	76	90.19	1.21	0.08	1.16	0.40	0.69	0.09	0.45	0.06	–
2015	63	91.34	1.35	–	1.22	0.11	0.08	0.08	0.33	0.12	–
2016	65	92.72	1.18	–	0.90	0.16	0.05	0.06	0.39	0.12	–
2017	55	94.75	1.40	–	0.99	0.09	0.07	0.10	0.20	0.04	–
2018	28	95.76	1.20	–	0.76	0.09	0.11	0.11	0.22	0.06	0.06
2019	32	95.36	1.48	0.86	0.36	0.33	0.10	0.10	0.08	0.08	0.08

주: 1) 2019년 북한의 10대 무역국을 기준으로 정리한 것임.
　　2) 남북한 교역액은 포함하지 않음.
자료: 국가통계포털.

　　<표 11-9>는 2019년에 북한의 10대 무역국에 속한 나라들이 북한의 무역액(수출액＋수입액)에서 차지했던 비중을 정리한 것이다. 가장 눈에 띄는 것은 북한의 무역에서 중국의 비중이 획기적으로 증가했다는 점이다. 2000년까지만 하더라도 북한 무역액에서 4분의 1정도를 차지하던 중국은 2005년도에 약 53%, 2014년에는 90%를 넘어섰고 2018년 이후에는 95% 이상을 점하고 있다. 나머지

나라들은 10위 안에 들었지만, 중국이 모두 다 차지한다고 해도 과언이 아니기 때문에 10대 무역국이라는 표현도 사실상 무의미하다. 2019년에 2위인 러시아조차 1.5%에 미치지 못하고 있고 2000년에 약 8.6%를 차지하던 인도도 1% 이하로 떨어지고 있는데, 이것은 그동안 북한의 주요 교역국이 격심하게 변동해 온 것을 시사한다 할 수 있다.

표 11-10 북한의 시기별 10대 수출처

	1	2	3	4	5	6	7	8	9	10
2000	일본	홍콩	중국	방글라	독일	인도	프랑스	태국	스페인	터키
2005	중국	일본	태국	프랑스	나이지	방글라	멕시코	폴란드	독일	파키스
2010	중국	방글라	독일	인도	러시아	브라질	네덜란	태국	스리랑	홍콩
2015	중국	대만	인도	파키스	홍콩	베네수	태국	가나	러시아	필리핀
2016	중국	파키스	필리핀	인도	대만	스리랑	러시아	브라질	모잠비	베네수
2017	중국	인도	파키스	스리랑	멕시코	홍콩	모잠비	필리핀	에티오	가나
2018	중국	파키스	인도	방글라	가나	러시아	모잠비	온두라	나이지	에콰도
2019	중국	베트남	방글라	러시아	파키스	가나	나이지	에티오	케냐	코스타

주: 국가명= 방글라데시, 네덜란드, 나이지리아, 인도네시아, 스리랑카, 파키스탄, 베네수엘라, 모잠비크, 온두라스, 아케오피아, 코스타리카, 에콰도르.
자료: 국가통계포털.

표 11-11 북한의 시기별 10대 수입처

	1	2	3	4	5	6	7	8	9	10
2000	중국	일본	태국	인도	홍콩	독일	싱가포	러시아	영국	인도네
2005	중국	러시아	태국	싱가포	일본	독일	네덜란	스웨덴	인도	대만
2010	중국	러시아	싱가포	태국	인도	이탈리	독일	홍콩	멕시코	대만
2015	중국	러시아	인도	태국	우크라	싱가포	필리핀	독일	쿠바	스위스
2016	중국	러시아	태국	인도	필리핀	싱가포	우크라	독일	칠레	온두라
2017	중국	러시아	인도	필리핀	스위스	독일	홍콩	말레이	우크라	스리랑
2018	중국	러시아	인도	스위스	독일	브라질	홍콩	남아공	네덜란	몽골
2019	중국	러시아	브라질	인도	스위스	베트남	남아공	독일	홍콩	폴란드

자료: 국가통계포털.

북한의 제1의 수출처는 일본이 1위였으나 2002부터 중국이 1위로 올라 선이후 오히려 <표 11-9>에서 보듯이 대 중국 무역 비중이 압도적이어서 북한의 대외교역은 사실상 중국의 영향력 아래에 있다고 해도 무리가 아니다. 2000년대 초기에 순위에 들어 있던 유럽계 국가들은 북한의 10대 수출지역에서 모두사라지고 없고 남아시아, 중남미, 아프리카의 국가들이 임시방편적으로 갑자기순위에 들어왔다가 다른 나라로 바뀌고 있다.

수입처는 수출처보다는 조금 안정적이어서 중국 다음으로 러시아, 인도 정도의 대국들이 지속적으로 상위에 들어가 있다. 그러나 전체적으로는 수출입처의변동도 심한 편이고 중국을 제외하면 그 비중도 얼마 되지 않는데, 이것은 대중국 무역을 제외하고 대외교역이 매우 불안하다는 것을 의미한다. 즉, 북한경제는 수출입에서 대중국의존도가 엄청나게 높은데, 이는 미국의 경제제재로 인하여 그나마 중국이 북한경제의 버팀목이 되고 있다는 것을 의미한다. 향후 남한이 북한과 경제협력을 확대할 경우, 대 중국 비중을 어떻게 줄여나가면서 경제공동체를 건설해 나갈 것인지에 대한 심각한 고려가 있어야 할 것으로 보인다.

표 11-12 북한의 품목별 10대 수출품 (단위: 억달러, %)

	2011	2015	2016	2017	2018	2019
총액	28	27	28	18	2	3
1	광물성연료 42.3	광물성연료 40.2	광물성연료 42.3	의류 28.2	철강 13.7	시계 17.8
2	광,슬랙 14.5	의류 23.6	의류 21.8	광물성연료 23.3	시계 12.9	철강 12.7
3	의류 14.2	광, 슬랙 7.6	광, 슬랙 8.0	광, 슬랙 10.6	광, 슬랙 10.5	조제우모 12.3
4	철강 6.9	의류 6.2	어류 6.9	어류 9.3	조제우모 10.0	광, 슬랙 7.7
5	어류 3.0	어류 4.2	의류 4.0	과실 4.5	광물성연료 5.3	광학 6.5
6	소금, 석고 2.6	철강 2.5	철강 2.6	철강 4.2	광학 5.1	광학 4.5
7	아연 2.3	전기기기 2.3	전기기기 2.0	의류 3.7	소금,석고 4.4	완구 3.5

8	의류 2.1	소금,석고 1.9	과실 1.8	소금,석고 2.5	원자로, 보일러 3.5	전기기기 3.1
9	전기기기 1.6	과실 1.6	아연 1.5	전기기기 2.3	유리 2.6	원자로, 보일러 3.0
10	원자로, 보일러 1.2	나무 0.8	소금, 석고 1.4	원자로, 보일러 0.9	완구 2.2	신발류 2.7

주: 1) 품목명 밑의 수치는 수출총액에서 차지하는 비중.
　　2) 품목분류(HS 2단위) 품목 분류.
　　3) 남북 교역액 포함하지 않음.
자료: 국가통계포털.

　북한의 10대 무역품을 보면 북한의 산업구조를 어느 정도 이해할 수 있다. 먼저, 2016년까지 광물성연료가 수출의 40% 이상으로서 10억 달러 이상을 수출하였는데 미국의 트럼프 행정부가 들어선 2017년부터 순위에서 밀려 2019년에는 10위 이내에서 제외되었고, 전기기기의 수출도 사라졌다. 여기서 광물성연료 및 광물유는 아마도 석탄 혹은 석탄의 부산물을 가리킬 것이다. 2018~2019년에 철강, 시계, 광학 등 제조업제품이 보이지만 대북제재로 수출액이 2~3억 달러로 급감할 때이므로 제조업 발전과는 무관하다. 전체적으로 볼 때 북한의 수출품목은 광물성연료 및 광물유, 광·슬랙·회, 아연, 소금·황·토석류 및 석고·석회·시멘트, 어류, 과실, 의류, 조제우모, 신발류 등 주로 제1차 산품과 노동집약적 경공업제품 위주로 되어 있어서 수출품목의 구조가 전혀 개선되지 않고 있다.

표 11-13 **북한의 품목별 10대 수입품**　　　　　　　　　　　　　　(단위: 억달러, %)

	2011	2015	2016	2017	2018	2019
총계	36	36	37	38	26	30
1	광물성연료 22.9	광물성연료 14.1	광물성연료 11.8	광물성연료 10.9	광물성연료 13.7	광물성연료 11.7
2	원자로, 보일러 8.6	전기기기 9.4	전기기기 8.9	전기기기 9.0	플라스틱 8.5	플라스틱 9.3

3	전기기기 7.8	원자로, 보일러 7.4	원자로, 보일러 7.6	원자로, 보일러 7.2	동식물성 유지 6.2	필라멘트섬유 6.4
4	차량·부품 6.5	차량·부품 5.6	차량·부품 7.0	플라스틱 6.2	필라멘트섬유 5.3	동식물성 유지 5.0
5	곡물 3.5	플라스틱 4.9	플라스틱 5.6	인조필라멘트섬유 5.8	비료 3.3	곡물 3.2
6	플라스틱 3.3	필라멘트섬유 4.3	필라멘트섬유 5.0	차량·부품 5.4	과실 3.2	담배 3.2
7	필라멘트섬유 3.1	철강 3.2	의류 3.7	동식물성 유지 3.3	메리야스편물 3.1	메리야스편물 3.0
8	비료 2.7	동식물성 유지 3.0	철강 3.1	의류 3.2	의류 2.9	의류 3.0
9	스테이플섬유 2.7	의류 2.8	동식물성 유지 2.7	어류 2.8	담배 2.8	시계 및 부분품 2.8
10	스테이플섬유 2.7	고무 2.5	과실 2.7	메리야스편물 2.7	어류 2.7	제분생산품 2.7

주: 품목명 밑의 수치는 수입액에서 차지하는 비중.
자료: 국가통계포털.

북한의 수입에서 가장 중요한 위치를 차지하는 것은 광물성연료로서 원유가 대부분을 차지할 것으로 보이는데 2015년 이후에는 가장 많은 5억 달러어치 내지 3억 달러 정도를 매년 도입하고 있다. 이 액수는 북한이 석유를 비롯한 중화학공업 원료와 에너지난에 극심하게 시달리고 있음을 보여준다. 그 외에도 동식물성유지, 전기기기, 플라스틱 및 그 제품, 차량 및 부품, 인조필라멘트섬유, 비료, 의류 등을 수입하고 있다. 즉 북한은 제1차 산품과 노동집약적 경공업제품을 수출하고, 에너지자원과 제조업제품을 수입하는 구조가 정착되어 있는 것이다.

표 11-14 남북한 원유 수입량 및 정제능력 (단위: 천배럴, BPSD, 배)

	북한		남한		남한/북한(배)	
	원유수입량 (천배럴)	정제능력 (천BPSD)	원유수입량 (천배럴)	정제능력 (천BPSD)	원유수입량	정재능력
1980	15,393	70	182,861	640	11.9	9.1
1985	14,369	70	198,313	790	13.8	11.3
1990	18,472	70	308,368	840	16.7	12.0
1995	8,063	70	624,945	1,818	77.5	26.0
2000	2,851	70	893,943	2,438	313.6	34.8
2005	3,834	70	843,203	2,735	219.9	39.1
2010	3,870	70	872,415	2,845	225.4	40.6
2011	3,856	70	927,044	2,934	240.4	41.9
2012	3,834	70	947,292	2,949	247.1	42.1
2013	4,237	70	915,075	2,949	216.0	42.1
2014	3,885	70	927,524	3,009	238.7	43.0
2015	3,885	70	1,026,107	3,059	264.1	43.7
2016	3,885	70	1,078,119	3,064	277.5	43.8
2017	3,885	70	1,118,167	3,105	287.8	44.4
2018	3,885	70	1,116,281	3,204	287.3	45.8
2019	3,885	70	1,071,923	3,204	275.9	45.8

주: BPSD(Barrel per Stream Day): 연간 총 처리물량을 연간 실지 가동 일수로 나눈 값.
자료: 국가통계포털.

북한 경제의 어려움을 가중시키는 주요인의 하나는 에너지 및 원자재난이다. 1980년 1,500만 배럴을 넘던 북한의 원유 수입량은 1993년부터 1천만 배럴 이하로 떨어지기 시작해서 최근에는 4천만 배럴에 미치지 못하고 있다. 남한의 수입량이 10억 배럴을 넘는 것에 비하여 남한의 4%에도 미치지 못하는 수준이고 정재능력 또한 2% 정도에 지나지 않는다. 심각한 에너지난 및 원자재난을 단적으로 보여주는 예라고 할 수 있다.

또한 북한은 심각한 식량난을 겪고 있다. 2018년에는 수입품목 중에 비료가 5위에 들어가 있고, 2019년에는 곡물과 제분공업생산품 약 1억 8천만 달러어치를 수입하고 있다. 북한은 중국으로부터 2018년 9천만 달러, 2019년 1억 5,500만 달러의 곡물을 수입했다(국가통계포털).

제3절 남북 경제협력

3.1 남북 경제협력 개황

남북경협은 1988년 7월 노태우 대통령 정부의 7·7선언(민족자존과 통일번영을 위한 특별선언) 이후 발표된 「남북물자교류에 대한 기본지침」에 따라 상호간 교역이 시작되었다.[16] 1991년 12월에는 남북기본합의서가 채택되고 1994년 11월에는 대북경협활성화조치가 취해졌다. 그렇지만 북한이 1992년 11월 남북공동위원회 가동을 거부하고, 1993년 3월 핵확산금지조약 및 IAEA탈퇴, 1996년 9월 북한 잠수정 침투사건 등이 일어나면서 정치군사적 불안요인이 지속되었다.

남북경협의 본격적 추진은 화해·협력정책을 펼친 김대중 대통령 정부 때부터이다. 1998년 11월 금강산관광은 남북경협에 물꼬를 터는 계기로 작용하였다. 2000년 6·15 남북정상회담은 개성공단을 시작하는 계기가 되었으며, 2000년 8월 현대 아산과 북한 조선아시아태평양위원회가 맺은 「개성공단 건설 및 운영 합의서」와 동년 12월 「남북경협 4대 합의서」 서명은 남북경협 활성화를 위한 제도적 기반을 마련하였다. 뒤이은 노무현 대통령 정부에서는 2003년 6월에 개성공단을 착공했고, 2007년 10·4 제2차 남북정상회담이 개최되고 같은 해 11월에는 「남국경제협력 공동위원회 구성·운영에 관한 합의서」가 채택되어 남북경협사업의 외연을 확대하는데 합의가 이루어졌다.

---

16) 주요 내용은 남북 주민의 상호 교류를 허용하고 남북교역에 대한 문호개방과 민족 내부거래로 간주한다는 것이다(이승열, "남·북경제협력의 현황과 재개방안", 『이슈와 논점』, 제1487호, 2018.7.19., p.1.).

표 11-15 남북교역 현황　(단위: 건, 개, 천달러)

	합계			반입			반출		
	건수 (건)	품목수 (개)	금액 (천달러)	건수 (건)	품목수 (개)	금액 (천달러)	건수 (건)	품목수 (개)	금액 (천달러)
1989	67	25	18,724	66	24	18,655	1	1	69
1990	83	26	13,466	79	23	12,278	4	3	1,188
1991	323	57	111,266	300	43	105,719	23	16	5,547
1992	572	92	173,426	510	69	162,863	62	25	10,563
1993	698	103	186,592	601	69	178,167	97	37	8,425
1994	975	158	194,547	708	80	176,298	267	87	18,249
1995	2,644	244	287,291	976	109	222,855	1,668	167	64,436
1996	3,383	258	252,039	1,475	130	182,400	1,908	167	69,639
1997	3,991	365	308,339	1,806	143	193,069	2,185	284	115,270
1998	4,810	449	221,943	1,963	136	92,264	2,847	379	129,679
1999	6,510	488	333,437	3,089	172	121,604	3,421	405	211,832
2000	7,394	578	425,148	3,952	204	152,373	3,442	527	272,775
2001	7,754	549	402,957	4,720	201	176,170	3,034	492	226,787
2002	8,796	570	641,730	5,023	204	271,575	3,773	493	370,155
2003	11,209	588	724,217	6,356	186	289,252	4,853	530	434,965
2004	12,893	634	697,040	5,940	202	258,039	6,953	575	439,001
2005	21,165	775	1,055,754	9,337	381	340,281	11,828	712	715,472
2006	33,451	757	1,349,739	16,412	421	519,539	17,039	697	830,200
2007	51,758	853	1,797,896	25,027	450	765,346	26,731	803	1,032,550
2008	67,445	859	1,820,366	31,243	482	932,250	36,202	813	888,117
2009	78,600	822	1,679,082	37,307	486	934,251	41,293	771	744,830
2010	84,202	795	1,912,249	39,800	448	1,043,928	44,402	740	868,321
2011	73,918	702	1,713,855	33,762	363	913,663	40,156	676	800,192
2012	81,815	731	1,971,105	36,504	377	1,073,952	45,311	705	897,153
2013	46,128	674	1,135,846	20,566	359	615,243	25,562	644	520,603
2014	86,158	718	2,342,639	38,460	349	1,206,202	47,698	697	1,136,437
2015	100,907	742	2,714,476	45,640	362	1,452,360	55,267	718	1,262,116

	합계			반입			반출		
	건수 (건)	품목수 (개)	금액 (천달러)	건수 (건)	품목수 (개)	금액 (천달러)	건수 (건)	품목수 (개)	금액 (천달러)
2016	11,424	489	332,561	5,352	226	185,523	6,072	447	147,038
2017	4	61	911	1	1	8	3	60	903
2018	699	412	31,272	212	238	10,540	487	410	20,732
2019	434	294	6,874	49	82	206	385	292	6,668

자료: 국가통계포털.

그림 11-4 반입, 반출 및 교역 총액 　　　　　　　　　　　　　　(단위: 천달러)

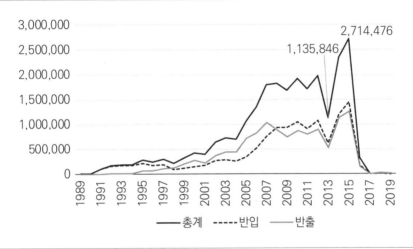

자료: 국가통계포털.

　　남북한 간의 거래에서는 수출과 수입 대신에 반출과 반입이란 용어를 사용한다. 반출이란 물품이 남한에서 북한으로 통관 절차를 통해서 나가는 것을, 반입은 북한에서 남한으로 통관 절차를 통해서 들어오는 것을 말한다. 그러므로 남북한의 수출입액에는 남북한의 교역액을 포함시키지 않는다.

　　<표 11-15>는 1988년 7.7선언 이후 남북 간의 경제협력에 관한 공식적인 교류가 시작되고 있음을 보여 준다. 시작 단계였던 1989년에 교류 품목 수는 25개, 약 1,900백만 달러어치였는데, 1997년까지 365개 품목, 약 3,100만 달러로 증가하였다. 1998년 외환위기 때 전년 대비 72%까지 교역액이 줄었지만 다음 해에 곧바로 회복한 후 2015년에는 최대 27억 달러까지 증가하였다. 눈에 띄는

것은 남한에서 반출되는 품목의 수가 북한에서 들어오는 반입 품목 수의 2배가 될 정도로 훨씬 많다는 점이다. 또한 남북한 간의 교역총액을 북한의 무역액과 비교하면, 2006~2010년에는 전자가 후자의 거의 절반을 차지하고 있으며 2011년 이후에도 2013년을 제외하고 북한 무역액의 약 30~50% 정도를 점하고 있다. 이것은 남한은 대북한 교역에 그리 영향을 받지 않지만, 북한의 대외교역에서는 남한의 비중이 상당히 커서 남북한 경제협력이 북한에 상당한 도움이 될 수 있음을 의미한다. 다만, 정점에 달했던 2015년의 교역액은 개성공단의 중단으로 2016년에 급감하였다.

사실 이 기간 동안에는 연평해전(1999년 6월), 제2연평해전(2002년 6월), 여러 차례에 걸친 북한의 핵실험[17], 대청해전(2009년 11월), 천안함침몰(2010년 3월), 5·24대북제재조치(2010년 5월), 연평도포격(2010년 11월) 등이 있었지만, 남북한 경제협력은 지속적으로 확대되었다. 가령, 5·24조치는 대북제재조치로서 개성공단과 금강산 제외 방북 불허, 남북 교역 중단, 대북 신규 투자 금지, 북한 선박의 우리 해역 운항 불허, 대북 지원사업의 원칙적 보류, 인도적 지원까지 모든 지원을 차단하는 것이 핵심이다. 이 조치는 비록 인도적 목적의 사업이라도 사전에 정부와 협의를 거치도록 하여 엄격한 제한을 가하고자 한 것이다. 그러나 정부는 이 조치의 시행 초기에는 규제를 엄격하게 적용하다가 이듬해부터 투자자산 점검 방북 허용, 선급지급 잔여물자 및 임가공품 반입 허용, 밀가루·의약품 등 지원 품목 확대, 종교·문화인 방북 허용 등 어느 정도 유연성을 보였다. 또한 남·북·러 물류협력사업인 나진－하산프로젝트는 5·24조치의 예외로 인정하였으며, 2015년 4월에는 5·24조치 이후 처음으로 민간단체의 대북비료지원을 승인했고, 5월에는 지방자치단체와 민간단체의 남북교류를 허용하는 방안을 발표하기도 했다. 북한도 2006년 6월 제1차 남북정상회담에 응하여 경제협력을 통하여 민족경제를 균형적으로 발전시키고 사회·문화·체육·보건·환경 등 제반 분야의 협력과 교류를 활성화하여 상호 신뢰를 다져 나가기로 하는 「6·15남·북공동선언문」에 합의하였다. 또한 2002년에는 7·1조치, 2012년 6·28조치를 통해 기업보조금 축소 및 폐지, 독립채산제 강화, 수익 중심의 기업경영방식 변화, 기업 재정 운용권 확대, 은행대출 허용 등 시장경제적 요소를 제한적이나마 일

---

17) 북한의 핵실험은 제1차(2006년 10월), 제2차(2009년 5월), 제3차(2013년 2월), 제4차(2016년 1월), 제5차(2016년 9월), 6차(2017년 9월)에 걸쳐 실시되었다.

부 도입하기도 하였다.[18] 즉, 북핵문제를 중심으로 남북한 간의 군사적 긴장에
도 불구하고 남북한은 경제교류 및 협력에 대해서는 나름대로 현상유지 입장을
완전히 폐기하지 않았던 것이다. 그러나 2016년 이후에 남북한 간 교역액이 급
감하고 있는데, 이것은 2016년 2월 10일 개성공단에서 남한기업의 철수로 남북
간의 경제협력이 사실상 중단되었기 때문이다.

표 11-16 유형별 남북 교역액 (단위: 백만달러)

	반입				반출			
	합계	일반교역·위탁가공	경제협력	비상업적 거래	합계	일반교역·위탁가공	경제협력	비상업적 거래
2004	258	258	0	–	439	89	89	261
2005	340	320	20	0	715	99	250	366
2006	520	441	77	1	830	116	294	421
2007	765	646	120	0	1,033	146	520	367
2008	932	624	308	0	888	184	596	108
2009	934	499	435	0	745	167	541	37
2010	1,044	334	710	0	868	101	744	23
2011	914	4	909	1	800	–	789	11
2012	1,074	1	1,073	–	897	–	888	9
2013	615	1	615	–	521	–	518	3
2014	1,206	0	1,206	0	1,136	–	1,132	4
2015	1,452	0	1,452	0	1,262	–	1,252	10
2016	186	0	185	–	147	–	145	2
2017	0	–	–	0	1	–	–	1
2018	11	–	–	11	21	–	–	21
2019	0	–	–	0	7	–	–	7

자료: 국가통계포털.

---

18) 박철수 외, 『통일 수 남북한경제 한시분리운영방안: 국유자산 분야』, 대외경제정책연구원,
2016, p.175.

남북 교역에서 반입의 위탁가공은 남한에서 북한으로 원부자재, 인건비, 가공료를 주고 위탁가공한 제품을 반입하는 것이고, 반출의 위탁가공은 물품의 위탁가공을 위하여 원부자재를 반출한 것을 의미한다. 경제협력은 개성공단, 금강산관광, 경공업협력, 기타를 포함하고, 비상업적 거래는 정부 및 민간의 지원, 사회문화협력, 경수로사업을 의미한다. 반입에서는 경제협력 및 일반교역·위탁가공이 대부분이다. 반출에서는 경제협력이 가장 많으며, 일반교역·위탁가공과 함께 반입에는 거의 없는 비상업적 거래, 즉 지원사업이 상당액 포함되어 있다.

표 11-17 위탁가공 교역 현황   (단위: 백만달러, %)

	합계			반입			반출		
	교역전반	위탁가공	위탁가공비중(%)	교역전반	위탁가공	위탁가공비중(%)	교역전반	위탁가공	위탁가공비중(%)
1989	19	–	–	19	–	–	0	–	–
1990	13	–	–	12	–	–	1	–	–
1991	111	–	–	106	–	–	6	–	–
1992	173	1	0.5	163	1	0.4	11	0	1.9
1993	187	7	3.8	178	3	1.7	8	4	47.7
1994	195	26	13.2	176	14	8.1	18	11	62.2
1995	287	46	16.0	223	21	9.5	64	25	38.4
1996	252	74	29.5	182	36	19.9	70	38	54.8
1997	308	79	25.6	193	43	22.2	115	36	31.4
1998	222	71	32.0	92	41	44.8	130	30	22.8
1999	333	100	29.9	122	54	44.2	212	46	21.7
2000	425	129	30.4	152	72	47.2	273	57	21.0
2001	403	125	31.0	176	73	41.2	227	52	23.1
2002	642	171	26.7	272	103	37.8	370	68	18.5
2003	724	185	25.5	289	112	38.6	435	73	16.9
2004	697	176	25.2	258	108	41.8	439	68	15.5
2005	1,056	210	19.9	340	131	38.6	715	79	11.0
2006	1,350	253	18.7	520	159	30.7	830	94	11.3
2007	1,798	330	18.3	765	205	26.7	1,033	125	12.1

	합계			반입			반출		
	교역전반	위탁가공	위탁가공비중(%)	교역전반	위탁가공	위탁가공비중(%)	교역전반	위탁가공	위탁가공비중(%)
2008	1,820	408	22.4	932	257	27.6	888	151	17.0
2009	1,679	410	24.4	934	254	27.2	745	156	20.9
2010	1,912	318	16.6	1,044	223	21.3	868	95	10.9
2011	1,714	4	0.2	914	4	0.4	800	–	–
2012	1,971	–	–	1,074	–	–	897	–	–
2013	1,136	–	–	615	–	–	521	–	–
2014	2,343	–	–	1,206	–	–	1,136	–	–
2015	2,714	–	–	1,452	–	–	1,262	–	–
2016	333	–	–	186	–	–	147	–	–
2017	1	–	–	0.008	–	–	1	–	–
2018	31	–	–	11	–	–	21	–	–
2019	7	–	–	0.206	–	–	7	–	–

자료: 국가통계포털.

위탁가공은 기본적으로 북한의 낮은 임금을 이용하기 위해서 북한에 원부자재를 보내고 가공이 끝난 품목을 받아들이는 것이다. 경제협력이 진행되면서 저렴한 임가공비를 이용한 위탁가공의 반입 물품의 비중이 반출보다 훨씬 크다는 것을 확인할 수 있다(<표 11-17>).

표 11-18 반출 통관 품목별 현황(1989~2019)　　　　　　　　　　(단위: 백만달러, %)

	반출액	농림수산물	광산물	화학공업제품	섬유류	생활용품	철강금속제품	기계류	전자전기제품
1989	0.069	–	–	–	100.0	–	–	–	–
1990	1	0.8	–	–	7.0	–	–	92.2	–
1991	6	29.0	25.1	32.8	1.2	–	–	–	8.1
1992	11	0.6	–	50.6	7.0	0.8	18.5	0.2	
1993	8	0.8	–	10.9	69.9	0.8	3.1	0.00	6.9
1994	18	18.1	–	8.7	64.9	1.9	1.5	0.4	0.8

	반출액	농림 수산물	광산물	화학 공업제품	섬유류	생활 용품	철강금속 제품	기계류	전자전기 제품
1995	64	14.4	19.0	2.3	54.3	3.6	0.3	2.4	0.4
1996	70	9.6	18.4	4.9	54.1	4.4	0.7	1.3	3.2
1997	115	14.7	25.4	3.5	30.4	3.5	3.6	11.3	3.3
1998	130	15.1	15.8	4.9	22.9	3.3	7.5	22.3	4.6
1999	212	8.0	20.1	24.3	18.0	3.0	8.2	12.6	3.6
2000	273	9.6	5.9	36.8	15.9	2.3	5.2	11.8	10.3
2001	227	14.3	2.5	30.8	23.2	1.2	7.4	11.7	6.7
2002	370	29.8	1.4	24.0	18.2	1.5	7.2	10.2	6.0
2003	435	28.9	1.4	21.0	20.5	0.8	6.5	6.4	4.9
2004	439	15.2	6.6	31.0	20.4	1.2	4.9	9.8	7.1
2005	715	20.2	4.4	28.3	12.2	1.8	9.5	16.1	4.9
2006	830	25.8	4.4	22.3	12.6	2.3	11.6	12.3	6.9
2007	1,033	13.3	7.7	19.7	20.7	3.2	9.4	13.2	10.0
2008	888	8.8	5.1	7.8	23.6	4.0	15.7	17.7	13.7
2009	745	4.8	2.7	7.2	36.1	5.3	4.5	10.9	26.4
2010	868	4.8	3.0	6.0	39.8	5.2	2.6	8.0	28.8
2011	800	3.4	3.9	7.3	37.4	5.7	3.5	7.0	28.9
2012	897	3.5	4.1	7.3	35.5	6.3	2.6	8.0	29.9
2013	521	3.3	4.6	7.6	36.0	7.3	2.2	8.6	27.5
2014	1,136	2.8	3.4	5.8	31.0	7.8	1.9	7.4	37.7
2015	1,262	1.9	2.9	6.4	31.0	8.9	2.1	6.1	38.2
2016	147	1.5	2.7	6.5	26.7	9.2	1.4	5.3	42.7
2017	1	22.1	0.04	72.9	2.8	0.5	0.3	0.6	0.2
2018	21	6.2	2.3	21.8	0.6	3.2	1.8	11.5	50.9
2019	7	7.0	12.3	59.1	0.6	1.1	1.0	3.7	8.3

주: 반출액만 금액, 나머지는 비중.
자료: 국가통계포털.

반출에서 섬유류의 비중이 높은 것은 노동집약적인 기업들이 저임금을 이용하기 위한 것이다. 교류가 지속되면서 후기에는 전자전기제품의 비중이 높아지고 있다. 농림수산물도 2007년까지는 13%~약30%인데, 이것은 북한의 식량부족을 지원하기 위한 것으로 보인다(<표 11-18>).

표 11-19 반입 통관 품목별 현황(구성비)(1989~2019)　　　　(단위: 백만달러, %)

	반입액	농수산물	광산물	섬유류	생활용품	철강금속 제품	기계류	전자전기
1989	19	12.5	5.9	0.0	-	80.8	0.1	-
1990	12	45.4	0.5	-	0.7	36.9	0.1	-
1991	106	9.4	20.8	-	0.2	63.7	0.0	-
1992	163	10.4	27.0	2.1	0.4	51.3	0.3	0.0
1993	178	6.7	48.9	4.7	0.4	35.4	-	0.0
1994	176	8.6	42.8	10.2	1.2	35.8	-	0.0
1995	223	9.6	38.8	12.9	1.2	36.6	0.0	0.0
1996	182	12.7	35.5	24.4	1.7	24.3	0.0	0.9
1997	193	14.2	32.5	24.4	1.4	24.8	0.5	1.8
1998	92	23.7	2.6	42.1	4.2	22.0	0.8	4.4
1999	122	39.5	1.8	37.6	3.2	13.3	1.3	2.6
2000	152	47.1	0.2	35.2	2.2	7.7	1.2	5.6
2001	176	51.1	2.1	31.2	3.1	5.6	1.3	5.0
2002	272	36.8	3.2	31.6	1.3	6.9	0.7	3.5
2003	289	44.2	5.9	33.4	1.3	11.3	0.3	3.0
2004	258	39.5	2.3	37.2	1.5	15.2	0.5	3.4
2005	340	33.1	8.6	35.4	1.8	13.0	3.1	4.2
2006	520	26.6	11.5	27.9	3.0	21.2	4.4	4.2
2007	765	24.1	15.8	24.9	2.5	21.7	4.7	5.0
2008	932	22.3	10.7	34.8	4.2	9.5	6.3	10.2
2009	934	21.6	4.1	44.8	5.7	3.2	4.3	14.4
2010	1,044	8.5	0.7	49.4	6.6	4.2	5.8	21.1
2011	914	0.6	0.0	44.6	8.6	1.0	7.2	32.5
2012	1,074	0.7	0.0	42.8	8.7	0.9	6.3	34.8
2013	615	0.6	0.0	40.9	9.2	0.9	7.1	34.8

	반입액	농수산물	광산물	섬유류	생활용품	철강금속 제품	기계류	전자전기
2014	1,206	0.5	0.0	39.5	9.2	0.8	6.9	37.6
2015	1,452	0.5	0.0	36.1	10.4	1.0	6.1	40.5
2016	186	0.7	0.0	33.9	10.3	0.9	4.9	42.9
2017	0.008	100.0	-	-	-	-	-	-
2018	11	0.4	0.4	0.4	2.3	0.8	8.1	87.0
2019	0.206	-	0.1	2.0	0.7	2.9	44.9	48.7

주: 화학공업제품, 잡제품의 비중은 대체로 1% 미만, 플라스틱고무 및 가죽제품 비중은 3% 미만이므로 표시하지 않음.
자료: 국가통계포털.

반입에서도 2009년까지 농수산물 비중이 상당히 높은데 아마도 수산물이 대부분일 것으로 보인다. 섬유류의 비중이 높은 것은 임가공 후 도입하기 때문이고 전자전기제품의 반입도 상당 비중을 차지한다(<표 11−19>).

3.2 개성공단

개성공단 사업은 남북경제협력 사업을 대표하는 사업으로서 개성시 봉동리 일대에 개발한 공업단지이다. 김대중 대통령과 북한 김정일 국방위원장 간에 맺어진 2000년 6·15공동선언에 기초하여 2000년 8월 9일 현대 아산과 북쪽의 아태, 민경련 간 체결된 「개성공업지구건설운영에 관한 합의서」가 공단 조성의 계기를 마련했다. 북한은 개성공단 건설을 위해 2002년 11월 27일 「개성공업지구법」을 공포하였다. 북한의 「개성공업지구법」에 따르면, 개성공업지구는 국제적인 공업, 무역, 금융, 관광지역이다. 남한에서는 2007년 5월 「개성공업지구지원에 관한 법률」을 제정하였고, 동년 12월 개성공업지구지원재단이 출범하였으며, 2010년 7월에는 개성공업지구 기업책임자회의가 창립되었다. 남한에서는 한국토지공사와 현대아산이 공단조성을 맡아서 2004년 4월에 공장구역 1단계 100만 평 부지조성공사에 착수하였으며, 2,000만 평에 공단과 배후단지를 조성하고자 했다. 이 사업은 남한이 제공한 자본과 기술을 북한의 토지 및 노동력과 결합했다는 점에서 남북교류협력의 새로운 장을 마련한 역사적 사업이라 할 수 있다.

표 11-20 개성공단 사업　　　　　　　　　　　　　　　　　　　(단위: 백만달러, %)

	교역 총액			반입			반출		
	교역 전반	개성 공단	%	교역 전반	개성 공단	%	교역 전반	개성 공단	%
2004	697	42	6.0	258	0.1	0.0	439	42	9.5
2005	1,056	177	16.7	340	20	5.8	715	157	21.9
2006	1,350	299	22.1	520	76	14.6	830	223	26.8
2007	1,798	441	24.5	765	101	13.2	1,033	339	32.9
2008	1,820	808	44.4	932	290	31.1	888	518	58.4
2009	1,679	941	56.0	934	418	44.7	745	523	70.2
2010	1,912	1,443	75.5	1,044	705	67.6	868	738	84.9
2011	1,714	1,698	99.1	914	909	99.5	800	789	98.6
2012	1,971	1,961	99.5	1,074	1,073	99.9	897	888	99.0
2013	1,136	1,132	99.7	615	615	99.9	521	518	99.4
2014	2,343	2,338	99.8	1,206	1,206	100.0	1,136	1,132	99.6
2015	2,714	2,704	99.6	1,452	1,452	100.0	1,262	1,252	99.2
2016	333	330	99.3	186	185	100.0	147	145	98.5

자료: 국가통계포털.

　개성공단의 남북경제협력 사업은 2004년 6월 시범단지 18개 입주업체 선정 및 계약을 체결하고 동년 12월에 생산 제품을 처음으로 반출함으로써 본격적으로 막이 올랐다. 개성공단의 교역액은 시작단계인 2004년에는 교역전반에서 6%에 지나지 않았지만 빠르게 커지면서 2009년 56.0%, 그리고 2011년 이후에는 99.1% 이상으로 남북 경제협력의 전부를 차지하고 있다고 해도 과언이 아니다. 특히 반입에서는 2014년 이후 100%로서 개성공단이 남북경제협력 전부를 차지하였다. 그러나 이것은 다른 한편으로 북한에 많은 경제특구가 있음에도 여러 가지 사정으로 한 지역에만 치우쳐 있었음을 뜻한다.

표 11-21 개성공단 입주기업 수 및 노동자 수 (단위: 개, 명)

	입주기업 수 (개소)	북측노동자 (명)	남측노동자 (명)
2005	18	6,013	507
2006	30	11,160	791
2007	65	22,538	785
2008	93	38,931	1,055
2009	117	42,561	935
2010	121	46,284	804
2011	123	49,866	776
2012	123	53,448	786
2013	123	52,329	757
2014	125	53,947	815
2015	125	54,988	820

자료: 국가통계포털.

입주 기업 수는 2005년 18개소에서 2016년 2월 철수할 때까지 125개소로 늘었고 북측 노동자는 6천 명에서 시작하여 2015년 55,000명에 이르렀다. 남북한이 합의하여 조성한 개성공단과 우리 기업인들이 훈련시켜 놓은 기술인력을 북한에 두고 철수한 것은 철수 기업의 입장에서나 개성공단이 남북 화해 및 협력에 가지고 있는 중대성을 생각할 때 아쉬운 일이라 아니할 수 없다. 급작스러운 공단 철수로 인해 우리 기업이 입은 피해는 공장 미가동 외에 투자자산과 유동자산 등을 합치면 1조 5천억 원을 넘는다고 한다. 개성공단에서 기업 전체 생산의 절반 이상을 의존했던 기업들은 부도가 났거나 영업을 중단한 곳이 상당수에 이르고 있다.[19]

제4절 남북 경제교류의 방향

남북한 경제협력은 단기적으로 북한 경제의 조기 회생과 산업 정상화 및 남한의 분업구조 구축을 통한 산업경쟁력의 제고에 초점을 두고 공통의 이해관계

19) 연합뉴스, 2020.2.9.

를 구축하는 데 두어야 할 것이다. 그리고 중장기적으로는 한반도의 균형발전과 지역간 협력 확대, 나아가 남북 경제공동체 형성과 남북한 경제통합은 물론 동북아경제권 형성과의 연계도 염두에 두고 추진해야 할 필요가 있다. 이를 위해 향후 남북 경제교류 및 협력의 방향을 다음과 같이 정리할 수 있을 것이다.

첫째, 현재 남북 간에 경제협력이 완전히 단절된 상태이지만 이러한 사태가 언제까지나 지속되지는 않을 것이다. 무엇보다 우리 스스로 교류협력의 기회를 만들기 위한 노력을 포기하지 말아야 하며, 협력의 기회가 포착되면 어느 일방이 자의적으로 교류를 중단하거나 되돌아 갈 수 없도록 빠른 속도로 교류를 진행하여야 할 것이다. 물론 북핵문제를 비롯하여 한반도를 둘러싼 정치군사적 상황이 남한만의 노력으로 이루어지기 어려운 구조적 어려움이 있는 것은 사실이다. 트럼프 미국대통령과 김정은 북한 국무위원장의 극단적 대립과 3차에 걸친 북미정상회담(2018년 6월 12일 싱가포르회담, 2019년 2월 27~28일 하노이회담, 2019년 6월 30일 판문점회담)의 실패는 한반도를 둘러싼 긴장완화가 얼마나 어려운지를 보여준다. 그러나 남북한 모두 이러한 난제들을 극복하기 위한 지속적 노력이 남북화해와 경제협력의 전제조건이다. 이를 위해서는 남북한 모두 경제협력을 제도적으로 뒷받침하기 위한 연구를 진행하고 사전에 철저하게 준비해 둘 필요가 있겠다.

둘째, 중단된 금강산관광과 개성공단을 빠른 시일 내에 재개할 수 있도록 모든 노력을 경주해야 한다. 금강산관광은 1998년 11월 18일 시작되어 관광객이 2008년 7월 11일 북한군 피격으로 사망한 후로 지금까지 중단되고 있다. 금강산관광사업의 재개가 필요한 것은 이 사업이 남북 경제협력의 상징으로서 남북 경제협력사업의 시발점이었기 때문이다. 특히 개성공단에 입주했던 기업들은 지금도 공단의 재개를 학수고대하고 있다. 개성공단 입주 기업 108곳을 대상으로 재입주 의사를 타진한 결과에 따르면, 무조건 재입주하겠다는 응답이 56.5%에 달하고 있다. 개성공단이 남북관계 복원의 마지막 끈이었다는 점을 잊지 말아야 할 것이다.

셋째, 북한 측의 경제협력에 대한 입장과 경제발전 구상을 잘 고려할 필요가 있다. 남북 경제협력이 재개되고 확대되기 위해서는 북한의 입장에서 무엇을 필요로 하는지를 잘 파악해야 한다. 북한은 2010년에 대풍그룹의 북한 개발 외차 유치 10개년 계획안(2010~2020년)을 발표한 바가 있다. 북한에는 5개의 경제특구와 22개의 경제개발구가 지정되어 있다. 이것은 외자유치와 경제협력을 위한 북한의 의지를 보여 주는 것으로 생각된다. 북한이 경제특구나 경제개발구를 지정한 것은 자기들 힘만으로는 정상 가동이 불가능하기 때문이다. 그림 <그림 11−5>에서 보듯이, 경제특구들이 국경이나 연안 지대에 배치되어 있는 것이 이를 시사한다. 특별지구의 성격이나 적합성을 미리 잘 파악해 둘 필요가 있겠다.

그림 11-5 북한의 경제특구(5개) 및 경제개발구(22개) 설치 현황

자료: 원동욱·이현태 등, 『남·북·중 경제협력 방안연구』, 대외경제정책연구원, 2019, p.47.

넷째, 이상의 내용을 바탕으로 대내외적인 상황을 고려한 로드 맵을 구축해 둘 필요가 있다. 현재 대북제재는 매우 중첩되고 복합적인 형태로 진행되고 있다. 제재의 범위도 매우 광범위하여 거의 모든 남북 경협사업에 영향을 끼친다. 유엔안보리의 제재가 해제되어도 미국의 독자 제재가 자동적으로 풀리지 않는다. 미국의 제재는 국내법의 적용을 받아 상당수의 법적 제재는 의회의 동의를 얻어야 하기 때문이다. 북한의 비핵화 조치, 제재의 해제와 완화, 남북 경제협력 아이템 등 구체적인 로드 맵이 단계별로 제시되어야 할 것이다.[20] 그 외에도 남북한의 물류, 유통 및 금융분야의 협력방안도 고려해 두어야 한다. 특히 금융은

---

20) 이종규, "지속가능한 남북경협의 조건". 『북한경제리뷰』, KDI, 2018년 12월호, pp.31−32.

북한 개발에 필요한 자금을 공급한다는 점에서 필수적이다. 상업금융의 활성화, 금융기관의 신용도 제고, 사금융의 양성화, 국내은행 점포망의 진출 등의 협력방안을 수립해 둘 필요가 있다.[21]

다섯째, 북한에 대한 지원과 투자가 일방적인 퍼주기라는 인식을 반드시 바꿔야 한다. 남북 경제협력은 단순히 북한의 경제적 난관을 도와주는 일이 아니라 우리에게도 막대한 경제적 이익을 가져다주는 사업이다. 이에 더하여 남북경협은 남북관계의 화해를 넘어 평화체제를 구축하는 초석이라는 점을 잘 이해해야 한다. 남북 경제공동체 형성과 평화체제 구축, 통일은 한국사회 나아가서는 한반도의 미래, 즉 우리의 삶과 생존양식을 결정하는 문제이다. 무조건 북한을 규제한다고 해서 북한이 붕괴되지는 않을 것이다. 무엇보다도 북한의 붕괴는 우리에게 재앙을 불러올 수 있다. 앞의 <표 11-9>에서 보았듯이, 제재가 강화되고 외부와의 경제협력이 단절될수록 북한의 대중국 의존도만 높아질 뿐이다.

북한은 포점담당제, 사회주의기업경영책임제 등 개혁과 개방정책을 부분적이나마 도입하고 있다. 연구에 따르면, 북한 가계소득 중 70~90%는 시장경제활동에서 얻는 수입이고 가계의 79% 정도가 이러한 활동에 참여하고 있다. 시장화는 크게 진전되었지만 내용적으로는 아직 초보단계로 평가된다. 그렇지만 공식시장만 460개가 넘고 소위 간이시장이나 메뚜기시장까지 더하면 그 수가 공식시장의 몇 배에 이를 정도라고 한다.[22] 경제협력을 통해 한반도가 단일시장으로 통합되어 간다면 우리 기업들도 북한 시장에서 막대한 수익을 창출하게 될 것이다.

통일은 우리가 반드시 달성해야만 하는 역사적 과제이다. 통일 여부와 시기는 우리 개인의 삶과 민족의 미래를 결정한다. 남북경협은 북한 경제를 연착륙시킬 수 있는 핵심적 사업이며, 이것은 남한 경제에도 남는 사업이다. 경제협력은 남북한 모두 하강곡선을 그리고 있는 경제성장률을 끌어올리고 한반도를 성장지대로 다시 일어날 수 있도록 기회를 제공하는 새로운 동력이다. 남북간 화해와 협력을 통해서 평화통일을 지향하는 일, 이를 위한 가장 중요한 수단이 경제협력이다. 경제협력이야말로 통일의 출발점이다.

---

21) 이유진, "물류, 산업, 금융교류: 남북한 시장 단일화의 구심력", 『북한경제리뷰』, KDI, 2018년 12월호, pp.26-28.

22) 조동호, "남북경협과 하나의 시장 형성 방안", 『북한경제리뷰』, KDI, 2018년 12월호, pp.5-6.

색인

ㄱ

가계금융복지조사 / 21, 22, 23, 24, 307

가계동향조사 / 21, 22, 23, 307

가계부채 / 32, 41

가계의 순저축률 / 359

간접금융시장 / 239, 241, 256

간접세 / 205, 208

강소기업 / 272

개방경제 / 148

개성공단 / 400, 419, 428, 431

개인적 분배 / 306

거래소시장 / 248

건강보험 / 321

건강보험보장률 / 323

결산 / 200

경공업제일주의 / 403

경상수지 / 166, 168

경제개발계획 / 30

경제개발구 / 432

경제성장 / 3

경제성장률 / 12, 15

경제안정 및 성장 기능 / 193

경제특구 / 431

경제활동인구 / 19, 105, 110

경제활동참가율 / 106, 108, 111

고난 / 396

고난의 행군시기 / 398

고도성장 / 30

고령사회 / 345

고령층의 실업률 / 123

고령화 / 353, 363

고령화 속도 / 344

고령화사회 / 345

고용 / 111

고용계수 / 81, 82

고용률 / 106, 111

고용보험 / 331

공개시장조작 / 229

공공금융부문 / 194

공공기관들 / 222

공공기관의 부채 / 63, 221

공공기관의 지방이전 / 385

공공부문 / 194

공공부조 / 316, 334

공공사회복지지출 / 52

공정경쟁 / 300

관리재정 / 197, 203

관리재정수지 / 197, 202

관세 / 204

광물자원 / 399

교환매개의 기능 / 227

국가균형발전 / 366

국가균형발전 프로젝트 / 382

국가균형발전5개년계획 / 368, 381

국가균형발전계획 / 375

국가균형발전정책 / 367

국가균형발전특별법 / 368

국가균형발전특별회계 / 382

국가재정 / 192

국가채무 / 55, 61, 218, 220, 222, 223

국공채 발행 / 61

국민기초생활보장제도 / 334

국민부담률 / 56

국민연금 / 318, 319

국세 / 204

국세수입 / 201

국유화 / 402

국제수지 / 166, 168, 169

국제투자대조표 / 177, 178

국채 / 252, 253

국채발행 / 223

귀속재산 / 13

균등화10분위소득경계값 / 307

균등화소득 / 308

균형발전 / 369, 383

균형재정 / 192

근로기준법 / 132

근로소득세 / 209

글로벌 금융위기 / 13, 21, 188, 258

금강산관광 / 431

금리 / 230

금융 / 226

금융계정 / 168, 169, 175

금융기관 / 226, 232, 234

금융상품 / 237

금융성채무 / 220

금융시스템 / 226

금융시장 / 239

금융실명제 / 30

금융정책 / 228

금융지주회사 / 236

금융투자업자 / 236

기금 / 213

기금수입 / 195

기능적 분배 / 306

기대수명 / 351

기술개발 / 296

기술격차 / 295

기술경쟁력 / 100

기술도입액 / 96

기술무역수지 / 95, 96, 99

기술사업화 / 297

기술혁신 / 87

기업 저축율 / 38

기업의 투자율 / 37

기준금리 / 231, 232

기초수지 / 169

기축통화 / 149

ㄴ

나진-하산프로젝드 / 422

낙수효과 / 60

남방정책 / 172

남북 경제협력 / 396, 419, 431

남북 교역 / 424

남북경협 / 419

남북정상회담 / 422

남북한 경제협력 / 397, 430

남북한 인구 / 401

남북한의 무역 추이 / 411

남북한의 산업구조 / 408

남한 / 405

내국세 / 204, 208

노동 / 103

노동 3권 / 124

노동 3법 / 124

노동력 / 103

노동문제의 근원 / 104

노동시간 / 131, 134

노동시장 / 20, 103, 105

노동쟁의 / 130

노동조합 / 124, 126

노동집약적 경공업제품 / 14

노령화 지수 / 357

노인빈곤계층 / 313

노인빈곤율 / 8, 314

노인실업률 / 19

노인자살률 / 8

노인층 / 19

농공병진정책 / 402

농림어업 / 69

농업제일주의 / 403

농업집단화 / 402

농지개혁 / 13

ㄷ

단기금융시장 / 245, 246, 247

단기사채(Asset　Backed　Short-Term

Bond) / 245

대기업 / 276

대기업 기준 / 277

대북제재조치 / 422

대외금융부채 / 178

대외금융자산 / 178

대외부채 / 174

대외자산 / 174

대외채무 / 179, 181, 189

대일무역적자 / 160

대체출산력 / 28

대체출산율 / 26

대한노동총연맹 / 124

WTO / 150, 151

ㄹ

레버리지효과 / 263

Reagan 대통령 / 192

□

마찰적 실업 / 120

매출순이익률 / 282

매출액순이익률 / 283

목적세 / 206

무역 / 154

무역수지 / 166

무역외수지 / 169

무역적자 / 170, 171

무역제일주의 / 403

무역흑자 / 170

민간소비의 정체 / 38

민간소비지출 / 32

민간투자 / 32

ㅂ

반입 / 421, 424

반출 / 421, 424, 426

발행시장 / 248

방카슈랑스 / 235

법인세 / 60, 208

법정근로시간 / 132

법정지불준비율 / 229

벤처캐피털회사 / 237

복지국가 / 4

복지사회 / 4

복지재정 / 47, 52

복지정책 / 5, 21, 306

복지제도 / 4, 6

본예산 / 196

본원소득수지 / 168

부동산시장 / 43

부채비율 / 282

북한 / 405

북한 인구 / 404

북한경제 / 404

북한의 10대 무역국 / 413

북한의 경제성장률 / 406

북한의 경제정책 / 402

북한의 산업구조 / 416

북한의 수입 / 417

북한의 수출입 / 412

북한의 수출품목 / 416

북한의 에너지 총공급량 / 409

북한의 원유 수입량 / 418

북한의 전력생산 / 410

분배문제 / 6

분배불평등 / 21

불공정거래 / 300, 301

비경제활동인구 / 105, 106, 110

비금융공공부문 / 194

비수도권 / 366

비임금근로자 / 112, 114

비자발적 실업 / 120

비정규직 / 8, 138

빈곤층 / 310, 313

ㅅ

사내유보금 / 38

사망률 / 351

사모펀드 / 260

사회보장 / 306, 317

사회보장성기금 / 197

사회보장제도 / 315

사회보험 / 315, 318

사회보험성기금 / 213, 214

사회복지서비스 / 316, 336

사회복지지출액 / 312

사회주의기업경영책임제 / 433

사회지출비 / 7

산업구조의 변화 / 69

산업재산권 / 292

산업재해 / 328

산업재해보상보험 / 325

산업합리화 / 30

산재보험 / 326

상대적 빈곤율 / 21

상속세율 / 212

상업은행 / 235

상용근로자 / 113, 117

상장 / 248

상주인구 / 342

상품생산 / 103

상품수지 / 166, 168, 169

상호저축은행 / 236

생명보험회사 / 236

생산활동가능인구 / 105, 107

생애주기가설 / 358

생활밀착형 SOC사업 / 382

서비스수지 / 168, 172, 173

서비스업 / 69

선도계약 / 261

선물 / 261

선물회사 / 236

선진복지사회 / 6

성별 및 연령별 취업자 / 118

성장 / 30

세계 최고 대비 기술수준 / 84, 293

세계대공황 / 192

세계최고대비 기술수준 / 97

세계화 / 150

세외수입 / 195, 213

세입(歲入) / 197, 204

세출 / 197

소득대체율 / 320

소득분배 / 23

소득분배 기능 / 193

소득불평등 / 21, 24

소득세 / 208

소득양극화 / 21, 39, 40

소상공인 / 276

손해보험회사 / 236

수도권 / 366

수도권 집중 / 387

수익성지표 / 282

수입 / 161

수정예산 / 196

수출 / 30, 32, 154

수출 증가율 / 156

수출력의 한계 / 33

수출의존도 / 48, 161

수출지향적 공업화정책 / 14

스왑 / 261

스타트업 / 387

시장금리 / 231

시중은행 / 235

식량난 / 408, 418

식량부족 / 398

실버산업 / 364

실업 / 120

실업률 / 17, 20, 106, 121

실업자 / 105

실질경제성장률 / 12, 13

3대 / 403

3저호황 / 157

CD(Negotiable Certificates of Deposit, 양도성예금증서) / 245

CP(Commercial Paper, 기업어음) / 245

stagflation / 192

ㅇ

안정성지표 / 282

안정화정책 / 30

암호화폐 / 264

약속어음 / 288

양도소득세 / 209

에너지부족 / 398

여신전문금융기관 / 237

여행수지 / 174

연구개발 / 87, 88

예금 / 242

예대시장 / 241

예대율 / 242

예산 / 196, 200

예산순계 / 197

오버 론 / 242

옵션 / 261

완전고용 / 18, 20

외국인의 주식 거래 / 258

외국인직접투자 / 175, 176, 182, 183, 186

외국채 / 252

외화의 부족 / 398

외환보유고 / 179, 187, 188

외환시장 / 241

외환위기 / 13, 20, 21, 24, 168, 258

요구불예금 / 242

위탁가공 / 424, 425

위험의 회피 / 227

유니콘기업 / 273

유통시장 / 248

유학연수수지 / 174

의료수급자수 / 325

이전소득수지 / 168, 169

인구증가율 / 343

일반여행수지 / 174

일반은행 / 235

일반정부 / 194

일반회계 / 195, 199

일용근로자 / 113, 117

임금 / 131

임금 격차 / 285

임금근로자 / 112, 114

임시근로자 / 113, 117

10분위배율 / 21

1인당 GDP / 15, 16

1인당 GNI / 405

5분위배율 / 21

6·15공동선언 / 428

6·28조치 / 422

ECN / 250

FTA / 151, 152

IBRD / 149

ICT / 186

IMF / 148

IMF-GATT / 149

IMF구제금융 / 22

OECD / 8

R&D 투자 / 88

RP(Repurchase Agreement, 환매조건부
매매) / 245

Uruguay Round / 150, 151

ㅈ

자금시장 / 240, 245

자금의 중개기능 / 227

자기자본비율 / 282

자기자본순이익률 / 282

자립경제 노선 / 403

자립적 민족경제 건설 / 402

자발적 실업 / 120

자본수지 / 168, 169

자본시장 / 240, 248

자본주의경제 / 103

자살률 / 8

자원배분 기능 / 193

장기자본수지 / 169

장외시장 / 249

재정 / 193

재정건전성 / 55

재정분권 / 382

재정수지 / 197

재할인율정책 / 229

저축률 / 359

저축성예금 / 242

적자국채 / 55

적자성채무 / 220

적자재정 / 197

전국교직원노동조합 / 125

전국민주노동조합총연맹 / 125

점두시장 / 249

정규직 / 138

정부지출 / 32, 44

제1차 / 422
제1차 경제개발계획 / 14
제2차 경제개발계획 / 14
제일주의 / 403
제조업 / 12, 69
제조업의 기술수준 / 84
제조업의 성장률 / 72
조선노동조합전국평의회 / 124
조세 / 195, 213
조세부담률 / 56, 59, 210
조세수입 / 204
조세특례제한법 / 59
조출생률 / 347
조혼인율 / 347
종류별 임금 수준 / 135
종사상 지위별 취업자 / 112, 115
종합금융회사 / 236
종합부동산세 / 59
종합소득세 / 209, 211
종합수지 / 169
주민등록인구 / 26
주식시장 / 254
준비자산 / 169, 187
준예산 / 196
중견기업 / 270, 271, 272
중공업 우선정책 / 402, 407
중산층 / 4, 308, 310
중소기업 / 268, 283
중소기업기본법 / 268, 269
중소기업실태조사 / 287

중소기업중앙회 / 289
중소벤처기업부 / 291
중앙정부 / 194
중위소득 / 308
중화학공업화 / 30
증권금융회사 / 237
증권시장 / 248
증권투자 / 177, 178
증여세율 / 212
지니계수 / 21, 23, 24
지방교육재정 / 195
지방세 / 204, 206, 209
지방소멸 / 366
지방은행 / 235
지방재정 / 195
지방정부 / 194
지방채 / 252
지불준비율정책 / 229
지식재산권 / 91, 292
지식정보산업 / 186
지역발전5개년계획 / 378, 379
지역혁신체계 / 383
지역혁신체제 / 376
지역혁신협의회 / 383
지주-소작관계 / 13
지출항목별 성장률 / 31
직장폐쇄 / 130
직접거래시장 / 249
직접금융시장 / 239, 257
직접세 / 204, 208

직접투자 / 175, 181

GATT / 148

GDP / 7, 9, 11

GDP 대비 노동소득분배율 / 127

GDP 대비 정부지출 비중 / 46

GDP 대비 총연구개발비 / 89, 90

ㅊ

채권 / 253

채권시장 / 251

청년 실업률 / 18

청년실업 / 141

청년층 / 18

초고령사회 / 342, 345

초혼 연령 / 349

최저임금 / 134

최종소비지출 / 32

추가경정예산 / 196

출산 / 28

출산율 / 25, 347

취업계수 / 81, 82

취업률 / 106, 111

취업자 / 105, 112

747정책 / 30

7·1조치 / 422

ㅋ

콜(Call) / 245

K-OTC시장 / 254

Keynes경제학 / 4, 192

KONEX 시장, K-OTC / 249

KONEX시장 / 254

KOSDAQ시장 / 249

KOSPI시장 / 249

ㅌ

통계 / 21

통일비용 / 396, 397

통합재정 / 200, 201, 203

통합재정수지 / 197, 202

통화량 / 230

투자 / 30, 32

투자율 / 37

투자의 무력화 / 36

특별회계 / 195, 198, 199

특수채 / 252

특허 / 91, 93

특허권 / 292

ㅍ

파생금융상품 / 263

파생금융상품시장 / 260

팔마(Palma) 비율 / 21

평균수명 / 351

포점담당제 / 433

핀테크(FinTech) / 264

ㅎ

한국거래소 / 249

한국노동조합총연맹 / 124

한국은행 / 231, 241

한국전쟁 / 13

한국형 히든 챔피언 / 273

한부모가족 / 313

한부모가족실태조사 / 313

합계출산 / 26, 27

합계출산율 / 26, 28, 350, 360

해외직접투자 / 175, 176, 182, 183

행군 / 396

혁신도시 / 384, 390

혁신클러스트 / 384

화이트리스트 / 88, 98, 291

회사채 / 252, 253

저자

김호범

부산대학교 경제학부 교수

한국경제해설

초판발행	2020년 12월 1일
지은이	김호범
펴낸이	안종만·안상준
편 집	배근하
기획/마케팅	정성혁
표지디자인	박현정
제 작	고철민·조영환
펴낸곳	(주) **박영사**
	서울특별시 금천구 가산디지털2로 53, 210호(가산동, 한라시그마밸리)
	등록 1959. 3. 11. 제300-1959-1호(倫)
전 화	02)733-6771
f a x	02)736-4818
e-mail	pys@pybook.co.kr
homepage	www.pybook.co.kr
ISBN	979-11-303-1173-9 93320

* 파본은 구입하신 곳에서 교환해 드립니다. 본서의 무단복제행위를 금합니다.
* 저자와 협의하여 인지첩부를 생략합니다.

* 이 과제는 부산대학교 기본연구지원사업(2년)에 의하여 연구되었음

정 가   25,000원